東洋古典譯註叢書 104

譯註 墨子閒詁 3

校注 孫詒讓

책임번역 李相夏

공동번역 金太年

전통문화연구회

飜譯委員

責任飜譯　李相夏
共同飜譯　金太年
企劃編輯　東洋古典飜譯編輯委員會
原文校閱　吳圭根
飜譯研究管理　南賢熙
潤　　文　朴勝珠 南賢熙
校　　訂　李承俊 田炳秀 咸明淑
出　　版　李承俊 崔多情
裝　　幀　김진디자인

圖書管理

弘報管理　李和春
普　　及　徐源英
古典情報化　東洋古典情報化研究室

東洋古典譯註叢書를 발간하면서

우리의 古典國譯事業은 민족문화 진흥의 기초사업으로 1960년대부터 政府 支援으로 古文獻 現代化 작업을 추진하여 많은 成果를 거두었다. 당시 이 사업 추진의 先行課題로 東洋古典이라 일컬어지는 중국의 基本古典을 먼저 飜譯하여야 한다는 學界의 주장이 있었음에도 불구하고 우리 고전이 아니라는 일부의 偏狹한 視角과 財政 事情 등으로 인하여 배제되어 왔다.

전통적으로 중국의 기본고전은 우리 歷史와 함께 숨쉬며 각종 교육기관의 教科書로 활용됨은 물론이고 지식인들의 必讀書가 되어 왔으며, 우리 文化의 基底에 자리잡고 거의 모든 방면의 體系와 根幹을 형성하여 왔다. 그래서 학문연구의 기본서 역할을 해 왔을 뿐만 아니라 오늘날에도 우리의 國學徒 및 東洋學 研究者들에게 같은 역할을 하고 있음은 주지의 사실이다. 그럼에도 불구하고 中國古典은 우리 것이 아니라 하여 專門機關의 飜譯對象에 포함하지 않음으로써, 대부분 原典에서의 직접 번역이 아닌 重譯이나 拔萃譯의 방식이 주를 이루면서 教養水準으로 出版되어 왔다.

오늘날 東洋 三國 중에서 우리의 東洋學 연구가 가장 부진한 이유는, 東洋基本古典에 대한 폭넓은 이해의 부족과 漢文古典 讀解力의 저하에 기인함을 우리는 솔직히 인정하여야 한다. 따라서 이들 중국고전에 대한 신뢰할 만한 國譯이 이루어지는 것이 한국학 연구를 촉진시키는 시급한 先行課題라 할 수 있다.

이에 韓國學 및 東洋學의 연구와 古典現代化의 基盤構築을 위해서는, 전문기관으로 하여금 동양고전을 단기간에 각 분야의 專門 研究者와 漢學者가 상호 협동하여 연구번역하여 飜譯의 傳統性과 效率性, 研究의 專門性을 높일 수 있도록 政策的 配慮가 있어야 한다.

이에 本會에서는 元老 및 中堅 漢學者와 斯界의 專攻者로 하여금 協同硏究飜譯하여 공부하는 사람들이 믿고 引用하거나 깊이 있는 註釋 등을 활용할 수 있게 하고, 知識人들의 敎養을 증진시켜 줄 수 있는 東洋古典의 國譯書 간행을 지속적으로 추진해 왔다. 근래에 다행히 이 사업에 대하여 각계 지도층의 폭넓은 이해와 지원에 힘입어 2001년도부터 國庫補助를 받아 東洋古典譯註叢書를 간행하게 되었다. 이를 계기로 우리 先學의 註釋과 見解를 반영하는 등 국역사업의 內實을 기하게 되었음을 이 자리를 빌어 衷心으로 감사드리며, 아울러 國譯에 參與하신 관계자 여러분의 勞苦에 깊은 謝意를 표한다.

끝으로 우리의 이러한 작업은 오랜 역사 위에 축적된 先賢들의 業績과 現代學問을 이어주는 튼튼한 架橋와 礎石이 되어 진정한 韓國學과 東洋學 발전에 기여할 것을 굳게 믿으며, 21세기를 우리 文化의 世紀로 열어 가는 밑거름이 되도록 우리의 力量을 本 事業에 경주하고자 한다. 江湖諸賢의 부단한 관심과 지원을 기대해 마지않는다.

社團法人 傳統文化硏究會 理事長 李啓晃

凡 例

1. 본서는 ≪譯註 墨子閒詁≫의 제3책이다.
2. 본서의 底本은 ≪墨子閒詁≫(孫詒讓, 中華書局, 2001)로 하되, ≪墨子閒詁≫(孫詒讓, 掃葉山房, 1907, 고려대학교 도서관 소장본), ≪墨子閒詁≫(孫詒讓, 1910, 續修四庫全書 수록본), ≪墨子閒詁≫(孫詒讓, 漢文大系 卷14, 富山房, 1913), ≪墨子注≫(畢沅, 經訓堂本, 1835), ≪郡經平議·墨子評議≫(兪樾, 世界書局, 1881), ≪墨子經說解≫(張惠言, 國粹學報館, 1909), ≪墨經校釋≫(梁啓超, 中華書局, 1922), ≪墨子集解≫(張純一, 文史哲出版社, 1932), ≪墨子斠證≫(王叔岷, 中央研究員 歷史語言研究所, 1959), ≪墨子 上·下≫ (新釋 漢文大系 卷50·51, 明治書院, 1972), ≪墨子雜志≫(王念孫, 墨子集成 卷9, 成文出版社, 1975), ≪墨子注≫(畢沅, 中華書局, 1985), ≪墨子校注≫(吳毓江, 中華書局, 2006) 등을 참고하였다.
3. 본서는 원전의 傳統性과 번역의 現代性을 구현하기 위해 노력하였다.
4. 原文에는 우리나라 전통방식의 懸吐를 하였다.
5. 原文은 저본의 體制에 따라 단락을 구분하고, 각 단락마다 일련번호를 부여하였다.
6. 飜譯은 原義에 충실하게 하되, 이해가 어려운 부분은 意譯 또는 補充譯을 하였다.
7. 飜譯文은 한글과 漢字를 混用하였으며, 맞춤법과 띄어쓰기는 한글 맞춤법과 표준어 규정을 따르는 것을 원칙으로 하였다.
8. 譯註는 校勘, 異說, 인용문의 出典, 故事, 역사적 사건, 전문용어, 難解語, 人物, 制度, 官職 등에 관한 사항을 밝혔다.
9. 校勘은 원문의 誤字, 脫字, 衍字, 倒文 등을 대상으로 하였다.
10. 각 篇마다 간략한 해설을 달아 독자의 이해를 돕고자 하였다.
11. 본서에 사용된 주요 符號는 다음과 같다.

    " " : 對話, 각종 引用

    ' ' : " " 안에서 再引用, 强調

    「 」: ' ' 안에서 再引用, 强調

( ) : 원문에서는 讀音이 특수한 글자나 僻字의 音
번역문에서는 간단한 譯註

〔 〕: 번역문의 이해를 돕기 위한 原文의 漢字나 句節 표기
譯註에서 인용한 原文

≪ ≫ : 書名이나 典據

〈 〉: 篇章名, 作品名, 補充譯

12. 본서의 校勘에 사용된 符號는 다음과 같다.

( )〔 〕: (저본의 誤字)〔교감한 正字〕

〔 〕: 저본의 脫字 補充

( ) : 저본의 衍字

13. ≪墨子閒詁≫에서 諸家들이 참고한 書目의 略稱과 槪要는 다음과 같다.

- **道藏本** : 明朝 正統 10年(1445)에 張宇初(1359~1410)가 교정한 판본이다. ≪道藏≫은 ≪道教一切經≫, ≪道藏經≫, ≪道一切經≫이라고도 하며, 道敎 관련 문헌들을 망라한 道敎叢書이다. 明나라 正統 연간(1436~1449)에 칙명에 의해 張宇初가 편찬하여 大道觀에 반포한 ≪正統道藏≫을 가리킨다. 이후 萬曆 연간(1573~1619)에 ≪續藏≫을 추가하였다. 현전하는 ≪墨子≫ 판본들은 이 ≪正統道藏≫에 들어 있는 '道藏本'으로부터 시작된 것이다. 明나라의 많은 ≪墨子≫ 刊本들이 이를 토대로 삼았고, 畢沅 등 많은 淸나라 학자들이 이 판본을 대본으로 교감하였다.
- **吳鈔本** : 明朝 弘治 연간(1488~1505)에 吳寬(1435~1504)이 鈔한 寫本이다.
- **正德本** : 明朝 正德 元年(1506)에 兪弁(1488~1547)이 鈔한 寫本이다. 正德兪鈔三卷本이라고도 한다.
- **陸本** : 明朝 嘉靖 31年(1552)에 陸穩(?~?)이 교정한 活字本이다. 嘉靖壬子陸校銅板活字本이라고도 한다.
- **唐堯臣刻本** : 明朝 嘉靖 32年(1553)에 刊刻한 판본이다. 唐堯臣據陸穩壬子活字本刊刻이라고도 한다. 四部叢刊 수록본이다.
- **沈本** : 明朝 隆慶 元年(1567)에 沈津(?~?)이 刊刻한 판본이다. 隆慶丁卯沈刻百家類纂本이라고도 한다.
- **茅本** : 明朝 萬曆 연간(1573~1620)에 茅坤(1512~1601)이 교정하고 童思泉(?~?)이 刊刻한 판본이다. 萬曆辛巳茅校書坊刻本, 茅坤本이라고도 한다.

- **緜眇閣本**：明朝 萬曆 연간(1573~1620)에 馮夢禎(1548~1606)이 緜眇閣에서 刊刻한 판본이다.
- **堂策檻本**：明朝 天啓 연간(1621~1627)에 郎兆玉(?~?)이 堂策檻에서 刊刻한 판본이다.
- **寶曆本**：日本 寶曆 7年(1757)에 秋山儀(秋山玉山, 1702~1764)가 교정한 校刻本이다. 日本寶曆七年秋山儀校刻本이라고도 한다. 明나라 茅坤本을 倣刻한 것으로 모두 6권이다.
- **畢本**：清朝 乾隆 48年(1783년)에 畢沅(1730~1797)이 교정한 판본이다. 畢沅校刻本이라고도 한다. 전 16권이다. 畢沅은 明나라 때 간행된 道藏本을 저본으로 삼았으며, 兩江總督採進本 및 萬曆 연간의 潛庵子本, 郎氏堂策檻刊本을 참고하였다. 여기에 盧文弨(1717~1795)와 孫星衍(1753~1818), 翁方綱(1733~1818) 등의 校勘 내용을 참고하여 校注를 완성하였다.
- **四庫全書本**：清朝 乾隆 연간(1736~1795)에 刊刻한 판본이다.
- **顧本**：清朝에 顧千里(1766~1835)가 道藏本을 교정한 것이다. 顧校道藏本이라고도 한다.

14. ≪墨子閒詁≫에서 손이양이 인용한 주요 註釋家는 다음과 같다.
    - **盧文弨**(1717~1795)：清 浙江 仁和 사람으로 자는 紹弓, 호는 磯漁 또는 䋲檠齋·抱經이며, 晩號는 弓父이다. 戴震·段玉裁 등과 교유하였으며, 校勘學者이자 藏書家·教育家로서 당대 크게 이름을 떨쳤다. 교감한 고적으로는 ≪逸周書≫, ≪孟子音義≫, ≪荀子≫, ≪呂氏春秋≫, ≪韓詩外傳≫, ≪春秋繁露≫, ≪方言≫, ≪白虎通≫ 등이 있다. 저서에 ≪抱經堂文集≫, ≪儀禮注疏詳校≫, ≪鍾山劄記≫, ≪龍城劄記≫, ≪廣雅釋天以下注≫, ≪廣雅注≫ 등이 있다.
    - **畢沅**(1730~1797)：清 江蘇 鎭洋 사람으로 자는 纕蘅 또는 秋帆, 호는 靈巖山人이다. 乾隆 25년(1760)에 進士가 되고, 陝西巡撫와 湖廣總督 등을 역임하였다. 沈德潛과 惠棟에게 수학하였고, 경학으로는 漢儒, 문자학으로는 許愼을 종주로 했다. 經史, 書畫, 小學, 金石, 詩文, 地理 영역에 두루 통달하였다. 저서에 ≪經典文字辨正書≫, ≪音同義異辨≫, ≪說文解字舊音≫, ≪關中金石記≫, ≪中州金石記≫, ≪傳經表≫, ≪晏子春秋音義≫, ≪呂氏春秋校正≫, ≪靈巖山人詩文集≫, ≪墨子注≫ 등이 있으며, 대부분 經訓堂叢書에 수록되어 있다.
    - **汪中**(1744~1794)：清 江蘇 江都 사람으로 자는 容甫이다. 經學과 史學에 정통하

였으며, 특히 先秦圖書와 古代 學制興廢를 깊이 연구하였다. 王念孫·劉台拱과 교유하였으며, 阮元·焦循 등과 더불어 '揚州學派'로 일컬어진다. 저서에 《述學》, 《容甫先生遺詩》, 《春秋述義》, 《廣陵通典》, 《秦蠶食六國表》, 《知新記》, 《金陵地圖考》 등이 있다.

- 王念孫(1744~1832) : 淸 江蘇 高郵 사람으로 자는 懷祖, 호는 石臞이다. 乾隆 40年에 進士가 되고, 翰林院 庶吉士와 工部 主事 등을 역임하였다. 戴震에게 수학하였으며, 音韻學, 文字學, 訓詁學, 校勘學에 조예가 깊었다. 당대 錢大昕, 盧文弨, 邵晉涵, 劉台拱 등과 '五君子'로 일컬어졌다. 저서에 《讀書雜志》, 《釋大》, 《王石臞先生遺文》, 《廣雅疏證》, 《古韻譜》, 《道河議》, 《河源紀略》 등이 있다. 《讀書雜志》에 《墨子雜志》 6권이 있다.
- 張惠言(1761~1802) : 淸 江蘇 武進 사람으로 자는 皐聞 또는 皐文, 호는 茗柯이다. 嘉慶 4년(1799)에 進士가 되고, 翰林院 庶吉士와 編修 등을 역임하였다. 詞에 능하여 常州詞派를 창시했다. 후에 古文에 전념하여 韓愈와 歐陽脩를 종주로 삼았으며, 經學과 음운학에도 정통하였는데, 특히 《周易》과 《儀禮》 연구로 이름이 높아 '陽湖派古文'으로 일컬어졌다. 저서에 《虞氏易禮》, 《虞氏易事》, 《虞氏易言》, 《周易鄭氏義》, 《讀儀禮記》, 《茗柯文編》, 《詞選》, 《七十家賦鈔》, 《說文諧聲譜》, 《墨子經說解》 등이 있다.
- 洪頤煊(1765~1837) : 淸 浙江 臨海 사람으로 자는 旌賢, 호는 筠軒, 晩號는 倦舫老人이다. 孫星衍의 門人으로 경전의 訓詁에 밝았고 天文, 地理, 文學, 碑版, 鄕邦文獻 방면에 조예가 깊었다. 저서에 《尙書洪範五行傳論輯本》, 《校正竹書紀年》, 《讀書叢錄》, 《台州劄記》, 《諸史考異》, 《管子義證》, 《尙書古文敍錄》, 《筠軒詩文抄》 등이 있다.
- 王引之(1766~1834) : 淸 江蘇 高郵 사람으로 자는 伯申, 호는 曼卿이다. 王念孫의 아들이다. 翰林院 編修, 戶部尙書, 吏部尙書, 禮部尙書, 工部尙書 등을 역임하였다. 聲韻學, 文字學, 訓詁學 등에 정통하였다. 왕염손의 학통을 이어 《爾雅》, 《說文解字》, 《音學》 등의 책을 정밀히 연구하였다. 저서에 《經義述聞》 32권, 《經傳釋詞》 10권이 있다.
- 顧廣圻(1766~1835) : 淸 江蘇 元和 사람으로 자는 千里, 호는 澗薲 또는 思適居士이다. 당대의 저명한 校勘學者이자 藏書家·目錄學家이다. 四部圖書를 博覽하였으며,

經史, 訓詁, 曆算, 輿地, 諸子經學에 두루 통하였다. 阮元・胡克家・孫星衍의 초빙을 받아 고서 및 ≪說文解字≫, ≪禮記≫, ≪儀禮≫, ≪國語≫, ≪戰國策≫, ≪文選≫ 등의 제서를 교감하였으며, 특히 校讎學・目錄學에 정통하여 孫星衍・黃丕烈 등과 더불어 당대 校勘學의 거장으로 일컬어졌다. 저서에 ≪思適齋集≫ 등이 있다.

- **蘇時學**(1814~1874) : 清 藤縣 藤城鎮 사람으로 字는 斅元, 號는 琴舫 또는 爻山이다. 晩年에는 猛陵山人으로 불렸다. 평생 벼슬에 뜻을 두지 않았으며, 清 同治 연간에 한번 內閣中書 요직에 나아갔으나, 이때에도 內府의 經典을 열독하는 데 潛心求學하였다. 청년 시절 廣州, 香港, 杭州, 上海 등지에서 유학하였으며, 생전에 著述이 매우 많아 '藤州才子'로 일컬어졌다. 저서에 ≪寶墨樓詩冊≫, ≪寶墨樓楹聯≫, ≪遊瑤日記≫, ≪羊城遊記≫, ≪爻山筆話≫, ≪鐔津考古錄≫, ≪墨子刊誤≫ 등이 있다.
- **兪樾**(1821~1906) : 清 浙江 德清 사람으로 자는 蔭甫, 호는 曲園이다. 道光 30년(1850) 進士에 급제하여 翰林院 編修, 河南學政 등을 역임하였다. 經學, 諸子學, 史學, 訓詁學, 戲曲, 詩詞, 小說, 書法 등에 두루 능통하였다. 관직을 그만둔 뒤 蘇州 紫陽書院, 上海 求志書院, 杭州 詁經精舍 등에서 후학을 양성하였다. 王念孫 부자의 학문 경향을 추종하였으며, 당대의 큰 스승으로 추앙받았다. 저서에 ≪群經平議≫, ≪諸子平議≫, ≪古書疑義擧例≫, ≪春在堂隨筆≫, ≪茶香室叢鈔≫, ≪詁經精舍自課文≫, ≪賓萌集≫, ≪古書疑義擧例≫, ≪春在堂詩編≫, ≪小浮梅閑話≫, ≪右臺仙館筆記≫ 등이 있다. 그의 ≪諸子平議≫에 ≪墨子平議≫ 15권이 들어 있다.
- **戴望**(1837~1873) : 清 浙江 德清 사람으로 자는 子高이다. 同治 연간에 江寧書局 校勘이 되었다. 清 咸豐 7년(1857)에 陳奐에게 수업하여 聲韻과 訓詁의 經師家法을 익혔으며, 宋翔鳳에게 ≪春秋公羊傳≫을 수업받고 西漢儒說을 연구하였고, 후에 孫治讓과 함께 金文을 考訂하였다. 저서에 ≪論語注≫, ≪管子校正≫, ≪顔氏學記≫, ≪謫麐堂遺集≫, ≪墨子校記≫ 등이 있다.

目 次

譯註 墨子間詁 3

天志 下 第二十八* 제28편 하늘의 뜻 하

*이 편은 상편과 중편을 부연한 것이다. 따라서 글의 내용과 구성이 앞의 두 편과 대체로 같다. 하늘은 정의를 좋아하고 不義를 싫어하니, 이러한 하늘의 뜻을 따라야 평화로운 세상을 이룰 수 있다고 주장하면서 당시의 군주들은 전쟁을 일삼으면서 그것이 불의인 줄 모른다고 개탄한다.

28-1 1 子墨子言曰 天下之所以亂者는 其說將何哉오 則是天下士君子가 皆明於小而不明於大라 何以知其明於小不明於大也오 以其不明於天之意也일새니라 何以知其不明於天之意也오 以處人之家者知之로라 今人處若家得罪면 將猶有異家所以避逃之者〔矣〕라

子墨子께서 말씀하셨다.

"천하가 어지러운 까닭은 무엇으로 설명할 것인가? 이는 곧 천하의 士君子가 모두 작은 것에 밝고 큰 것에 밝지 못하기 때문이다. 작은 것에 밝고 큰 것에 밝지 못한 줄 어떻게 아는가? 하늘의 뜻에 밝지 못하기 때문이다. 하늘의 뜻에 밝지 못한 줄 어떻게 아는가? 사람의 집에 사는 자의 경우로 알 수 있다. 지금 자기 집에 살다가 죄를 지으면 그래도 오히려 피해 도망쳐 갈 수 있는 다른 집이 있다.

墨子

畢云 據下文컨대 當有矣字라하다 王引之云 所以는 可以也라하다 案 此所는 當從畢訓爲處所니 王說은 非라 詳上篇하다

畢沅 : 아래 글에 의거하면 〈'避逃之者' 뒤에〉 응당 '矣'자가 있어야 한다.

王引之 : 〈'所以避逃之者'의〉 '所以'는 '可以'이다.

案 : 여기서 '所'는 응당 필원의 訓을 따라 處所로 보아야 한다. 왕인지의 설은 옳지 않다. 上篇에 자세히 보인다.

28-1-2 然且父以戒子하고 **兄以戒弟**하여 **曰 戒之慎之**하라 **處人之家**에 **不戒不慎之**어늘 **而(有)〔可〕處人之國者乎**아하고

그런데도 아버지는 아들에게 훈계하고 형은 아우에게 훈계하여 말하기를 '조심하고 삼가라. 사람의 집에 살면서 조심하고 삼가지 않거늘 사람의 나라에 살 수 있겠느냐.'라 한다.

有는 **疑當爲可**라

有는 아마도 可가 되어야 할 듯하다.

28-1-3 今人處若國得罪면 **將猶有異國所以避逃之者矣**라 **然且父以戒子**하고 **兄以戒弟**하여 **曰 戒之慎之**하라 **處人之國者**는 **不可不戒慎也**니라하니 **今人皆處天下而事天**하니 **得罪於天**이면 **將無所以避逃之者矣**라 **然而莫知以相極戒也**니라

지금 사람이 자기 나라에 살면서 죄를 지으면 그래도 오히려 피해 도망쳐 갈 수 있는 다른 나라가 있다. 그런데도 아버지는 아들에게 훈계하고 형은 아우에게 훈계하여 말하기를 '조심하고 삼가라. 사람의 나라에 사는 자는 조심하고 삼가지 않아서는 안 된다.'라 한다. 지금 사람들은 모두 하늘 아래 살면서 하늘을 섬기고 있으니, 하늘에 죄를 지으면 장차 피해 도망쳐 갈 곳이 없다. 그런데도 서로 경계할 줄을 모른다.

王引之云 極字는 **義不可通**이라 **極戒**는 **當爲儆戒**니 **字之誤也**라 **上篇相儆戒三字**가 **凡五見**이라하다 **兪云 極戒**는 **卽儆戒也**라 **極**은 **通作亟**이라 **荀子賦篇**에 **出入甚極**이라하고 **又曰 反覆甚極**이라한대 **楊倞注**에 **竝曰 極讀爲亟**이 **是也**라 **廣雅**[1]**釋詁**에 **亟**은 **敬也**라하니

1) 廣雅 : ≪博雅≫라고도 한다. 北魏 太和(227~232) 연간에 魏나라 학자 張揖이 ≪三蒼≫과 ≪說

亟爲敬이라 故亦爲儆矣라 亟은 又與苟(극)[2]通이니 見爾雅釋詁篇釋文이요 而敬字卽從苟하니 是可知其義之通이라 說文心部에 悈은 疾也니 從心亟聲이라 一曰 謹重皃라하니 謹重之義는 亦與儆相近이라하다

王引之 : '極'자는 뜻이 통하지 않는다. '極戒'는 응당 '儆戒'가 되어야 하니, 글자의 착오이다. 上篇에 '相儆戒' 석 자가 모두 다섯 번 보인다.

俞樾 : '極戒'는 儆戒이다. '極'은 '亟'과 통한다. ≪荀子≫ 〈賦篇〉에 "出入甚極(출입함이 매우 급하다)"이라 하고 또 "反覆甚極(반복함이 매우 급하다)"이라 하였는데, 楊倞의 注에 모두 "極은 亟으로 읽어야 한다."라 한 것이 이런 경우이다. ≪廣雅≫ 〈釋詁〉에 "亟은 敬이다."라 하였으니, 亟은 敬이다. 그러므로 또한 儆이 되는 것이다. 亟은 또 苟과 통하니, ≪經典釋文≫ 〈爾雅 釋詁篇〉 에 보인다. 그리고 敬자는 苟이 부수이니, 그 뜻이 통함을 알 수 있다. ≪說文解字≫ 心部에 "悈은 疾이니 心이 부수이고 독음은 亟이다. 어떤 곳에는 '謹重한 모습이다.'라 하였다."라 하였으니, 謹重의 뜻은 역시 儆과 서로 비슷하다.

28-1-4 吾以此로 知大物則不知者也로라하니라

나는 이런 까닭에 큰 것은 알지 못한다는 것을 안다."

28-2-1 是故로 子墨子言曰 戒之愼之하라 必爲天之所欲하고 而去天之所惡(오)니라 曰 天之所欲者는 何也며 所惡者何也오 天欲義而惡其不義者也니 何以知其然也오 曰 義者는 正也니라

이런 까닭으로 子墨子께서 말씀하셨다.

"조심하고 삼가라. 반드시 하늘이 좋아하는 바를 하고 하늘이 싫어하는 바를 버려라. 하늘이 좋아하는 바는 무엇이며, 하늘이 싫어하는 바는 무엇인가? 하늘은 義를 좋아하고 不義를 싫어하는 것이니, 어찌하여 그러한 줄 아는가? 義라는 것은

文解字≫ 등을 참고하여 ≪爾雅≫를 증보한 것으로 모두 10권이다. 古書의 字句를 해석하였으며 經書를 고증하고 주석을 달았다. 淸나라 王念孫(1744~1832)이 이를 증보하여 ≪廣雅疏證≫과 ≪釋大≫를 지었다.

2) 苟(극) : ≪經典釋文≫ 판본에 따라 '苟'이 '急'으로도 되어 있으나, '急'으로 된 것은 오류이다.

〈남을〉 바르게 하는 것이기 때문이다.

正은 猶言正人이니 詳上篇하다

正은 正人이란 말과 같으니, 上篇에 상세히 보인다.

28-2-2 何以知義之爲正也오 天下有義則治요 無義則亂이니 我以此로 知義之爲正也라 然而正者는 無自下正上者요 必自上正下라 是故로 庶人不得次(자)己而爲正이니라

義가 〈남을〉 바르게 하는 것임을 어떻게 아는가? 천하에 義가 있으면 다스려지고 義가 없으면 어지러워지니, 나는 이런 까닭에 義가 〈남을〉 바르게 하는 것임을 안다. 그러나 〈남을〉 바르게 한다는 것은 아래로부터 위를 바로잡는 것은 없고 반드시 위로부터 아래를 바로잡는다. 이런 까닭에 서인은 자기를 방종하게 하고 〈남을〉 바르게 할 수 없다.

意林[3]에 引次竝作恣요 正竝作政이라 案 次는 當依馬讀爲恣라 王訓爲卽은 似未塙[4]하니 詳上篇하다

≪意林≫에 이 대목을 인용하면서 次는 모두 '恣'자로 되어 있으며, '正'은 모두 '政'로 되어 있다.

案 : 次는 응당 馬總의 ≪의림≫에 따라 '恣'로 읽어야 한다. 王念孫이 〈次의〉 字訓을 卽이라 한 것은 확실하지 않은 듯하다. 上篇에 자세히 보인다.

28-2-3 有士正之로되 士不得次己而爲正이며 有大夫正之로되 大夫不得次己而爲正이며 有諸侯正之로되 諸侯不得次己而爲正이며 有三公正之로되 三公不得次己而爲正이며 有天子正之로되 天子不得次己而爲(政)〔正〕이며

士가 바로잡되 사는 자기를 방종하게 하고 〈남을〉 바르게 할 수 없으며, 大夫가

3) 意林 : 唐 穆宗 때 사람인 馬總(？~823)의 저작으로, 모두 6권이며 諸子百家의 精華를 모은 것이라는 평가를 받는다.

4) 塙 : 確의 古字이다.

바로잡되 대부는 자기를 방종하게 하고 〈남을〉 바르게 할 수 없으며, 諸侯가 바로잡되 제후는 자기를 방종하게 하고 〈남을〉 바르게 할 수 없으며, 三公이 바로잡되 삼공은 자기를 방종하게 하고 〈남을〉 바르게 할 수 없으며, 天子가 바로잡되 천자는 자기를 방종하게 하고 〈남을〉 바르게 할 수 없으며,

依上下文컨대 亦當作正이라

위아래 글에 의거하면 〈'政'은〉 역시 '正'이 되어야 한다.

28-2-4 有天正之니라 今天下之士君子가 皆明於天子之正天下也요 而不明於天之正天子也니라

하늘이 바로잡느니라. 지금 천하의 士君子들이 모두 천자가 천하를 바로잡는다는 것은 밝게 알고 하늘이 천자를 바로잡는다는 것은 밝게 알지 못한다.

王云 舊本에 不明於天下에 脫之字하고 正下에 又脫天子二字어늘 今補라하다

王念孫 : 舊本에는 '不明於天' 아래에 '之'자가 빠졌고, '正' 아래에 또 '天子' 두 자가 빠졌는데, 지금 보충한다.

28-2-5 是故로 古者에 聖人明以此說人曰 天子有善이면 天能賞之요 天子有過면 天能罰之라하니라 天子賞罰不當하며 聽獄不中하면 天下疾病禍(福)〔祟(수)〕하며

이런 까닭에 옛날에 성인이 분명히 이를 사람들에게 말해주기를 "天子가 善이 있으면 하늘이 상을 내리고, 천자가 잘못이 있으면 하늘이 벌을 내린다."라고 하였다. 천자가 賞罰을 내리는 것이 마땅하지 않고 獄事를 처결하는 것이 맞지 않으면 하늘이 질병과 재앙을 내리며,

王云 福字는 義不可通하니 禍福은 當爲禍祟라 下者는 降也니 言降之以疾病禍祟也라 疾病禍祟는 見中篇이라하다

王念孫 : '福'자는 뜻이 통하지 않으니, '禍福'은 '禍祟'가 되어야 한다. '下'라는 것은 내린다는 뜻이니, 질병과 재앙을 내린다는 말이다. '疾病禍祟'는 〈天志 中〉에 보인다.

28-2-6 霜露不時하나니 天子必且犓豢(추환)其牛羊犬彘(체)하고 絜(결)爲粢盛酒醴[5)]하여

서리와 이슬이 제때가 아닐 때 내린다. 〈이렇게 되면〉 천자는 반드시 우선 소, 양, 개, 돼지와 같은 가축을 잘 기르고 정결히 粢盛과 술, 단술을 장만해서

絜은 舊本에 作潔이러니 今據吳鈔本[6)]改하노라 下同이라

絜은 舊本에는 潔로 되어 있는데, 이제 吳鈔本에 의거하여 고쳤다. 아래도 같다.

28-2-7 以禱祠祈福於天하나니 我未嘗聞天之禱〔祠〕祈福於天子也라

하늘에 기도하고 제사 지내 복을 빈다. 나는 하늘이 천자에게 기도하고 제사 지내 복을 빈다는 말은 일찍이 듣지 못했다.

畢云 禱下에 當有祠字라하다

畢沅 : '禱' 아래에 응당 '祠'자가 있어야 한다.

28-2-8 吾以此로 知天之(重且貴)〔貴且知〕於天子也로다

나는 이런 까닭에 하늘이 천자보다 귀하고 지혜롭다는 것을 안다.

吳鈔本에 此作是하고 重且貴作貴且重이라 以此下文及中篇校之컨대 重且貴當作貴且知라

吳鈔本에는 '此'가 '是'로 되어 있고, '重且貴'는 '貴且重'으로 되어 있다. 이 아래 글 및 〈天志 中〉으로 교감해보건대 '重且貴'는 응당 '貴且知'가 되어야 한다.

28-2-9 是故로 義者는 不自愚且賤者出이요 必自貴且知者出이니라 曰 誰爲知오 天爲知니라

---

5) 粢盛酒醴 : 고대에 국가에서 제사를 지낼 때 그릇에 담아 올리던 黍稷과 같은 곡물이다. 簠(보)와 簋(궤) 등의 제기에 곡물을 담았다. ≪春秋左氏傳≫ 桓公 6년 杜預의 注에 "黍稷을 粢라 하고, 그릇에 담은 것을 盛이라 한다.〔黍稷曰粢 在器曰盛〕"라 하였다. 酒醴는 제사에 쓰는 술과 단술이다.

6) 吳鈔本 : 明나라 吳寬이 鈔寫한 本을 말한다.

이런 까닭으로 義란 것은 어리석고 미천한 사람에게서 나오는 것이 아니고 반드시 귀하고 지혜로운 사람에게서 나온다. 누가 지혜로운가? 하늘이 지혜롭다.

兪云 此上에 脫誰爲貴天爲貴六字라 中篇曰 然則孰爲貴며 孰爲知오 曰 天爲貴요 天爲知而已矣라하니 是其證이라하다

兪樾 : 이 〈曰誰爲知〉 위에 '誰爲貴天爲貴(누가 귀한가? 하늘이 귀하다.)' 여섯 자가 빠졌다. 〈天志 中〉에 "그렇다면 누가 귀하며 누가 지혜로운가? 하늘이 귀하고 하늘이 지혜로울 따름이다."라 하였으니, 이것이 그 증거이다.

28-2-10 然則義果自天出也니라

그렇다면 義는 과연 하늘로부터 나오는 것이다.

28-3-1 今天下之士君子之欲爲義者는 則不可不順天之意矣니라 曰 順天之意는 何若고 曰 兼愛天下之人이니라 何以知兼愛天下之人也오 以兼而食之也니라

지금 천하의 士君子로서 義를 하고자 하는 이는 하늘의 뜻을 따르지 않아서는 안 된다. 하늘의 뜻을 따르는 것은 어떻게 하는 것인가? 천하 사람들을 아울러 사랑하는 것이다. 천하 사람들을 아울러 사랑한다는 것을 어떻게 아는가? 아울러 향유하기 때문이다.

食은 謂享食其賦稅物産이라

食은 천하 사람들의 賦稅와 物産을 향유함을 말한다.

28-3-2 何以知其兼而食之也오 自古及今히 無有遠(靈)〔雱(방)〕孤夷之國히

아울러 향유한다는 것을 어떻게 아는가? 예로부터 오늘에 이르기까지 먼 지방, 외딴 오랑캐 나라를 막론하고

戴云 遠靈二字는 義不可通하니 靈은 疑當作雱이라 雱은 說文以爲籀(주)文旁(방)字[7]하니 旁은 與方通이라 今文尙書에 多借旁爲方이라 遠雱은 言遠方也라하다 詒讓案 靈은 疑虛

之誤라 北魏孝文帝祭比干文에 虛作虗요 南唐本業寺記에 作霊요 東魏武定二年邑主造象頌에 靈作霊(령)이니 二形竝相似라 耕柱篇評靈亦㱙(하)虛之誤니 與此正同이라

戴望 : '遠靈' 두 자는 뜻이 통하지 않으니, '靈'은 아마도 雱이 되어야 할 듯하다. 雱은 ≪說文解字≫에는 籒文 㫄으로 되어 있으니, 㫄은 方과 통용된다. ≪今文尙書≫에 㫄을 假借하여 方으로 쓴 곳이 많다. 遠雱은 遠方이란 말이다.

詒讓案 : 靈은 虛의 오자일 듯하다. 北魏 孝文帝의 〈祭比干文〉에 虛가 虗로 되어 있고, 南唐 때 지은 〈本業寺記〉에 霊로 되어 있고, 東魏 武定 2년에 지은 〈邑主造象頌〉에 靈이 霊으로 되어 있으니, 두 글자가 모양이 모두 서로 비슷하다. 〈耕柱〉의 評靈은 㱙虛의 착오이니, 이 경우와 꼭 같다.

28-3-3 **皆犓豢其牛羊犬彘**하고 **絜爲粢盛酒醴**하여 **以敬祭祀上帝山川鬼神**하나니 **以此**로 **知兼而食之也**라 **苟兼而食焉**인댄 **必兼而愛之**니 **譬之若楚越之君**이라

모두 소, 양, 개, 돼지와 같은 가축을 잘 기르고 정결히 粢盛과 술, 단술을 장만해서 上帝, 산천, 귀신에게 경건하게 제사를 지낸다. 이 때문에 아울러 향유한다는 것을 안다. 만약 아울러 향유한다면 반드시 아울러 사랑하니, 비유하자면 楚나라 왕과 越나라 왕의 경우와 같다.

譬는 吳鈔本에 作辟(비)라

'譬'는 吳鈔本에는 辟로 되어 있다.

28-3-4 今是楚王食於楚之四境之內라

지금 초나라 왕은 초나라의 四境 안에서 향유한다.

王引之云 今是는 與今夫義同이라하다

---

7) 說文以爲籒文㫄字 : ≪說文解字≫의 표제 글자는 모두 篆書로 되어 있는데, ≪설문해자≫에 '㫄(㫄)'으로 되어 있는 것을 말하며, 이 글자는 '旁'자와 통한다. 籒文은 고대 書體의 일종으로 籒書 또는 大篆이라고도 한다.

王引之 : '今是'는 今夫와 뜻이 같다.

28-3-5 **故愛楚之人**하며 **越王食於越**이라

그러므로 초나라 사람을 사랑한다. 월나라 왕은 월나라에서 향유한다.

戴云 當據上文補之四境之內五字라 **墨子文不避重複**하니 **不得於此文獨省**(생)**也**라하다

戴望 : 응당 윗글에 의거하여 '之四境之內' 다섯 글자를 보충하여야 한다. ≪墨子≫는 문장이 중복되는 것을 피하지 않으니, 이 글에만 유독 생략할 수는 없다.

28-3-6 **故愛越之人**이라

그러므로 월나라 사람을 사랑한다.

道藏本季本吳鈔本에 **竝脫楚之人以下十字**라

道藏本, 季本, 吳鈔本에는 모두 '楚之人' 이하 열 글자가 빠졌다.

28-3-7 **今天兼天下而食焉**하나니 **我以此**로 **知其兼愛天下之人也**라

지금 하늘은 천하를 아울러 향유하니, 나는 이 때문에 〈하늘이〉 천하 사람들을 아울러 사랑한다는 것을 안다.

28-4-1 **且天之愛百姓也**는 **不盡(物)〔此〕而止矣**라

또 하늘이 백성을 사랑하는 것은 여기에 그치지 않는다.

王云 物字는 **義不可通**이라 **物當爲此**니 **此字指上文而言**이라 **中篇曰 不止此而已矣**라하고 **又曰 不止此而已**라하니 **皆其證**이라하다

王念孫 : '物'자는 뜻이 통하지 않는다. 物은 응당 此가 되어야 하니, '此'자는 윗글을 가리켜 말한 것이다. 〈天志 中〉에 "여기에 그치고 말지 않는다.〔不止此而已矣〕"라 하였고, 또 "여기에 그치고 말지 않는다.〔不止此而已〕"라 하였으니, 모두 그 증거이다.

28-4-2 今天下之國에 粒食之民이 殺一不辜者면 必有一不祥하니라

지금 천하의 나라에 곡식을 먹고 사는 백성들이 무고한 사람을 하나라도 죽이면 반드시 상서롭지 못한 일이 있게 된다.

王云 舊本에 民下에 衍國字어늘 今刪이요 殺一下에 脫不辜者必有一六字어늘 今據上中二篇補라하다

王念孫 : 舊本에는 '民' 아래에 '國'자가 더 있었는데 지금 刪削하였고, '殺一' 아래에 '不辜者必有一' 여섯 글자가 빠졌는데 지금 〈天志 上〉과 〈天志 中〉 두 편에 의거하여 보충하였다.

28-4-3 曰 誰殺不辜오 曰 人也니라 孰予之不(辜)〔祥〕고

누가 무고한 사람을 죽이는가? 사람이다. 누가 상서롭지 못한 일을 주는가?

依上文컨대 當作不祥이라

〈不辜는〉 윗글에 의거하면 응당 不祥이 되어야 한다.

28-4-4 曰 天也라 若天之中實不愛此民也면 何故而人有殺不辜어늘 而天予之不祥哉아 且天之愛百姓이 厚矣요 天之愛百姓이 別(편)矣를

하늘이다. 만약 하늘이 진실로 이 백성을 사랑하지 않는다면 무슨 까닭에 어떤 사람이 무고한 사람을 죽였는데 하늘이 상서롭지 못한 일을 주겠는가. 그리고 하늘이 백성을 사랑하는 것이 두텁고 하늘이 백성을 사랑하는 것이 두루 넓다는 것을

王引之云 別은 讀爲徧이니 言天徧愛百姓也라 古或以別爲徧하니 樂記에 其治辯者其禮具라한대 鄭注에 辯은 徧也라하고 史記樂書에 辯은 作辨한대 集解에 一作別이라하니 其證也라하다

王引之 : '別'은 독음이 徧이니, 하늘이 백성을 두루 널리 사랑한다는 말이다. 옛날에는 혹 別을 徧으로 삼았으니, ≪禮記≫ 〈樂記〉에 "그 다스림이 두루 넓은 자는 그 예가 갖추어진다.〔其治辯者 其禮具〕"라 하였는데, 鄭玄의 注에 "辯은 두루 넓다는 뜻이다."라 하였고, ≪史記≫ 〈樂書〉에 辯은 辨으로 되어 있는데, ≪史記集解≫에 "어떤 곳에는 別으로

되어 있다."라 하였으니, 그 증거이다.

28-4-5 **既可得而知也**로다

이미 알 수 있다.

28-5-1 **何以知天之愛百姓也**오 **吾以賢者之必賞善罰暴也**로다 **何以知賢者之必賞善罰暴也**오 **吾以昔者三代之聖王知之**로다

하늘이 백성을 사랑한다는 것을 어떻게 아는가? 나는 어진 이는 반드시 착한 사람에게 상을 주고 포악한 사람에게 벌을 준다는 사실로써 안다. 어진 이는 반드시 착한 사람에게 상을 주고 포악한 사람에게 벌을 준다는 것을 어떻게 아는가? 나는 옛날 三代의 聖王으로써 안다.

吳本에 三代之聖王이 作之三代聖王이라

吳鈔本에는 '三代之聖王'이 '之三代聖王'으로 되어 있다.

28-5-2 **故**로 **昔也**에 **三代之聖王堯舜禹湯文武之兼愛(之)天下也**에

그러므로 옛날에 三代의 聖王인 堯, 舜, 禹, 湯, 文王, 武王이 천하를 아울러 사랑할 때

下之字는 吳鈔本無하니 疑衍이라

아래의 '之'자는 吳鈔本에는 없으니, 衍字일 듯하다.

28-5-3 **從而利之**하여 **移其百姓之意焉**하고 **率以敬上帝山川鬼神**이어든 **天以爲從其所愛而愛之**하고 **從其所利而利之**라 **於是**에 **加其賞焉**하여 **使之處上位**하여 **立爲天子以法也**라

이어서 백성을 이롭게 해주어 백성들의 마음을 착하게 바꾼 다음 백성들을 거느리고 上帝, 山川, 鬼神을 공경하였다. 이에 하늘이 그들이 사랑하는 바를 따라 사랑하고 그들이 이롭게 여기는 바를 따라 이롭게 해주었다. 이에 賞을 주고 높은 지위에 앉게 하여 천자로 세워서 백성의 부모로 삼고

戴云 以法은 疑當作以爲儀法이니 脫二字耳라 以爲儀法은 見下文이라 也는 當爲世之誤라 世名之曰聖人이 句라하다 案 以下文校之컨대 此處는 脫文甚多하니 以法也三字는 乃其殘字之僅存者니 戴說은 未塙(확)이라 今以此下文及尙賢中篇補之하니 疑當作以爲民父母라 是以로 天下之庶民屬而譽之하여 業萬世子孫繼嗣하여 譽之者不之廢也라 此法也는 卽廢也之誤라 鐘鼎款識(지)에 皆以灋(법)爲廢라

戴望 : '以法'은 아마도 '以爲儀法'이 되어야 할 듯하니, 〈'爲儀'〉 두 글자가 빠졌다. '以爲儀法'은 아래 글에 보인다. '也'는 응당 世의 오자일 것이니, '世名之曰聖人'이 한 句이다.
案 : 아래 글로 교감해보건대 이곳에는 脫文이 매우 많으니, '以法也' 세 글자는 殘缺한 글자가 겨우 남아 있는 것이다. 戴望의 설은 확실하지 않다. 이제 이 아래 글과 〈尙賢中〉의 글로 보충하니, 아마도 '백성의 부모로 삼았다. 이런 까닭에 천하의 서민들이 모여서 그를 칭송하여 대대로 만세의 자손이 이어져 칭송하는 사람이 그치지 않을 것이다. 〔以爲民父母 是以天下之庶民屬而譽之 業萬世子孫繼嗣 譽之者不之廢也〕'가 되어야 할 듯하다. 여기서 '法也'는 곧 '廢也'의 착오이다. 옛날 鐘鼎[8]에 새긴 글에는 모두 灋을 廢로 썼다.

28-5-4 名之曰聖人이라하니 以此로 知其賞善之證이로다

이름하여 聖人이라 했으니, 이로써 착한 사람에게 상을 주었다는 증거를 안다.

畢云 舊脫知字러니 據下文增이라하다

畢沅 : 舊本에는 '知'자가 빠졌는데, 아래 글에 의거하여 채워 넣었다.

28-5-5 是故로 昔也에 三代之暴王桀紂幽厲之兼惡(오)天下也에 從而賊之하여 移

8) 鐘鼎 : 상고시대 국가의 寶器로 그 표면에 공신들의 이름이나 공적을 새겼다.

其百姓之意焉하여 **率以詬侮上帝山川鬼神**이라 **天**이

이런 까닭으로 옛날에 三代의 포악한 왕인 桀, 紂, 幽, 厲가 천하를 아울러 미워할 때에는 이어서 백성들을 해치고 백성들의 마음을 나쁘게 바꾸어 백성들을 거느리고 上帝, 山川, 鬼神을 모욕하였다. 이에 하늘이

畢云 一本有鬼神天三字라 案 道藏本, 季本, 吳鈔本에 竝有라하다

畢沅 : 한 本에는 '鬼神天' 세 글자가 있다.

案 : 道藏本, 季本, 吳鈔本에 모두 〈'鬼神天' 세 글자가〉 있다.

28-5-6 **以爲不從其所愛而惡之**하고 **不從其所利而賊之**리 **於是**에 **加其罰焉**하여 **使之父子離散**하며 **國家滅亡**하며 **抎**(운)**失社稷**하여

자기가 사랑하는 바를 따르지 않고 미워하며 자기가 이롭게 하는 바를 따르지 않고 해친다고 여겼다. 이에 벌을 주어 父子가 離散하고 국가가 멸망하고 사직을 상실하여

畢云 說文云 抎은 有所失也니 春秋傳曰 抎子辱矣[9]라하고 玉篇[10]云 抎은 于粉切이라하다

畢沅 : ≪說文解字≫에 "抎은 잃는 바가 있는 것이니, ≪春秋左氏傳≫에 '그대를 잃으면 〈국가의〉 치욕이다.〔抎子辱矣〕'라 하였다."라고 하였고, ≪玉篇≫에 "抎은 于과 粉의 반절이다."라 하였다.

28-5-7 **憂以及其身**이라 **是以**로 **天下之庶民屬而毁之**하고 **業萬世子孫繼嗣**하여 **毁之**(賁)〔**者**〕**不**(**之**)**廢也**라

우환이 그 자신에까지 미치게 하였다. 이런 까닭으로 천하의 서민들이 모여서

9) 抎子辱矣 : ≪春秋左氏傳≫ 宣公 2년 條에 보이는데, '隕子辱矣'로 되어 있다. ≪說文解字≫에서 이 대목을 인용한 곳에 '抎子辱矣'로 되어 있다.

10) ≪玉篇≫ : 六朝時代 梁나라 顧野王(519~581)이 편찬한 책으로 ≪설문해자≫ 계통의 字書이다. 총 30권이며, 문자마다 反切音을 달았다. 經傳史子의 訓注와 音義를 취하여 類書 형식의 상세한 解說을 한 것이 특징이다.

헐뜯고 대대로 만세의 자손들이 이어져 헐뜯는 사람이 그치지 않을 것이다.

業萬世는 詳上篇하다 王云 賁은 當爲者니 隸書者字或作𦒿하니 見漢衛尉卿衡方郃陽令曹全碑라 與賁相似而誤라 不之廢는 衍之字라 廢者는 止也니 見中庸表記注하니라 言業萬世子孫繼嗣하여 而毁之者猶不止也라 尙賢篇云 萬民從而非之曰暴王하여 至今不已라하니 是也라 今本에 者譌作賁하고 下文又衍之字하니 則文不成義라하다

'業萬世'는 〈天志 上〉에 보인다.

王念孫 : '賁'은 응당 者가 되어야 하니, 隸書에 '者'자가 혹 𦒿자로 되어 있으니, 漢나라 〈衛尉卿衡方碑〉와 〈郃陽令曹全碑〉에 보인다. 이 글자가 '賁'자와 모양이 비슷하여 잘못된 것이다. '不之廢'에서 之자는 衍文이다. '廢'란 그친다〔止〕는 뜻이니, ≪禮記≫ 〈中庸〉과 〈表記〉의 鄭玄 注에 보인다. 만세토록 자손들이 이어져 헐뜯는 사람이 여전히 그치지 않을 것이라는 뜻이다. 〈尙賢〉에 "만민이 따라서 그를 비난하여 暴王이라 하여 지금까지도 그치지 않는다."라 하였으니, 이와 같은 뜻이다. 今本에는 '者'가 賁으로 잘못되어 있고 게다가 아래 글에 '之'자는 衍文이니, 글의 뜻이 이루어지지 않는다.

28-5-8 名之曰(失)〔暴〕王이라하나니

이름하여 포악한 왕이라 했으니

蘇云 失字誤니 上篇皆暴王이라하다

蘇時學 : '失'자는 착오이니, 〈天志 上〉에는 모두 '暴王'으로 되어 있다.

28-5-9 以此로 知其罰暴之證이로다

이로써 포악한 자에게 벌을 주었다는 증거를 안다.

28-6-1 今天下之士君子欲爲義者는 則不可不順天之意矣라 曰 順天之意者는 兼也요 反天之意者는 別也니 兼之爲道也는 義正이요 別之爲道也는 力正이라

오늘날 천하의 士君子로서 義를 하고자 하는 이는 하늘의 뜻을 따르지 않아서는

안 된다. 하늘의 뜻을 따르는 것은 아우르는 것이고 하늘의 뜻을 어기는 것은 차별하는 것이니, 아우르는 道는 의로운 征伐이고 차별하는 道는 무력의 정벌이다.

正은 上篇竝作政字하니 通이라 力正은 義詳明鬼下篇하다

'正'은 〈天志 上〉에는 모두 '政'자로 되어 있으니, 통용된다. '力正'은 뜻이 〈明鬼 下〉에 상세히 보인다.

28-6-2 曰 義正者는 何若고 曰 大不攻小也요 强不侮弱也요 衆不賊寡也요 詐不欺愚也요 貴不傲賤也요 富不驕貧也요 壯不奪老也라 是以로 天下之庶國이 莫以水火毒藥兵刃以相害也라 若事上利天하며 中利鬼하며 下利人이니 三利而無所不利하니 是謂天德이라 故凡從事此者는 聖知也요 仁義也요 忠惠也요 慈孝也라 是故로 聚斂天下之善名而加之하니 是其故何也오 則順天之意也니라 曰 力正者는 何若고 曰 大則攻小也요 强則侮弱也요 衆則賊寡也요 詐則欺愚也요 貴則傲賤也요 富則驕貧也요 壯則奪老也라 是以로 天下之庶國이 方以水火毒藥兵刃以相賊害也라 若事上不利天하며 中不利鬼하며 下不利人이니 三不利而無所利하니 是謂(之)〔天〕賊이니라

의로운 정벌이란 어떤 것인가? 큰 자가 작은 자를 공격하지 않으며, 강한 자가 약한 자를 모욕하지 않으며, 많은 사람이 적은 사람을 해치지 않으며, 똑똑한 사람이 어리석은 사람을 속이지 않으며, 귀한 사람이 천한 사람에게 오만하게 굴지 않으며, 부유한 사람이 가난한 사람에게 교만하게 굴지 않으며, 젊은 사람이 늙은 사람의 것을 빼앗지 않는다. 이런 까닭에 천하의 여러 나라들이 물과 불, 독약, 병기를 가지고 서로 상해하지 않는다. 이 같은 일은 위로는 하늘에 이롭고 중간으로는 귀신에 이롭고 아래로는 사람에 이롭다. 세 가지로 이로우면 이롭지 않은 것이 없으니, 이를 일러 天德이라 한다. 그러므로 무릇 이런 일에 종사하는 이는 총명하고 지혜로운 자요, 仁義를 품은 자요, 충성스럽고 은혜로운 자요, 자애롭고 효성스러운 자이다. 이런 까닭에 천하의 좋은 이름을 다 모아서 그에게 붙여주는 것이다. 그 까닭은 무엇인가? 바로 하늘의 뜻을 따르기 때문이다.

무력의 정벌이란 어떤 것인가? 큰 자는 작은 자를 공격하며, 강한 자는 약한 자

를 모욕하며, 많은 사람이 적은 사람을 해치며, 똑똑한 사람이 어리석은 사람을 속이며, 귀한 사람이 천한 사람에게 오만하게 굴며, 부유한 사람이 가난한 사람에게 교만하게 굴며, 젊은 사람이 늙은 사람의 것을 빼앗는다. 이런 까닭에 천하의 여러 나라들이 바야흐로 물과 불, 독약, 병기를 가지고 서로 상해한다. 이 같은 일은 위로는 하늘에 이롭지 않고 중간으로는 귀신에 이롭지 않고 아래로는 사람에 이롭지 않다. 세 가지로 이롭지 않으면 이로운 것이 없으니, 이를 일러 天賊이라 한다.

兪云 之는 **當作天**이니 **是謂天賊**은 **與是謂天德對文**이라 **中篇**에 **正作天賊**이라하다

兪樾 : '之'는 '天'이 되어야 하니, '是謂天賊'은 '是謂天德'과 對句가 된다. 〈天志 中〉에는 바로 '天賊'으로 되어 있다.

28-6-3 **故凡從事此者**는 **寇亂**[11]**也**요 **盜賊也**요 **不仁不義**요 **不忠不惠**요 **不慈不孝**라 **是故**로 **聚斂天下之惡名而加之**하니 **是其故何也**오 **則反天之意也**니라

그러므로 이런 일에 종사하는 사람은 寇亂이요 盜賊이요 不仁이요 不義요 不忠이요 不惠요 不慈요 不孝이다. 이런 까닭으로 천하의 나쁜 이름을 다 모아서 그에게 붙여주는 것이다. 그 까닭은 무엇인가? 바로 하늘의 뜻을 어겼기 때문이다."

28-7-1 **故子墨子置立天之**하여 **以爲儀法**하니

그러므로 子墨子께서는 하늘의 뜻을 세워서 儀法으로 삼았으니,

畢云 之는 **一本作志**하니 **疑俗改**라 **考古志字**는 **只作之**라 **說文**에 **無志字**라하다

畢沅 : '之'는 한 본에는 '志'로 되어 있으니, 〈'志'는〉 아마도 세상 사람이 고친 듯하다. 살펴보건데 옛날에는 '志'자를 단지 '之'자로 썼으니, ≪說文解字≫에는 '志'자가 없다.

28-7-2 **若輪人之有規**요 **匠人之有矩也**[12]라 **今輪人以規**하고 **匠人以矩**하니 **以此**로

---

11) 寇亂 : 寇는 다른 나라를 침략하는 것이고, 亂은 자기 나라 안에서 난리를 일으키는 것이다.

12) 若輪人之有規 匠人之有矩也 : 輪人은 수레바퀴를 만드는 장인이고 匠人은 木工이다. 規는 둥

知方圓之別矣라

이는 마치 輪人이 規를 가지고 있고 匠人이 矩를 가지고 있는 것과 같다. 지금 윤인은 規를 쓰고 장인은 矩를 쓰니, 이로써 方圓의 다름을 안다.

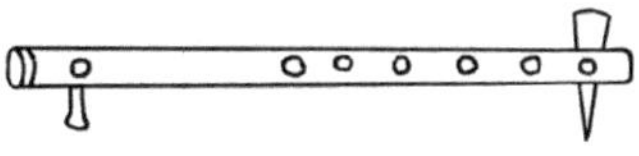

規

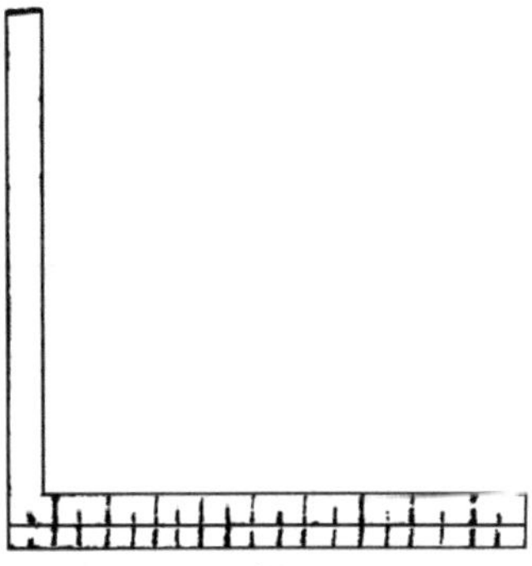

矩

王云 舊本에 脫知字라 中篇日 圓與不圓과 方與不方을 皆可得而知라하니 今據補라하다

王念孫 : 舊本에는 '知'자가 빠졌다. 〈天志 中〉에 "둥근 꼴과 둥글지 않은 것, 네모난 꼴과 네모나지 않은 것을 모두 알 수 있다."라 하였으니, 이제 이에 의거하여 보충하였다.

28-7-3 是故로 子墨子置立天之하여 以爲儀法이라

이런 까닭에 子墨子께서는 하늘의 뜻을 세워서 儀法으로 삼았다.

畢云 之는 當爲志라

畢沅 : '之'는 응당 志로 여겨야 한다.

28-8-1 吾以此로 知天下之士君子之去義遠也로다

나는 이로서 천하의 士君子들이 義에서 멀어졌다는 것을 안다.

道藏本吳鈔本에 義下有之字라

道藏本과 吳鈔本에는 '義' 아래에 '之'자가 있다.

근 원을 그리는 연장이다. 矩는 네모나 직각을 그리는 연장이다. ≪呂氏春秋≫ 〈分職〉에 "솜씨 좋은 장인이 궁실을 지으면서 둥근 원을 그릴 때는 반드시 규를 쓰고 네모를 그릴 때는 반드시 구를 쓴다.〔巧匠爲宮室 爲圓必以規 爲方必以矩〕"라 하였다.

28-8-2 何以知天下之士君子之去義遠也오

士君子들이 義에서 멀어졌다는 것을 어떻게 아는가?

吳鈔本에 義下有之字라

吳鈔本에는 '義' 아래에 '之'자가 있다.

28-8-3 今(知)氏大國之君이

지금 저 대국의 임금들은

兪云 知字는 衍文이니 蓋涉上句吾以知天下之士君子와 何以知天下之士君子兩句에 竝有知字而衍이라 氏는 當讀爲是니 禮記曲禮篇是職方의 鄭注曰 是는 或爲氏라하고 儀禮覲禮篇大史是右의 注曰 古文에 是爲氏也라하고 周官射人注에 引作大史氏右하니 然則是氏는 古通用이라 今氏는 卽今是也요 今是는 卽今夫也라 禮記三年問篇에 今是大鳥獸라한대 荀子禮論篇에 今是作今夫하고 荀子宥坐篇에 今夫世之陵遲亦久矣라한대 韓詩外傳에 今夫作今是하니 竝其證也라 上文曰 今是楚王食於楚之四境之內하고 此云 今氏大國之君이라하니 文法正同이라 上文作是하고 此文作氏하니 則字之異耳라하다

兪樾 : '知'자는 衍文이니 아마도 윗글의 "吾以知天下之士君子"와 "何以知天下之士君子" 두 句에 모두 '知'자가 있는 것과 연관하여 착오를 일으킨 듯하다. '氏'는 응당 是로 읽어야 하니, ≪禮記≫ 〈曲禮〉의 "是職方"에 대한 鄭玄의 注에 "是는 어떤 곳에는 氏로 되어 있다."라 하였고, ≪儀禮≫ 〈覲禮〉의 "大史是右(태사씨는 오른쪽에 있다)"에 대한 注에 "古字에 是는 氏이다."라 하였고, ≪周禮≫ 〈夏官 射人〉의 注에 이 대목을 인용하면서 "大史氏右"라 하였으니, 그렇다면 是와 氏는 옛날에 통용되었던 것이다.

'今氏'는 곧 '今是'이고, 今是는 곧 今夫이다. ≪禮記≫ 〈三年問〉에 "今是大鳥獸(지금 큰 鳥獸는)"라 하였는데, 이 대목이 ≪荀子≫ 〈禮論〉에서는 今是가 今夫로 되어 있고, ≪荀子≫ 〈宥坐〉에 "今夫世之陵遲亦久矣(지금 세상이 쇠퇴한 지 또한 오래다)"라 하였는데, 이 대목이 ≪韓詩外傳≫에는 今夫가 今是로 되어 있으니, 이 모두가 증거가 된다. 윗글에서 "今是楚王食於楚之四境之內(지금 초나라 왕은 초나라의 四境 안에서 향유한다)"라 하고 여기서는 "今氏大國之君(지금 저 대국의 임금들은)"이라 하였으니, 文法이 꼭 같다. 윗글에는

是로 되어 있고 이 글에서는 氏로 되어 있으니, 글자만 다른 것일 뿐이다.

28-8-4 寬(者)然曰

떠들썩하게 말하기를,

兪云 寬者下에 當有闕文이니 蓋言其土地之廣大也라 故下文以然字作轉語라하다 案疑當作爲寬然曰이니 者는 乃衍文이요 寬은 當爲囂(효)之借字니 聲義竝與讙(환)同이라 說文㗊(즙)部云 囂는 呼也니 讀若讙이라하니라 寬囂는 同從莧(현)聲이니 古通用이라 言今大國之君이 皆囂然爭持攻國之論也니 兪說은 非라

兪樾 : '寬者' 아래 응당 闕文이 있을 것이니, 대개 자기 나라의 토시가 넓은 것을 말한다. 그러므로 그 아래 글에 '然'자로 文勢를 전환한 것이다.

案 : 아마도 '寬然曰'이 되어야 할 듯하니, '者'는 衍文이다. '寬'은 응당 囂의 假借字가 되어야 하니, 〈囂는〉 독음과 뜻이 모두 讙과 같다. ≪說文解字≫ 㗊部에 "囂는 呼이니 독음이 讙과 같다."라 하였다. 寬과 囂는 다 같이 독음이 莧을 따르니, 옛날에 통용되었다. 지금 대국의 임금들은 모두 떠들썩하게 남의 나라를 공격하자는 주장을 다투어 하고 있다는 말이니, 유월의 설은 옳지 않다.

28-8-5 吾處大國而不攻小國이면 吾何以爲大哉아하니 是以로 差論蚤牙之士하고

"내가 大國에 있으면서 小國을 공격하지 않으면 내가 어떻게 대국이라 하겠는가."라 한다. 이런 까닭에 용맹한 군사를 선발하고

蚤는 吳鈔本에 作爪하고 非攻中下二篇에 竝作爪라

'蚤'는 吳鈔本에 爪로 되어 있고, 〈非攻 中〉과 〈非攻 下〉 두 편에 모두 爪로 되어 있다.

28-8-6 比列其舟車之卒〔伍〕하여

병졸을 태운 戰船과 戰車를 모두 늘어세워서

兪云 卒下에 脫伍字라 非攻下篇에 作皆列其舟車之卒伍하니 是其證也라 皆列은 卽比

列이라

兪樾 : '卒' 아래에 '伍'자가 빠졌다. 〈非攻 下〉에는 '皆列其舟車之卒伍'로 되어 있으니, 이것이 그 증거이다. 皆列이 곧 比列이다.

28-8-7 以攻(罰)〔伐〕無罪之國하여

죄 없는 남의 나라를 공격해 정벌하여

罰은 當從非攻下篇하여 作伐이라

'罰'은 응당 〈非攻 下〉에 따라 伐이 되어야 한다.

28-8-9 入其(溝)〔邊〕境하여

그 변경에 쳐들어가서

王云 溝境二字不詞니 當依非攻篇하여 作邊境이라 此涉下文溝池而誤也라

王念孫 : '溝境' 두 글자는 말이 안 되니, 응당 〈非攻〉에 따라 邊境이 되어야 한다. 이는 아래 글의 '溝池'와 연관하여 착오를 일으킨 것이다.

28-8-10 刈(예)其禾稼하며 斬其樹木하며 殘其城郭하여

곡식을 베고 나무를 자르고 성곽을 허물어

史記樊酈(역)滕灌傳集解에 引張晏云 殘은 有所毁也라

≪史記集解≫ 〈樊酈滕灌傳〉에 "張晏이 '殘은 허무는 바가 있는 것이다.'라 하였다."라는 대목을 인용하였다.

28-8-11 以(御)〔抑〕其溝池하고

해자를 메우고

王引之云 御字는 義不可通이라 御는 當爲抑이니 抑之言은 堙也니 謂壞其城郭하여 以

塞其溝池니 若周語所云 墮高堙(인)庳也라 史記河渠書禹抑鴻水의 索隱曰 抑은 漢書溝洫(혁)志에 作堙하니 堙抑은 皆塞之也라하니 是抑與堙同義라 非攻篇에 作湮(인)其溝池하니 湮亦堙也라 隷書에 抑字는 或作抑하니 見漢校官碑라 御字는 或作御하니 見帝堯碑라 二形相似而誤라

王引之 : '御'자는 뜻이 통하지 않는다. 御는 응당 抑이 되어야 하니, 抑이란 말은 堙(메우다)의 뜻이다. 성곽을 허물어 溝池를 메우는 것이니, ≪國語≫ 〈周語〉에서 말한 "높은 산을 무너뜨려 낮은 澤池를 메운다.〔墮高堙庳〕"는 것이다. ≪史記≫ 〈河渠書〉의 "禹抑鴻水(禹가 홍수를 억제하느라)"에 대한 索隱에 "抑은 ≪漢書≫ 〈溝洫志〉에 堙으로 되어 있으니, 堙과 抑은 모두 메운다는 뜻이다."라 하였으니, 抑은 堙과 뜻이 같다. 〈非攻〉에 '湮其溝池'로 되어 있으니, 湮 또한 堙과 같다. 隷書에 '抑'자는 혹 抑으로 되어 있으니, 漢나라 때의 〈校官碑〉에 보인다. 御字는 혹 御로 되어 있으니, 〈帝堯碑〉에 보인다. 두 글자의 모양이 비슷하여 착오를 일으킨 것이다.

28-8-12 焚燒其祖廟하며 攘殺其犧牷(전)하고

祖廟를 불태우고 희생을 잡아 죽이며

吳鈔本에 作牲이라

吳鈔本에는 〈'牷'이〉 '牲'으로 되어 있다.

28-8-13 民之格者를 則剄(拔)〔殺〕之하고

백성들 중 대항하는 자는 목을 베어 죽이고

畢云 剄은 舊作勁하여 從力하니 非라 剄拔은 卽剄劇이니 拔音同劇이라하다 詒讓案 剄拔은 疑剄殺之誤니 非攻下篇云 剄殺其萬民이라하니 殺與拔은 篆文相近而誤라

畢沅 : '剄'은 舊本에는 勁으로 되어 있어 부수가 力이니, 옳지 않다. '剄拔'은 곧 剄劇(목을 베다)이니, 拔의 독음이 劇과 같다.

詒讓案 : '剄拔'은 아마도 剄殺의 착오일 듯하니, 〈非攻 下〉에 "剄殺其萬民"이라 하였다. 殺과 拔은 篆書에 모양이 서로 비슷하여 착오를 일으킨 것이다.

28-8-14 不格者는 則係(操)〔纍(류)〕而歸하니라

대항하지 않는 자는 결박하여 〈자기 나라로〉 돌려보낸다.

畢云 係는 一本作繫라하다 王引之云 民可係而歸요 不可操而歸라 古亦無以係操二字連文者하니 操는 當爲纍니 卽孟子所謂係累其子弟也라 纍는 誤爲喿(조)니 後人因改爲操耳라 案 王校가 是也라 孟子梁惠王篇의 趙注云 係累는 猶縛結也라하다

畢沅 : '係'는 한 本에는 繫로 되어 있다.

王引之 : 백성은 밧줄로 결박하여〔係〕 〈자기 나라로〉 돌려보낼 수는 있어도 손을 잡아 끌고〔操〕 〈자기 나라로〉 돌려보낼 수는 없다. 옛날에도 '係操' 두 글자를 연이어 쓴 단어는 없다. '操'는 응당 '纍'가 되어야 하니, ≪孟子≫에서 말한 "그 자제를 묶어 잡아간다.〔係累其子弟〕"라는 것이다. 纍가 喿로 잘못 되었는데 후세 사람들이 이를 그대로 따라서 操로 고쳤던 것이다.

案 : 왕인지의 교감이 옳다. ≪맹자≫ 〈梁惠王〉의 趙岐 注에 "係累는 縛結과 같다."라 하였다.

28-8-15 丈夫以爲僕圉

그리하여 사내는 말을 몰고 기르는 하인과

丈은 舊譌(와)大라 顧云 當爲丈이라하고 王引之宋翔鳳校竝同하니 今據正하노라 左傳文十八年杜注云 僕은 御也라하고 周禮夏官鄭注云 養馬曰圉라하다 畢云 圉는 舊作園이러니 以意改라하다

'丈'은 舊本에는 大로 잘못되어 있다. 顧廣圻는 "응당 丈이 되어야 한다."라 하였고, 王引之과 宋翔鳳의 교감도 같으니, 이제 이에 의거하여 바로잡는다. ≪春秋左氏傳≫ 文公 18년 條의 杜預 注에 "僕은 御(마부)이다."라 하였고, ≪周禮≫ 〈夏官〉의 鄭玄 注에 "말을 기르는 사람을 圉라 한다."라 하였다.

畢沅 : '圉'는 舊本에는 園으로 되어 있었는데 글 뜻으로 판단하여 고쳤다.

28-8-16 胥靡하고

노예로 삼고

史記賈誼傳云 傳說(열)胥靡라한대 索隱에 引徐廣云 胥靡는 腐刑也라하고 晉灼云 胥는 相也요 靡는 隨也니 古者相隨坐輕刑之名이라하고 莊子庚桑楚篇釋文에 引司馬彪云 胥靡 刑徒人也라하고 崔譔云 腐刑也라하고 荀子儒效篇楊注云 胥靡는 刑徒人也니 胥는 相이요 靡는 繫也니 謂鎖相聯相繫니 漢書所謂鋃鐺(낭당)[13]者也라 顔師古曰 聯繫하여 使相隨而服役之니 猶今囚徒以鎖連枷也라하다 案 尙賢中篇에 說傳說被褐帶索하여 庸築乎傅巖이라하니 卽史記所謂胥靡니 則當爲刑徒役作之名이라 徐崔說은 誤라

≪史記≫ 〈賈誼傳〉에 "傳說은 胥靡가 되었다."라 하였는데, ≪史記索隱≫에 徐廣이 "胥靡는 腐刑(宮刑)이다."라 한 것과 晉灼이 "胥는 '相'자의 뜻이고 靡는 '隨'자의 뜻이니, 옛날에 서로 따라〔相隨〕 연좌되는 가벼운 형벌의 명칭이다."라 한 것을 인용하였고, ≪經典釋文≫ 〈莊子 庚桑楚〉에는 司馬彪가 "胥靡는 형벌을 받은 사람이다."라 한 것과 崔譔이 "腐刑이다."라 한 것을 인용하였고, ≪荀子≫ 〈儒效〉의 楊倞 注에 "胥靡는 형벌을 받은 사람이다. 胥는 '相'자의 뜻이고, 靡는 '繫'자의 뜻이니, 쇠사슬로 서로 이어 결박하는 것으로, ≪後漢書≫에서 말한 '鋃鐺'이란 것이다. 顔師古는 '〈사람들을〉 연결하여 포박해서 서로 따라다니며 勞役하게 하는 것이니, 오늘날 죄수들의 목에 찬 칼〔枷〕을 쇠사슬로 연결하는 것과 같다.'라 하였다." 하였다.

案 : 〈尙賢 中〉에 "傳說이 허름한 베옷을 입고 새끼를 허리에 띤 채 傅巖에서 성을 쌓는 일을 하고 있었다."라 하였으니, 바로 ≪사기≫에서 말한 胥靡이다. 따라서 응당 형벌을 받아 노역하는 죄수를 일컫는 명칭이 되어야 한다. 徐廣과 崔譔의 설은 착오이다.

28-8-16 婦人以爲舂酋(용추)하니라

부녀자들은 절구질을 하는 하인으로 삼는다.

吳鈔本에 婦는 作媍(부)하고 酋는 作囚하니 誤라 畢云 周禮云 其男子入于辠(죄)隸[14]하고 女子入于舂[15]稾[16]라하고 又說文云 酋는 繹酒也라 禮有大酋하니 掌酒官也라하니 未詳

---

13) 鋃鐺 : 죄인을 묶는 쇠사슬이다. ≪後漢書≫ 82권 〈崔寔傳〉에 "鋃鐺鐵鎖"라는 말이 보인다.

14) 辠(죄)隸 : 옛날에 죄인의 집을 籍沒하여 남자를 官奴로 삼은 것이다.

15) 舂 : 이곳의 '舂'과 아래 '亦舂稾義與'의 '舂'에 대해, 저본의 원주에 "舂은 원본에 春으로 똑같이 잘못되어 있으나, 畢沅의 刻本과 正文에 의거하여 고쳤다.〔舂 原均誤作春 據畢沅刻本及正

婦人爲酋之義라 酋與舀(유)로 聲形相近이라 說文云 抒臼也라하니 亦舂稾義與아 王云 畢以酋爲或舂或舀[17]之舀는 非也라 說文에 酋는 繹酒也니 從酉하고 水半見於上이라 禮有大酋하니 掌酒官也라하고 月令注에 酒孰曰酋라하니 據此면 則酒官謂之酋者는 以其掌酒也라 然則女奴之掌酒者를 亦得謂之酋矣라 周官酒人에 女酒三十人이요 奚三百人이라한대 鄭注曰 女酒는 女奴曉酒者라 古者에 從坐男女를 沒入縣官爲奴하고 其少才知以爲奚라하니 是其證이라 惠士奇禮說[18]曰 酒人之奚가 多至三百이니 則古之酒는 皆女子爲之니 卽墨子所謂婦人以爲舂酋也라 宋翔鳳云 呂氏春秋精通篇云 臣之父는 不幸而殺人하니 不得生이요 臣之母는 得生하여 而爲公家爲酒라하니 則此言舂酋者는 或爲舂或爲酒也라하다 案 畢說是也라 周官舂人에 有女舂抌(유)二人이라한대 鄭注云 女舂抌는 女奴能舂與抌者니 抌는 抒臼也라하고 說文에 舀는 或作抌라 此以舂酋連文하니 則酋卽抌之假字를 可知라 墨呂二書가 義本不同하니 王宋說은 非라

吳鈔本에 '婦'는 媍로 되어 있고, '酋'는 囚로 되어 있으니 착오이다.

畢沅 : ≪周禮≫에 "남자는 辠隷에 넣고, 여자는 舂稾에 넣는다."라 하였고, 또 ≪說文解字≫에 "'酋'는 오래 묵은 술〔繹酒〕이다. ≪禮記≫ 〈月令〉에 大酋가 있으니, 술을 관장하는 관원이다."라 하였으니, 婦人이 酋가 된다는 의미를 알 수 없다. 酋는 舀와 소리와 모양이 서로 비슷하다. ≪설문해자≫에 "〈舀는〉 抒臼이다."라 하였으니, 이 또한 舂稾의 뜻일 것이다.

王念孫 : 필원이 酋를 '혹은 방아를 찧고 혹은 절구에서 쌀을 퍼낸다.〔或舂或舀〕'의 舀로 본 것은 옳지 않다. ≪설문해자≫에 "酋는 오래 묵은 술이니, 부수가 酉이고, 〈술지게미

文改〕" 하였다.

16) 舂稾 : 舂人과 稾人의 병칭이다. 용인은 방아를 찧어서 쌀을 만드는 일을 하는 직책이며, 고인은 궁궐의 안팎에서 숙직하는 사람들의 식사를 담당하는 직책이다. ≪周禮≫ 〈地官 司徒下〉에 나온다.

17) 或舂或舀 : ≪詩經≫ 〈大雅 生民〉에는 "或舂或揄"로 되어 있는데, 〈毛傳〉에 "揄는 抒臼이다." 하였다. ≪說文解字≫에는 ≪詩經≫을 인용하여 "或舂或舀"로 되어 있으며, "〈舀는〉 抒臼이다." 하였다.

18) 惠士奇禮說 : 惠士奇는 淸나라 때 학자로 자가 仲孺이고 吳縣 사람이다. 康熙 기축년에 進士試에 급제하여 벼슬이 翰林院侍讀에 이르렀다. ≪禮說≫ 14권을 저술하였다. 이 밖에도 ≪惠氏易說≫, ≪惠氏春秋說≫ 등의 저술이 있다.

가 가라앉고〉 술이 위로 반쯤 나타난 모습이다. ≪예기≫ 〈월령〉에 大酋가 있으니, 술을 관장하는 관원이다."라 하였고, ≪예기≫ 〈월령〉의 注에 "술이 익은 것을 酋라 한다."라 하였으니, 이에 의거하면 술을 관장하는 관원을 酋라 하는 것은 그가 술을 관장하기 때문이다. 그렇다면 여자 노예로서 술을 관장하는 자도 酋라 할 수 있을 것이다. ≪周禮≫ 〈天官 酒人〉에 "女酒가 30인이요, 奚(종)가 300인이다."라 하였는데, 鄭玄의 注에 "女酒는 여자 노예로서 술을 잘 아는 사람이다. 옛날에 죄인에 연좌된 남자와 여자를 적몰하여 縣官에 넣어 노예로 삼았으며, 젊고 재주 있고 똑똑한 사람은 奚로 삼았다."라 하였으니, 이것이 그 증거이다. 惠士奇의 ≪禮說≫에 "酒人의 奚가 많게는 300인에 이르니, 옛날에는 술을 모두 여자가 빚었던 것이다. 이것이 바로 ≪墨子≫에서 말한 '부인은 절구질하고 술 빚는 일을 하는 사람으로 삼는다.〔婦人以爲舂酋〕'는 것이다."라 하였다.

宋翔鳳 : ≪呂氏春秋≫ 〈精通〉에 "臣의 아비는 불행히 사람을 죽였으니 살 수 없었고, 신의 어미는 살 수 있어서 관가에서 술을 빚는 일을 하고 있습니다."라 하였으니, 여기서 말한 '舂酋'란 것은 어떤 사람은 절구질을 하고 어떤 사람은 술 빚는 일을 하는 것이다.

案 : 필원의 설이 옳다. ≪周禮≫ 〈地官 舂人〉에 "女舂抌은 2인이다."라 하였는데 鄭玄의 注에 "女舂抌는 방아를 잘 찧고 절구질을 잘하는 자이다. 抌는 절구 안에 찧은 쌀을 퍼내는 것〔抒臼〕이다."라 하였고, ≪설문해자≫에 舀는 抌로 되어 있는 곳도 있다. 여기서는 舂과 酋를 이어서 썼으니, 酋는 곧 抌의 假借字임을 알 수 있다. ≪묵자≫와 ≪여씨춘추≫ 두 책은 뜻이 본래 같지 않으니, 왕염손과 송상봉의 설은 옳지 않다.

28-8-17 **則夫好攻伐之君**은 **不知此爲不仁義**하여 **以告四隣諸侯曰 吾攻國覆軍**하여 **殺將若干人矣**라하면 **其隣國之君**도 **亦不知此爲不仁義也**하여 **有具其皮幣**하고

이렇게 하고는 저 攻伐을 좋아하는 임금이 이것이 不仁하고 不義한 짓인 줄 모르고서 사방 이웃의 제후들에게 고하기를 "내가 나라를 공격하여 군대를 패망시키고 장수 몇 사람을 죽였다."라고 하면, 그 이웃 나라의 임금도 이것이 不仁하고 不義한 짓인 줄 모르고서 또 폐백을 갖추고

有는 **與又通**이라 **下同**이라

'有'는 又와 뜻이 통한다. 아래도 같다.

28-8-18 發其(綛處)〔徒遽〕하여

卒徒와 車馬를 發動하여

畢云 未詳이라 說文玉篇에 無綛字라 詒讓案 綛은 吳鈔本에 作總하니 卽總之俗이라 於義에 亦無取라 疑綛處는 當作徒遽니 徒는 正字作赴(도)요 隸變或作徍니 彳(척)與糸相似하고 止與心相似일새 遂譌(와)作綛耳라 遽處는 亦形近而誤라 國語吳語云 徒遽來告라한대 韋[19]注云 徒는 步也요 遽는 傳車[20]也라하다 周禮行夫注云 遽는 若今時乘傳騎驛而使者也라하니 發其徒遽는 謂使人致賀於攻伐之國에 必起發卒徒車馬하여 以從行也라 或云 綛은 當爲縱之譌니 縱은 隸古[21]或作縱하니 右半形與忍相類라 縱은 又從之借字니 縱處卽從遽라하니 亦通이라

畢沅 : 未詳이다. ≪說文解字≫와 ≪玉篇≫에 '綛'자가 없다.

詒讓案 : 綛은 吳鈔本에 總으로 되어 있으니, 곧 總의 俗字이다. 이 글의 뜻에는 취할 점이 없다. 아마도 '綛處'는 응당 '徒遽'가 되어야 할 듯하니, 徒는 正字로 '赴'가 되고, 隸書로 혹 변형하여 徍가 되기도 하니, 彳은 糸와 모양이 서로 비슷하고 止는 心과 모양이 서로 비슷하기에 '綛'으로 잘못되고 만 것이다. 遽와 處 또한 모양이 비슷하여 착오를 일으킨 것이다. ≪國語≫ 〈吳語〉에 "徒遽가 와서 고하였다.〔徒遽來告〕"라 하였는데, 韋昭의 注에 "徒는 徒步이고, 遽는 傳車이다."라 하였다. ≪周禮≫ 〈行夫〉의 注에 "遽는 지금의 傳車와 역마를 타고 사신 가는 것과 같다."라 하였으니, '發其徒遽'는 攻伐한 나라로 사람을 보내 致賀할 때 반드시 卒徒와 車馬를 발동하여 使行을 따라가게 하는 것을 말한다. 혹자는 "綛은 응당 縱의 착오이다. 縱은 隸古에 혹 縱으로 되어 있으니, 오른쪽 절반의 모양이 忍과 유사하다. 縱은 또 從의 假借字이니, 縱處는 從遽이다."라 하니, 역시 뜻이 통한다.

---

19) 韋 : 韋昭(204~273)를 가리킨다. 字가 弘嗣이고 吳郡 雲陽(지금의 江蘇省 丹陽) 사람이다. 삼국시대 유명한 사학자로 東吳의 重臣이었다. 저서로 ≪吳書≫, ≪漢書音義≫, ≪國語注≫, ≪官職訓≫, ≪三吳郡國志≫ 등이 있다.

20) 傳車 : 驛站에서 쓰는 수레이다.

21) 隸古 : 孔安國의 〈書序〉에 나오는 말로 해독하기 어려운 古篆을 隸書로 옮겨 쓴 글이다.

28-8-19 **使人饗賀焉**이라

使節을 보내 축하를 바친다.

饗은 當讀爲聘享之享이니 周禮玉人鄭注云 享은 獻也라하다

'饗'은 응당 '聘享'의 享으로 읽어야 하니, ≪周禮≫ 〈玉人〉의 鄭玄 注에 "享은 바친다는 뜻이다."라 하였다.

28-8-20 **則夫好攻伐之君**은 **有重不知此爲不仁不義也**라 **有書之竹帛**하여 **藏之府庫**어든 **爲人後子者**는

이렇게 하면 저 攻伐을 좋아하는 임금은 또 이것이 不仁하고 不義한 것인 줄 거듭 알지 못하고 또 竹帛에 이 사실을 써서 府庫에 보관해놓는다. 그러면 그 後子가 된 사람은

後子卽嗣子니 詳節葬下篇하다

後子는 嗣子이니, 〈節葬 下〉에 상세히 보인다.

28-8-21 **必且欲順其先君之行**하여 **曰 何不當**(상)**發吾府庫**하여

반드시 장차 그 先君의 행실을 따르고자 하여 말하기를 "어찌 나의 府庫를 열어서

舊本에 脫府字러니 王據上文補하다

舊本에는 '府'자가 빠졌는데, 王念孫이 윗글에 의거하여 보충하였다.

28-8-22 **視吾先君之法**(美)〔**義**〕리오하니라

우리 선군의 법도를 보지 않으리오."라 한다.

王云 法美二字는 義不相屬하니 美는 當爲義字之誤也라 少儀言語之美의 鄭注에 美는 當爲儀라하다 案 美는 乃義字之誤니 義卽古儀字라 法義는 卽法儀也라 前有法儀篇云 天下從事者가 不可以無法儀라하고 非命篇曰 先立義法이라하니 卽儀法이라 當은 讀爲嘗이니 荀子性

惡篇에 今當試去君上之埶(세)하여 無禮義之化하며 去法正之治히여 無刑罰之禁하면 則天下之悖亂而相亡은 不待頃矣라하고 呂氏春秋疑似篇에 戎寇當至라하니 當은 竝與嘗同이라 史記西南夷傳에 嘗擊南越者八校尉라한대 漢書에 嘗은 作當하니 嘗은 試也라 言試發吾府庫하여 視吾先君之法儀也라

王念孫 : '法美' 두 글자는 뜻이 서로 이어지지 않으니, 美는 응당 '義'자의 착오일 것이다. ≪禮記≫ 〈少儀〉의 "言語之美"에 대한 鄭玄의 注에 "美는 응당 儀가 되어야 한다."라 하였다.

案 : 美는 '義'자의 착오이니, 義는 곧 옛날의 '儀'자이다. 法義는 곧 法儀이다. 앞의 〈法儀〉에 "천하의 종사하는 이들은 法儀가 없어서는 안 된다."라 하였고, 〈非命〉에 "먼저 義法을 세워야 한다."라 하였으니, 〈義法은〉 곧 儀法이다. '當'은 嘗으로 읽어야 하니, ≪荀子≫ 〈性惡〉에 "이제 일찍이 시험 삼아 임금의 권세를 제거하여 禮義의 교화가 없도록 하며, 法正〔法制〕의 다스림을 제거하여 형벌의 禁令을 없애면 천하가 悖亂하여 서로 망하는 것은 잠깐도 기다리지 않아도 될 것이다.〔今當試去君上之埶 無禮義之化 去法正之治 無刑罰之禁 則天下之悖亂而相亡 不待頃矣〕"라 하였고, ≪呂氏春秋≫ 〈疑似〉에는 "戎狄이 일찍이 이르렀다.〔戎寇當至〕"라 하였으니, 當은 모두 嘗과 같다. ≪史記≫ 〈西南夷傳〉에 "일찍이 南越을 공격한 자 여덟 校尉〔嘗擊南越者八校尉〕"라 했는데, ≪漢書≫에서는 이 대목의 '嘗'이 當으로 되어 있다. 嘗은 試와 같은 뜻이다. 말하자면, 나의 府庫를 시험 삼아 열어 우리 선조의 法儀를 보겠다는 것이다.

28-8-23 必不曰 文武之爲正者若此矣라하고 曰 吾攻國覆軍殺將若干人矣라하나니 則夫好攻伐之君은 不知此爲不仁不義也요 其隣國之君은 不知此爲不仁不義也라 是以로 攻伐世世而不已者니 此吾所謂大物則不知也라

필시 "文王과 武王이 정치를 하는 것은 이와 같았다."라 하지 않고, "내가 나라를 공격하여 군대를 패망시키고 장수 몇 사람을 죽였다."라고 하나니, 저 攻伐을 좋아하는 임금은 이것이 不仁하고 不義한 짓인 줄 알지 못하며, 이웃나라 임금도 이것이 不仁하고 不義한 짓인 줄 알지 못한다. 이런 까닭에 攻伐이 대대로 그치지 않으니, 이것이 내가 말한 '큰 것은 알지 못한다.'는 것이다.

28-9-1 所謂小物則知之者는 何若고 今有人於此하니 入人之場園하여 取人之桃李瓜薑者를 上得且罰之요 衆聞則非之니 是何也오 曰 不與其勞하고 獲其實하니

이른바 작은 것은 안다는 것은 어떠한 것인가? 지금 여기 어떤 사람이 있다 하자. 그 사람이 남의 場園(농장)에 들어가 남의 복숭아, 오얏, 외, 생강을 따먹으면 윗사람은 그를 罰할 수 있고 뭇사람들은 그를 비난할 것이니, 이는 무슨 까닭인가? 그 노고에는 참여하지 않고 그 열매는 차지하여

言不與種植之勞하고 而取其實也라

심고 기르는 노고에 참여하지 않고 그 열매를 차지한다는 말이다.

28-9-2 已非其(有所)〔所有〕取之故라

자기 소유가 아닌 것을 취하였기 때문이다.

此有誤하니 疑當云 以非其所有取之故라 已는 以同이라 所有二字는 誤倒라 遂不可通하니라

여기는 착오가 있으니, 아마도 '以非其所有取之故'라 해야 할 것이다. '已'는 以와 같다. '所有' 두 글자는 아마도 전후가 잘못 뒤바뀐 듯하다. 그래서 뜻이 통하지 않는다.

28-9-3 而況有踰(於)人之牆垣하여

그런데 하물며 남의 담을 넘어가서

以下文校之컨대 於字는 疑衍이라

아래 글로 교감해보건대 '於'자는 아마도 衍文인 듯하다.

28-9-4 抯格人之子女者乎아

남의 자녀를 붙잡아 가는 자야 말할 나위 있겠는가.

蘇云 抯는 說文云 挹也라 從手且聲이니 讀若樝(사)라하다 格은 擧持也니 爾雅釋訓에 云

格은 格擧[22)]라하다 兪云 担字는 無義하니 當爲衍文이라 蓋卽垣字之誤而複者라 格人之子女는 與下竊人之金玉蚤絫와 竊人之牛馬로 一律이니 曰格曰竊이라하여 皆以一字爲文也라 下文踰人之墻垣하여 担格人之子女者도 亦衍担字요 又下文此爲踰人之墻垣하여 格人之子女者하니 正無担字라 可證上兩處之衍矣어늘 畢反謂其脫担字하니 非也라 格人之子女는 謂拘執人之子女라 後漢書鍾離意傳注曰 格은 拘執也라하니 是其義라하다 案 担摣는 字通이라 方言[23)]云 担摣는 取也니 南楚之閒에 凡取物溝泥中을 謂之担요 或謂之摣라하고 釋名釋姿容云 摣는 叉也니 五指俱往叉取也라하니 兪說은 非라

蘇時學 : 担는 ≪說文解字≫에 "'挹(잡다)'자의 뜻이다. 부수는 手이고 독음은 且이니 摣와 같이 읽어야 한다."라 하였다. '格'은 들어서 잡고 있는 것이다. ≪爾雅≫ 〈釋訓〉에 "格은 格擧이다."라 하였다.

兪樾 : '担'자는 이 대목에 맞는 뜻이 없으니, 의당 衍文일 것이다. 대개 '垣'자가 착오로 중복된 것일 터이다. '格人之子女'는 아래의 '竊人之金玉蚤絫', '竊人之牛馬'와 같은 형태의 글이니, '格'이라 하고 '竊'이라 하여 모두 한 자로 글을 썼다. 아래 글의 '踰人之墻垣 担格人之子女者' 역시 '担'자는 衍文이다. 더 아래 글에는 이 대목이 '踰人之墻垣 格人之子女者'로 되어 있어 바로 '担'자가 없으니, 위 두 곳의 〈担자는〉 연문임을 증명할 수 있다. 그런데도 필원은 도리어 "'担'자가 빠졌다."라고 하였으니, 옳지 않다. '格人之子女'는 남의 자녀를 붙잡아 가는 것이다. ≪後漢書≫ 〈鍾離意傳〉의 注에 "格은 붙잡아 가는 것이다."라 하였으니, 바로 이 뜻이다.

案 : '担'와 摣는 글자가 통용된다. ≪方言≫에는 "担와 摣는 붙잡아 가는〔取〕 것이다. 남쪽 楚 지역에는 무릇 도랑의 진흙탕 속에서 물건을 건져내는 것을 担라 하고 혹 摣라 한다."라고 하였고, ≪釋名≫ 〈釋姿容〉에는 "摣는 叉이니, 다섯 손가락으로 가서 잡아오는 것이다."라 하였다. 유월의 설은 옳지 않다.

---

22) 格擧 : 郭璞의 注에 "물건을 들어서 잡고 있는 것이다.〔擧持物〕"라 하였다.(≪爾雅註疏≫ 卷3 〈釋訓〉)

23) 方言 : 각 지방의 言語, 物名의 同異를 수록한 책으로 모두 13권이다. 漢나라 揚雄의 저술이라 한다. 그러나 ≪漢書≫ 〈揚雄傳〉에 양웅의 저술을 언급한 부분에도 보이지 않고, 許愼의 ≪說文解字≫에 양웅의 말을 인용한 것이 ≪방언≫에 보이지 않는다는 사실로 보아 양웅의 저술이라 할 근거가 희박하다.

28-9-5 與(角)〔穴〕人之府庫하여

남의 곳간에 구멍을 뚫고 들어가서

兪云 角字는 無義하니 乃穴字之誤라 穴은 隷書作内하고 角은 隷書에 作⿱𠂊内하니 兩形相似而誤라

兪樾 : '角'자는 이 대목에 맞는 뜻이 없으니, 穴의 오자이다. 穴은 隷書에 内로 되어 있고 角은 隷書에 ⿱𠂊内으로 되어 있으니 두 글자의 모양이 서로 비슷하여 착오를 일으킨 것이다.

28-9-6 竊人之金玉(蚤絫)〔布喿〕者乎아

남의 금과 옥, 베와 비단을 훔치는 자야 말할 나위 있겠는가.

王引之云 蚤絫二字는 義不可通하니 蚤絫는 當爲布喿라 隷書에 布字作布하고 蚤字作蚤하니 二形相似라 故布譌(와)爲蚤라 荀子儒效篇에 必蚤正以待之也라한대 新序雜事에 蚤作布라 喿는 蓋繰之借字니 布繰는 卽布帛이라 說文에 繰는 帛如紺色이니 或日深繒이요 讀若喿라하니 繰喿同音이라 故字亦相通이라 凡書傳中에 從喿從參之字가 多相亂이라 故非樂篇에 多治麻絲葛緖綑布繰라한대 今本에 作布縿하고 而檀弓之布幕은 衛也요 繰幕은 魯也라한대 今本亦作縿幕하고 其它從喿之字는 亦多變而從參이라 隷書에 參字는 作叅하니 與絫相似라 因譌爲絫矣라 西伯戡黎에 乃罪多參在上이라한대 馬融讀參爲絫하니 亦以其字形之相似라 金玉布繰는 皆府庫所藏이라 故曰 角人之府庫하여 竊人之金玉布喿라하니라

王引之 : '蚤絫' 두 글자는 뜻이 통하지 않으니, 蚤絫는 응당 布喿가 되어야 한다. 隷書에 '布'자가 布로 되어 있고 '蚤'자는 蚤로 되어 있으니, 두 글자의 모양이 서로 비슷하기 때문에 布가 잘못하여 蚤가 된 것이다. ≪荀子≫ 〈儒效〉에 "반드시 먼저 자신을 바르게 하여 기다린다.〔必蚤正以待之也〕"라 하였는데, ≪新序≫ 〈雜事〉에 〈이 대목을 인용한 곳에는〉 '蚤'자가 '布'로 되어 있다. 喿는 대개 繰의 假借字이니, 布繰는 곧 布帛이다. ≪說文解字≫에 "繰는 紺色을 띤 비단이니, 혹 '深繒'이라 하고 喿와 같이 읽는다."라 하였으니, 繰와 喿는 독음이 같기 때문에 글자도 서로 통용한다. 무릇 典籍들 중에 부수가 喿와 參인

글자들은 서로 혼란한 경우가 많다. 그러므로 〈非樂〉에 "삼, 生絲, 칡 등을 손질하여 명주를 짜는 일을 많이 한다.〔多治麻絲葛緖綑布縿〕"라 하였는데, 今本에는 〈'布縿'가〉 '布縿' 으로 되어 있고, ≪禮記≫ 〈檀弓〉에 "布幕은 衛나라 제도이고, 縿幕은 魯나라 제도이다." 라 하였는데, 今本에는 〈'縿幕'이〉 역시 縿幕으로 되어 있으며, 이 밖에도 부수가 喿인 글자는 또한 변하여 '參'자 부수로 된 경우가 많다. 隷書에 '參'자는 絫으로 되어 있으니, 絫와 비슷하다. 그래서 잘못하여 絫가 된 것이다. ≪書經≫ 〈西伯戡黎〉에 "너의 죄가 많아 나열되어 上天에 있다.〔乃罪多參在上〕"라 하였는데, 馬融은 參을 絫로 읽었으니, 역시 글자 모양이 서로 비슷하기 때문이다. 금과 옥, 베와 비단은 모두 곳간에 보관된 것이다. 그러므로 "남의 곳간에 구멍을 뚫어 남의 금과 옥, 베와 비단을 훔친다."라고 한 것이다.

28-9-7 **與踰人之欄牢**하여

남의 우리에 넘어 들어가서

欄은 **吳鈔本**에 **作闌**하니 **下同**이라 **義詳非攻上篇**하다 **周禮充人**의 **鄭注云 牢**는 **閑也**라하고 **說文牛部云 牢**는 **閑養牛馬圈也**라하다

'欄'은 吳鈔本에는 闌으로 되어 있으니, 아래도 같다. 그 뜻은 〈非攻 上〉에 상세히 보인다. ≪周禮≫ 〈充人〉의 鄭玄 注에 "牢는 우리〔閑〕이다."라 하였고, ≪설문해자≫ 牛部에 "牢는 소와 말을 가둬서 기르는 우리이다."라 하였다.

28-9-8 **竊人之牛馬者乎**아 **而況有殺一不辜人乎**아 **今王公大人之爲政也**에

남의 소와 말을 훔친 자야 말할 나위 있겠는가. 하물며 무고한 한 사람을 죽인 자야 말할 나위 있겠는가. 지금 王公 大人이 정치를 할 때

畢云 人은 **舊作天**이러니 **以意改**라 **案 道藏本吳鈔本**에 **作夫**하고 **季本**에 **作人**하여 **與畢校合**이라

畢沅 : '人'은 舊本에는 天으로 되어 있었는데 뜻으로 판단하여 고쳤다.

案 : 〈'人'은〉 道藏本과 吳鈔本에는 夫로 되어 있고, 季本에는 人으로 되어 있어 필원의 교감과 합치한다.

28-9-9 自殺一不辜人者와 踰人之牆垣하여 抯格人之子女者와 與(角)〔穴〕人之府庫하여 竊人之金玉(蚤絫)〔布喿〕者와

스스로 무고한 한 사람을 죽인 자와 남의 담을 넘어가서 남의 자녀를 붙잡아 가는 자와 남의 곳간에 구멍을 뚫고 들어가서 남의 금과 옥, 베와 비단을 훔치는 자와

道藏本吳鈔本에는 下竝有乎字라

道藏本과 吳鈔本에는 〈'者'〉 아래에 모두 '乎'자가 있다.

28-9-10 與踰人之欄牢하여 竊人之牛馬者와

남의 우리에 넘어 들어가서 남의 소와 말을 훔치는 자와

畢云 舊脫之字러니 據上文增이라

畢沅 : 舊本에는 〈'牛馬' 앞의〉 '之'자가 빠졌는데, 윗글에 의거하여 보충하였다.

28-9-11 與入人之場園하여

남의 場園〔농장〕에 들어가서

毛詩豳(빈)風七月傳云 春夏爲圃요 秋冬爲場이라한대 鄭箋云 場圃同地니 自物生之時로 耕治之하여 以種菜茹하고 至物盡成熟하여 築堅以爲場이라

≪毛詩≫ 〈豳風 七月〉의 毛傳에 "봄가을에는 圃가 되고 가을겨울에는 場이 된다."라 하였는데, 鄭玄의 箋에 "場과 圃는 같은 땅이니, 식물이 자랄 때로부터 땅을 갈고 다스려서 채소를 심고 식물이 다 성숙할 때가 되면 땅을 다져 場을 만든다."라 하였다.

28-9-12 竊人之桃李瓜薑者는

남의 복숭아, 오얏, 외, 생강을 훔치는 자는

王引之云 舊脫者與入人之場園竊人之十字하니 當據上下文補라

王引之 : 舊本에는 '者與入人之場園竊人之' 열 자가 빠졌으니, 위아래 글에 의거하여 보충해야 한다.

28-9-13 **今王公大人之加罰此也**하니 **雖古之堯舜禹湯文武之爲政**이라도 **亦無以異此矣**리라 **今天下之諸侯**가 **將猶皆侵凌攻伐兼幷**하니 **此爲殺一不辜人者**가 **數千萬矣**며 **此爲踰人之牆垣**하여 **〔扭〕格人之子女者**와

지금 王公 大人이 이러한 사람들에게 벌을 주니, 비록 堯·舜·禹·湯·文王·武王이 정치를 하더라도 이와 다를 수 없을 것이다. 그런데도 지금 천하의 제후들은 모두 다 〈다른 나라를〉 침범하고 攻伐하고 병합하려 하니, 이는 무고한 한 사람을 죽이는 자가 수천만 명이며, 이는 남의 담을 넘어가 남의 자녀를 붙잡아 가는 자와

畢云 據上컨대 **格上當脫扭字**라

畢沅 : 윗글에 의거해보건대 '格' 위에 응당 '扭'자가 빠졌을 것이다.

28-9-14 **與(角)〔穴〕人府庫**하여 **竊人金玉(蚤絫)〔布喿〕者**가 **數千萬矣**며 **踰人之欄牢**하여 **竊人之牛馬者**와 **與入人之場園**하여 **竊人之桃李瓜薑者**가 **數千萬矣**어늘 **而自曰義也**라

남의 곳간에 구멍을 뚫고 들어가서 남의 금과 은, 베와 비단을 훔치는 자가 수천만 명이며, 남의 우리를 넘어가서 남의 소와 말을 훔치는 자와 남의 場園에 들어가서 남의 복숭아, 오얏, 외, 생강을 훔치는 자가 수천만 명인 것이거늘, 스스로 義라고 말한다."

28-10-1 **故子墨子言曰 是蕡(분)(我)〔義〕者**니

그러므로 子墨子께서 말씀하셨다. "이는 義를 어지럽히는 자이니,

蕡은 **畢本**에 **竝改賁**하고 **云 舊作蕡**하니 **下同**이라 **以意改**라하다 **顧云 蕡**은 **讀若治絲而**

棼[24]之棼이요 我는 當爲義라하다 案 顧說是也라 棼은 亦與紛同하니 尙同中篇云 本無有敢紛天子之教者라하니 與此文例略同이라하고 急就篇[25]云 芬薰脂粉膏澤筩(통)[26]이라한대 芬은 皇象本[27]에 作蕡하니 此以蕡爲棼이 與彼相類라

'蕡'은 畢沅本에는 모두 責으로 고치고 "舊本에는 蕡으로 되어 있으니, 아래도 같다. 뜻으로 판단하여 고친다."라 하였다.

顧廣圻 : '蕡'은 "治絲而棼(실을 정리하려다 더욱 엉키게 한다.)"의 棼과 같이 읽어야 하며, '我'는 응당 義가 되어야 한다.

案 : 고광기의 說이 옳다. '棼'은 또한 紛과 같으니, 〈尙同 中〉에 "本無有敢紛天子之教者(본래 감히 천자의 教令을 어지럽히는 자가 없었다.)"라 하였으니 이 글의 例과 대략 같으며,

---

24) 治絲而棼 : ≪春秋左氏傳≫ 隱公 4년에 "신은 德으로써 백성을 和合시킨다는 말은 들었고 亂으로써 〈백성을 화합시킨다는〉 말은 듣지 못했습니다. 亂으로써 〈백성을 화합시키려는〉 것은 실을 整理하려다가 엉키게 하는 것과 같습니다.〔臣聞以德和民 不聞以亂 以亂 猶治絲而棼之也〕"라 하였는데, 杜預의 注에 "棼은 실이 엉켜서 더욱 어지러워지는 것이다.〔棼 絲見棼縕 益所以亂〕"라 하였다.

25) 急就篇 : 前漢 元帝 때 史遊에게 명하여 어린이의 習字를 위하여 편집한 책으로 이를테면 습자교본이다. 글의 첫머리에 '急就' 두 글자가 있음으로 해서 이 이름이 붙은 것이다. 이 책은 모두 다른 글자로 구성된 三言, 四言 또는 七言으로 구성된 韻文이며, 내용은 姓名, 組織, 生物, 禮樂, 職官 등을 망라한다. 이 책은 이후 唐나라에 이르기까지 습자교재로 사용되었으며, 글씨를 익힐 때 臨書하는 法帖으로 사용되었다. 史游는 ≪漢書≫ 〈藝文志〉의 注에서 元帝 때 黃門令이라 했으니, 宦官이다. 그의 생애는 고찰할 수 없다.

26) 芬薰脂粉膏澤筩 : ≪急就篇≫ 3권에 보인다. 顔師古의 注에 "芬은 그 재질을 섞어서 香을 만드는 것이고, 薰은 태워서 그 그을음을 가지고 향을 만드는 것이고, 어떤 곳에서는 '芬과 薰은 모두 香草를 통틀어 일컫는 말이다.'라 한다. 脂는 얼굴에 바르는 기름과 입술에 바르는 기름이니, 모두 살결을 부드럽고 매끄럽게 하는 것이다. 粉은 鉛粉과 米粉을 말하니, 모두 얼굴에 발라 광택을 내는 것이다. 粉이란 말은 分의 뜻이니, 갈아서 분산시키는 것이다. 膏澤이란 향기로운 풀들을 이것저것 모으고 기름으로 끓인 다음 이것을 머리에 발라 머릿결을 윤택하게 하는 것이다. 筩은 본래 대나무로 만든 통이었는데, 그 후에 금・옥 등 다른 물품을 써서 대나무 모양으로 만들었으니, 모두 이러한 화장품들을 담는 것이다."라 하였다.

27) 皇象本 : 皇象(190?~276?)은 자가 休明이고 廣陵 江都 사람으로 벼슬은 靑州刺史에 이르렀다. 삼국시대 吳나라의 저명한 서예가로 八分書, 小篆에 능하였고 특히 章草에 뛰어나 神品이라 일컬어졌다. 황상이 쓴 ≪急就篇≫은 ≪急就章≫으로 불리는데, 황상이 쓴 작품 중 가장 오래된 것이라 하며 刻本만 現傳한다. ≪급취편≫ 〈提要〉에 의하면, 황상이 비석에 쓴 ≪급취편≫은 顔師古本보다 63자가 적고 齊國, 山陽 2章이 더 많다.

≪急就篇≫에서는 "芬薰脂粉膏澤筩"이라 하였다. 芬은 皇象本에는 蕡으로 되어 있으니, 여기에서 蕡을 棼으로 여긴 것이 황상본과 서로 유사하다.

28-10-2 **則豈有以異是蕡黑白甘苦之辯者哉**아 **今有人於此**하니 **少而示之黑**하여 **謂之黑**하고

어찌 검정색과 흰색, 단맛과 쓴맛의 구분을 어지럽히는 자와 다를 바 있겠는가. 지금 여기 어떤 사람이 있다 하자. 그에게 검정색을 조금 보여주고서 검다 하고

王引之經傳釋詞에 謂下에 刪之字라

王引之의 ≪經傳釋詞≫에는 '謂' 아래 '之'를 산삭했다.

28-10-3 **多示之黑**하여 **謂白**하면 **必曰 吾目亂**하여 **不知黑白之別**이라하며 **今有人於此**하니 (**能少**)〔**少而**〕**嘗之甘**하여

검정색을 많이 보여주고서 희다 하면 그 사람이 필시 '내 눈이 혼란하여 검정색과 흰색도 구별할 줄 모른다.'라고 할 것이다. 또 지금 여기 어떤 사람이 있다 하자. 단맛을 조금 맛보이고서

畢云 能少는 當爲少而니 據上文如此라 能而音同故也라하다 王引之云 能猶而也니 能與而가 古聲相近이라 故義亦相通이라하다 戴說同이라

畢沅 : '能少'는 응당 '少而'가 되어야 하니, 윗글에 의거하면 이와 같다. 能과 而는 독음이 같기 때문이다.

王引之 : '能'은 而와 같으니, 能과 而는 옛날에는 聲音이 서로 비슷하였다. 그러므로 뜻도 서로 통하는 것이다.

戴望의 설도 같다.

28-10-4 **謂甘**하고 **多嘗**〔**之甘**〕하여 **謂苦**하면

달다 하고 단맛을 많이 맛보이고서 쓰다 하면

王氏釋詞에 多嘗下에 增之甘二字라

王引之의 ≪經傳釋詞≫에는 '多嘗' 아래에 '之甘' 두 글자를 보충하였다.

28-10-5 必曰 吾口亂하여 不知其甘苦之味라하리라 今王公大人之〔爲〕政也에

그 사람이 필시 '내 입이 혼란하여 단맛과 쓴맛도 모른다.'라고 할 것이다. 지금 王公 大人이 정치를 하면서

戴云 政上에 當有爲字라

戴望 : '政' 위에 응당 爲자가 있어야 한다.

28-10-6 或殺人하면 其國家禁之로되 此蚤越

살인할 경우에는 그 국가가 금지시키면서도 이 용맹한 군사들이

戴云 三字有脫誤라

戴望 : 〈'此蚤越'〉 석 자는 오탈이 있다.

28-10-7 有能多殺其隣國之人이면 因以爲(文)〔之〕義라

이웃나라 사람을 많이 죽이면 인하여 義라고 하니

王云 文義二字는 義不可通이라 文當爲大字之誤也라 謂多殺隣國之人이면 聞之者不以爲不義하고 反以爲大義也라 非攻篇曰 小爲非면 則知而非之요 大爲非攻國하면 則不知非하고 從而譽之하여 謂之義라하니 此之謂也라하다 案 王據非攻篇證此는 是也로되 而改文爲大는 則非是라 此當作因以爲之義니 爲는 與謂通이라 文은 即之之譌(와)라 言因以稱之曰義也라

王念孫 : '文義' 두 자는 뜻이 통하지 않는다. '文'은 응당 '大'자의 착오일 것이다. 말하자면, 이웃나라 사람을 많이 죽이면 이 소식을 들은 자가 不義라 하지 않고 도리어 大義라 한다는 것이다. 〈非攻〉에 "작게 잘못하면 〈잘못인 줄〉 알고 그르다고 하고, 크게 잘못

하여 다른 나라를 공격하면 잘못인 줄 알지 못하고서 따라서 칭찬하여 義라고 한다."라 하였으니, 이를 두고 말한 것이다.

案 : 왕염손이 〈非攻〉에 근거하여 이를 증명한 것은 옳지만 '文'을 '大'로 고친 것은 옳지 않다. 이는 응당 '因以爲之義'가 되어야 하니, 爲는 謂와 통한다. 文은 곧 '之'의 오류이다. 말하자면 "인하여 칭찬하여 말하기를 '義이다.'라 한다."는 것이다.

28-10-8 **此豈有異蕡白黑甘苦之別者哉**아

이 어찌 검정색과 흰색, 단맛과 쓴맛의 구별을 어지럽히는 자와 다를 바 있겠는가."

別辯은 **聲近字通**이라

別과 辯은 聲音이 비슷하고 글자도 통용된다.

28-11-1 **故子墨子置天之**하여 **以爲儀法**이라

그러므로 子墨子께서 하늘의 뜻을 세워두어 儀法으로 삼으셨다.

畢云 之는 **當爲志**라하다

畢沅 : '之'는 응당 志가 되어야 한다.

28-11-2 **非獨子墨子以天之(志)爲法也**라

子墨子께서만 하늘의 뜻을 법도로 삼은 것이 아니라

王云 志字는 **亦後人所加**니 **之卽志字也**라하다 **案 說詳中篇**하다

王念孫 : '志'자는 또한 후세 사람이 더 보탠 것이니, '之'가 곧 '志'자이다.
案 : 설명이 〈天志 中〉에 상세히 보인다.

28-11-3 **於先王之書大夏之道之然**하니

先王의 전적인 〈大雅〉에서도 그렇게 말하였으니,

兪云 大夏는 卽大雅也니 雅夏는 古字通이라 荀子榮辱篇曰 越人安越하며 楚人安楚하며 君子安雅[28]라하고 儒效篇曰 居楚而楚하며 居越而越하며 居夏[29]而夏라하니 是夏與雅通也라 下文所引帝謂文王六句는 正大雅皇矣篇文이라하다

兪樾 : '大夏'는 곧 '大雅'이니, 雅와 夏는 古字에 통용되었다. ≪荀子≫ 〈榮辱〉에 "越나라 사람은 월나라를 편안히 여기고, 楚나라 사람은 초나라를 편안히 여기고, 군자는 雅를 편안히 여긴다."라 하였고, 〈儒效〉에 "楚나라에 살면서 초나라에 익숙해지고, 越나라에 살면서 월나라에 익숙해지고, 夏에 살면서 夏에 익숙해진다."라 하였으니, 이 夏는 雅와 통한다. 아래 글에 인용한 '帝謂文王' 여섯 句는 바로 ≪詩經≫ 〈大雅 皇矣〉의 글이다.

28-11-4 帝謂文王하시되 予懷明德하여

上帝께서 文王에게 이르시니, "나는 〈人君에게〉 밝은 덕이 있어

吳鈔本에 懷下有而字라

吳鈔本에는 '懷' 아래에 而 자가 있다.

28-11-5 毋大聲以色하며 毋長夏以革하고

큰소리 쳐서 용모를 꾸미지 않으며, 諸夏의 長이 되어 〈王法을〉 바꾸지 않으며,

蘇云 詩는 大雅(文王)〔皇矣〕[30]篇이니 二毋字作不이라하다 詒讓案 中篇引毋竝作不하여 與詩同이라

蘇時學 : 시는 ≪시경≫ 〈大雅 皇矣〉인데, 두 '毋'자는 不로 되어 있다.

詒讓案 : 〈天志 中〉에 이 대목을 인용한 곳에는 '毋'가 모두 不로 되어 있어 ≪시경≫과 같다.

---

28) 雅 : ≪荀子≫ 楊倞의 注에 "雅는 바름이니, 아름다운 덕이 있는 사람을 雅라 한다.〔雅 正也 而有美德者 謂之雅〕"라 하였다.

29) 夏 : ≪荀子≫ 楊倞의 注에 "夏는 中夏이다."라 하였다.

30) (文王)〔皇矣〕 : 저본에는 '文王'으로 되어 있으나, ≪詩經≫에 의거하여 '皇矣'로 바로잡았다.

28-11-6 **不識不知**라도 **順帝之則**(칙)이라하다

〈옛 일과 지금 일을〉 알지 못하더라도, 상제의 법칙을 따르는 자를 인정하노라."라 하셨다.

義竝詳中篇하다

뜻은 모두 〈天志 中〉에 상세히 보인다.

28-11-7 **此誥文王之以天志爲法(也)**요

이는 文王이 하늘의 뜻으로 법도를 삼고

吳鈔本에 **誥作告**라 **畢云 誥字**는 **據上文**컨대 **當爲語**라하다 **詒讓案 也字**는 **疑衍**이라

吳鈔本에는 '誥'가 告로 되어 있다.
畢沅 : '誥'자는 윗글에 의거해보건대 응당 '語'자가 되어야 한다.
詒讓案 : '也'자는 아마도 衍文인 듯하다.

28-11-8 **而順帝之則也**니라 **且今天下之士君子**가 **中實將欲爲仁義**하여 **求爲上士**하여 **上欲中聖王之道**하고 **下欲中國家百姓之利者**는 **當天之(志)**를 **而不可不察也**니 **天之(志)者**는 **義之經也**니라

상제의 법칙을 따랐음을 말해준 것이다. 또 지금 천하의 士君子가 진실로 仁義를 실천하여 훌륭한 선비가 되고자 하여 위로는 聖王의 道에 부합하기를 바라고 아래로는 국가와 백성의 이익에 부합하기를 바란다면, 응당 하늘의 뜻을 살피지 않아서는 안 되니, 하늘의 뜻이란 것은 義의 常道이다.

兩志字는 **王校亦刪**하니 **詳前**하다

두 '志'자는 왕염손의 교감본에는 刪削하였으니, 앞에 자세히 보인다.

明鬼 上 第二十九 闕　　제29편 귀신의 實在를 증명함 상 결락

明鬼 中 第三十 闕　　제30편 귀신의 實在를 증명함 중 결락

明鬼 下 第三十一* 제31편 귀신의 實在를 증명함 하

*이 편은 귀신이 실제로 존재한다는 것을 증명하고 있다. 묵자가 말하는 귀신은 天地神明, 산천의 신령, 사람의 귀신을 다 포괄한다. 귀신은 선한 사람에게 상을 주고 악한 사람에게 벌을 주는 권능을 가진 존재이다. 묵자는 천하가 어지러워지는 까닭은 이러한 귀신의 존재를 믿지 않기 때문이라고 하면서 실제 역사적인 사례들을 들어서 귀신이 실재한다는 것을 입증한다.

淮南子氾論訓에 作右鬼[1)]한대 高注云 右는 猶尊也라하다 漢書藝文志亦同이나 顔注引此作明鬼神하니 疑衍神字라 明은 謂明鬼神之實有也라

≪淮南子≫ 〈氾論訓〉에는 〈'明鬼'가〉 '右鬼'로 되어 있는데, 高誘의 注에 "右는 尊과 같다."라 하였다. ≪漢書≫ 〈藝文志〉에도 똑같이 〈'右鬼'로〉 되어 있으나, 顔師古의 注에서 이 제목을 인용한 곳에 '明鬼神'으로 되어 있으니, 아마도 '神'자는 衍文인 듯하다. 明은 鬼神이 실제로 있음을 밝힌다는 말이다.

31-1-1 子墨子言曰 逮至昔三代聖王旣沒하여 天下失義에 諸侯力正이라

子墨子께서 말씀하셨다. "三代의 聖王이 세상을 떠난 뒤에 이르러서는 천하가 義를 잃자 제후들이 힘으로 정벌하였다.

畢云 正은 同征이라하다 詒讓案 節葬下篇에 作征하니 字通이라 天志下篇云 兼之爲道也는 義正이요 別之爲道也는 力正이라하고 周禮禁暴氏에 禁庶民之亂暴力正[2)]者라한대 鄭注云 力正은 以力强得正也라하다

---

1) 淮南子氾論訓 作右鬼 : ≪淮南子≫ 〈氾論訓〉에 "〈右鬼〉와 〈非命〉은 묵자가 세운 것인데 楊子가 옳지 않다고 하였다.〔右鬼非命 墨子之所立也 而楊子非之〕"라 하였다.

2) 亂暴力正 : 宋나라 朱申의 ≪周禮句解≫에는 "亂은 인륜에 悖逆한 것을 말하고, 暴는 감히 위세를 부리고 노하는 것이고, 力正은 사람들을 위협하여 자기를 따르게 하여 삿된 것을 바른 것으로 만드는 것이다.〔亂 謂悖於人倫 暴 謂敢作威怒 力正 謂脅衆從己以邪爲正也〕"라 하였다.

畢沅 : '正'은 征과 같다.

詒讓案 : 〈節葬 下〉에는 征으로 되어 있으니, 글자가 통용된다. 〈天志 下〉에 "아우르는 道는 의로운 정벌이고, 차별하는 道는 무력의 정벌이다."라 하였다. ≪周禮≫ 〈禁暴氏〉에 "서민들 중 난폭하고 力正하는 자를 금지한다."라 하였는데, 鄭玄의 注에 "力正은 힘으로 강제하여 바름을 얻는 것이다."라 하였다.

31-1-2 **是以**로 **存夫爲人君臣上下者之不惠忠也**요 **父子弟兄之不慈孝弟長貞良也**며 **正長之不强於聽治**며 **賤人之不强於從事也**라 **民之爲淫暴寇亂盜賊**하고

이런 까닭에 임금과 신하, 윗사람과 아랫사람이 은혜롭고 충성스럽지 못하며, 아버지와 자식, 형과 아우가 자애롭고 효성스럽지 못하며 어른을 공경하지 않고 아랫사람을 사랑하지 않으며 바르고 선하지 못하며, 관리들은 정치를 하는 데 힘을 쓰지 않으며, 천한 사람들은 일을 하는 데 힘쓰지 않는 이들이 있게 되었다. 백성이 포악하며 叛亂을 일으키며 도적질을 일삼고

畢云 舊脫亂字러니 **據下文增**이라

畢沅 : 舊本에는 '亂'자가 빠졌는데, 아래 글에 의거하여 보충하였다.

31-1-3 **以兵刃毒藥水火**로 (退)〔**迓**〕**無罪人乎道路率徑**하여

병기와 독약과 물, 불로 도로의 큰 길 작은 길에서 죄 없는 사람을 막아서

蘇云 退는 **疑當作遇**라 **下文同**이라하다 **兪云 退字**는 **無義**하니 **疑迫字之誤**니 **謂迫而奪其車馬衣裘也**라 **率徑二字**도 **亦無義**하니 **據下文**컨대 **此語兩見而皆無率徑二字**하니 **疑爲衍文**이라 **案 二說皆非也**라 **退**는 **當爲迓字之誤**니 **迓**는 **與禦通**이라 **書牧誓**에 **弗迓克奔**[3]이라한대 **釋文引馬融本**에 **迓作禦**하고 **云 禁也**라하다 **史記周本紀**에 **弗迓作不禦**한대 **集解**[4]**引鄭注云 禦**는 **彊禦**니 **謂彊暴也**라하고 **孟子萬章篇云 今有禦人於國門之外者**라한대

---

3) 弗迓克奔 : 蔡沈의 傳에 의하면 "도망하는 적을 맞이하여 싸워 西土 사람들을 勞役하게 하지 말라.〔弗迓克奔 以役西土〕"로 번역할 수 있다. 孔安國의 傳에도 이와 같이 迓를 맞이한다는 뜻으로 보았는데, 陸德明의 音義에서는 迓를 "막고 금지하는 것이다.〔禦禁也〕"라 하였다.

趙注云 禦人은 以兵禦人而奪之貨라하니 卽其義也라 率徑은 當讀爲術徑이니 屬上道路爲句라 率聲與朮聲이 古音相近이라 廣雅釋詁云 率은 述也라하고 白虎通義[5]五行篇云 律之言率이니 所以率氣令生也라하고 周禮典同의 鄭注云 律은 述氣者也라하니 述氣卽率氣니 是其證이라 說文行部云 術은 邑中道也라하고 月令에 審端徑術이라한대 鄭注云 術은 周禮作遂하니 夫間有遂하고 遂上有徑[6]하니 遂는 小溝也라 步道曰徑이라하고 杜臺卿玉燭寶典[7]에 引蔡邕月令章句云 術은 車道也요 徑은 步道也라하니 鄭蔡說竝通이라 漢書刑法志에 亦云 術路라한대 如淳注云 術은 大道也라하니 兪以率徑爲衍文은 亦誤라

蘇時學 : '退'는 응당 遇가 되어야 할 듯하다. 아래 글도 같다.

兪越 : '退'자는 〈이 대목에 맞는〉 뜻이 없으니, 아마도 迫의 오자일 듯하다. 즉 협박하여〔迫〕 남의 수레와 말, 옷과 갖옷을 강탈한다는 말이다. '率徑' 두 글자는 역시 〈이 대목에 맞는〉 뜻이 없다. 아래 글에 의거하건대 이 대목과 같은 말이 두 번 나오는데 모두 '率徑' 두 글자가 없으니, 아마도 衍文일 듯하다.

案 : 두 설은 모두 옳지 않다. '退'는 응당 迓의 오자이니, 迓는 禦와 뜻이 통한다. ≪書經≫ 〈牧誓〉에 "弗迓克奔"이라 하였는데, 陸德明의 ≪經典釋文≫에 馬融本을 인용한 곳에는 迓가 禦로 되어 있고, "금지하는 것이다."라 하였다. ≪史記≫ 〈周本紀〉에는 '弗迓'가 '不禦'로 되어 있는데, ≪史記集解≫에서는 鄭玄의 注를 인용하여 "禦는 강제로 막는 것이니, 强暴하다는 말이다."라 하였고, ≪孟子≫ 〈萬章〉에는 "今有禦人於國門之外者(이제 국문 밖에서 사람을 강제로 막는 자가 있다고 하자.)"라 하였는데, 趙岐의 注에 "'禦人'은 병기로 사람을 막고 재물을 빼앗는 것이다."라 하였으니, 바로 이 뜻이다. '率徑'은 응당 '術徑'으로 읽어야 하니 바로 앞의 '道路'와 이어져 句가 된다. 率과 朮은 성음이 옛날에 서로 비슷하였다. ≪廣雅≫ 〈釋詁〉에 "率은 述이다."라 하였고, ≪白虎通義≫ 〈五行〉에 "律이란

---

4) 集解 : 南朝 宋나라 裴駰의 ≪史記集解≫이다.

5) 白虎通義 : 漢나라 때 班固가 편찬한 것으로, 白虎觀에서 학자들이 五經에 관해 토론한 것을 기록한 책이다.

6) 夫間有遂 遂上有徑 : ≪周禮≫ 〈地官 遂人〉에 보인다.

7) 杜臺卿玉燭寶典 : 杜臺卿은 隋나라 사람으로, 자가 少山이다. 수나라 開皇 연간에 著作郎으로 있으면서 ≪玉燭寶典≫, ≪齊記≫ 등을 저술하였다. ≪玉燭寶典≫은 모두 12권으로 ≪禮記≫ 〈月令〉에 따라 매월 한 권씩으로 이루어져 있으며, 時俗에 관한 서책들의 기록을 뽑아 모아 놓았다.

말은 率의 뜻이니, 氣를 인솔하여 생겨나게 하는 것이다."라 하였고, ≪周禮≫ 〈典同〉의 鄭玄 注에 "律은 述氣하는 것이다."라 하였으니, 述氣가 곧 率氣이다. 이것이 그 증거이다. ≪說文解字≫ 行部에 "術은 邑 중의 길이다."라 하였고, ≪禮記≫ 〈月令〉에 "審端徑術(도로를 점검하고 수리한다.)"이라 하였는데, 정현의 注에 "術은 ≪주례≫에 遂로 되어 있다. 夫 사이에 遂가 있고 遂 위에 徑이 있으니 遂는 작은 도랑이다. 도보로 다니는 길을 徑이라 한다."라 하였고, 杜臺卿의 ≪玉燭寶典≫에는 漢나라 蔡邕의 ≪月令章句≫를 인용하여 "術은 수레가 다니는 길이고, 徑은 도보로 다니는 길이다."라 하였으니, 정현과 채옹의 설이 모두 뜻이 통한다. ≪漢書≫ 〈刑法志〉에도 "術路"란 말이 있는데, 如淳의 注에 "術은 큰 길이다."라 하였으니, 유월이 '率徑'을 衍文이라 한 것은 잘못이다.

31-1-4 **奪人車馬衣裘以自利者竝作**이 **由此始**라 **是以**로 **天下亂**하니 **此其故何以然也**오 **則皆以疑惑鬼神之有與無之別**하고 **不明乎鬼神之能賞賢而罰暴也**라 **今若使天下之人**으로 **偕若信鬼神之能賞賢而罰暴也**면

남의 수레와 말, 옷과 갖옷을 빼앗아 자신을 이롭게 하는 자들이 아울러 일어나는 것이 이로 말미암아 시작될 것이다. 이런 까닭에 천하가 혼란해지니, 이는 그 까닭이 어찌하여 그러한 것인가? 모두 귀신이 있는지 없는지 구별하는 데 疑惑하고 귀신이 어진 이에게 상을 주고 포악한 이에게 벌을 줄 수 있다는 사실을 분명히 알지 못하기 때문이다. 지금 만약 천하의 사람들로 하여금 모두 귀신이 어진 이에게 상을 주고 포악한 이에게 벌을 줄 수 있다는 사실을 믿게 한다면,

舊本에 **偕作借**라 **畢云 借**는 **本書尙賢中作藉**하니 **此俗改**라하다 **王云 上言若使**하니 **則下不得又言借若**이라 **余謂若字**는 **涉上文而衍**이니 **借**는 **乃偕字之誤**라 **偕與皆通**하니 **湯誓**에 **予及女皆亡**이라한대 **孟子梁惠王篇**에 **皆作偕**라 **周頌豐年篇**에 **降福孔皆**라한대 **晉書樂**(악)**志**에 **皆作偕**라 **言使天下之人**으로 **皆信鬼神之能賞賢而罰暴**면 **則天下必不亂也**라 **舊本**에 **罰暴二字倒轉**이러니 **據上文改**라

舊本에는 '偕'가 '借'로 되어 있다.

畢沅 : '借'는 本書 〈尙賢 中〉에는 藉로 되어 있으니, 이는 세상 사람이 고친 것이다.

王念孫 : 위에서 '若使'라 했으니, 아래에서 또 '借若'이라 말할 수는 없다. 내가 생각건

대 '若'자는 윗글과 연관하여 衍文이 된 것이니, 借는 偕의 오자이다. 偕는 皆와 통용되니, ≪書經≫ 〈湯誓〉에 "予及女皆亡(내가 너와 함께 망하리라.)"이라 하였는데, ≪孟子≫ 〈梁惠王〉에서는 〈이 대목의〉 '皆'가 偕로 되어 있다. ≪詩經≫ 〈周頌 豐年〉에 "降福孔皆(복을 내림이 매우 두루 미치리라.)"라 하였는데, ≪晉書≫ 〈樂志〉에는 〈이 대목의〉 '皆'자가 '偕'로 되어 있다. 〈이 대목은,〉 천하의 사람들로 하여금 모두 귀신이 어진 이에게 상을 주고 포악한 이에게 벌을 줄 수 있다는 사실을 믿게 한다면 천하가 필시 혼란해지지 않을 것이라는 말이다. 舊本에는 '罰'과 '暴' 두 글자의 순서가 뒤바뀌어 있었는데, 윗글에 의거하여 고쳤다.

31-1-5 **則夫天下豈亂哉**아

천하가 어찌 혼란해지겠는가."

31-1-6 **今執無鬼者曰 鬼神者**는 **固無有**라하여 **旦暮以爲教誨乎天下**하여

지금 귀신이 없다고 주장하는 자는 말하기를 "귀신이란 것은 진실로 없다."라 하면서 아침저녁으로 이 말을 가지고서 천하 사람들에게 가르쳐서

舊本에 **下有之字**요 **畢又以意增人字**라 **王云 畢補**는 **非也**라 **此文**은 **本作旦暮以爲教誨乎天下**하니 **今本天下下**에 **有之字者**는 **涉下句天下之衆而衍**이어늘 **畢不解其故**하여 **而於之下**에 **補人字**하니 **誤矣**라 **下文天下之衆**은 **卽天下之人也**라하다 **案 王說**이 **是也**라 **今據刪**하노라

舊本에는 〈'天下'〉 아래에 '之'자가 있고, 畢沅은 또 뜻으로 판단하여 '人'자를 보충하였다. 王念孫 : 필원이 보충한 것은 옳지 않다. 이 대목은 본래 '旦暮以爲教誨乎天下'로 되어 있다. 今本에 '天下' 아래에 '之'자가 있는 것은 아래 句의 '天下之衆'과 연관하여 衍文이 된 것인데 필원은 그 까닭을 알지 못하고서 之 아래에 '人'자를 보충하였으니, 잘못이다. 아래 글의 '天下之衆'은 곧 '天下之人'이다.

案 : 왕염손의 설이 옳다. 이제 이에 의거하여 〈'天下' 아래의 '之'자를〉 산삭한다.

31-1-7 **疑天下之衆**하여 **使天下之衆**으로 **皆疑惑乎鬼神有無之別**이라

천하의 사람들을 의혹시켜서 천하의 사람들로 하여금 모두 귀신이 있는지 없는지 구별하는 데 의혹하게 한다.

吳鈔本에 無惑字라

吳鈔本에는 '惑'자가 없다.

31-1-8 是以로 天下亂이라 是故로 子墨子曰 今天下之王公大人士君子가 實將欲求興天下之利하고 除天下之害라 故當鬼神之有與無之別을 (以爲)將不可以不明察此者也라

이 때문에 천하가 혼란해진다. 이런 까닭에 子墨子께서 말씀하셨다. "지금 천하의 王公大人과 士君子들이 진실로 천하의 이로움을 일으키고 천하의 해로움을 제거하고자 한다면, 따라서 응당 귀신이 있는지 없는지의 구별을 분명히 살피지 않아서는 안 된다."

舊本에 明上에 脫不字러니 今從王校補라 兪云 此本作故當鬼神之有與無之別을 不可以不察者也라 下文曰 旣以鬼神有無之別을 以爲不可不察已니 然則吾爲明察此라하니 此文以爲字卽涉下文而衍이요 明察此字는 卽涉下文而誤라 下云 不可不察은 正承此而言이라 故知此文無明字也라하다 蘇云 下以字는 當作不이라하다 案 兪說是也니 今從之라 此字不當刪이라 詳非攻下篇[8]하다

舊本에는 明 위에 '不'자가 빠졌는데, 지금 왕염손의 교감에 따라 보충한다.

兪樾 : 이 대목은 본래 '故當鬼神之有與無之別 不可以不察者也(따라서 응당 귀신이 있는지 없는지의 구별을 살피지 않아서는 안 되는 것이다.)'로 되어 있는데, 아래 글에 '旣以鬼神有無

8) 舊本……詳非攻下篇 : 저본의 원주에 "살펴보건대, 孫詒讓은 正文의 '明' 위에 '不'자를 보충하고 注에서 '王念孫의 교감에 따라 보충한다.' 하였으며, 注 안에 별도로 兪越의 설을 인용하고 또 '유월의 설이 옳으니, 지금 따른다.' 하였으나 정문에 실제로 유월의 교감을 별도로 따라 고치지는 않았다. 왕염손과 유월의 두 설을 모두 따를 수는 없으니, 아마도 注 안의 유월의 설을 따른다는 말은 오류가 있는 듯하다.〔按孫於正文明上增不字 注云 從王(念孫)校補 注中別引兪越說 而又云 兪說是也 今從之 然正文實未別從兪說校改 王兪二說不能兼從 疑注中從兪說之語有誤〕"라고 하였다.

之別 以爲不可不察已 然則吾爲明察此(이미 귀신이 있는지 없는지의 구별을 살피지 않아서는 안 된다고 여기니, 그렇다면 내가 이를 분명히 살핌에)'라 하였으니, 이 대목의 '以爲' 두 글자는 아래 글과 연관하여 연문이 된 것이요 '明察此' 세 글자는 아래 글과 연관하여 잘못된 것이다. '不可不察'은 바로 이 대목을 이어서 말한 것이다. 그러므로 이 대목에서는 '明'자가 없다는 것을 알 수 있다.

蘇時學 : 아래 '以'자는 응당 不이 되어야 한다.

案 : 유월의 설이 옳으니, 지금 따른다. '此'자는 刪削하지 않아야 한다. 〈非攻 下〉에 상세히 보인다.

31-1-9 **既以鬼神有無之別**을 **以爲不可不察已**니 **然則吾爲明察此**에 **其說將柰何而可**오 **子墨子曰 是與**[9]**天下之所以察知有與無之道者**엔 **必以衆之耳目之實知有與亡**(무)**爲儀者也**니라

이미 귀신이 있는지 없는지의 구별을 살피지 않아서는 안 된다고 여기니, 그렇다면 내가 이를 분명히 살핌에 그 설명을 장차 어떻게 해야 하는가?

子墨子께서 말씀하셨다. "이는 천하의 있음과 없음을 살펴 아는 道를 들어 말할 경우에는 반드시 뭇사람들이 耳目을 통해 있는지 없는지를 실제로 아는 것을 가지고 표준을 삼아야 할 것이다.

亡는 吳鈔本에 作無하니 亡는 古無字라 篇中諸有無字는 疑古本에 竝作亡라

'亡'는 吳鈔本에 '無'로 되어 있으니, 亡는 無의 古字이다. 이 책에 있는 '無'자는 아마도 古本에는 모두 '亡'로 되어 있었을 것이다.

31-2-1 **請惑聞之見之**하면

진실로 혹 듣고 보았다면

請은 當讀爲誠이니 墨子書多以請爲情하고 又以情爲誠이라 故로 此亦以請爲誠하니 詳

9) 與 : 漢文大系本의 頭註에 의거하여 '擧'자의 뜻으로 보았다.

尙同中下二篇하다 惑은 與或通이라 戴云 請은 諸字之誤라하니 失之라

'請'은 응당 '誠'으로 읽어야 하니, ≪墨子≫ 책에는 請을 情으로 보고 또 情을 誠으로 보아야 할 곳이 많다. 그러므로 이 대목에서도 請을 誠으로 본다. 〈尙同 中〉과 〈尙同 下〉 두 편에 상세히 보인다. '惑'은 '或'과 통한다. 戴望은 "請은 諸의 오자이다."라 하였으니, 잘못 보았다.

31-2-2 則必以爲有하고 莫聞莫見하면 則必以爲無하리니

반드시 있다고 할 것이요, 듣지도 못하고 보지도 못했으면 반드시 없다고 할 터이니,

舊脫則必以爲有以下九字러니 王據下文及非命篇補라 今從之하노라

舊本에는 '則必以爲有' 이하의 아홉 글자(莫聞莫見 則必以爲無)가 빠졌는데, 王念孫이 아래 글 및 〈非命〉에 의거하여 보충하였다. 지금 그것을 따른다.

31-2-3 若是면 何不嘗入一鄕一里而問之오 自古以及今히 生民以來者로 亦有嘗見鬼神之物하며 聞鬼神之聲이면 則鬼神何謂無乎아 若莫聞莫見이면 則鬼神可謂有乎아

이와 같다면 어찌 한 고을, 한 마을에 들어가 물어보지 않는가. 예로부터 지금에 이르기까지 사람이 있어온 이래 또한 일찍이 귀신의 모습을 보고 귀신의 소리를 들은 적이 있다면 귀신을 어찌 없다고 하겠는가. 만약 듣지도 못하고 보지도 못했다면 귀신을 어찌 있다고 할 수 있겠는가."

何可錯出하니 義兩通이라 不知孰爲正字로다

'何'와 '可'는 번갈아 나오니 〈두 글자가〉 뜻이 상통한다. 어느 것이 正字인지 모르겠다.

31-3-1 今執無鬼者言曰 夫天下之爲聞見鬼神之物者는 不可勝計也로되 亦孰爲聞見鬼神有無之物哉아 子墨子言曰 若以衆之所同見과 與衆之所同聞이면 則若

昔者杜伯이 **是也**라 **周宣王**이 **殺其臣杜伯而不辜**라

지금 귀신이 없다고 주장하는 자는 말하기를 "천하에서 귀신이란 것을 보고 들었다는 사람을 이루 다 헤아릴 수 없지만, 또한 누가 귀신이 있는지 없는지 실체를 보고 들은 자인가?"라고 한다.

子墨子께서 말씀하셨다. "만약 뭇사람들이 다 같이 본 바와 뭇사람들이 다 같이 들은 바로 말한다면 옛날 杜伯의 경우 같은 것이 이것이다. 周 宣王이 그 신하 두백을 죽이는데 〈그가〉 무고하였다.

畢云 史記索隱[10]引作不以罪라

畢沅 : ≪史記索隱≫에 이 대목을 인용한 곳에서는 〈'不辜'가〉 '不以罪'로 되어 있다.

31-3-2 **杜伯曰 吾君殺我而不辜**하니 **若以死者爲無知則止矣**어니와 **若死而有知**면 **不出三年**하여 **必使吾君知之**라하더니 **其〔後〕三年**에

杜伯이 말하기를 '우리 임금이 나를 죽이는데 〈내가〉 무고하니, 만약 죽은 사람이 知覺이 없다면 그만이지만 만약 죽어서도 지각이 있다면 3년이 지나지 않아 반드시 우리 임금으로 하여금 알게 하리라.'라고 하였다. 그리고 3년 뒤에

畢云 文選注에 引作必死吾君之期라하고 韋昭注國語引三作二하고 太平御覽引作後三年이라하다 兪云 必使吾君知之絶句요 其下에 脫後字하니 本作其後三年이라 太平御覽引此文에 正作後三年이요 但刪其字耳라 韋昭注周語引作後二年하니 雖誤三爲二나 而後字固在하니 皆可爲證이라 文選劉孝標重答劉秣(말)陵書[11]注에 引作必死吾君之期하니 則誤其爲期하여 而屬上讀이요 且誤使爲死하고 又脫知字하여 文不成義하니 不足據也라하다 案 宋尤袤(무)[12]本文選注에 惟其作期하고 餘竝與今本同이요 國語韋注宋明道本에

---

10) 史記索隱 : 唐나라 때 학자 司馬貞의 저술로 모두 30권이다.

11) 劉孝標重答劉秣陵書 : 劉孝標는 이름은 峻이고 자가 孝標이며, 南朝 梁나라 사람이다. 〈重答劉秣陵書〉는 ≪文選≫ 43권에 실려 있으며, 원제목은 〈重答劉秣陵沼書〉이다.

12) 尤袤 : 1127~1194. 南宋 때 학자로 九龍山 아래 遂初堂을 지어 도서 3천여 종을 소장하고 ≪遂初堂書目≫을 지었다. 이것이 중국 최초의 板本別 도서목록이다.

亦正作三年하니 畢兪竝誤據俗本疏矣라 史記周本紀正義[13]引周春秋[14]에 亦作後三年하니 據史記컨대 宣王四十六年崩하니 則殺杜伯은 當在四十四年이라 通鑑外紀[15]에 載殺杜伯於四十六年은 非也라 今本竹書紀年[16]云 宣王四十三年에 王殺大夫杜伯이어늘 其子隰叔出奔晉이라하니 則不數所殺年이나 亦通이라

畢沅 : ≪文選≫ 注에서 이 대목을 인용한 곳에는 '必死吾君之期(반드시 우리 임금을 죽일 시기)'로 되어 있고, 韋昭가 ≪國語≫에 注를 달면서 이 대목을 인용한 곳에는 '三'이 '二'로 되어 있고, ≪太平御覽≫에서 이 대목을 인용한 곳에는 '後三年'으로 되어 있다.

兪樾 : '必使吾君知之'에서 句를 끊어야 하고 '其' 아래에 '後'자가 빠졌으니, 본래는 '其後三年'으로 되어 있었다. ≪태평어람≫에서 이 문장을 인용한 곳에는 바로 '後三年'으로 되어 있고, 단지 '其'자만 刪削되어 있다. 위소가 ≪국어≫ 〈周語〉에 注를 달면서 이 대목을 인용한 곳에 '後二年'으로 되어 있으니, 비록 三를 二로 잘못 썼으나 '後'자는 그대로 있다. 이 두 경우 모두 증거가 될 만하다. ≪문선≫에 실려 있는 劉孝標의 〈重答劉秣陵書〉의 注에 이 대목을 인용한 곳에는 '必死吾君之期'로 되어 있다. '其'자를 '期'자로 잘못 보고 위 구절과 이어 붙여서 읽었으며, 게다가 '使'자를 '死'자로 잘못 보았고 또 '知'자를 빠뜨려 글 뜻이 이루어지지 못하니, 근거로 삼기에 부족하다.

案 : 宋나라 尤袤本 ≪文選≫ 注에는 '其'자만 '期'자로 되어 있고, 나머지는 모두 今本과 같다. 위소가 注를 단 ≪국어≫의 宋나라 明道本에도 바로 '三年'으로 되어 있다. 필원과 유월은 모두 잘못 俗本에 의거하였으니, 疏漏하다. ≪史記正義≫ 〈周本紀〉에 ≪周春秋≫를 인용한 곳에도 '後三年'으로 되어 있다. ≪史記≫에 의거하건대 周 宣王은 즉위한 지 46년 만에 崩御하였으니, 杜伯을 죽인 일은 응당 44년에 있었을 것이다. 따라서 ≪通鑑外紀≫에서 두백을 죽인 일을 주 선왕 46년 條에 기재한 것은 옳지 않다. 今本 ≪竹書紀年≫에는 "선왕 43년에 왕이 大夫 두백을 죽이자 그 아들 隰叔이 도망쳐 晉나라로 갔다."라 하였으니, 선왕을 몇 해만에 죽일지 햇수는 헤아려 말하지 않았지만 또한 뜻이 통한다.

13) 史記周本紀正義 : ≪史記正義≫는 唐나라 張守節의 저술이다.

14) 周春秋 : ≪九經古義≫ 13권 〈公羊古義〉에 "≪墨子≫ 〈明鬼篇〉에 ≪周春秋≫, ≪燕春秋≫, ≪宋春秋≫, ≪齊春秋≫라는 書名이 있다."라 하였는데, 현전하는 ≪묵자≫에는 보이지 않는다.

15) 通鑑外記 : 北宋의 학자 劉恕(1032~1078)가 司馬光을 도와 ≪資治通鑑≫을 편수한 뒤 上古 이래의 史蹟을 뽑아서 편찬한 책이다.

16) 竹書紀年 : 西晉 武帝 때 汲郡의 不準이란 사람이 魏 襄王의 무덤에서 발견했다는 古書이다.

31-3-3 周宣王合諸侯而田於圃할새 田車數百乘이요

周 宣王이 제후들을 모아서 圃에서 사냥할 때 田車가 수백 乘이요

田於圃는 吳鈔本에 作舍於圃라 畢云 田은 與佃通하니 說文云 佃은 中也니 春秋傳曰 乘中佃이라하니 一轅車[17]라하다 案 今左氏作衷佃하니 同이라 又案 韋昭注國語와 文選注와 史記索隱에 引俱無此字하고 顏師古注漢書有라 兪云 田於圃田者는 圃田은 地名이니 詩車攻篇에 東有甫草어늘 駕言行狩라하고 鄭箋以鄭有甫田說之한대 爾雅釋地에 作鄭有圃田하니 卽其地也니 畢讀(두)圃字絶句는 非是라하다 詒讓案 周語云 杜伯射王於鄗(호)라한대 韋注云 鄗는 鄗京也라하다 史記周本紀集解에 引徐廣云 豐在京兆鄠(호)縣東하고 鎬在上林昆明北하니 有鎬池라 去豐二十五里하니 皆在長安南數十里라하다 周禮職方氏鄭注云 圃田은 在中牟라하니 以周地理言之컨대 鄗在西都하고 圃田在東都하니 相去殊遠이라 又韋引周春秋宣王會諸侯田於圃한대 明道本에 圃作囿라 史記封禪書索隱周本紀正義所引이 竝與韋同이라 論衡死僞篇云 宣王將田于圃라하니 則漢唐舊讀는 竝於圃字斷句하니 皆不以圃爲圃田이라 荀子王霸篇楊注에 引隨巢子[18]云 杜伯射宣王於畝田하니 畝與牧은 聲轉字通하니 疑卽鄗京遠郊之牧田이니 亦與圃田異로되 但隨巢子以圃田爲畝田은 似可爲兪讀左證이라 近胡承珙亦謂此卽圃田하고 而謂國語鄗卽敖鄗라하여 庨(척)韋以爲鄗京之誤하니 其說亦可通이라 姑兩存之하여 俟通學詳定焉하노라 田車者는 考工記云 田車之輪은 六尺有六寸이라한대 鄭注云 田車는 木路[19]也니 駕田馬라하니 畢引左傳中佃은 非此義라

---

17) 春秋傳曰……一轅車 : '乘中佃'은 ≪春秋左氏傳≫ 哀公 17년에 보이며, 今本에는 '中佃'이 '衷甸' 또는 '衷佃'으로 되어 있다. 杜預의 注에 "衷甸은 끌채가 하나로 된 수레로 卿의 수레이다.〔衷甸 一轅 卿車〕" 하였다. ≪春秋左傳正義≫의 疏에 의하면, 衷은 中과 같고, 佃은 乘과 같으니, 말 네 필이 끄는 수레를 '上乘'이라 하고, 말 두 필이 끄는 수레를 '中乘'이라 한다. 이를 종합하면, '中佃(衷甸)'은 '中乘'이니, 끌채가 하나이고 말 두 필이 끄는 卿의 수레를 말한다.

18) 隨巢子 : 墨子의 제자이며, 그가 저술한 책을 일컫기도 한다. ≪漢書≫ 〈藝文志〉에 ≪隨巢子≫ 6편이 있다고 하였는데, 現傳하지 않는다.

19) 木路 : 木輅와 같은 말이다. 고대 제왕이 타는 다섯 가지 수레인 五路의 하나로 옻칠만 하고 가죽을 씌우지 않으며 금・옥・상아 등으로 장식하지도 않는다.

'田於圃'는 吳鈔本에 '舍於圃(圃에 머물다)'로 되어 있다.

畢沅 : 田은 佃과 뜻이 통하니 ≪說文解字≫에 "佃은 中이니, ≪春秋左氏傳≫에 "中佃을 탔다.〔乘中佃〕"라고 하였는데, 〈'中佃'은〉 끌채가 하나로 된 수레이다."라 하였다.

案 : 지금 ≪춘추좌씨전≫에는 〈'中佃'이〉 '衷佃'으로 되어 있는데, 같은 말이다.

又案 : 韋昭의 ≪國語≫ 注, ≪文選≫의 注, ≪史記索隱≫에서 이 대목을 인용한 곳에는 모두 이 글자(田)가 없고, 顔師古의 ≪漢書≫ 注에는 있다.

兪樾 : '田於圃田'이란 것은, 圃田은 지명이니 ≪詩經≫ 〈車攻〉에 "東都에는 甫草가 있거늘 말을 타고 가서 사냥하도다.〔東有甫草 駕言行狩〕"라 하였고, 鄭玄의 箋에 "鄭有甫田(鄭나라에 甫田이 있다)."이라는 말로 설명하였는데, ≪爾雅≫ 〈釋地〉에는 '鄭有圃田'으로 되어 있으니, 바로 그 땅이다. 따라서 畢沅이 '圃'에서 句를 뗀 것은 옳지 않다.

詒讓案 : ≪국어≫ 〈周語〉에 "杜伯이 鄗에서 왕을 활로 쏘았다."라고 하였는데, 위소의 注에 "鄗는 鄗京이다."라 하였다. ≪史記集解≫ 〈周本紀〉에서 徐廣이 "豐은 京兆 鄠縣 동쪽에 있으며, 鎬는 上林 昆明의 북쪽에 있으니 여기에 鎬池가 있다. 이곳은 豐과 거리가 25里이다. 두 곳 다 長安 남쪽 수십 리에 있다."라고 한 설을 인용하였다. ≪周禮≫ 〈職方氏〉의 鄭玄 注에 "圃田은 中牟에 있다."라 하였다. 周나라의 지리로 말하면, 鄗는 西都에 있고, 圃田은 東都에 있으니, 서로 거리가 매우 멀다. 게다가 韋昭가 ≪周春秋≫에 "宣王이 제후를 모아 圃에서 사냥하였다."는 대목을 인용했는데, 明道本에는 '圃'가 囿로 되어 있다. ≪史記索隱≫ 〈封禪書〉와 ≪史記正義≫ 〈주본기〉에서 인용한 곳은 모두 위소의 설과 같다. ≪論衡≫ 〈死僞篇〉에 "宣王將田于圃(선왕이 장차 圃에서 사냥하려 한다.)"라 하였다. 漢나라·唐나라 때 이 대목의 옛 구두는 모두 '圃'자에서 句를 떼었으니, 모두 圃를 圃田으로 보지 않았다. ≪荀子≫ 〈王霸〉의 楊倞 注에, ≪隨巢子≫에서 "杜伯射宣王於畝田(두백이 묘전에서 선왕을 활로 쏘았다.)"이라고 한 대목을 인용하였으니, '畝'는 '牧'과 聲音은 轉變했으나 글자는 통용된다. 이는 아마도 鄗京 遠郊의 牧田일 것이니, 또한 圃田과는 다르다. 단지 ≪수소자≫에서 圃田을 畝田이라 한 것은 아마도 유월이 〈이 대목에서 '田'에〉 구두를 뗀 것에 대한 방증은 될 수 있을 듯하다. 근래에 胡承珙도 "이것은 곧 圃田이다."라 하고, "≪국어≫의 '鄗'는 곧 敖鄗이다."라 하여 위소가 鄗京이라 한 잘못을 반박하였으니, 그 설 또한 통한다. 우선 두 설을 다 기록해두어 학문에 밝은 학자가 詳定하기를 기다린다. 田車라는 것은 ≪주례≫ 〈考工記〉에 "田車의 바퀴는 6尺 6寸이다."라 하였는데, 鄭玄의 注에 "田車는 木路이니, 田馬(사냥할 때 쓰는 말)가 끈다."라 하였다.

필원이 인용한 ≪춘추좌씨전≫의 '中佃'은 이 뜻이 아니다.

31-3-4 (從)〔徒〕數千이라 人滿野러라

무리가 수천 명이라 사람들이 들판에 가득하였다.

畢云 太平御覽引作車徒滿野하니 節文이라하다 兪云 從은 乃徒字之誤라 車數百乘이요 徒數千人이니 徒與車爲對文이라 御覽引作車徒滿野가 是其證이라하다 案 兪校近是로되 但此當以徒數千爲句라 人屬下滿野爲句니 非以徒與車爲對文也라

畢沅 : ≪太平御覽≫에서 이 대목을 인용한 곳에는 '車徒滿野(수레와 무리가 들판에 가득하였다.)'로 되어 있으니, 節文[20]이다.

兪樾 : '從'은 徒의 오자이다. 車(수레)가 수백 乘이고 徒(무리)가 수천 인이니, 徒와 車는 대구를 이룬다. ≪태평어람≫에서 이 대목을 인용한 곳에 '車徒滿野'로 되어 있는 것이 그 증거이다.

案 : 유월의 교감이 거의 옳다. 다만 이 대목은 응당 '徒數千'으로 句를 떼고 '人'은 아래 '滿野'와 이어져 句가 되어야 하니, '徒'와 '車'는 대구를 이루는 것이 아니다.

31-3-5 日中에 杜伯乘白馬素車하고 朱衣冠으로

정오 무렵에 杜伯이 흰 말이 끄는 흰 수레를 타고 붉은색 衣冠 차림으로

朱衣冠은 蓋韋弁服也라 周禮司服에 凡兵事에 韋弁服이라한대 鄭注云 韋弁은 以韎[21]韋爲弁하고 又以爲衣裳也라하니 韎朱는 色近通稱이라

朱衣冠은 아마도 韋弁服일 것이다. ≪周禮≫ 〈司服〉에 "무릇 兵事에는 韋弁服을 입는다."라 하였는데, 鄭玄

韋弁

20) 節文 : 줄이고 생략하여 쓴 글이다.

21) 韎 : ≪春秋左氏傳≫ 成公 16년의 '有韎韋之跗注'에 대한 杜預의 注에 "韎은 赤色이다." 하였다.

의 注에 "韋弁은 韎韋(붉은 가죽)로 弁을 만들고 또 衣裳을 만든 것이다."라 하였다. 韎과 朱는 가까운 색이니 통용하여 칭한다.

31-3-6 **執朱弓**하고 **挾朱矢**하여 **追周宣王**하여 **射之車上**하니

붉은 활을 잡고 붉은 화살을 끼고서 周 宣王을 추격하여 수레 위에 쏘니

舊本에 **射之**는 **作射入**이라 **畢云 文選注引作射之**라하다 **詒讓案 之字**가 **是也**라 **今據改**하노라

舊本에는 '射之'가 '射入'으로 되어 있다.

畢沅 : ≪文選≫ 注에 이 대목을 인용한 곳에는 '射之'로 되어 있다.

詒讓案 : '之'자가 옳다. 이제 이에 의거하여 고친다.

31-3-7 **中心折脊**하여 **殪**(에)**車中**하여

심장에 맞고 등뼈가 부러져 수레 안에서 쓰러져

後漢書光武紀의 **李注云 殪**는 **仆也**라하다

≪後漢書≫ 〈光武帝紀〉의 李賢 注에 "殪는 쓰러지는 것이다."라 하였다.

31-3-8 **伏弢**(도)**而死**하다

활집에 엎어져 죽었다.

畢云 弢는 **太平御覽引作韔**(창)하고 **一引作伏弓衣**하니 **義同**이라하다 **詒讓案 史記索隱**과 **文選注**에 **引竝作弢**하여 **與今本同**하고 **論衡死僞篇**에 **亦作韔**이라 **說文弓部云 弢**는 **弓衣也**라하고 **左成十六年傳**에 **楚共王使養由基射呂錡**하여 **中項伏弢**라하다 **畢又云 國語云 內史過曰 杜伯射王于鄗**(호)라한대 **韋昭注曰 杜國伯爵**이니 **陶唐氏之後**라 **周春秋曰云云**이라하니 **與此略同**이라 **地理志**에 **杜陵**은 **故杜伯國**이니 **有周右將軍杜主祠四所**라하고 **又國語**에 **范宣子曰 昔匄**(개)[22]**之祖**가 **在**

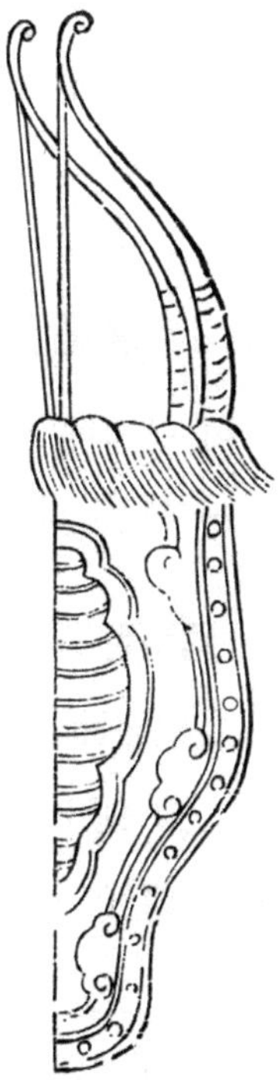

虎韔

周爲唐杜氏라한대 韋昭曰 周成王滅唐하고 而封弟唐叔虞하여 遷唐于杜하니 謂之杜伯이라하다 封禪書曰 杜主는 故周之右將軍이라하다 今陝西長安縣南杜豐이라하다

畢沅 : '弢'는 ≪太平御覽≫에서 이 대목을 인용한 곳에는 '韔'으로 되어 있고, 다른 한 책에 이 대목을 인용한 곳에는 '伏弓衣'로 되어 있으니, 뜻이 같다.

詒讓案 : ≪史記索隱≫과 ≪文選注≫에 이 대목을 인용한 곳에는 모두 '弢'로 되어 있어 今本과 같고, ≪論衡≫ 〈死僞篇〉에는 또 '韔'으로 되어 있다. ≪說文解字≫ 弓部에 "弢는 弓衣이다."라 하였고, ≪春秋左氏傳≫ 成公 16년 條에 "楚 共王이 養由基로 하여금 呂錡를 활로 쏘게 하여 〈화살이〉 목을 맞혀서 弢에 엎어졌다."라 하였다.

畢沅 : ≪國語≫ 〈周語〉에 "內史 過가 말하기를 '杜伯이 鄗에서 왕을 활로 쏘았다.'라 하였다."라고 했는데, 韋昭의 注에 "杜는 나라이고 伯은 작위이니 陶唐氏의 후손이다. ≪周春秋≫에……라 했다."라 했으니, 이 대목과 대략 같다. ≪地理志≫에 "杜陵은 옛날의 杜伯國이니 周나라 右將軍 杜主의 사당이 네 곳 있다."라 하였고, 또 ≪국어≫ 〈晉語〉에 "范宣子가 말하기를 '옛날에 나[匄]의 조상이 周나라에서 唐氏와 杜氏가 되었다.'라 하였다."라 하였는데, 韋昭는 "周 成王이 唐나라를 멸망시키고 아우 唐叔虞를 그 땅에 封해주고 唐을 杜 땅으로 옮기니 〈임금을〉 杜伯이라 하였다."라 하였다. ≪史記≫ 〈封禪書〉에 "杜主는 옛날 周나라의 右將軍이다."라 하였다. 지금의 陝西 長安縣 남쪽 杜豐이 그 지역에 해당한다.

31-3-9 當是之時하여 周人從者莫不見하며 遠者莫不聞이요 著在周之春秋하여

이 당시에 周나라 사람으로서 따라온 이들이 이 광경을 보지 못한 이가 없었으며 멀리 있는 사람들은 듣지 못한 이가 없었고, 이 사실을 周나라 春秋에 기재하여

國語晉語에 司馬侯가 謂悼公曰 羊舌肸(힐)習於春秋라한대 韋注云 春秋는 紀人事之善惡하고 而目以天時하니 謂之春秋는 周史之法也라 時에 孔子未作春秋라하고 又楚語에 莊王이 使士亹(미)傳太子한대 申叔時告之曰 教之春秋하여 以感勸其心이라하고 公羊莊七年傳云 不脩春秋[23]曰 雨星不及地尺而復이라한대 何注云 謂史記也라 古者謂史記爲

---

22) 匄(개) : 范宣子의 이름이다.

23) 不脩春秋 : 公羊學에서 孔子가 撰修하기 이전의 史書인 ≪춘추≫를 공자의 ≪춘추≫와 구별

春秋라하고 管子法法篇云 故春秋之記에 臣有弑其君하고 子有殺其父者矣라한대 尹注[24] 云 春秋는 卽周公之凡例요 而諸侯之國史也라하다 史通六家篇과 隋書李德林傳에 竝引墨子云 吾見百國春秋라하니 蓋卽此라 史通又云 汲瑑冢語에 記太丁時事하여 目爲夏殷春秋하고 又有晉春秋에 記獻公十七年事라하다

≪國語≫ 〈晉語〉에 "司馬侯가 悼公에게 일러 말하기를 '羊舌肹이 春秋를 익혔습니다.' 라 하였다."라 하였는데, 韋昭의 注에 "春秋는 人事의 善惡을 기록하고 天時로 제목을 삼았다. 이를 春秋라 한 것은 周나라 史官의 법이다. 당시에는 孔子가 아직 ≪春秋≫를 짓지 않았다."라 하였고, 또 〈楚語〉에 "莊王이 士亹로 하여금 太子의 師傅가 되게 하였는데 申叔時가 사미에게 말해주기를 '春秋를 가르쳐서 그 마음을 감동시키고 권면해야 한다.' 라 하였다."라고 하였다. ≪春秋公羊傳≫ 莊公 7년 條에 "不脩春秋에 '별이 비처럼 떨어져 땅에서 1尺에 못 미쳐서 돌아갔다.'라 하였다."라 했는데, 何休의 注에 "春秋는 역사 기록을 말한다. 옛날에는 역사 기록을 春秋라 하였다."라 하였고, ≪管子≫ 〈法法〉에 "그러므로 春秋의 기록에 신하로서 자기 임금을 시해한 자가 있고 자식으로서 자기 아비를 죽인 자가 있다."라 했는데, 尹知章의 注에 "春秋는 곧 周公이 만든 凡例이고 諸侯의 國史이다."라 하였다. ≪史通≫ 〈六家〉와 ≪隋書≫ 〈李德林傳〉에 모두 ≪墨子≫를 인용하여 "나는 百國의 春秋를 보았다."라 하였으니, 대개 이를 가리킨 것이다. ≪史通≫에서는 또 "≪汲瑑冢語≫에 太丁 때의 일을 기록하고 제목을 ≪夏殷春秋≫라 하였고, 또 ≪晉春秋≫가 있는데 獻公 17년의 일을 기록하였다."라 하였다.

31-3-10 爲君者는 以敎其臣하고 爲父者는 以譤其子하여

임금 된 이는 신하에게 가르치고 아비 된 이는 자식에게 경계하여

畢云 說文云 警은 戒也라하니 此異文이라

畢沅 : ≪說文解字≫에 "警은 戒의 뜻이다."라 하였으니, 이 〈譤은〉 異體字이다.

하여 '不脩春秋'라 일컫는다.

24) 尹注 : 唐나라 사람 尹知章이 단 ≪管子≫의 注이다. 房玄齡이 단 注라는 설도 있다. 현재 四庫全書에는 ≪관자≫에 주를 단 사람이 房玄齡으로 되어 있다.

31-3-11 曰 戒之愼之하라 凡殺不辜者는 其得不祥이니 鬼神之誅가

말하기를 '경계하고 삼가라. 무릇 無辜한 사람을 죽이는 자는 상서롭지 못한 일을 받게 되니, 귀신의 誅罰이

畢云 舊作謀러니 據後文改하노라

畢沅 : 〈'誅'는〉 舊本에는 '謀'로 되어 있는데 뒷글에 의거하여 고쳤다.

31-3-12 若此之憯遬(참속)也니라

이와 같이 빠르다.'라고 한다.

憯速은 義同이라 玉篇手部云 撍은 側林切이니 急疾也라하니 憯與撍通이라 易豫에 朋盍簪이라한대 釋文云 簪은 鄭云速也라하고 京[25]作撍이라하다 淮南子本經訓云 兵莫憯於志하니 而莫邪(야)爲下라한대 高注云 憯은 猶利也라하니 竝與此義相近이라 道藏本吳鈔本에 竝無也字라 畢云 說文云 遬은 籀(주)文이라하다 蘇云 遬與戚義同이라하다

'憯'과 '速'은 뜻이 같다. ≪玉篇≫의 手部에 "撍은 側과 林의 반절이니, 급하고 빠른 것이다."라고 하였으니, '憯'은 '撍'과 통한다. ≪周易≫ 豫卦에 "朋盍簪(벗들이 모이리라.)"이라 하였는데, ≪經傳釋文≫에 "簪은 鄭玄은 '빠르다는 뜻이다.'라 하였고, 京房本에는 撍으로 되어 있다."라 하였다. ≪淮南子≫ 〈本經訓〉에는 "兵莫憯於志 而莫邪爲下(兵은 사람의 의지보다 예리한 것이 없으니 莫邪劍은 그 아래이다.)"라 하였는데, 高誘의 注에 "憯은 利(날카롭다)이다."라 하였으니, 모두 이 뜻과 서로 가깝다. 道藏本과 吳鈔本에는 모두 '也' 자가 없다.

畢沅 : ≪說文解字≫에 "遬은 籀文이다."라 하였다.

蘇時學 : '遬'은 '戚'과 뜻이 같다.

31-3-13 以若書之說로 觀之컨댄 則鬼神之有를 豈可疑哉아

25) 京 : 저본의 원주에 "京은 원본에 李로 되어 있으나, ≪周易≫ 豫卦에 대한 ≪經傳釋文≫에 의거하여 고쳤다. 살펴보건대 京은 京房本을 가리킨다.〔京 原誤李 據易豫釋文改 按京指京房本〕"라 하였다.

이러한 서책의 기록으로 보건대 귀신이 있다는 사실을 어찌 의심할 수 있겠는가.

道藏本과 吳鈔本에 竝無也字라

道藏本과 吳鈔本에는 모두 '也'자가 없다.

31-4-1 **非惟若書之說爲然也**라

단지 이러한 서책의 기록만 그러할 뿐이 아니다.

31-4-2 **昔者(鄭)〔秦〕穆公**이

옛날에 秦 穆公이

史記鄭世家에 穆公蘭은 文公子라하나 然此實當爲秦穆公之譌(와)라 畢云 郭璞注山海經에 引此作秦穆公하고 又太平御覽太平廣記에 引穆作繆이라하다 詒讓案 郭引作秦이 是也라 玉燭寶典에 引墨子曰 昔에 秦穆公有明德하여 上帝使句芒賜之壽十九年也라하니 卽約此文이라 論衡福虛篇云 儒家之徒董無心과 墨家之役纏(전)子가 相見講道러니 纏子稱墨家佑鬼神할새 是引秦穆公有明德하여 上帝賜之十九年이어늘 (纏)〔董〕[26]子難以堯舜不賜年하며 桀紂不夭死하니 堯舜桀紂猶爲尙遠이라 且近難以秦穆公晉文公하니라 夫諡者는 行之跡也니 跡生時行하여 以爲死諡라 穆者誤亂之名이요 文者德惠之表니 有誤亂之行이어늘 天賜之年하며 有德惠之操어늘 天奪其命乎아 案 穆公之霸는 不過晉文이요 晉文之諡는 美於穆公이어늘 天不加晉文以命하고 獨賜穆公以年하니 是天報誤亂이 與穆公同也라 又無形篇云 傳[27]言秦穆公有明德하여 上帝賜之十九年이라하고 北齊書樊遜傳에 遜對問禍福報應에 亦云 秦穆有道하여 句芒錫祥이라하니 以諸書證之컨댄 則不當作鄭이 明矣라 下文凡鄭字는 竝當作秦이라

≪史記≫ 〈鄭世家〉에 "穆公 蘭은 文公의 아들이다."라고 하였으나, 이는 실제로 응당

---

26) (纏)〔董〕 : 저본에는 '纏'자로 되어 있고 ≪論衡≫에도 '纏'자로 되어 있으나 ≪繹史≫, ≪春秋戰國異辭≫, ≪漢藝文志考證≫, ≪廣博物志≫에 근거하여 '董'으로 바로잡았다.

27) 傳 : 四庫全書本 ≪論衡≫에는 '又'자로 되어 있다.

秦 穆公이 訛傳된 것일 듯하다.

畢沅 : ≪山海經≫ 郭璞의 注에서 이 대목을 인용한 곳에 '秦穆公'으로 되어 있고, 또 ≪太平御覽≫과 ≪太平廣記≫에서 이 대목을 인용한 곳에는 '穆'자가 '繆'으로 되어 있다.

詒讓案 : 곽박이 인용한 곳에 '秦'으로 되어 있는 것이 옳다. ≪玉燭寶典≫에서 ≪墨子≫를 인용하여 "옛날에 진 목공은 明德이 있어서 上帝가 句芒을 시켜 수명 19년을 더 내려주었다."라고 하였으니, 바로 이 글을 요약한 것이다. ≪論衡≫ 〈福虛〉에 "儒家의 문도인 董無心과 墨家의 제자인 纏子가 서로 만나 道를 토론했는데 전자가 묵가는 귀신을 존숭한다고 하면서 이에 진 목공은 明德이 있어서 상제가 수명 19년을 더 내려주었다는 대목을 인용하자, 董子(董無心)가 반박하기를 '堯舜에게는 수명을 더 내려주지 않았으며 桀紂는 일찍 죽지 않았다. 요순과 걸주는 그래도 너무 먼 시대 사람이라 우선 가까운 秦穆公과 晉 文公의 경우를 가지고 반박하겠다. 대저 諡號라는 것은 살아온 자취이다. 살아 있을 때 한 일의 자취를 가지고 죽은 후의 시호를 삼는 것이다. 穆이란 誤亂(미혹하고 착란함)을 뜻하는 말이고, 文이란 德惠(덕이 있고 은혜를 베풂)를 나타내는 말이다. 誤亂한 행실이 있거늘 하늘이 수명을 더 내려주고, 德惠의 操行이 있거늘 하늘이 그 수명을 빼앗는단 말인가.'라 하였다."라 하였다.

案 : 목공이 霸者로서 한 일은 晉 文公을 넘지 못하고 진 문공의 시호는 목공보다 좋거늘 하늘이 진 문공에게 수명을 더 주지 않고 유독 목공에게 수명을 더 내려주었으니, 이는 하늘이 誤亂한 사람에게 보답한 것이 오란한 穆公과 같다. 또 ≪논형≫ 〈無形〉에는 "전하는 말에 '진 목공이 明德이 있어서 상제가 수명 19년을 더 내려주었다'라고 하였다."라 하였고, ≪北齊書≫ 〈樊遜傳〉에 "樊遜이 禍福의 報應에 대한 물음에 대답하면서 역시 '진 목공이 道가 있어서 句芒이 祥瑞를 내렸다.'라 하였다."라 하였으니, 이러한 여러 서책들의 기록으로 증명해보건대 '鄭'자가 되어서는 안 됨이 분명하다. 아래 글의 '鄭'자들도 모두 '秦'자가 되어야 한다.

31-4-3 當晝日中處乎廟러니

한낮 정오에 사당 안에 있었는데

當은 **吳鈔本**에 **作嘗**하니 **古字通用**이라

'當'은 吳鈔本에는 '嘗'으로 되어 있으니, 古字에 통용되었다.

31-4-4 有神入門而左하니 鳥身〔人面〕이요

한 귀신이 문에 들어와 왼쪽에 〈서는데〉 새의 몸이고 사람의 얼굴이요

畢云 海外東經云 東方은 句芒이니 鳥身人面이라하고 太平廣記에 引作人面鳥身이라하다 戴云 脫人面二字라하다

畢沅 : ≪山海經≫ 〈海外東經〉에 "東方의 〈神은〉 句芒이니 새의 몸이고 사람의 얼굴이다."라 하였고, ≪太平廣記≫에서 이 대목을 인용한 곳에는 '人面鳥身(사람의 얼굴이고 새의 몸이요)'으로 되어 있다.

戴望 : '人面' 두 글자가 빠졌다.

31-4-5 素服(三絶)〔玄純(준)〕이요

검은 가선을 두른 흰옷을 입고

三絶은 無義하니 疑當作玄純이라 玄與三과 純與絶은 艸書竝相近일새 因而致誤라 素衣玄純은 蓋卽深衣采純이니 明與凶服異也라 畢引說文云 絶은 刀斷絲也라하나 非此義라

'三絶'은 이 대목에 맞는 뜻이 없으니, 아마도 응당 '玄純'이 되어야 할 듯하다. '玄'과 '三', '純'과 '絶'은 초서로 쓰면 모두 모양이 비슷하기 때문에 착오를 일으킨 듯하다. '素衣玄純(검은 가선을 두른 흰옷)'은 아마도 '深衣采純(채색 가선을 두른 심의)'일 것이니, 분명 凶服과는 다르다. 畢沅은 ≪說文解字≫를 인용하여 "'絶'은 칼로 실을 끊은 것이다."라 하였으나, 이 대목의 뜻이 아니다.

31-4-6 面狀正方이라

얼굴은 정방형이었다.

畢云 太平廣記에 引作而狀方正이라하다 戴云 面은 乃而字之誤라하다 案 山海經郭注에 引作方面하니 則面字는 非誤라

畢沅 : ≪太平廣記≫에 이 대목을 인용한 곳에는 '而狀方正'으로 되어 있다.

戴望 : '面'은 곧 '而'의 오자이다.

案：≪山海經≫ 郭璞 注에 이 대목을 인용한 곳에 '方面'으로 되어 있으니, '面'은 오자가 아니다.

31-4-7 (鄭)〔秦〕穆公見之하고 乃恐懼奔이어늘 神曰 無懼하라

秦 穆公이 보고는 두려워 달아나거늘 귀신이 말하기를 '두려워하지 말라.

畢云 舊脫此四字러니 據太平廣記增이라 太平御覽에 引作一曰字하고 一本作神曰二字라

畢沅：舊本에는 〈'神曰無懼'〉 넉 자가 없었는데 ≪太平廣記≫에 의거하여 보충하였다. ≪太平御覽≫에서 이 대목을 인용한 곳에는 '曰' 한 글자로만 되어 있고, 다른 한 本에는 '神曰' 두 글자로 되어 있다.

31-4-8 帝享女明德하여

상제께서 너의 明德을 받아들여

女는 吳鈔本에 作汝라

'女'는 吳鈔本에는 汝로 되어 있다.

31-4-9 使予錫女壽十年有九하여

나로 하여금 너에게 수명 19년을 더 내려주어

錫은 吳鈔本에 作享이라

'錫'은 吳鈔本에는 '享'으로 되어 있다.

31-4-10 使若國家蕃昌하며 子孫茂하여 毋失하니라하니 (鄭)〔秦〕

너의 국가가 번창하고 자손이 무성하여 〈나라와 자손을〉 잃지 않게 하셨다.'라 하니, 秦

亦當作秦이라

〈'鄭'은〉 역시 '秦'이 되어야 한다.

31-4-11 穆公이 再拜稽首하고 曰 敢問神名하노이다

穆公이 두 번 절하고 머리를 조아리며 말하기를 '감히 신의 이름을 묻사옵니다.'라 하였다.

畢本에 名作明하고 云 舊脫此字러니 太平御覽에 引云 敢問神明爲何오하고 太平廣記에 引云 公問神明이라 案 明同名也라하다 王云 鈔本御覽神鬼部二에 正作敢問神名하니 刻本에 名作明은 誤也라 明은 古讀若芒이니 不得與名通이라하다 案 王校가 是也라 楚辭遠遊洪興祖補注에 引亦作名히니 今據補正하노라

畢沅本에는 '名'이 '明'으로 되어 있고 "舊本에는 이 글자가 빠졌는데, ≪太平御覽≫에서 이 대목을 인용한 곳에는 '敢問神明爲何(감히 묻사옵니다. 神明께서는 누구이옵니까?)'로 되어 있고, ≪太平廣記≫에서 이 대목을 인용한 곳에는 '公問神明(공이 신명에게 물으니)'으로 되어 있다. 살펴보건대, '明'은 名과 같다.

王念孫 : 鈔本 ≪태평어람≫ 〈神鬼部二〉에는 바로 '敢問神名'으로 되어 있으니, 刻本에 '名'이 '明'으로 되어 있는 것은 착오이다. 明은 옛날에는 芒과 같이 읽었으니, 名과 통용될 수 없다.

案 : 왕염손의 교감이 옳다. ≪楚辭≫ 〈遠遊〉에 대한 洪興祖의 補注에서 이 대목을 인용한 곳에도 名으로 되어 있다. 이제 이에 의거하여 補正하였다.

31-4-12 曰 予爲句芒이니라

〈귀신이〉 말하기를 '나는 句芒이다.'라 하였으니,

句芒은 地示五祀之木神이니 月令에 春은 其神句芒이 是也라 左傳昭二十九年에 蔡墨說少昊氏之子重爲句芒하니 此人鬼爲木官하여 配食句芒者[28]니 非地示也라

'句芒'은 地示[29] 五祀 중의 木神이니, ≪禮記≫ 〈月令〉에 "봄은 그 신이 句芒이다."라

---

28) 此人鬼爲木官 配食句芒者 : ≪春秋左氏傳≫ 昭公 29년 條에 "목정을 구망이라 한다.〔木正曰句芒〕"라 하였다. 木正은 나무를 관장하는 관원이다.

한 것이 이를 두고 말한 것이다. ≪春秋左氏傳≫ 昭公 29년 條를 보면, 蔡墨이 말하기를 "少昊氏의 아들인 重이 句芒이 되었다."라고 하였으니, 이는 人鬼로서 木官(木正)이 되어 句芒의 〈사당에〉 배향된 자이다. 따라서 地示가 아니다.

句芒

31-4-13 **若以(鄭)〔秦〕穆公之所身見爲儀**면 **則鬼神之有**를 **豈可疑哉**아

만약 秦 穆公이 몸소 본 바로써 표준을 삼는다면 귀신이 있다는 사실을 어찌 의심할 수 있겠는가.

31-5-1 **非惟若書之說爲然也**라 **昔者**에 **燕簡公**이

이러한 서책들의 기록만 그러할 뿐이 아니다. 옛날에 燕 簡公이

畢云 案史記컨대 **簡公**은 **平公子**요 **周敬王十六年**은 **公元年也**라하다 **詒讓案 論衡書虛篇說此事**에 **作趙簡子**하고 **死僞篇作趙簡公**하니 **竝誤**라 **惟訂鬼篇作燕簡公**하니 **與此同**이라

畢沅 : ≪史記≫를 살펴보면 簡公은 平公의 아들이고 周 敬王 16년은 簡公 원년이다.

---

29) 地示 : 地祇와 같은 말로 地神이다.

詒讓案：≪論衡≫〈書虛〉에서 이 일을 말한 곳에는 '趙簡子'로 되어 있고, ≪논형≫〈死僞〉에는 '趙簡公'으로 되어 있으니, 모두 착오이다. 오직 ≪논형≫〈訂鬼〉에만 '燕簡公'으로 되어 있으니, 이 대목과 같다.

31-5-2 **殺其臣莊子儀而不辜**라

신하 莊子儀를 죽이는데 〈그가〉 無辜하였다.

顧云 論衡訂鬼書虛死僞에 **作莊子義**라하다

顧廣圻：≪論衡≫의 〈訂鬼〉, 〈書虛〉, 〈死僞〉에는 '莊子義'로 되어 있다.

31-5-3 **莊子儀曰 吾君(王)殺我而不辜**하니

莊子儀가 말하기를 '우리 군주가 나를 죽이는데 〈내가〉 무고하니,

簡公時에 **燕尙未稱王**하니 **此王字**는 **疑後人所加**라

簡公 때에는 燕나라가 아직 稱王하지 않았으니, 이 '王'자는 아마도 후인이 추가해 넣은 것일 터이다.

31-5-4 **死人毋知亦已**어니와

죽은 사람이 지각이 없다면 그만이겠지만

毋는 **吳鈔本**에 **作無**라

'毋'는 吳鈔本에 無로 되어 있다.

31-5-5 **死人有知**면 **不出三年**하여 **必使吾君知之**라하더니 **期年**에 **燕將馳祖**라

죽은 사람이 지각이 있다면 3년이 지나지 않아 반드시 우리 임금이 알게 하리라.'라고 하였다. 1년째 되는 해에 燕王이 장차 말을 달려 祖로 가려 하였다.

畢云 祖道[30)]라하다 **王云 畢說**은 **非也**라 **法苑珠林君臣篇**에 **作燕之有祖澤**은 **猶宋之有**

桑林이니 國之大祀也라하다 據此면 則祖是澤名이라 故又以雲夢比之하니라 下文燕簡公方將馳於祖塗라하니 亦謂祖澤之塗也라 然則此祖는 非祖道之謂라하다 案王說이 近是라 顔之推還冤記에 又作燕之沮澤은 當國之大祀라하니 祖는 與沮菹로 字通이라 王制云 山川沮澤이라한대 孔疏에 引何胤隱義[31]云 沮澤은 下溼(습)地也라하고 孟子滕文公篇의 趙注云 菹는 澤生草者也라 今青州謂澤有草者爲菹也라하다 兪正燮據說苑臣術云 魏翟璜[32]乘軒車[33]하고 載華蓋[34]하여 時以閑暇祖之[35]於[36]野라하니 蓋所謂馳祖者也라하니 未知是否로다

畢沅 : 〈'祖'는〉 祖道이다.

王念孫 : 필원의 설은 옳지 않다. ≪法苑珠林≫ 〈君臣篇〉에는 "燕之有祖澤 猶宋之有桑林 國之大祀也(燕나라에 祖澤이 있는 것은 宋나라에 桑林이 있는 것과 같으니, 국가의 大祀이다.)"로 되어 있다. 이에 의거하면 '祖'는 澤의 이름이다. 그러므로 또 雲夢澤으로 비겼다. 아래 글에서 "燕 簡公이 바야흐로 祖塗로 달려가려 했다."라고 했으니, 〈祖塗는〉 역시 祖澤으로 가는 길을 말한다. 그렇다면 여기서 '祖'는 祖道를 말하는 것이 아니다.

案 : 왕염손의 說이 옳을 듯하다. 顔之推의 〈還冤記〉에는 또 "燕之沮澤 當國之大祀(연나라의 沮澤은 그 나라의 大祀에 해당한다.)"라 하였으니, '祖'는 '沮'·'菹'와 글자가통한다. ≪禮記≫ 〈王制〉에 "山川沮澤"이라 했는데, 孔穎達의 疏에서 何胤의 ≪禮記隱義≫를 인용하

30) 祖道 : 길 떠날 때에 行路神에게 지내는 제사이다. 옛날 황제의 아들 累祖가 여행길에서 죽으니, 후대 사람들이 누조를 행로신으로 삼았던 데서 유래한다.

31) 何胤隱義 : 何胤(446~531)은 南朝 梁나라의 학자이다. 隱義는 그가 저술한 ≪禮記隱義≫로 모두 20권이다. 하윤은 자가 子季 또는 胤叔이다. 그는 劉瓛에게 ≪易經≫, ≪禮記≫, ≪毛詩≫를 배웠고, 또 鍾山 定林寺에서 불경을 공부하여 불교에도 조예가 깊었다. 저서로 ≪百法論≫, ≪十二門論≫, ≪毛詩總集≫, ≪毛詩隱義≫, ≪禮答問≫ 등이 있다.(≪梁書≫ 卷51 〈何點列傳〉, ≪南史≫ 卷30 〈何尙之列傳〉)

32) 翟璜 : 저본의 원주에 "翟璜은 ≪說苑≫ 권2 〈臣術〉에는 실제로 翟黃으로 되어 있고, ≪史記≫ 〈魏世家〉와 ≪呂氏春秋≫ 〈擧難〉에는 翟璜으로 되어 있다.〔翟璜 說苑卷二臣術實作翟黃 史記魏世家呂氏春秋擧難則作翟璜〕"라고 하였다.

33) 軒車 : 屛障이 있는 수레로 고대에 大夫 이상의 신분이 높은 귀족이 타던 수레이다.

34) 華蓋 : 제왕이나 고관의 수레에 세우는 화려한 일산이다.

35) 祖之 : ≪說苑校證≫에 "'祖'는 徂로 읽고, '之'는 於와 같다."라 하였다.

36) 於 : 四庫全書本 ≪說苑≫에는 '曠'으로 되어 있다.

여 "沮澤은 下濕한 땅이다."라 하였고, ≪孟子≫ 〈滕文公〉의 趙岐 注에는 "菹는 澤에 풀이 자라는 것이다. 지금 靑州 지역에서는 풀이 있는 澤을 일러 菹라 한다."라 하였다. 兪正燮은 ≪說苑≫ 〈臣術〉에 의거하여 "'魏나라 翟璜이 軒車를 타고 華蓋를 싣고서 때로 한가한 틈에 들판에 갔다'라고 했으니, 이것이 여기서 말한 '馳祖'일 것이다."라고 하였는데, 옳은지 여부는 모르겠다.

31-5-6 燕之有祖는 當齊之〔有〕社稷과

燕나라에 祖가 있는 것은 齊나라에 社稷이 있는 것과

王引之云 當은 猶如也라 又齊之下에 校增有字라하다 詒讓案 國語魯語云 莊公如齊觀社[37)]한대 曹劌(귀)諫曰 齊棄太公之法하고 而觀民於社라하고 又曰 今齊社而往觀旅는 非先王之訓也라한대 韋注云 旅는 衆也라하다 襄二十四年左傳云 楚子使薳啓彊如齊聘이러니 齊社蒐軍實이라 使客觀之라하다

王引之 : '當'은 '如'와 같다. 그리고 '齊之' 아래에 교감하여 '有'자를 보충하였다.

詒讓案 : ≪國語≫ 〈魯語〉에 "莊公이 齊나라에 가서 社祭를 구경하였는데, 曹劌가 諫言하기를 '제나라가 太公의 법도를 버리고 백성들에게 社祭를 구경하게 하였습니다.'라고 하였다."라 하고, 또 이르기를 "지금 제나라가 社祭를 지내는데 가서 旅를 구경하는 것은 先王의 가르침이 아닙니다."라 하였는데, 韋昭의 注에 "旅는 많은 사람들이다."라 하였다. ≪春秋左氏傳≫ 襄公 24년 條에 "楚子가 薳啓彊을 사신으로 齊나라로 보내 聘問하게 하였다. 제나라가 社祭를 지내는 차제에 군대의 장비를 검열하면서 빈객으로 〈온 원계강으로〉 하여금 구경하게 하였다."라 하였다.

31-5-7 宋之有桑林과

宋나라에 桑林이 있는 것과

左襄十年傳云 宋公이 享晉侯於楚丘할새 請以桑林이라한대 杜注云 桑林은 殷天子之樂

---

37) 社 : 土地神에게 제사하는 社祭이다. ≪禮記≫ 〈郊特牲〉에 "社는 토지신에게 지내는 제사로 음기를 위주로 한다.〔社 祭土而主陰氣也〕"라 하였다.

名이라하다 淮南子脩務訓云 湯旱에 以身禱於桑山之林이라한대 高注云 桑山之林이 能爲雲雨라 故禱之라하다 呂氏春秋愼大篇云 武王勝殷에 立成湯之後於宋하여 以奉桑林이라한대 高注云 桑山之林은 湯所禱也라 故使奉之[38]라하다 莊子養生主篇云 合於桑林之舞라한대 釋文引司馬彪云 桑林은 湯樂名이라하다 案 杜預司馬彪는 竝以桑林爲湯樂하고 左傳孔疏는 引皇甫謐說하여 又以桑林爲大濩(호)[39]別名이라 以此書及淮南書證之컨대 桑林은 蓋大林之名이니 湯禱旱於彼라 故宋亦立其祀라 左昭二十一年傳云 宋城舊鄘及桑林之門이라하니 當卽望祀[40]桑林之處라 因湯以盛樂禱旱於桑林이라 後世沿襲하여 遂有桑林之樂矣라

≪春秋左氏傳≫ 襄公 10년 條에 "宋公이 楚丘에서 잔치를 열어 晉侯를 접대할 때 桑林을 연주하겠다고 청하였다."라 하였는데, 杜預의 注에 "상림은 殷나라 天子의 음악 이름이다."라 하였다. ≪淮南子≫ 〈脩務訓〉에 "湯이 가뭄에 몸소 桑山의 숲에서 기도하였다."라 했는데, 高誘의 注에 "상산의 숲이 구름과 비를 일으킬 수 있기 때문에 기도한 것이다."라 하였다. ≪呂氏春秋≫ 〈愼大〉에 "武王이 殷을 이긴 뒤에 成湯의 후손을 宋나라에 제후로 세워서 상림을 받들게 하였다."라 하였는데, 高誘의 注에 "상산의 숲은 湯이 기도하던 곳이다. 그러므로 받들게 한 것이다."라 하였다. ≪莊子≫ 〈養生主〉에 "상림의 舞樂에 합치했다."라 하였는데, ≪經典釋文≫에서 司馬彪의 "桑林은 湯의 음악 이름이다."라 한 설을 인용하였다.

案 : 두예와 사마표는 모두 상림을 湯의 음악이라 하였고, ≪춘추좌씨전≫ 孔穎達의 疏에서는 皇甫謐의 說을 인용하여 또 상림을 大濩의 별칭이라 하였다. 이 ≪墨子≫와 ≪淮南子≫를 가지고 고증해보건대 상림은 큰 숲의 이름일 것이니, 湯이 가뭄에 그곳에서 기

38) 故使奉之 : 저본의 원주에 "故使奉之는 원본에 故所奉也로 잘못되어 있으나, ≪呂氏春秋≫ 〈愼大〉에 의거하여 고쳤다.〔故使奉之 原誤故所奉也 據呂氏春秋愼大改〕"라고 하였다.

39) 大濩 : 殷나라 시조 湯임금의 德을 노래한 음악이라 한다. ≪周禮≫에 "樂舞로 國子를 가르치되 雲門, 大卷, 大咸, 大磬, 大夏, 大濩, 大武를 춤춘다."라 하였는데, 注에 "大濩는 湯의 음악〔湯樂〕이다."라 하였다.(≪周禮≫ 〈春官 大司樂〉)

40) 望祀 : 고대의 제사로 멀리 바라보이는 곳에서 산천과 地祇에게 제사하는 것이다. ≪周禮≫ 〈地官 牧人〉에 "望祀에는 각각 그 지방의 색에 해당하는 희생으로 털이 순색인 것을 취한다.〔望祀 各以其方之色牲毛之〕"라 하였는데, 鄭玄의 注에 "五嶽, 四鎭, 四瀆에 望祀를 지낸다."라 하였다.

도하였기 때문에 宋나라에서도 그곳에 湯의 사당을 세웠을 것이다. ≪춘추좌씨전≫ 昭公 21년 條에 "宋나라가 舊鄘(古城)과 桑林의 門을 修築하였다."라 하였으니, 이는 응당 상림에 望祀하는 곳일 것이다. 湯이 가뭄에 성대한 음악으로 桑林에서 기도했기 때문에 후세에 이 일을 그대로 이어받아 마침내 상림이란 음악이 있게 되었을 것이다.

31-5-8 楚之有雲夢也니

楚나라에 雲夢이 있는 것과 같으니,

爾雅釋地云 楚有雲夢이라한대 **郭注云 今南郡華容縣東南巴丘湖**가 **是也**라하다 **周禮職方氏**에 **荊州**는 **其澤藪曰雲瞢**(몽)이라하다

≪爾雅≫ 〈釋地〉에 "楚나라에 雲夢이 있다."라 하였는데, 郭璞의 注에 "지금 南郡 華容縣 동남쪽 巴丘湖가 이것이다."라 하였다. ≪周禮≫ 〈職方氏〉에 "荊州는 澤藪가 '雲瞢'이다."라 하였다.

31-5-9 此男女之所屬(촉)而觀也라

이는 남녀가 모여서 구경하는 것이다.

周禮州長鄭注云 屬은 **猶合也**요 **聚也**라

≪周禮≫ 〈地官 司徒 州長〉의 鄭玄 注에 "屬은 合과 같고 聚와 같다."라 하였다.

31-5-10 日中에 燕簡公方將馳於祖塗할새 莊子儀가 荷朱杖而擊之하여 殪(에)之車上하다

정오 무렵에 燕 簡公이 바야흐로 祖塗로 달려가려 할 때 莊子儀가 붉은 지팡이를 메고 와서 연 간공을 때려 수레 위에서 죽였다.

史記十二諸侯年表에 **燕簡公**은 **在位十二年**에 **卒**하니 **當敬王二十七年魯哀公二年**이니 **則殺莊子儀事**는 **當在簡公十一年也**라 **但依左傳**컨대 **昭三年北燕伯款**이 **卽簡公**이로되 **史表則以爲惠公**하니 **其元年**은 **當周景王元年**이요 **在位九年**에 **卒**이라 **歷悼共平三世而後至**

簡公하니 與左傳殊不合이라 未知孰是로다 論衡死僞篇云 簡公將入於桓門할새 莊子義起於道左하여 執彤(동)杖而捶之하여 斃於車下라하니 與此小異라 疑兼采他書로다 桓은 古與和通하니 桓門은 當卽周禮大司馬中冬狩田之和門[41]이니 與此云 馳於祖塗로 不同也라

≪史記≫ 〈十二諸侯年表〉에 의하면 燕 簡公은 在位 12년에 卒하였으니, 周 敬王 27년과 魯 哀公 2年에 해당한다. 그렇다면 莊子儀를 죽인 일은 응당 간공 11년에 있었을 것이다. 다만 ≪春秋左氏傳≫에 의거하면, 昭公 3년에 나오는 北燕伯 款이 곧 간공이지만 ≪사기≫ 〈십이제후연표〉에서는 惠公이라 하였으니, 혜공 원년은 周 景王 원년에 해당하고 재위 9년에 卒하였다. 悼公, 共公, 平公 3대를 거친 뒤에 간공에 이르렀으니, ≪춘추좌씨전≫의 기록과 전혀 맞지 않다. 어느 쪽이 옳은지 모르겠다. ≪論衡≫ 〈死僞〉에는 "간공이 장차 桓門에 들어가려 할 때 장자의가 길 왼쪽에서 일어나 붉은 지팡이를 잡고 간공을 때려서 수레 아래에서 죽였다."라 하였으니, 이 대목과 조금 다르다. 아마도 다른 책의 기록을 아울러 채택했을 것이다. '桓'은 옛날에 '和'자와 通했으니, 桓門은 응당 ≪周禮≫ 〈大司馬〉에 나오는 '中冬에 狩田할 때의 和門'이니, 여기서 말한 "祖塗로 달려가다."는 것과는 같지 않다.

31-5-11 當是時하여 燕人從者莫不見하며 遠者莫不聞이요 著在燕之春秋하고 諸侯傳而語之曰

이 당시에 따라간 燕나라 사람들은 보지 못한 이가 없었으며 멀리 있는 사람들은 듣지 못한 이가 없었고 연나라 春秋에 이 사실을 드러내었고, 제후들이 이 사실을 전하면서 얘기하기를,

語는 吳鈔本에 作言이라

'語'는 吳鈔本에는 '言'으로 되어 있다.

41) 周禮大司馬中冬狩田之和門 : ≪周禮≫ 〈夏官 司馬〉에 "中冬에는 大閱을 가르친다.……드디어 狩田을 하는데 旌으로 좌우 和門을 만든다.〔中冬教大閱……遂以狩田 以旌爲左右和之門〕"라 했는데, 鄭玄의 注에 "軍門을 和라 한다. 오늘날에는 壘門이라 하는데 두 개의 旌을 세워서 만든다.〔軍門曰和 今謂之壘門 立兩旌以爲之〕"라 하였다.

31-5-12 **凡殺不辜者**는 **其得不祥**이니 **鬼神之誅**가 **若此其憯遬也**라하니 **以若書之說**로 **觀之**컨댄 **則鬼神之有**를 **豈可疑哉**아

'무릇 무고한 사람을 죽이는 자는 상서롭지 못한 일을 받게 되니, 귀신의 주벌이 이처럼 빠르다.'라고 하였으니, 이러한 서책의 기록으로 보면 귀신이 있다는 사실을 어찌 의심할 수 있겠는가.

31-6-1 **非惟若書之說爲然也**라

이러한 서책의 기록만 그러할 뿐이 아니다.

惟는 **吳鈔本**에 **作唯**라

'惟'는 吳鈔本에는 '唯'로 되어 있다.

31-6-2 **昔者**에 **宋文君鮑之時**에

옛날 宋 文君 鮑 때에

君은 **吳鈔本**에 **作公**이라 **論衡祀義篇云 宋公鮑之身有疾**이라하다

'君'은 吳鈔本에는 '公'으로 되어 있다. ≪論衡≫ 〈祀義〉에 "宋公 鮑의 몸에 질병이 있었다."라 하였다.

31-6-3 **有臣曰**(祏)〔**祝**〕**觀辜**하니

祝觀辜라는 신하가 있었으니

顧云 論衡訂鬼에 **作宋夜姑**라하다 **詒讓案 字書**에 **無祏字**라 **論衡祀義篇云 祝曰夜姑**라하니 **則**(詬)〔祏〕[42]는 **當卽祝之譌**(와)라 **祝**은 **卽周禮大小祝**[43]**也**라 **觀辜**는 **疑亦夜**

42) (詬)〔祏〕: 저본에는 '詬'로 되어 있으나, 正文에 '祏'로 되어 있는 것에 의거하여 '祏'로 바로잡았다.

43) 周禮大小祝 : ≪周禮≫ 〈春官 宗伯〉에 "大祝은 下大夫 2인, 上士 4인이고, 小祝은 中士 8인, 下士 16인, 府 2인, 史 4인, 胥 4인, 徒 40인이다."라 했는데, 鄭玄의 注에 "大祝은 祝官의

姑之譌라 **左傳昭二十五年魯有申夜姑**한대 **釋文**에 **夜**는 **本或作射**(야)라하고 **又文六年晉狐射姑**는 **穀梁作狐夜姑**하고 **春秋桓九年經有曹世子射姑**하고 **左傳定二年**에 **又有邾大夫夷射姑**하니 **是古人多以射姑爲名之證**이라

顧廣圻 : 〈祏觀辜가〉 ≪論衡≫ 〈訂鬼〉에는 '宋夜姑'로 되어 있다.

詒讓案 : 字書에 '祏'자가 없다. ≪論衡≫ 〈祀義〉에 "祝曰夜姑(야고라는 祝)"라 하였으니, 祏는 응당 祝의 오자일 것이다. 祝은 곧 ≪周禮≫의 大祝·小祝이다. 觀辜는 아마 또한 夜姑의 오자일 듯하다. ≪春秋左氏傳≫ 昭公 25년 條를 보면 魯나라에 申夜姑가 있는데, ≪經典釋文≫에는 "'夜'는 어떤 本에는 '射'로 되어 있다."라 하였고, 또 文公 6년 조에 나오는 晉나라 '狐射姑'는 ≪春秋穀梁傳≫에는 '狐夜姑'로 되어 있고, ≪春秋≫ 桓公 9年 經文에는 "曹나라 世子 射姑"가 있고, ≪春秋左氏傳≫ 定公 2년 조에는 또 "邾大夫 夷射姑"가 있으니, 이는 古人이 射姑를 이름으로 많이 썼다는 증거가 된다.

31-6-4 固嘗從事於厲라

본래부터 厲를 섬기는 일을 해왔다.

論衡祀義篇云 掌將事於厲者라하다 **盧云 厲**는 **公厲泰厲**[44]**之屬也**라 **宋歐陽士秀以厲爲神祠**할새 **以管子請桓公立五厲祀堯之五吏**[45]**爲證**이라 **後世統謂之廟**라하다

≪論衡≫ 〈祀義〉에 "厲를 섬기는 일을 맡은 자이다."라 하였다.

盧文弨 : '厲'는 公厲·泰厲와 같은 것이다. 宋나라 歐陽士秀가 厲를 모시는 神祠를 지을 때 管子가 齊 桓公에게 五厲를 세워 堯임금의 5吏를 제사하도록 청했던 일로 증거를 삼았다. 후세에는 통틀어 廟라 한다.

31-6-5 袾(주)子杖揖出하여 與言曰

長이다."라 하였다.

44) 公厲泰厲 : 公厲는 고대에 後嗣가 없는 제후가 죽어서 된 귀신으로, 제후가 지내는 五祀의 하나이다. 泰厲는 고대에 제왕이 죽어서 된 귀신으로, 제왕이 지내는 七祀의 하나이다.(≪禮記≫ 〈祭法〉)

45) 管子請桓公立五厲祀堯之五吏 : ≪管子≫ 〈輕重甲〉에 보인다.

祩子가 긴 몽둥이를 짚고 나와 말하기를,

類篇示部에 **引廣雅云 祩**는 **詛也**라하다 **畢云 祩**는 **祝字異文**이니 **祩子**는 **卽祝史也**라 **玉篇云 祩**는 **之兪切**이니 **呪詛也**라 **又音注**니 **言神馮於祝子而言也**라하다 **蘇云 下言擧揖而槀之**하니 **則揖**은 **宜從木爲楫**이라하다 **兪云 下文祩子擧揖而槀之**의 **揖**은 **未知何物**이라 **疑此文本作祩子揖杖出**이요 **下文本作(株)〔祩〕**[46]**子擧杖而槀之**라 **尙書大傳**에 **八十者杖於朝**하고 **見君揖杖**이라한대 **鄭注曰 揖**은 **挾也**라하니 **此揖杖之義也**라 **因揖杖誤倒爲杖揖**일새 **後人遂改下文之擧杖爲擧揖以合之耳**라 **擧杖而槀之**는 **猶定二年左傳云 奪之杖以敲之**니 **槀卽敲之假音**이라하다 **案 祩**는 **疑禂**(주)**之異文**이니 **說文示部云 禂**는 **禱牲馬祭**[47]**也**라하다 **周禮甸祝**에 **禂牲禂馬**라한대 **鄭注云 禂**는 **讀如伏誅之誅**니 **今侏大字也**[48]라하니 **畢以祩爲祝異文**은 **說無所據**라 **上觀辜已是祝**이니 **則祩子不當復爲祝**이라 **竊疑當是巫**니 **巫能接神**이라 **故厲神降於其身**을 **謂之祩子**하니 **猶楚辭謂巫爲靈子**[49]**也**라 **蘇校謂揖當作楫**은 **近是**라 **論衡祀義篇**에 **作厲鬼杖檝而與之言**이라하고 **又云擧檝而掊**(부)**之**라하니 **檝**은 **卽楫之俗**이라 **然說文木部云 楫**은 **舟櫂**(도)**也**라하니 **於義無取**라 **竊疑楫**은 **實當作杸**(수)이니 **篆文形近而誤**라 **說文殳**(수)**部云 杸**는 **軍中士所持殳也**라하니 **與殳音義同**이라 **淮南子齊俗訓云 搢笏杖殳**라한대 **許愼注云 殳**는 **木杖也**라하되 **但漢人引已作楫**하니 **未敢輒改**라

≪類篇≫ 示部에 ≪廣雅≫의 "祩는 詛이다."라는 구절을 인용하였다.

畢沅：'祩'는 祝의 異體字이니, '祩子'는 곧 祝史이다. ≪玉篇≫에 "祩는 之와 兪의 반절이니, 呪詛이다."라 하고, 또 "독음은 注이니, 神이 祝子에게 빙의하여 말하는 것을 말한

---

46) (株)〔祩〕：저본에 株로 되어 있으나, 아래의 正文에 의거하여 '祩'로 바로잡았다.

47) 禱牲馬祭：'禂牲禂馬'와 같은 말이다. ≪周禮≫ 〈春官 甸祝〉의 鄭玄 注에 杜子春이 "禂는 禱이니, 말을 위해 질병이 없기를 기도하고 사냥을 위해 짐승을 많이 잡기를 기도하는 것이다.〔禂 禱也 爲馬禱無疾 爲田禱多獲禽牲〕"라 하였다.

48) 今侏大字也：侏大는 肥大와 같다. 鄭玄의 注에서 이 대목을 이어 "짐승을 잡기 위해 제사하여 살찌고 충실한 놈을 구하고, 말을 위해 제사하여 살찌고 건장한 놈을 구한다.〔爲牲祭求肥充 爲馬祭求肥健〕"라 하였다.

49) 楚辭謂巫爲靈子：≪楚辭≫ 〈九歌 雲中君〉의 "靈連蜷兮既留"에 대한 王逸의 注에 "靈은 巫의 뜻이다. 楚나라 사람은 이름난 무당을 靈子라 했다.〔靈 巫也 楚人名巫爲靈子〕"라고 하였다.

다."라 하였다.

蘇時學 : 아래에서 "擧揖而藁之(노를 들어서 치다.)"라 했는데, '揖'은 의당 木 부수로 '楫'이 되어야 한다.

兪樾 : 아래 글의 '祩子擧揖而藁之'의 揖은 무엇인지 알지 못하겠다. 아마도 이 대목은 본래 '祩子揖杖出(주자가 두 손으로 지팡이를 잡고 나오다.)'로 되어 있었을 것이고, 아래 글은 본래 '祩子擧杖而藁之'로 되어 있었을 것이다. ≪尙書大傳≫에 "八十者杖於朝 見君揖杖(여든 살이 된 사람은 조정에서 지팡이를 짚고, 임금을 알현할 때에는 두 손으로 지팡이를 짚는다.)"이라 하였는데, 鄭玄의 注에 "揖은 挾(두 손으로 잡다)이다."라 하였으니, 이것이 '揖杖'의 뜻이다. '揖杖'이 글자 순서가 잘못 뒤바뀌어 '杖揖'이 되었기 때문에 후인이 마침내 아래 글의 '擧杖'을 '擧揖'으로 고쳐서 합치하게 한 것이다. '擧杖而藁之'는 ≪春秋左氏傳≫ 定公 2년 조에 "奪之杖以敲之(지팡이를 빼앗아 때렸다.)"라 한 것과 같으니, '藁'는 곧 '敲'의 假音字이다.

案 : '祩'는 아마도 禂의 이체자일 듯하니, ≪說文解字≫ 示部에 "禂는 禱牲馬祭이다."라 하였다. ≪周禮≫ 〈甸祝〉에 "禂牲禂馬(짐승이 〈많이 잡히라고〉 기도하고 말이 〈질병에 걸리지 말라고〉 기도한다.)"라 하였는데, 鄭玄의 注에 "禂는 독음이 '伏誅'의 誅와 같으니, 오늘날의 '侏大(肥大)'의 〈'侏'자이다.〉"라 하였으니, 필원이 祩를 祝의 이체자로 본 설은 근거할 바가 없다. 위의 '觀辜'가 이미 祝이니, 祩子가 다시 祝이 될 수는 없다. 아마도 巫일 것이니, 巫는 능히 接神한다. 그러므로 厲神이 그 몸에 내려와 〈빙의한〉 것을 祩子라 하니, ≪楚辭≫에서 巫를 靈子라 한 것과 같다. 蘇時學의 교감에서 揖은 楫이 되어야 한다는 것은 옳을 듯하다. ≪論衡≫ 〈祀義〉에는 "厲鬼杖檝而與之言(여귀가 노를 짚고 말하기를)"이라 하였고, 또 "擧檝而掊之(노를 들어 때리다.)"라고 하였으니, '檝'은 곧 楫의 俗子이다. 그러나 ≪설문해자≫ 木部에는 " 楫은 배의 노이다."라 하였으니, 〈이 대목의〉 뜻에는 취할 바가 없다. 아마도 楫은 실은 杸가 되어야 할 것이니, 篆書로 모양이 비슷하여 착오를 일으킨 것일 터이다. ≪설문해자≫ 殳部에 "杸는 軍中의 무사가 잡는 殳(긴 몽둥이)이다."라 하였으니, 殳와 독음과 뜻이 같다. ≪淮南子≫ 〈齊俗訓〉에 "搢笏杖殳(홀을 꽂고 殳를 짚었다.)"라 하였는데, 許愼의 注에 "殳는 나무 몽둥이이다."라 하였다. 다만 漢나라 사람이 인용한 곳에 이미 楫으로 되어 있으니, 감히 대뜸 고치지 못한다.

31-6-6 **觀辜여 是何珪璧[50]之不滿度量이며 酒醴粢盛之不淨潔也며 犧牲之不全肥며**

'觀辜여! 어찌하여 珪璧이 度量의 규격에 맞지 않으며, 술과 단술, 粢盛이 정결하지 못하며, 희생의 털 색깔이 순수하고 살찌지 않았으며,

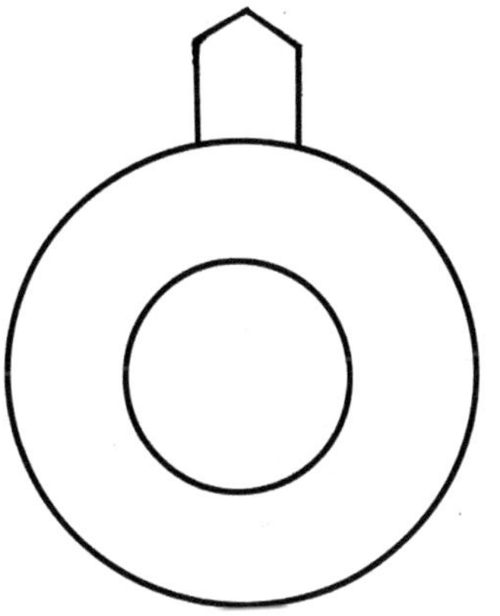

圭璧

淮南子時則訓의 **高注云 全**은 **無虧缺也**라하다 **畢云 全**은 **謂純色**이니 **與牷同**[51]이라하다

≪淮南子≫ 〈時則訓〉의 高誘 注에 "'全'은 흠결이 없는 것이다."라 하였다.

畢沅 : '全'은 純色을 말하니, 牷과 같다.

31-6-7 **春秋冬夏選〔効〕失時**오

봄, 가을, 겨울, 여름의 제사 음식 갖추는 데에 제때를 어겼느냐?

蓋言祭厲失其常時라 **畢云 選**은 **同算**이라하다 **詒讓案 選下有脫字**라 **後文云 官府選効必先祭器**라하니 **則選下**에 **疑脫効字**라 **選**은 **當讀爲僎具之僎**이니 **畢說非**라 **詳後**하다

대개 厲에게 제사할 때 정해진 때를 어겼음을 말한다.

畢沅 : '選'은 '算'과 같다.

詒讓案 : '選' 아래에 빠진 글자가 있다. 뒤 글에 "官府選効 必先祭器(관부가 물품을 구비함에 반드시 제기를 먼저 갖춘다.)"라 하였으니, '選' 아래에 아마도 '効'자가 빠졌을 듯하다. 選은 응당 '僎具'의 '僎'으로 읽어야 하니, 필원의 설은 잘못이다. 뒤에 상세히 보인다.

31-6-8 **豈女爲之與**아 **意**(억)**鮑爲之與**아

---

50) 珪璧 : 고대에 제사나 朝聘 등에 사용하던 옥으로 만든 기물이다.

51) 全……與牷同 : ≪周禮≫ 〈地官 牧人〉에 "牧人은 六牲을 기르는 일을 관장하여 짐승을 번식시켜 제사에서 쓰는 牲牷을 제공한다.〔牧人 掌牧六牲而阜蕃其物 以共祭祀之牲牷〕"라 하였는데, 鄭玄의 注에 "鄭司農(鄭衆)은 '牷은 純色이다.〔牷 純也〕'라 하였는데, 내가 생각건대 牷은 몸이 완전히 구비된 것이다."라 하였다.

네가 한 것이냐? 아니면 鮑가 한 것이냐?'라 하니,

王引之云 意은 與抑同이라 論語學而篇에 求之與아 抑與之與아한대 漢石經[52]에 抑作意이라

王引之 : '意'은 '抑'과 같다. 《論語》〈學而〉에 "求之與 抑與之與(구한 것인가? 아니면 준 것인가?)"라 하였는데, 漢나라 石經에는 抑이 意으로 되어 있다.

31-6-9 觀辜曰 鮑는 幼弱在荷繈之中하니

관고가 말하기를 '鮑는 아직 어려 荷繈(襁褓) 안에 있으니,

畢云 荷는 與何同이라 漢書注에 李奇云 繈은 絡也니 以繒布爲之하여 絡負小兒라한대 師古曰 卽今之小兒繃也니 居丈反이라하다 詒讓案 繈은 吳鈔本에 作襁하니 襁이 正字요 繈은 借字라 說文衣部云 襁은 負兒衣也라하다 論語子路篇에 襁負其子而至矣라한대 集解에 包咸云 負者以器曰襁이라하다 呂氏春秋明理篇云 道多褓(襁)〔繈〕[53]이라한대 高注云 (緥)〔褓〕[54]는 小兒被也요 (襁)〔繈〕은 褸格[55]上繩也라하다 孫奭[56]孟子音義에 引博物志云 襁褓는 織縷爲之하니 廣八寸이요 長一尺二寸이라 以負小兒於背上이라하다 史記魯世家云 成王이 少在强葆之中이라하다

畢沅 : '荷'는 '何'와 같다. 《漢書》 注에 "李奇가 말하기를, '繈'은 '絡'이니, 繒布로 만들어 어린아이를 감싸서 등에 업는다."라 하였는데, 顔師古는 "곧 오늘날의 小兒繃(아기를 감싸는 포대기)이니 居와 丈의 반절이다."라 하였다.

---

52) 漢石經 : 石經은 經書를 돌에 새긴 것으로 漢나라 때 王莽이 甄豐에게 명하여 돌에 경전을 새긴 것이 석경의 시초이다. 이후로 歷代마다 석경이 있었다.

53) (襁)〔繈〕 : 저본에는 '襁'으로 되어 있으나, 四庫全書本을 비롯한 諸本의 《呂氏春秋》에 의거하여 '繈'으로 바로잡았다. 아래도 같다.

54) (緥)〔褓〕 : 저본에는 '緥'로 되어 있으나, 四庫全書本을 비롯한 諸本의 《呂氏春秋》에 의거하여 '褓'로 바로잡았다.

55) 格 : 四庫全書本 《呂氏春秋》에는 '拾'자로 되어 있다.

56) 孫奭 : 962~1088. 宋나라 학자로 자는 宗古이다. 벼슬은 仁宗 때 翰林侍講學士, 兵部侍郎에 이르렀다. 《眞宗實錄》을 편찬하였으며, 諸經의 正義와 《莊子》, 《爾雅》의 釋文을 교정하였고, 《尙書》, 《孝經》, 《論語》, 《爾雅》 등을 考正하였으며, 趙岐의 《孟子注》를 교정하고, 陸德明의 《經典釋文》을 보완하였다.(《宋史》 卷431 〈孫奭傳〉)

詒讓案 : '繈'은 吳鈔本에는 襁으로 되어 있으니, 襁이 正字이고 繈은 假借字이다. ≪說文解字≫ 衣部에 "襁은 아기를 등에 업는 데 쓰는 옷이다."라 하였다. ≪論語≫ 〈子路〉에 "襁負其子而至矣(자식을 포대기로 싸서 등에 업고 올 것이다.)"라 하였는데, 〈何晏의〉 ≪論語集解≫에 "包咸이 '등에 업는 사람이 기물을 사용하는 것을 襁이라 한다.' 하였다."라 하였다. ≪呂氏春秋≫ 〈明理〉에 "道多褓繈(길에 강보로 업은 사람이 많다.)"이라 하였는데, 高誘의 注에 "褓는 어린아이가 입는 이불이고, 繈은 옷가지로 아기를 묶어서 들어 올리는 끈이다."라 하였다. 孫奭의 ≪孟子音義≫에 ≪博物志≫를 인용하여 "襁褓는 베를 짜서 만드니, 너비는 8寸이고 길이는 1尺 2寸이다. 이것으로 아기를 등에 업는다."라 하였고, ≪史記≫ 〈魯世家〉에는 "成王이 어려서 强葆 안에 있다."라 하였다.

31-6-10 **鮑何與識焉**이리오

鮑가 이 일을 어찌 알리오.

盧云 此云在荷繈之中이라하니 則非春秋時宋文公也라하다 案 宋世家에 無兩文公하고 且不當名謚幷同하니 此蓋墨子傳聞之誤요 不得謂宋別有文公鮑也니 盧說非라

盧文弨 : 여기서 "在荷繈之中"이라 하였으니, 春秋시대의 宋 文公이 아니다.

案 : ≪史記≫ 〈宋世家〉에 두 文公이 없고 게다가 이름과 시호가 모두 같을 수 없으니, 이는 아마도 墨子가 잘못 전해들은 것이지, 宋나라에 다른 文公 鮑가 있다고 할 수 없다. 노문초의 설은 옳지 않다.

31-6-11 **官臣觀辜**가 **特爲之**라한대

官臣 觀辜가 혼자 하였습니다.'라 하였는데,

左襄十八年傳에 中行獻子禱于河할새 稱官臣偃한대 杜注云 守官之臣이라하다

≪春秋左氏傳≫ 襄公 18년 條에 의하면, 中行獻子가 黃河에 기도할 때 官臣 偃이라고 自稱하였는데, 〈官臣을〉 杜預의 注에 "관직을 지키는 신하이다."라 하였다.

31-6-12 **祩子擧揖而槀之**하여

祩子가 긴 몽둥이를 들어 觀辜를 쳐서

揖은 疑亦當爲杸(수)니 蘇校改楫은 亦通이라 兪校改杖은 未塙(확)이라 論衡祀義篇云 厲鬼擧楬而掊之하여 斃於壇下라하다 此稾는 疑當讀爲毃니 同聲假借字라 左定二年傳云 奪之杖以敲之라한대 釋文云 敲는 苦孝反이요 又苦學反이니 說文作毃하고 云 擊頭也라하다 字林[57]同이라 又一曰 擊聲也니 口交反이요 又口卓反이라 訓從敲云 橫擿也[58]라하다 案 今本說文 攴(복)部에 擿作撾라 畢云 稾同敲라하다

'揖'은 아마도 또한 '杸'가 되어야 할 듯하니, 蘇時學의 교감에서 楫으로 고친 것도 통한다. 兪樾의 교감에서 杖으로 고친 것은 확실하지 않다. ≪論衡≫ 〈祀義〉에 "厲鬼擧楬而掊之 斃於壇下(厲鬼가 노를 들어 쳐서 단 아래에서 죽였다.)"라 하였다. 따라서 여기의 '稾'는 아마도 毃로 읽어야 할 듯하니, 소리가 같은 假借字이다. ≪春秋左氏傳≫ 定公 2년 條에 "奪之杖以敲之(지팡이를 빼앗아 쳤다.)"라 하였는데, ≪經典釋文≫에 "敲는 苦와 孝의 반절이고, 또 苦와 學의 반절이니, ≪說文解字≫에 毃로 되어 있고 '머리를 치는 것이다.'라 하였다. ≪字林≫에도 같다. 또 일설에는 '치는 소리이니, 口와 交의 반절이고, 또 口와 卓의 반절이다. 字訓은 敲를 따르며 「가로로 후려치는 것이다.」'라 한다."라 하였다.

案 : 今本 ≪설문해자≫ 攴部에 '擿'은 撾로 되어 있다.

畢沅 : '稾'는 敲와 같다.

31-6-13 殪(에)之壇上하니 當是時하여

단 위에서 죽였으니, 이 당시에

畢云 舊脫此字하고 一本有라

畢沅 : 舊本에는 이 글자(時)가 빠졌고, 한 本에는 있다.

31-6-14 宋人從者莫不見하며 遠者莫不聞이요

---

57) 字林 : 南宋 때 呂忱이 찬술한 책으로, 모두 7권이며, 문자의 訓詁에 대해 풀이하였다.

58) 釋文云……橫擿也 : ≪經典釋文≫ 20권 〈春秋左氏音義〉 6권에 보인다.

따라간 宋나라 사람들이 이 광경을 보지 못한 이가 없었으며, 멀리 있는 사람들은 듣지 못한 이가 없었고,

畢云 舊脫者字하고 一本有라하다 詒讓案 道藏本과 吳鈔本에 竝有라

畢沅 : 舊本에는 '者'자가 빠졌고, 한 本에는 있다.
詒讓案 : 道藏本과 吳鈔本에는 모두 〈'者'자가〉 있다.

31-6-15 著在宋之春秋하고 諸侯傳而語之曰 諸不敬愼祭祀者는 鬼神之誅가 至若此其憯遫也라하니

이 사실을 宋나라의 春秋에 드러내었고, 세후들이 이 사실을 전하면서 얘기하기를 '무릇 제사에 공경하고 신중하지 않은 자는 귀신의 誅罰이 이처럼 빠르다.'라 하였으니,

道藏本과 吳鈔本에 無也字라

道藏本과 吳鈔本에는 '也'자가 없다.

31-6-16 以若書之說로 觀之컨댄 鬼神之有를 豈可疑哉아

이러한 서책의 기록으로 보건대, 귀신이 있다는 것을 어찌 의심할 수 있겠는가.

31-7-1 非惟若書之說爲然也라

이러한 서책의 기록만 그러할 뿐이 아니다.

惟는 吳鈔本에 作唯라

'惟'는 吳鈔本에는 '唯'로 되어 있다.

31-7-2 昔者에 齊莊君之臣이

옛날에 齊 莊君의 신하 중

畢云 君은 事類賦[59)]에 引作公이라 舊脫臣字러니 據太平御覽事類賦增이라

畢沅 : '君'은 ≪事類賦≫에 이 대목을 인용한 곳에는 '公'으로 되어 있다. 舊本에는 '臣' 자가 빠졌는데, ≪太平御覽≫과 ≪사류부≫에 의거하여 보충하였다.

31-7-3 有所謂王里國과

이른바 王里國과

畢云 太平御覽事類賦에 引作王國卑하니 下同이라 疑此非라하다

畢沅 : ≪태평어람≫과 ≪사류부≫에 이 대목을 인용한 곳에는 〈王里國이〉 '王國卑'로 되어 있다. 아래도 같다. 아마도 이는 옳지 않은 듯하다.

31-7-4 中里徼(요)者하니

中里徼라는 사람이 있었으니,

畢云 太平御覽事類賦에 引作檄(격)하니 下同이라

畢沅 : ≪태평어람≫과 ≪사류부≫에 이 대목을 인용한 곳에는 〈'徼'가〉 '檄'으로 되어 있다. 아래도 같다.

31-7-5 此二子者는 訟三年而獄不斷이라

이 두 사람은 소송한 지 3년이 지났으나 獄辭가 판결나지 않았다.

公羊宣元年의 何注云 古者에 疑獄[60)]은 三年而後斷이라하다

≪春秋公羊傳≫ 宣公 元年 條의 何休의 注에는 "옛날에 疑獄은 3년이 지난 뒤에 판결하

---

59) 事類賦 : 宋나라 吳淑(947~1002)이 찬술한 책으로 한 글자의 제목으로 賦를 지어 100首에 이르는 巨篇을 만들고 주석을 더하였다. 모두 30권이다. 吳淑은 字가 正儀로 관직이 起居舍人과 職方員外郎에 이르렀다.

60) 疑獄 : 죄상이 분명히 드러나지 않아 판결하기 어려운 사건을 말한다.

였다."라 하였다.

31-7-6 齊君由謙殺之하니 恐不辜요 猶謙釋之하니

齊나라 임금이 두 사람 다 죽이고자 하니 무고한 사람을 〈죽이게 될까〉 두렵고, 두 사람 다 풀어주고자 하니

畢云 由는 與猶同이라 故兩作이라하다 王云 由猶는 皆欲也요 謙은 與兼同하니 言欲兼殺之하고 兼釋之也라 大雅文王有聲篇에 匪棘其欲이라한대 禮器에 作匪革(극)其猶[61]요 周官小行人에 其悖逆暴亂作慝猶[62]犯令者라한대 大戴記朝事篇에 猶作欲하니 是猶卽欲也라 猶와 由는 古字亦通이라하다 蘇說同이라

畢沅 : '由'는 '猶'와 같다. 그러므로 〈由와 猶〉 두 글자를 다 쓴 것이다.

王念孫 : '由'와 '猶'는 모두 欲의 뜻이고 '謙'은 '兼'과 같으니, 말하자면 두 사람을 다 아울러 죽이고자 하고 두 사람을 다 아울러 풀어주고자 한다는 것이다. ≪詩經≫ 〈大雅 文王有聲〉에 "匪棘其欲(그 하고자 하는 바를 빨리 〈달성하고자〉 한 것이 아니라)"이라 했는데 이 대목이 ≪禮記≫ 〈禮器〉에는 "匪革其猶(그 하고자 하는 바를 빨리 〈이루고자〉 하지 않았다.)"로 되어 있고, ≪周禮≫ 〈秋官 小行人〉에 "其悖逆暴亂作慝猶犯令者(그 패역하고 난폭하며 사악한 짓을 하여 법령을 범하고자 하는 자)"라 하였는데 ≪大戴禮記≫ 〈朝事〉에는 〈이 대목의〉 '猶'가 '欲'으로 되어 있으니, 이는 猶가 欲이라는 것이다. 猶와 由는 古字에 또한 통용되었다.

蘇時學의 설도 같다.

31-7-7 恐失有罪라 乃使(之)〔二〕人共[63]一羊하여

죄가 있는 사람을 놓칠까 두려웠다. 이에 이 두 사람으로 하여금 양 한 마리를 바쳐

---

61) 匪革其猶 : 鄭玄의 注에는 "革은 急이고, 猶는 道이다."라 하였다. 즉 그 道를 빨리 이루고자 하지 않았다는 말이다. 여기서는 王念孫의 설에 따라 '猶'를 '欲'의 의미로 번역하였다.

62) 猶 : 鄭玄의 注에는 "圖(도모하다)와 같다."라 하였다.

63) 共 : '供(바치다)'과 같다.(≪墨子集詁≫)

畢云 太平御覽事類賦에 引之作二라

畢沅 : ≪太平御覽≫과 ≪事類賦≫에 이 대목을 인용한 곳에는 '之'가 '二'로 되어 있다.

31-7-8 盟齊之神社한대

齊나라의 神社에 맹서하게 하니,

畢云 事類賦에 無神字라하다 詒讓案 周禮司盟云 有獄訟者는 則使之盟詛하니 凡盟詛에 各以其地域之衆庶로 共其牲而致焉이라한대 鄭注云 使其邑閭로 出牲而來盟이라하니 此所云이 與禮合이라

畢沅 : ≪事類賦≫에는 '神'자가 없다.

詒讓案 : ≪周禮≫ 〈司盟〉에 "獄訟이 있을 경우에는 원고와 피고 두 사람으로 하여금 맹서하게 하니, 무릇 맹서할 때는 각각 그 사람이 사는 지역의 사람들로 하여금 희생을 바치고 와서 〈맹서하게〉 한다."라 하였는데, 鄭玄의 注에 "그 고을의 閭閻 백성들로 하여금 희생을 바치고 와서 맹서하게 하는 것이다."라 하였으니, 여기서 말한 내용이 ≪주례≫와 합치한다.

31-7-9 二子許諾이라

이 두 사람이 승낙하였다.

畢云 太平御覽事類賦에 引作二子相從이라하다

畢沅 : ≪太平御覽≫과 ≪事類賦≫에서 이 대목을 인용한 곳에는 '二子相從(두 사람이 서로 따랐다.)'으로 되어 있다.

31-7-10 於是에 (洫洫(혁))〔洒(삽)血〕

이에 歃血하고

畢云 說文云 洫은 水貌[64]라 讀若窟이라하다 洫은 未詳이라 疑皿(명)字니 言以水滐皿이라하다 洪

云 汫洫은 當是涖(리)盟之譌라하다 案 汫皿은 殊不辭라 洪謂涖盟之譌도 於字形에 亦遠이라 竊謂此當作湉血이니 湉歃(삽)聲同이라 唐人書臿(삽)字或作凾하니 與出形近이라 故譌라 血은 又涉汫字而誤加水也라

畢沅：≪說文解字≫에 "汫은 물이 〈나오는〉 모습이다. 窟과 같이 읽는다."라 하였다. '洫'은 未詳이다. 아마도 '皿'자일 것이니, 물을 그릇에 흘려 넣는다는 말일 것이다.

洪頤煊：'汫洫'은 응당 '涖盟(맹서에 임하여)'의 착오일 것이다.

案：'汫皿'은 전혀 말이 되지 않는다. 홍이훤이 "涖盟의 착오"라 한 것도 字形으로 볼 때 역시 거리가 멀다. 나는 생각건대 이는 응당 '湉血'이 되어야 할 것이니, 湉과 歃은 聲音이 같다. 唐나라 사람은 '臿'자를 '凾'으로 쓰기도 하니, '出'자와 모양이 비슷하다. 그래서 착오를 일으켰을 것이다. 血은 또 '汫'자와 연관하여 水(氵)를 잘못 더한 것일 터이다.

31-7-11 摡(아)羊而(漉)〔灑〕其血이라

양의 목을 찔러 그 피를 뿌렸다.

畢云 太平御覽事類賦에 引已上八字作以羊血灑社하니 則漉은 當爲灑字之誤라 摡는 字書無此字라하다 盧云 玉篇有㧉字하니 云 磊(뢰)[65]搖也요 烏可烏寡力可三切이라하다 王引之云 摡는 卽剄(아)字也라 廣雅曰 剄(刑)〔荆〕[66]刻은 剄也라하다 吳語에 自剄於客前이라한대 賈逵曰 剄는 剄也라하니 作摡者는 或字耳라 此文은 本作摡羊出血而灑其血하니 謂剄羊出血而灑其血於社也라 太平御覽獸部十(三)〔四〕[67]에 引作以羊血灑社者는 省文耳라 今本에 出血作汫血하니 涉下文灑字而誤加氵요 又誤在摡羊之上하니 則義不可通이라하다 案 王以汫洫爲出血은 未塙이나 而讀摡爲剄는 則是也라 洪說同이라

畢沅：≪太平御覽≫과 ≪事類賦≫에 이 대목을 인용한 곳에는 이상 여덟 글자('汫洫摡羊而漉其血')가 '以羊血灑社(양의 피를 사당에 뿌렸다.)'로 되어 있으니, '漉'은 응당 '灑'의 오자일 것이다. '摡'는 字書에 이 글자가 없다.

---

64) 水貌：≪說文解字≫ 판본에 따라 '水出貌'로 되어 있는 곳도 있다.

65) 磊(뢰)：≪康熙字典≫에는 '搖(라)'자로 되어 있다.

66) (刑)〔荆〕：저본에는 '刑'으로 되어 있으나, ≪廣雅≫에 의거하여 '荆'으로 바로잡았다.

67) (三)〔四〕：저본에는 三으로 되어 있으나, ≪太平御覽≫에 의거하여 '四'로 바로잡았다.

盧文弨 : ≪玉篇≫에 '搋'자가 있으니 '磊搖(흔들다)'의 뜻이며, 烏와 可, 烏와 寡, 力과 可의 세 반절이라고 하였다.

王引之 : '搋'는 곧 '剄'자이다. ≪廣雅≫에 "剄·刜·刻은 刭(목을 찌름)이다."라 하였다. ≪國語≫ 〈吳語〉에 "自剄於客前(객 앞에서 자신의 목을 찔렀다.)"이라 하였는데, 賈逵의 注에 "剄는 刭이다."라 하였으니, 搋로 되어 있는 것은 異形字일 따름이다. 이 대목은 본래 '搋羊出血而灑其血'로 되어 있었으니, 양의 목을 찔러 피를 내어 사당에 뿌렸다는 말이다. ≪太平御覽≫ 獸部 14에 이 대목을 인용한 곳에 '以羊血灑社(양의 피를 사당에 뿌렸다.)'로 되어 있는 것은 생략한 글일 뿐이다. 今本에는 '出血'이 '泏血'로 되어 있으니, 아래 글의 '灑'와 연관하여 氵를 잘못 더한 것이고, 게다가 '搋羊' 위에 잘못 있으니 뜻이 통하지 않는다.

案 : 왕인지가 '泏洫'을 '出血'이라 한 것은 확실하지 않으나, '搋'를 '剄'로 읽은 것은 옳다. 洪頤煊의 설도 같다.

31-7-12 **讀王里國之辭既已終矣**요

王里國의 맹서하는 말을 읽기를 마친 다음

畢云 四字가 **事類賦**에 **作已盡二字**라하다

畢沅 : 〈'既已終矣'〉 넉 자가 ≪事類賦≫에는 '已盡' 두 자로 되어 있다.

31-7-13 **讀中里徼之辭未半也**에

中里徼의 맹서하는 말을 반도 읽지 않았는데

畢云 太平御覽事類賦에 **引也作祭**라하다

畢沅 : ≪太平御覽≫과 ≪事類賦≫에 이 대목을 인용한 곳에는 '也'가 祭로 되어 있다.

31-7-14 **羊起而觸之**하여

양이 벌떡 일어나 中里徼를 들이받아

畢云 事類賦에 引作觸中里檄이라하다

畢沅 : ≪事類賦≫에서 이 대목을 인용한 곳에는 〈'觸之'가〉 '觸中里檄'으로 되어 있다.

31-7-15 折其脚이어늘 祧(조)神之

그의 다리를 부러뜨리거늘 사당의 신이

此有脫誤라 畢云 疑當云跳神之社라하다 案 羊跳에 安能敲人使殪(에)리오 畢說은 不合事情이라

이 대목에는 오탈이 있다.

畢沅 : 아마도 '跳神之社(신의 사당에 뛰어다니다.)'라 해야 할 듯하다.

案 : 양이 뛰어다녀서 어떻게 사람을 쳐서 죽게 할 수 있으리오. 필원의 설은 실정에 맞지 않다.

31-7-16 而槀之하여 殪之盟所하니 當是時하여 齊人從者莫不見하며 遠者莫不聞이요

中里徼를 몽둥이로 쳐서 맹세하는 곳에서 죽였으니, 이 당시에 따라간 齊나라 사람들이 이 광경을 보지 못한 이가 없었으며 멀리 있는 사람들은 듣지 못한 이가 없었고,

畢云 太平御覽引云 齊人以爲有神驗이라하고 事類賦引云 齊人以爲有神이라하니 疑以意改라하다

畢沅 : ≪太平御覽≫에서 이 대목을 인용한 곳에 "齊人以爲有神驗(제나라 사람들이 귀신의 영험이 있다고 했다.)"으로 되어 있고, ≪事類賦≫에는 이 대목을 인용한 곳에는 "齊人以爲有神(제나라 사람들이 귀신이 있다고 했다.)"이라 하였으니, 아마도 뜻을 가지고 문장을 고친 것일 터이다.

31-7-17 著在齊之春秋하고 諸侯傳而語之曰 (請品先)〔諸盟矢〕不以其請(정)者는

이 사실을 齊나라 春秋에 기재하고, 제후들이 이 사실을 전하면서 얘기하기를

'무릇 맹서하면서 진정으로 하지 않는 자는

畢云 品은 當爲盟이요 下請은 當爲情이라하다 王引之云 畢謂品當作盟은 是也라 上請字는 當爲諸요 先當爲共이니 隸書先字或作先하니 與共相似而誤라 共字는 當在盟字上이니 共盟은 見上文이라 諸는 猶今人言諸凡也니 言凡共盟而不以其情者는 必受鬼神之誅也라 上文曰 諸不敬愼祭祀者는 鬼神之誅가 至若此其憯遬也라하니 是其證이라 今本에 諸譌作請하며 共譌作先하며 盟譌作品하고 又升品字於先字上하니 則義不可通이라 下請字는 卽情字也니 墨子書通以請爲情하니 不煩改字라하다 兪云 先字之義는 尙不可曉라 王氏改爲共字하고 而移在盟字之上은 似亦未安이라 先은 疑矢字之誤니 矢誓는 古通用이라 盟矢는 卽盟誓也라 矢字는 隸書或作六하니 見孔宙碑라 先字는 隸書或作先하니 見北海相景君碑라 兩形相似而誤라하다 案 兪說是也라

畢沅 : '品'은 응당 '盟'이 되어야 하고, 아래 '請'자는 응당 '情'이 되어야 한다.

王引之 : 필원이 '品은 응당 盟이 되어야 한다.'고 한 것은 옳다. 위 '請'자는 응당 '諸'가 되어야 하고 '先'자는 응당 共이 되어야 하니, 隸書에 '先'자가 혹 '先'으로 되어 있다. 〈이 글자의 모양이〉 共과 비슷하여 착오를 일으킨 것이다. 共은 응당 '盟'자 위에 있어야 하니, '共盟'은 위 글에 보인다. 諸는 오늘날 사람들이 '諸凡(무릇)'이라 하는 말과 같으니, '무릇 함께 맹서하되 진정으로 하지 않는 자는 반드시 귀신의 誅罰을 받는다.'는 말이다. 위 글에 "무릇 제사에 공경하고 신중하지 않는 자는 귀신의 주벌이 이처럼 빠르다."라고 하였으니, 이것이 그 증거이다. 今本에는 '諸'자가 '請'자로 잘못 되었고, '共'자가 '先'자로 잘못 되었고, '盟'자가 '品'자로 잘못 되었으며, 게다가 '品'자를 '先'자 위로 올렸으니, 뜻이 통하지 않는다. 아래 '請'자는 곧 '情'자이니, ≪墨子≫에서는 請을 情으로 통용하니, 굳이 글자를 고칠 필요는 없다.

兪樾 : '先'자의 뜻은 여전히 알 수 없다. 王氏(王引之)가 '共'자로 고치고 '盟'자 위에 옮겨놓은 것은 아마도 온당치 못할 듯하다. '先'은 아마도 '矢'의 오자일 듯하니, 矢와 誓는 옛날에 통용하였다. 盟矢는 곧 盟誓이다. '矢'자는 隸書에 혹 '六'로 되어 있으니, 〈孔宙碑〉에 보인다. '先'자는 隸書에 혹 '先'으로 되어 있으니, 〈北海相景君碑〉에 보인다. 이 두 글자의 모양이 서로 비슷하여 착오를 일으킨 것이다.

案 : 유월의 설이 옳다.

31-7-18 鬼神之誅가 至若此其憯遬也라 以若書之說로 觀之컨댄 鬼神之有를 豈可疑哉리오 是故로 子墨子言曰 雖有深谿博林幽(澗)〔閒(한)〕毋人之所라도

귀신의 주벌이 이처럼 빠르다.'라 하였다. 이러한 서책의 기록으로 보건대, 귀신이 있다는 것을 어찌 의심하리오."

이런 까닭에 子墨子께서 말씀하셨다. "비록 깊은 골짜기, 넓은 숲속의 한적하여 사람이 없는 곳에 있을지라도

王云 深谿博林幽澗毋人은 卽天志上篇所謂林谷幽閒無人也라 幽澗은 亦幽閒之誤니 幽閒毋人은 正指深谿博林言之라 若作幽澗하면 則與深谿相複이라하다

王念孫 : '深谿博林幽澗毋人'은 〈天志 上〉에서 말한 '林谷幽閒無人(숲과 골짜기의 한적하여 사람이 없는 곳)'이다. '幽澗'은 '幽閒'의 착오이니, '幽閒毋人'은 바로 '深谿博林'을 가리켜 말한 것이다. 만약 '幽澗(깊은 계곡)'이 되면 '深谿'와 중복된다.

31-8-1 施行을 不可以不(董)〔堇〕이니

행위를 신중히 하지 않아서는 안 된다.

顧云 爾雅에 董은 正也라하다 蘇云 董은 疑謹字之譌라하다 俞云 董字는 無義하니 疑堇字之誤라 堇은 借爲謹하니 言不可以不謹也라 管子五行篇에 修暨水土하여 以待乎天堇[68]이라한대 尹知章[69]注曰 堇은 誠也라하니 訓堇爲誠은 卽讀堇爲謹也라 說文에 堇은 古文作𡎸이라하니 形與董相似라 故誤라하다 案 俞說是也라 禮記內則(칙)에 塗之以謹塗[70]라한대 玉篇引作堇涂라하니 亦謹堇通用之證이라

---

68) 修暨水土 以待乎天堇 : ≪管子≫의 注에 "천자가 능히 中正으로 자신을 수양하고 하나의 표준으로 천하를 통일하여 위로 하늘의 진실한 마음을 기다린다는 말이다.〔言天子能以中正自脩以槩自平 上待天誠也〕"라 하였다.

69) 尹知章 : 현재 四庫全書本 ≪管子≫에는 ≪管子≫에 注를 단 사람이 房玄齡으로 되어 있다.

70) 塗之以謹塗 : 鄭玄의 注에는 "'謹'은 응당 墐이 되어야 하니, 글자의 독음이 〈비슷해서〉 착오를 일으킨 것이다. 墐塗는 진흙에 볏짚이 들어 있는 것이다.〔謹 當爲墐 聲之誤也 墐塗 塗有穰草也〕"라 하였다. 볏짚을 썰어 진흙에 넣어서 반죽하면 엉겨서 잘 떨어지지 않는다.

顧廣圻 : ≪爾雅≫에 "堇은 正이다."라 하였다.

蘇時學 : '堇'은 아마도 '謹'의 오자일 듯하다.

俞樾 : '堇'자는 〈이 대목에 맞는〉 뜻이 없으니, 아마도 '堇'의 오자일 듯하다. '堇'은 假借字로 '謹'이 되니, 신중하지 않아서는 안 된다는 말이다. ≪管子≫ 〈五行篇〉에 "修暨水土 以待乎天堇"이라 하였는데, 尹知章의 注에 "堇은 誠이다."라 하였으니, 堇의 字訓을 誠이라 한 것은 곧 堇을 謹으로 읽는다는 것이다. ≪說文解字≫에 "堇은 古字에 墓으로 되어 있다."라 하였으니, 글자 모양이 堇과 서로 비슷하기 때문에 착오를 일으킨 것이다.

案 : 유월의 설이 옳다. ≪禮記≫ 〈內則〉에 "塗之以謹塗(벗짚을 섞어놓은 진흙으로 바른다.)"라 하였는데, ≪玉篇≫에 이 대목을 인용한 곳에는 〈'謹塗'가〉 '堇涂'로 되어 있으니, 또한 謹과 堇이 통용된다는 증거이다.

31-8-2 **見**(현)**有鬼神視之**니라

현재 귀신이 있어 보고 있다.

31-9-1 **今執無鬼者曰 夫衆人耳目之請**(정)으로

지금 귀신이 없다고 주장하는 자는 말하기를 '일반 사람들이 듣고 본 사실로

畢云 當爲情이니 **下同**이라하다 **案 請**은 **卽情之假借**니 **不必改字**라 **非命中篇作情**이라

畢沅 : 〈'請'은〉 응당 '情'이 되어야 한다. 아래도 같다.

案 : '請'은 곧 '情'의 假借字이니, 굳이 글자를 고칠 필요는 없다. 〈非命 中〉에는 '情'자로 되어 있다.

31-9-2 **豈足以斷疑哉**아 **柰何其欲爲**(高)〔**尙士**〕**君子於天下**요

어찌 의심을 판단할 수 있겠는가. 어찌하여 천하에서 上士와 君子가 되고자 하면서

高君子는 **無義**라 **高**는 **疑當作尙**이요 **下又脫士字**하니 **尙士**는 **卽上士也**라 **下文云 則非所以爲君子之道也**라하고 **又云 此非所以爲上士之道也**라하니 **卽遙**(冢)〔冡〕[71]**此文**이라

'高君子'는 이 대목에 맞는 뜻이 없다. '高'는 아마도 '尙'이 되어야 할 듯하고, 아래에 또 '士'자가 빠졌으니, 尙士는 곧 上士이다. 아래 글에 "則非所以爲君子之道也(곧 군자가 되는 도리가 아니다.)"라 하였고, 또 이르기를 "此非所以爲上士之道也(이는 上士가 되는 도리가 아니다.)"라 하였으니, 멀리서 이 대목을 이어받고 있다.

31-9-3 而有復(부)信衆(之)〔人〕耳目之請哉아

또다시 일반 사람들이 듣고 본 사실을 믿는가.'라 한다."

有는 讀爲又라 衆之는 疑當同上文作衆人이니 下同이라

'有'는 '又'로 읽어야 한다. '衆之'는 아마도 위 글과 같이 '衆人'이 되어야 할 듯하다. 아래도 같다.

31-9-4 子墨子曰

子墨子께서 말씀하셨다.

畢云 舊脫墨子二字러니 以意增이라

畢沅 : 舊本에는 '墨子' 두 자가 빠졌는데 뜻으로 추측하여 더 넣었다.

31-9-5 若以衆(之)〔人〕耳目之請으로 以爲不足信也하여 不以斷疑면 不識若昔者三代聖王堯舜禹湯文武者는 足以爲法乎아 故於此乎에 自中人以上皆曰 若昔者三代聖王은 足以爲法矣라하니 若苟昔者三代聖王足以爲法인댄 然則姑嘗上觀聖王之事호리라 昔者에 武王之攻殷誅紂也에 使諸侯分其祭曰 使親者受內祀하고

"만약 일반 사람들이 듣고 본 사실을 믿을 수 없다고 여겨 의심을 판단하지 못한다면, 알지 못하겠다만 옛날 三代의 聖王인 堯, 舜, 禹, 湯, 文王, 武王 같은 분들은 본보기로 삼을 수 있겠는가? 그러므로 여기에 대해 중간 수준의 사람 이상은 모두

---

71) (冡)〔冢〕 : 저본에는 '冡'으로 되어 있으나, 續修四庫全書本 ≪墨子閒詁≫에 의거하여 '冢'으로 바로잡았다. 冢은 蒙과 같다.

말하기를 '옛날 삼대의 성왕은 본보기를 삼을 수 있다.'라고 한다. 만약 옛날 삼대의 성왕은 본보기를 삼을 수 있다면, 우선 시험삼아 위로 성왕을 일을 보자. 옛날에 武王이 殷을 공격하여 紂를 주벌할 때 제후들로 하여금 저마다 자기 나라 제사를 나누어 맡게 하면서 말하기를 '친분이 가까운 사람은 內祀를 받게 하고

謂武王克殷에 分命諸侯하여 使主殷祀也라 非攻下篇云 王旣已克殷하여 成帝之來하여는 分主諸神하여 祀紂先王이라하니 是也라 受內祀는 謂同姓之國이 得立祖王廟也라 郊特牲孔疏에 引五經異義[72]云 古春秋左氏說에 天子之子가 以上德爲諸侯者는 得祖所自出[73]하나니 魯以周公之故로 立文王廟하니 左傳에 宋祖帝乙과 鄭祖厲王이 猶上祖也[74]라하다

武王이 殷나라를 이기자 제후들에게 나누어 명하여 은나라의 제사를 주관하게 했다는 말이다. 〈非攻 下〉에 "武王이 이미 殷나라를 이겨 上帝가 내린 명을 이루고는 神들을 나누어 맡아 紂의 先王을 제사하게 하였다."라 하였으니, 바로 이를 두고 말한 것이다. '內祀를 받는다'는 것은 〈왕실과〉 同姓의 나라가 선조 왕의 사당을 세울 수 있게 되는 것을 말한다. 《禮記》 〈郊特牲〉의 孔穎達의 疏에 《五經異義》를 인용하여 "옛날 《春秋》의 左氏의 說에 '천자의 아들이 上德으로 諸侯가 된 이는 所自出의 선조를 조상으로 삼아 제사할 수 있으니, 魯나라는 周公 때문에 文王의 사당을 세울 수 있었다.'라 하였다. 《春秋左氏傳》에 '宋나라는 帝乙을 조상으로 삼고 鄭나라는 厲王을 조상으로 삼는 것은 그래도 오히려 조상으로 높인 것이다.'라 하였다." 하였다.

31-9-6 **疏者受外祀**라하니라

친분이 먼 사람은 外祀를 받게 하라.'라 하였다.

---

72) 五經異義 : 後漢의 학자 許愼의 저술로 五經의 내용을 서로 비교 고찰한 것이다.

73) 所自出 : 자신의 先系가 나온 조상이다. 《禮記》 〈大傳〉에 "禮에 왕이 아니면 禘 제사를 지내지 못하니, 왕은 그 시조가 나온 조상에게 체 제사를 지내고 그 시조로써 배향한다.〔禮 不王不禘 王者禘其祖之所自出 以其祖配之〕"라 하였다.

74) 宋祖帝乙……猶上祖也 : 《春秋左氏傳》 文公 元年에 보인다. 杜預의 注에 "帝乙은 微子의 아버지이고, 厲王은 鄭 桓公의 아버지이니, 두 나라가 帝乙과 厲王을 不肖하게 여기지 않고 오히려 尊尙했다.〔帝乙微子父 厲王鄭桓公父 二國不以帝乙厲王不肖而猶尊尙之〕"라 하였다.

此謂異姓之國祭山川四望[75]之屬이라 祭統에 說周錫魯重祭云 外祭則郊祀가 是也요 內祭則大嘗禘가 是也라하니 彼大祀는 非凡諸侯所得祀니 蓋不在所受之列이라

이는 〈왕실과〉 異姓인 나라가 산천과 四望에 제사하는 것들을 말한 것이다. ≪禮記≫ 〈祭統〉에 周 天子가 魯나라에 重祭를 하사한 것을 말하면서 "外祭는 郊祀가 이것이고, 內祭는 大嘗禘가 이것이다."라 하였다. 저 大祀는 일반 제후가 제사할 수 있는 바가 아니니, 대개 이를 받는 반열에 있지 않기 때문이다.

31-9-7 **故武王必以鬼神爲有**라 **是故**로 **攻殷伐紂**에 **使諸侯分其祭**하니 **若鬼神無有**면 **則武王何祭分哉**아

따라서 武王은 반드시 귀신이 있다고 여겼던 것이다. 이런 까닭에 殷나라를 공격하여 紂를 정벌한 다음에 제후들로 하여금 그 제사를 나누어 맡도록 하였던 것이니, 만약 귀신이 없다면 무왕이 어찌 제사를 나누어 맡게 했겠는가.

祭는 吳鈔本에 作祀라

'祭'는 吳鈔本에는 祀로 되어 있다.

31-10-1 **非惟武王之事爲然也**라 (故)〔古〕**聖王**이

무왕의 경우만 그러한 것이 아니다. 옛날의 聖王이

故는 當爲古라 下文에 古聖王古者聖王文屢見하니 可證이라

'故'는 응당 '古'가 되어야 한다. 아래 글에 '古聖王', '古者聖王'이란 글이 누차 보이니, 증거가 될 수 있다.

31-10-2 **其賞也必於祖**하며 **其僇**(륙)**也必於社**[76]하니

---

75) 四望 : ≪周禮≫ 〈春官 大宗伯〉에 "나라에 큰일이 있으면 上帝와 四望에 旅祭를 지낸다.〔國有大故 則旅上帝及四望〕"라 하였는데, 鄭玄의 注에 "四望은 五嶽, 四鎭, 四瀆이다."라 하였다. 직접 가서 제사하지 못하고 사방을 향해 祭壇을 돌면서 제사하기 때문에 四望이라 한 것이다.

賞을 줄 때는 반드시 祖에서 하고 처형할 때는 반드시 社에서 하니

詳後라

뒤에 상세히 보인다.

賞祖僇社圖

31-10-3 賞於祖者는 **何也**오 **告分之均也**며 **僇於社者**는 **何也**오 **告聽之中也**라

祖에서 상을 주는 것은 무엇 때문인가? 배분이 균등함을 알리는 것이다. 社에서 처형하는 것은 무엇 때문인가? 판결이 中正함을 알리는 것이다.

江聲[77]云 分之均은 謂頒賞平均이요 聽之中은 謂斷辠(죄)允當也라하다

江聲 : 분배가 균등함이란 상을 나누어줌이 均平함을 말하고, 판결이 中正함이란 죄를 판단함이 允當함을 말한다.

31-10-4 非惟若書之說爲然也라 **且惟昔者虞夏商周三代之聖王**이 **其始建國營都日**에 **必擇國之正壇**하여 **置以爲宗廟**하고

이러한 서책들의 기록만 그러할 뿐이 아니다. 게다가 옛날의 虞와 夏, 商, 周 三代의 聖王들이 처음 국가를 세우고 도읍을 만들 때 반드시 나라의 正壇을 골라 종

---

76) 其賞也必於祖 其僇也必於社 : ≪尙書≫ 〈夏書 甘誓〉의 孔安國 傳에 의하면, 천자가 親征할 때에는 반드시 廟의 조상 신주를 수레에 싣고 가서 공로가 있으면 조상 신주 앞에서 상을 주고, 社의 신주를 수레에 싣고 가서 명령을 따르지 않고 달아나는 자는 社의 신주 앞에서 처형한다. 廟는 先王을 모신 종묘이고, 社는 국가에서 토지신을 제사하는 곳이다.

77) 江聲 : 1721~1799. 字는 鯨濤, 叔澐이며, 號는 艮庭으로, 淸나라 經學家이며 書法家이다. 저서로 ≪尙書集注音疏≫ 12卷 등이 있다.

묘를 두고

考工記匠人에 營國하되 方九里에 左祖右社하며 面[78]朝後市라하고 呂氏春秋愼勢篇云 古之王者는 擇天下之中而立國하고 擇國之中而立宮하고 擇宮之中而立廟라하다 劉逢祿云 壇은 場이니 祭壇場也라 置는 措也라하다

≪周禮≫ 〈考工記 匠人〉에 "國都를 만들되 사방 9리의 땅에 왼쪽에는 祖廟를 두고 오른쪽에는 社를 두며 앞에는 朝를 두고 뒤에는 市를 둔다."라 하였고, ≪呂氏春秋≫ 〈愼勢〉에 "옛날의 王者는 천하의 중앙을 골라 국도를 세우고 국도의 중앙을 골라 궁궐을 세우고 궁궐의 중앙을 골라서 종묘를 세운다."라 하였다.

劉逢祿 : 壇은 場이니 祭壇의 터이다. 置는 둔다는 뜻이다.

31-10-5 必擇木之脩茂者하여

반드시 나무가 길고 무성한 곳을 골라서

脩는 吳鈔本에 作修라

'脩'는 吳鈔本에는 修로 되어 있다.

31-10-6 立以爲菆(총)(位)〔社〕하고

菆社(叢社)를 세우고,

畢云 菆은 蕝(절)字假音이라 說文云 蕝은 朝會束茅表位曰蕝이라 春秋國語曰〔致〕[79]茅蕝表坐라한대 韋昭曰 蕝은 謂束茅而立之니 所以縮酒[80]라하다 劉云 菆位는 社也라하다 王

78) 面 : 저본의 원주에 "面은 원본에 前으로 잘못되어 있으나, ≪周禮≫ 〈考工記 匠人〉에 의거하여 고쳤다.〔面 原誤前 據周禮考工記匠人改〕"라고 하였다

79) 〔致〕 : 저본에는 '致'가 없으나, ≪說文解字≫에 의거하여 보충하였다.

80) 說文云……所以縮酒 : '春秋國語'는 ≪國語≫의 다른 이름이다. ≪說文解字≫에 인용된 ≪춘추국어≫의 "致茅蕝表坐"는 현전하는 ≪국어≫에 보이지 않는다. 뒤에 보이는 韋昭의 注는 ≪國語≫ 〈晉語〉의 "띠풀을 묶어서 세워두고 望表를 설치하며, 鮮牟族과 화톳불을 지키느라 회맹에 끼이지도 못하였다.〔置茅蕝 設望表 與鮮牟守燎 故不與盟〕"에 대한 것이다.

云 畢說은 非也라 菆은 與叢同이요 位는 當爲社字之誤也라 隷書社字는 漢魯相韓勅造孔廟禮器碑에 作社하고 史晨祠孔廟奏銘에 作(社)〔社〕[81]라 因譌而爲位라 急就篇에 祠祀社稷叢臘奉[82]이라한대 叢은 一本作菆이라 顏師古曰 叢은 謂草木岑蔚(잠울)之所니 因立神祠라하니 卽此所謂擇木之脩茂者하여 立以爲菆社也라 秦策에 恒思有神叢이라한대 高注曰 神祠叢樹也라하다 莊子人閒世篇曰 見櫟(력)社樹하니 其大蔽牛라하고 呂氏春秋懷寵篇曰 問其叢社大祠民之所不欲廢者하여 而復興之라하고 太玄聚次四曰 牽羊하여 示于叢社라하니 皆其證也라 置以爲宗廟는 承上賞於祖而言이며 立以爲菆社는 承上僇於社而言이니 則位爲社字之誤가 明矣라 史記陳涉世家에 又閒令吳廣之次近所旁叢祠中이라한대 索隱에 引墨子云 建國에 必擇木之脩茂者하여 以爲叢位라하니 則所見本에 社字已誤作位나 而菆字作叢則不誤也라 又耕柱篇曰 季孫紹孟伯常治魯國之政에 不能相信하여 而祝於禁社라하니 禁社는 乃蔱社之誤라 蔱亦與叢同이라하다 洪云 史記陳涉世家의 索隱에 引墨子作叢位하니 菆은 卽叢字라 叢位는 謂叢社之位라하다 案 王說이 是也라 六韜略地篇云 冢樹社叢勿伐이라하니 社叢은 卽叢社也라

畢沅 : '菆'은 蕝의 假音字이다. ≪說文解字≫에 "蕝은 朝會에 띠풀을 묶은 다발을 세워서 位次를 표시하는 것을 蕝이라 한다. ≪春秋國語≫에 '致茅蕝表坐(띠풀을 묶은 다발을 세워 앉는 자리를 표시한다.)'라 하였다."라 하였는데, 韋昭의 注에 "蕝은 띠풀을 묶은 다발을 세우는 것이니, 제사에 쓸 술을 거르는 것이다."라 하였다.

劉逢祿 : '菆位'는 社이다.

王念孫 : 필원의 설은 옳지 않다. '菆'은 叢과 같고, '位'는 응당 '社'의 오자일 것이다. 隷書에 '社'자는 〈漢魯相韓勅造孔廟禮器碑〉에 '社'로 되어 있고, 〈史晨祠孔廟奏銘〉에 '社'로 되어 있다. 이 때문에 잘못 바뀌어 '位'가 된 것이다. ≪急就篇≫에 "祠祀社稷叢臘奉"이라 하였는데, 叢은 한 本에 菆으로 되어 있다. 顏師古는 "叢은 초목이 산에 우거진 곳이니,

---

81) (社)〔社〕: 저본에는 '社'로 되어 있으나, 續修四庫全書本 ≪墨子閒詁≫에 의거하여 '社'로 바로잡았다.

82) 祠祀社稷叢臘奉 : 顏師古의 註에 "祠란 것은 엿보아 제사하는 것이고, 祀란 것은 그만둠이 없는 것이다. 社는 地主이고, 稷은 先農이다. 그러므로 여기에 福을 비는 것이다. 叢은 초목이 산에 우거진 곳이니, 因하여 神祠를 세우는 것이다.……臘은 接한다는 말이니, 百神을 두루 제사하는 것이다. 奉은 粢盛과 牲特과 幣帛을 바쳐서 神을 섬기는 것이다."라 하였다.

因하여 神祠를 세우는 것이다."라 하였으니, 바로 여기서 말한 '나무가 길고 우거진 곳을 골라서 菆社를 세운다'는 것이다. ≪戰國策≫ 〈秦策〉에 "恒思有神叢(恒思라는 곳에 神叢이 있다.)"이라 하였는데, 高誘의 注에 "神祠에 떨기로 무성하게 자란 나무이다."라 하였다. ≪莊子≫ 〈人間世〉에 "櫟社의 나무를 보니 그 크기가 소 한 마리를 가릴 만하였다."라 하였고, ≪呂氏春秋≫ 〈懷寵〉에는 "백성들이 없애고 싶어하지 않는 叢社와 大祠를 물어서 다시 제사를 지낼 수 있게 하였다."라 하였고, ≪太玄經≫ 〈聚 次四〉에 "양을 끌고 와서 叢社에 보인다."라 하였으니, 모두 그 증거이다. '종묘를 둔다'는 것은 위 글의 '祖에서 상을 내린다'는 대목을 이어받아서 말한 것이며, '菆社를 세운다'는 것은 위 글의 '社에서 처형한다'는 대목을 이어받아서 말한 것이니, '位'가 '社'의 誤字임이 분명하다. ≪史記≫ 〈陳涉世家〉에 "또 몰래 吳廣으로 하여금 머무는 곳 근처 叢祠에 가서"라 하였는데, ≪史記索隱≫에 ≪墨子≫를 인용하여 "國都를 세울 때 반드시 나무가 길고 우거진 곳을 골라 叢位로 삼는다."라 하였다. 그렇다면 ≪사기색은≫에서 본 판본에 '社'자는 이미 '位'로 잘못 되어 있으나, '菆'자가 '叢'으로 되어 있는 것은 오자가 아니다. 또 ≪묵자≫ 〈耕柱〉에 "季孫紹와 孟伯常이 魯나라의 政事를 맡아 다스리면서 서로 신뢰하지 못해 禁社에서 기도하였다."라 하였으니, 禁社는 곧 藂社의 착오이다. 藂은 叢과 같다.

洪頤煊 : ≪사기색은≫ 〈진섭세가〉에 ≪묵자≫를 인용한 곳에 '叢位'로 되어 있으니, '菆'은 곧 '叢'자이다. 叢位는 叢社의 위치를 말한다.

案 : 왕염손의 설이 옳다. ≪六韜≫ 〈略地〉에 "冢樹(무덤 가의 나무)와 社叢은 베지 말라." 하였으니, 社叢이 곧 叢社이다.

31-10-7 必擇國之父兄慈孝貞良者하여 以爲祝宗하고

반드시 나라의 父兄 중에 자애롭고 효성스럽고 올바르고 선량한 사람을 골라 祝宗으로 삼고

劉云 祝은 太祝이요 宗은 宗伯也라

劉逢祿 : 祝은 太祝이고, 宗은 宗伯이다.

31-10-8 必擇六畜之勝腯(돌)肥倅하여

반드시 六畜 중에서 살찌고 털이 순색인 놈을 골라서

畢讀(두)倅毛爲句하고 云 粹字假音作倅니 異文也라하다 劉刪勝字하고 讀與畢同이라 顧云 倅字句라하다 案 素問王冰注云 勝者는 盛也라하고 淮南子時則訓云 視肥臞(구)全粹라한대 高注云 粹는 毛色之純也라하고 又齊俗訓云 犧牛粹毛는 宜於廟牲이라하니 此畢所本이라 依其讀면 則勝은 當爲衍文이로되 但以文例校之컨대 似顧讀爲長이라

畢沅은 '倅毛'까지 구두를 끊고 "粹의 假音字가 倅가 되니, 異體字이다."라고 하였다. 劉逢祿은 '勝'자를 산삭하였고 구두는 필원과 같다.

顧廣圻 : '倅'자에 句를 떼어야 한다.

案 : ≪黃帝內經素問≫ 王冰의 注에 "勝이란 왕성하다는 뜻이다."라 하였고, ≪淮南子≫ 〈時則訓〉에 "視肥臞全粹(〈희생이〉 살쪘는지 말랐는지 온전한지 〈털 색깔이〉 순수한지를 살핀다.)"라 하였는데, 高誘의 注에 "粹는 털 빛깔이 순수한 것이다."라 하였다. 또 ≪회남자≫ 〈齊俗訓〉에 "犧牛粹毛 宜於廟牲(희생인 소의 털 빛깔이 순수한 것이 종묘의 희생으로 쓰기에 알맞다.)"이라 하였으니, 이것이 필원이 근거로 삼은 것이다. 필원의 句讀에 의하면 '勝'은 응당 衍文이 되어야 한다. 그렇지만 文例로 비교해보면 顧廣圻의 구두가 나을 듯하다.

31-10-9 毛以爲犧牲하고

털 색깔이 순수한 놈을 골라서 희생으로 삼고

周禮小宗伯에 毛六牲[83]이라한대 鄭注云 毛는 擇毛也라하고 牧人에 凡陽祀[84]에 用騂(성)牲毛之하며 陰祀[85]에 用黝(유)牲毛之라한대 注云 毛之는 取純毛也라하다 山海經南山經의 郭注云 毛는 言擇牲取其毛色也라하다

≪周禮≫ 〈小宗伯〉에 "毛六牲(六牲의 털이 순수한 놈을 고른다.)"이라 하였는데, 鄭玄의 注에 "毛는 털이 순수한 놈을 고르는 것이다."라 하였고, ≪주례≫ 〈牧人〉에 "陽祀用騂牲毛之 陰祀用黝牲毛之(陽祀에는 붉은 희생을 쓰되 털이 순수한 놈을 고르고, 陰祀에는 검은 희생

83) 六牲 : 犧牲으로 쓰는 여섯 가지의 가축으로 소, 말, 양, 돼지, 개, 닭을 말한다.
84) 陽祀 : 봄, 여름에 지내는 제사이다.
85) 陰祀 : 가을, 겨울에 지내는 제사이다.

을 쓰되 털이 순수한 놈을 고른다.)"라 하였는데, 注에 "'毛之'는 털이 순수한 놈을 취하는 것이다."라 하였다. ≪山海經≫ 〈南山經〉의 郭璞 注에 "毛는 희생을 고르되 털 색깔을 보아 취하는 것을 말한다."라 하였다.

31-10-10 珪璧琮璜[86]을

珪, 璧, 琮, 璜을

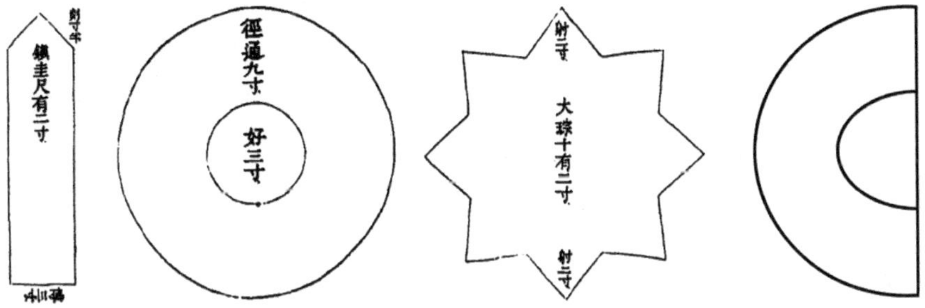

珪 璧 琮 璜

畢云 琮은 舊作璜이나 本如此[87]라하다 案 吳鈔本不誤[88]라

畢沅 : '琮'은 舊本에는 '璜'으로 되어 있으나 다른 본에는 이와 같이 〈琮으로〉 되어 있다.
案 : 吳鈔本은 틀리지 않았다.

31-10-11 稱財爲度하며 必擇五穀之芳黃하여 以爲酒醴粢盛이라 故酒醴粢盛이 與歲上下也라

---

86) 珪璧琮璜 : 제사에 쓰는 옥으로 만든 寶器들이다. ≪周禮≫ 〈春官 大宗伯〉에 "옥으로 여섯 가지 기물을 만들어 천지 사방에 禮를 올리니, 蒼璧으로 하늘에 예를 올리고, 黃琮으로 땅에 예를 올리고, 靑圭로 동방에 예를 올리고, 赤璋으로 남방에 예를 올리고, 白琥로 서방에 예를 올리고, 玄璜으로 북방에 예를 올린다.〔以玉作六器 以禮天地四方 以蒼璧禮天 以黃琮禮地 以靑圭禮東方 以赤璋禮南方 以白琥禮西方 以玄璜禮北方〕"라 하였다

87) 本如此 : 저본의 원주에 "살펴보건대, '本如此'는 응당 '一本如此'가 되어야 한다. '本' 위에 응당 '一'자가 탈락되었다.〔按 本如此 當作一本如此 本上當脫一字〕"라고 하였다.

88) 畢云……吳鈔本不誤 : 吳毓江에 의하면, "여러 本에 '璜璜'으로 되어 있고, 緜眇閣本·陳本·四庫本에는 '璜琮'으로 되어 있고, 唐本에는 '宗璜'으로 되어 있으며, 吳鈔本·潛本에는 '琮璜'으로 되어 있어 畢沅本과 부합한다."고 하였다.(≪墨子集詁≫)

재정 형편에 따라 정도에 맞게 만들며, 반드시 오곡 중에서 향기롭고 누렇게 잘 익은 것을 골라 술과 단술, 粢盛을 만든다. 그러므로 술과 단술, 자성이 그해의 〈농사 작황에 따라 품질이〉 오르내린다.

逸周書糴(적)匡篇云 成年穀足하면 賓祭以盛하며 年饑에 擧祭以薄하며 大荒에 有禱無祭하되 祭以薄資라하니 卽與歲上下之法이라

≪逸周書≫ 〈糴匡〉에 "풍년에 곡식이 풍족하면 빈객을 대접하고 제사를 지낼 때 풍성하게 마련하며, 흉년에는 음식과 제사를 儉薄하게 지내며, 큰 흉년에는 기도는 있고 제사는 없되 〈喪禮에는〉 검박한 제물로 제사한다."라 하였으니, 이것이 곧 그 해의 〈농사 작황에 따라 품질이〉 오르내리는 법이다.

31-10-12 故로 古聖王治天下也에 故必先鬼神而後人者가 此也라

그러므로 옛날 聖王이 천하를 다스릴 때 본디 반드시 귀신을 먼저 위하고 사람을 뒤로 미룬 것이 이 때문이었다.

故讀爲固라

〈뒤의〉 '故'는 '固'로 읽어야 한다.

31-10-13 故曰 官府選効에

그러므로 '官府에서 물품을 구비할 때에는

選은 讀爲僎이니 說文人部云 僎은 具也라하고 廣雅釋詁云 效는 具也라하다 効는 俗效字라

選은 僎으로 읽으니, ≪說文解字≫ 人部에 "僎은 갖춘다는 뜻이다."라 하였고, ≪廣雅≫ 〈釋詁〉에 "效는 갖춘다는 뜻이다."라 하였다. 効는 效의 俗字이다.

31-10-14 必先祭器祭服하여 畢藏於府하고 祝宗有司가 畢立於朝하고 犧牲不與昔[89]聚群이라

반드시 祭器와 祭服을 먼저 장만하여 창고에 다 갈무리해 두고 祝宗과 有司들이

다 朝에 서며 희생은 평상시에 〈기르는 가축들과〉 함께 모아두지 않았다.'라 하였다.

畢云 昔之言은 夕이라 王逸[90)]注楚詞曰 昔은 夜也라하고 詩曰 樂酒今昔이라하다 不聚群은 言別群也라하다 案 此言祭牲當特繫하여 不與常時所畜群聚耳라 周禮充人云 掌繫祭祀之牲牷하여 祀五帝하면 則繫于牢하고 芻之三月하니 享先王亦如之라 凡散祭祀[91)]之牲은 繫于國門하여 使養之라하니 是也라 畢說은 非也라

畢沅 : '昔'이란 말은 저녁을 뜻한다. 王逸의 ≪楚詞≫ 注에 "昔은 밤이다."라 하였고, ≪詩經≫ 〈小雅 頍弁〉에 "樂酒今昔(술 마시며 오늘밤을 즐거워하다.)"이라 하였다. '不聚群'은 따로 무리를 모아둔다는 말이다.

案 : 이 대목은 제사에 쓸 희생은 응당 따로 매어두어 평상시에 기르는 가축들과 함께 모아두지 않는다는 말이다. ≪周禮≫ 〈充人〉에 "〈充人은〉 제사에 쓸 牲牷을 매어두는 일을 관장하여 五帝에 제사할 경우에는 우리에 매어두고 석 달 동안 꼴을 먹이니, 先王에게 祭享할 때에도 이와 같이 한다. 무릇 散祭祀에 쓸 희생은 國門에 매어 두고 기르게 한다."라 하였으니, 바로 이를 말한 것이다. 필원의 설은 옳지 않다.

31-10-15 故로 古者에 聖王之爲政이 若此라

그러므로 옛날에 聖王의 정치가 이처럼 훌륭했던 것이다.

31-11-1 古者에 聖王은 必以鬼神爲〔有〕하여

옛날에 聖王은 반드시 귀신이 있다고 여겨

王云 爲下에 當有有字어늘 而今本脫之라 必以鬼神爲有는 見上文이어늘 其下仍有脫文하니 不可考라하다

89) 昔 : 孫詒讓의 注에는 '常時所畜'의 뜻으로 풀이하였다.

90) 王逸 : 後漢 때 학자로 字는 叔師이다. 왕일이 저술한 ≪楚辭章句≫는 현존하는 가장 오래된 ≪楚辭≫의 주석본이다. ≪초사장구≫는 유향이 편한 16편에, 왕일이 다시 직접 지은 〈九思〉와 班固의 두 편의 서를 더한 후 각각 주석을 가한 것이다. 17권이다.

91) 散祭祀 : 鄭玄의 注에 "散祭祀는 司中, 司命, 山川에 올리는 제사이다."라 하고, 鄭衆의 說을 인용하여 "司中과 司命은 文昌星의 다섯 번째와 네 번째 별이다."라 하였다.

王念孫 : '爲' 아래에 응당 '有'자가 있어야 하는데 今本에는 빠졌다. '必以鬼神爲有'는 위 글에 보이는데 그 아래에 여전히 빠진 글자가 있으니, 고증할 수 없다.

31-11-2 **其務鬼神**이 **厚矣**라 **又恐後世子孫不能知也**라 **故書之竹帛**하여 **傳遺後世子孫**하되

귀신을 힘써 〈섬기는〉 것이 후하였다. 또 후세의 자손들이 알지 못할까 염려하였다. 그래서 이 사실을 竹帛에 써서 후세의 자손들에게 남겨주되

畢云 文選注에 引作以其所獲으로 書於竹帛하여 傳遺後世子孫하고 又一引作以其所行이라 此無四字라

畢沅 : 《文選》 注에 이 대목을 인용한 곳에는 '以其所獲 書於竹帛 傳遺後世子孫(그가 얻은 것을 竹帛에 써서 후세의 자손들에게 남겨주되)'으로 되어 있고, 또 한 本에는 〈'以其所獲'이〉 '以其所行(그 행한 바를)'으로 되어 있는데, 여기서는 이 넉 자가 없다.

31-11-3 (咸)〔**或**〕**恐其腐蠹**(두)**絶滅**하여

혹시라도 그 竹帛이 썩고 좀먹어 소멸하여

王引之云 咸字는 文義不順하니 當是或字之誤라 言或恐竹帛之腐蠹絶滅이라 故又琢之盤盂(우)하며 鏤之金石也라

王引之 : '咸'자는 文義에 순조롭지 않으니, 응당 '或'의 오자일 것이다. 혹시라도 竹帛이 썩고 좀먹어 絶滅할까 염려했기 때문에 또 盤盂에 새기며 金石에 새겼다는 말이다.

盤

盂

31-11-4 **後世子孫不得而記**라 **故琢之盤盂**하며 **鏤之金石**하여 **以重之**하고 **有恐後世子孫**이

후세의 자손들이 기억하지 못할까 염려하였다.

그러므로 盤盂에 새기며 金石에 새겨서 소중하게 여겼다. 또 후세의 자손들이

有는 吳鈔本에 作又하니 字通이라 畢云 當爲猶는 非라

'有'는 吳鈔本에는 '又'로 되어 있으니, 두 글자는 통용된다. 필원이 "〈有는〉 응당 猶가 되어야 한다."고 한 것은 옳지 않다.

31-11-5 不能敬莙以取羊이라

敬畏하여 상서로운 복을 받지 못할까 염려하였다.

畢云 言敬威以取祥也라하다 孫云 說文云 莙은 讀若威라하고 又云 羊은 祥也니 秦漢金石에 多以羊爲祥이라하다

畢沅 : 敬畏하여 상서로운 복을 취한다는 말이다.

孫星衍 : ≪說文解字≫에 "莙은 威와 같이 읽는다."라 하였고, 또 "羊은 祥이다."라 하였으니, 秦漢시대 金石文에 羊을 祥으로 여긴 곳이 많다.

31-11-6 故로 先王之書와 聖人〔之言〕은

그러므로 先王의 글과 성인의 말은

王云 此下에 脫二字라 或當云 聖人之言이라하다

王念孫 : '聖人' 아래에 두 글자가 빠졌다. 혹 응당 '聖人之言'이라 해야 할 듯하다.

31-11-7 一尺之帛과 一篇之書에 語數(삭)鬼神之有也하여 重有重之하니

1尺의 명주와 한 편의 글에도 귀신이 있다는 사실을 자주 말하여 거듭하고 또 거듭했으니,

吳鈔本에 有作又라 王云 有는 與又同이라하다

吳鈔本에는 〈重有重之의〉 '有'가 '又'로 되어 있다.

王念孫 : '有'는 又와 같다.

31-11-8 此其故何오 則聖王務之라 今執無鬼者曰 鬼神者는 固無有라하니 則此反聖王之務라 反聖王之務하면 則非所以爲君子之道也라

이는 그 까닭이 무엇인가? 聖王이 이에 힘쓰기 때문이다. 지금 귀신이 없다고 주장하는 자는 말하기를 '귀신이란 것은 진실로 없다.'라 하니, 이는 성왕이 힘쓴 일을 위반하는 것이다. 성왕이 힘쓴 일을 위반하면 이는 군자가 되는 도리가 아니다.

31-12-1 今執無鬼者之言曰 先王之書와 (愼無)〔聖人之言〕은 一尺之帛과 一篇之書에

지금 귀신이 없다고 주장하는 자들의 말에 '선왕의 글과 성인의 말은 1尺의 명주와 한 편의 글에도

王云 愼無二字는 義不可通하니 愼無는 當爲聖人이라 上文曰 故先王之書와 聖人一尺之帛과 一篇之書라하니 是其證이라

王念孫 : '愼無' 두 글자는 뜻이 통하지 않으니, '愼無'는 응당 '聖人'이 되어야 한다. 위 글에 "故先王之書 聖人一尺之帛 一篇之書"라 하였으니, 이것이 그 증거이다.

31-12-2 語數(삭)鬼神之有하여 重有重之라하니

귀신이 있다는 사실을 자주 말하여 거듭하고 또 거듭했다고 했으니

重下有字는 亦讀爲又라 畢云 重有重下에 舊有亦何書三字하니 衍文이라하다

'重' 아래 '有'자는 역시 '又'로 읽어야 한다.

畢沅 : '重有重' 아래에 舊本에는 '亦何書' 세 글자가 있으니, 이는 衍文이다.

31-12-3 亦何書之有哉아하니라

또한 어느 책에 있는가?'라 한다."

吳鈔本에 之有二字倒라

吳鈔本에는 '之有' 두 글자가 순서가 뒤바뀌었다.

31-12-4 子墨子曰 周書大雅有之하니

子墨子께서 말씀하셨다. "周나라 글인 〈大雅〉에 있다.

古者에 詩書多互偁이라 吳鈔本에 無大雅二字라

옛날에 詩와 書는 서로 바꿔 부르는 경우가 많다. 吳鈔本에는 '大雅' 두 글자가 없다.

31-12-5 大雅曰 文王在上하여 於(오)昭于天하니

〈大雅〉에 '文王이 위에 있어, 아! 하늘에 밝게 드러나시니,

大雅文王篇文이라 毛傳[92]云 在上은 在民上也라 於는 歎辭라 昭는 見(현)也라하다 鄭箋云 文王初爲西伯에 有功於民하여 其德著見於天이라 故天命之以爲王하여 使君天下也라 崩에 諡曰文이라하다

≪詩經≫ 〈大雅 文王〉의 글이다. 毛傳에 "위에 있다는 것은 백성의 위에 있다는 것이다. '於'는 감탄사이다. '昭'는 드러나는 것이다."라 하였다. 鄭玄의 箋에 "문왕이 처음 西伯이 되자 백성에게 공로가 있어 그 덕이 하늘에 드러났다. 그러므로 하늘이 명하여 왕으로 삼아서 천하에 군주가 되게 하였다. 崩御하자 시호를 '文'이라 하였다."라 하였다.

31-12-6 周雖舊邦이나 其命維新이로다

周가 비록 역사 오랜 나라이나 天命은 새롭도다.

毛傳云 乃新在文王也라하고 鄭箋云 大(태)王聿來胥宇[93]하여 而國於周에 王跡起矣로되 而未有天命이라가 至文王而受命이라 言新者는 美之也라하다

---

92) 毛傳 : 전국시대 때 毛亨이 ≪詩訓詁≫를 지었는데 毛萇이 이를 이어받아 더욱 정밀하게 연구하고 貫長卿에게 전수하였다. 이를 ≪毛詩≫라 하며, 모두 29권이다.(≪漢書≫ 〈藝文志〉)

93) 聿來胥宇 : ≪詩經≫ 〈大雅 綿〉에 보인다.

毛傳에 "새로운 〈天命이〉 문왕에게 있는 것이다."라 하였고, 鄭玄의 箋에 "太王이 와서 집을 지을 터를 살펴서 周 땅에 나라를 세우자 王業을 이룰 자취가 일어났지만 아직 천명은 없다가 文王에 이르러 천명을 받았다. '새롭다'고 말한 것은 찬미한 것이다."라 하였다.

31-12-7 **有周不顯**가 **帝命不時**아

周나라가 빛나지 않겠는가! 上帝의 命이 옳지 않겠는가!

毛傳云 有周는 **周也**라 **不顯**은 **顯也**요 **顯**은 **光也**라 **不時**는 **時也**요 **時**는 **是也**라하고 **鄭箋云 周之德**이 **不光明乎**아 **光明矣**라 **天命之**가 **不是乎**아 **又是矣**라하다

毛傳에 "'有周'는 周이다. '不顯'은 顯이고, 顯은 빛난다는 말이다. '不時'는 時이고, 時는 옳다는 말이다."라 하였고, 鄭玄의 箋에 "周나라의 德이 光明하지 않겠는가? 光明할 것이다. 하늘이 명한 것이 옳지 않겠는가? 또 옳을 것이다."라 하였다.

31-12-8 **文王陟降**하여 **在帝左右**니라

文王이 돌아가시어 上帝의 좌우에 있느니라.

毛傳云 言文王升接天하고 **下接人也**라하다 **鄭箋云 在**는 **察也**니 **文王能觀知天意**하여 **順其所爲**하여 **從而行之**라하다 **案 依墨子說**컨대 **謂文王旣死**에 **神在帝之左右**이니 **則與毛鄭義異**라

毛傳에 "文王이 위로는 하늘과 접하고 아래로는 사람과 접한다는 말이다."라 하였다. 鄭玄의 箋에 "'在'는 관찰한다는 뜻이니, 문왕이 능히 하늘의 뜻을 관찰해 알아서 하늘의 하는 바에 순응하여 그대로 따라 실행한 것이다."라 하였다.

案 : 〈뒤에 보이는〉 ≪墨子≫의 말에 의하면, 문왕이 죽은 뒤에 그 神이 상제의 좌우에 있다고 한 것이니, 毛傳, 鄭玄의 箋과 뜻이 다르다.

31-12-9 **穆穆文王**이 **令問不已**라하니

힘쓰고 힘쓰시는 문왕이 그 아름다운 명예가 그치지 아니하도다!'라 하였으니,

問은 吳鈔本에 作聞이라 穆穆은 毛詩에 作亹(미)亹하고 問은 作聞이라 毛傳云 亹亹는 勉也라하고 鄭箋云 勉勉乎不倦하니 文王之勤用明德也요 其善聲聞日見(현)하니 稱歌無止時也라하다

'問'은 吳鈔本에는 聞으로 되어 있다. '穆穆'은 ≪毛詩≫에 '亹亹'로 되어 있고, '問'은 聞으로 되어 있다. 毛傳에 "亹亹는 힘쓰는 것이다."라 하였고, 鄭玄의 箋에 "힘쓰고 힘써서 게으르지 않으니 이는 문왕이 明德을 부지런히 쓰는 것이요, 그 좋은 평판이 날로 드러나니 이는 칭찬하는 노래가 그칠 때가 없는 것이다."라 하였다.

31-12-10 **若鬼神無有**면 **則文王旣死**에 **彼豈能在帝之左右哉**아 **此吾所以知周書之鬼也**로다

만약 귀신이 없다면 문왕이 죽은 뒤에 그 〈귀신이〉 어찌 상제의 좌우에 있을 수 있겠는가. 이런 까닭에 나는 周나라 글에 귀신이 〈기록되어 있다는〉 것을 안다.

31-13-1 **且周書獨鬼**요 **而商書不鬼**면 **則未足以爲法也**라 **然則姑嘗上觀乎商書**호리라 **曰 嗚呼**라 **古者有夏**가 **方未有禍之時**에 **百獸貞蟲**으로

게다가 周나라 글에만 귀신이 기록되어 있고 商나라 글에는 귀신에 대한 기록이 없다면 본보기로 삼을 수 없을 것이다. 그렇다면 우선 위로 올라가 商나라 글을 보자. 상나라의 글에 '오호라! 옛날에 夏나라가 바야흐로 아직 禍를 만나지 않았을 때에는 百獸와 貞蟲으로부터

淮南子墬(지)形訓云 萬物貞蟲이 各有以生이라하고 原道訓云 蚑蹺(기교)[94] 貞蟲이라한대 高注에 貞蟲은 細腰之屬也라하고 又說山訓云 貞蟲之動以毒螫(석)이라한대 注云 貞蟲은 細腰蜂蜾蠃(과라)之屬이라 無牝牡(빈모)之合曰貞이라하다 案 貞은 當爲征之假字니 乃動物之通稱이라 高說未晐라 說詳非樂上篇하다

≪淮南子≫ 〈墬形訓〉에 "萬物과 貞蟲이 저마다 살아갈 수 있다."라 하였고, 〈原道訓〉에 "蚑蹺貞蟲"이라 하였는데 高誘의 注에 "貞蟲은 허리가 가는 곤충이다."라 하였고, 또 〈說

94) 蚑蹺(기교) : 高誘의 注에 "蚑는 걸어 다니는 곤충이고, 蹺는 기어 다니는 곤충이다."라 하였다.

山訓〉에는 "貞蟲이 움직여서 독으로 〈사람을〉 쏜다."라 하였는데 注에 "貞蟲은 허리가 가는 벌, 나나니벌과 같은 곤충이다. 암컷과 수컷의 교미가 없는 것을 貞이라 한다."라 하였다.

案 : '貞'은 응당 征의 假借字일 것이니, 곧 동물의 通稱이다. 高誘의 설은 부족하다. 설명이 〈非樂 上〉에 자세히 보인다.

31-13-2 允及飛鳥히

나는 새들에 이르기까지도

王引之云 允은 猶以也라 言百獸貞蟲以及飛鳥也라 以는 與用同義라 故允은 可訓爲用이요 亦可訓爲以니 說文曰 允은 从儿㠯(인이)聲이라하니라 㠯用允은 一聲之轉耳라

王引之 : '允'은 '以'와 같으니, '百獸와 貞蟲으로부터 나는 새들에 이르기까지'라는 말이다. 以는 用과 같은 뜻이다. 따라서 允은 字訓을 用으로 새길 수도 있고 또한 字訓을 以로 새길 수도 있으니, ≪說文解字≫에 "允은 부수가 儿이고 성음은 㠯(以의 古字)이다."라 하였다. 㠯와 用과 允은 한 聲音이 轉變한 것이다.

31-13-3 莫不比方이온

正道를 따르지 않는 것이 없었다.

莊子田子方篇云 日出東方而入於西極하니 萬物莫不比方이라 案 比方은 猶言順道也니 易比彖傳云 比는 下順從也라하고 樂記에 樂行而民鄕方이라한대 鄭注云 方은 猶道也라하다

≪莊子≫ 〈田子方〉에 "日出東方而入於西極 萬物莫不比方(해가 동쪽에서 나와서 서쪽 끝으로 들어가니, 만물이 모두 道에 순응하지 않음이 없다.)"이라 하였다.

案 : '比方'은 道에 순응한다는 말과 같다. ≪周易≫ 比卦 〈彖傳〉에 "比는 아래가 順從하는 것이다."라 하였고, ≪禮記≫ 〈樂記〉에 "樂行而民鄕方(樂이 행해짐에 백성들이 道로 향한다.)"이라 하였는데, 鄭玄의 注에 "方은 道와 같다."라 하였다.

31-13-4 矧隹(유)人面이

그런데 하물며 사람의 얼굴을 가진 이가

畢云 隹는 古惟字니 舊誤作住라하다 江聲說同이라 王引之云 古惟字는 但作隹하니 古鍾鼎文惟字作隹하고 石鼓文亦然이라 又夏竦古文四聲韻載道德經에 惟字作隹라 墨子多古字하니 後人不識이라 故傳寫多誤라 矧惟者는 語詞니 康誥曰 矧惟不孝不友따녀하고 又曰 矧惟外庶子訓人이라하고 酒誥曰 矧惟爾事인 服休服采따녀 矧惟若疇인 圻父(보)薄違와 農父(보)若保와 宏父(보)따녀하니 皆其證也라 鹽鐵論[95]未通篇曰 周公이 抱成王하고 聽天下하여 恩塞海內하며 澤被四表은 矧惟人面含仁保德이 靡不得其所따녀하고 繇役篇曰 普天之下에 惟人面之倫이 莫不引領而歸其義라하고 後漢書章帝紀曰 訖惟人面이 靡不率俾라하고 和帝紀曰 戒惟人面은 無思不服이라하니 竝與墨子同意라 案 王說이 是也요 顧說同이라 人面은 言有面目而爲人이니 非百獸貞蟲飛鳥之比也라 國語越語에 范蠡(려)曰 余雖靦然而人面哉아 余猶禽獸也라하니라

畢沅 : '隹'는 옛날의 '惟'자이다. 舊本에는 '住'자로 잘못되어 있었다.

江聲의 설도 같다.

王引之 : 옛날의 '惟'자는 단지 '隹'로 되어 있으니, 옛날 鍾鼎文에는 '惟'자가 '隹'로 되어 있고, 石鼓文에도 마찬가지이다. 또 宋나라 夏竦의 ≪古文四聲韻≫에 ≪道德經≫이 실려 있는데, '惟'자가 '隹'로 되어 있다. ≪墨子≫에는 古字가 많으니, 후인들이 알지 못한다. 그러므로 ≪묵자≫를 傳寫할 때 오자가 많은 것이다. '矧惟'는 語詞이니, ≪書經≫ 〈康誥〉에 "矧惟不孝不友(하물며 효성스럽지 못하고 우애롭지 못함에랴.)"라 하고, 또 "矧惟外庶子訓人(하물며 외서자로서 사람을 가르치는 자)"이라 하였으며, 〈酒誥〉에 "矧惟爾事 服休服采 矧惟若疇 圻父薄違 農父若保 宏父(하물며 네가 섬기는 자인 복휴와 복채에 있어서랴. 하물며 너의 짝인 기보로서 법을 어기는 자를 축출하는 자와 농보로서 백성들을 순응하여 보존하는 자와 굉보에 있어서랴.)"라 하였으니, 모두 그 증거이다. ≪鹽鐵論≫ 〈未通〉에 "周公抱成王 聽天

95) 鹽鐵論 : 前漢 昭帝 때 桓寬이 찬술한 經濟에 관한 저술로 모두 10권 60편으로 되어 있다. 소금과 鐵을 국가가 專賣하는 제도를 存續할지 여부를 당시의 丞相 車千秋, 御史大夫 桑弘羊 등과 전국에서 소집된 賢良 60여 명이 조정에서 토론한 것을 편집한 것이다. 桓寬은 字가 次公이다.

下 恩塞海內 澤被四表 矧惟人面含仁保德 靡不得其所(周公이 어린 成王을 안고 천하의 정사를 맡아 볼 때 恩澤이 海內에 가득 찼는데, 하물며 사람의 얼굴을 가지고서 仁德을 갖춘 이들은 모두 제 살 곳을 얻지 못함이 없음에랴.)"라 하고, 〈繇役〉에 "普天之下 惟人面之倫 莫不引領而歸其義(온 하늘 아래에 오직 사람의 얼굴을 가진 이들은 목을 늘이고 그 의리에 귀의하지 않는 이가 없었다.)"라 하였으며, ≪後漢書≫ 〈章帝紀〉에 "訖惟人面 靡不率俾(마침내 사람의 얼굴을 가진 이들이 순종하지 않음이 없다.)"라 하고, 〈和帝紀〉에 "戒惟人面 無思不服(경계하여 사람의 얼굴을 가진 이들은 복종하고자 생각하지 않음이 없도록 하였다.)"이라 하였으니, 모두 ≪묵자≫의 이 대목과 뜻이 같다.

案 : 왕인지의 설이 옳다. 顧廣圻의 설도 같다. '人面'은 面目을 가져 사람이 되었으니 百獸, 貞蟲, 飛鳥의 부류와 같지 않다는 말이다. ≪國語≫ 〈越語〉에 "范蠡曰 余雖靦然而人面哉 余猶禽獸也(범려가 말하기를 '내가 비록 面目은 갖추었으나 사람의 얼굴인가? 나는 금수와 같다.'라 하였다.)"라 하였다.

31-13-5 胡敢異心가 山川鬼神도 亦莫敢不寧이라

어찌 감히 다른 마음을 품으리오. 산천의 귀신들도 감히 편안히 여기지 않음이 없었다.

書僞孔傳[96]云 莫은 無也라하니 言皆安之라 蘇云 二語[97]는 見商書伊訓이요 餘略同이라하다

---

96) 書僞孔傳 : 漢나라 孔安國이 지었다는 책으로, ≪尙書≫에 注를 달아 풀이한 傳이다. 僞作으로 간주되기 때문에 이렇게 부르는 것이다. 秦나라 때 焚書坑儒와 兵火를 겪으면서 ≪상서≫가 逸失되었는데, 漢나라 初에 秦나라 때 博士였던 伏生이 구술하여 ≪상서≫ 28편을 전하였다. 이 ≪상서≫는 당시에 유행하던 隸書로 씌어졌다 하여 ≪今文尙書≫라 일컫는다. 그 후 漢 武帝 때 魯恭王이 공자의 舊宅을 허물다가 벽 속에서 古文인 蝌蚪文字로 쓰인 ≪상서≫, ≪禮記≫, ≪論語≫, ≪孝經≫ 등 수십 편을 발견하였는데, 伏生의 ≪금문상서≫보다 16편이 더 많았다 한다. 공안국이 勅命으로 ≪古文尙書傳≫을 지었으나 후세에 전하지 않는다. 그 후 西晉 말기에 梅賾이 大航頭에서 발견했다고 하면서 58편의 고문으로 쓰인 ≪고문상서전≫을 바쳤다. 이 책에는 ≪금문상서≫보다 25편이 더 들어 있다. 이 책을 후세의 학자들이 僞作으로 간주하여 ≪僞孔傳≫이라 한다. 이 책에 唐나라 때 陸德明이 ≪經典釋文≫을 저술하고, 孔穎達이 ≪尙書正義≫를 저술하면서 ≪금문상서≫와 합쳐 한 部가 되었고 官學에 과목으로 채택되어 지금까지 전해진다.

97) 二語 : '山川鬼神 亦莫敢不寧'을 가리키는데, ≪書經≫에는 '敢'자가 없다.

≪書僞孔傳≫에 "莫은 無이다."라 하였으니, 〈'莫敢不寧'은〉 모두 편안히 여겼다는 말이다.

蘇時學 : 〈'山川鬼神 亦莫敢不寧'〉 두 마디만 ≪書經≫ 〈商書 伊訓〉에 그대로 보이고, 나머지는 내용이 〈이훈〉과 대략 같다.

31-13-6 **若能共允**일새

순응하여 능히 공손하고 성실하였기에

江聲云 共은 **讀爲恭**이니 **恭**은 **恪也**요 **允**은 **誠也**라하다

江聲 : '共'은 '恭'으로 읽으니, '恭'은 공손하다는 뜻이고, '允'은 성실하다는 뜻이다.

31-13-7 **隹**(유)**天下之合**이요

천하를 통합하였고

畢云 隹는 **舊作住**하니 **亦誤**라하다 **江王說同**이라

畢沅 : '隹'는 舊本에는 '住'로 되어 있었으니, 역시 오자이다.

江聲과 王念孫의 설도 같다.

31-13-8 **下土之葆**라하니

下土를 보전하였다.'라 하였으니,

葆保는 **字通**이라 **詩大雅崧高**에 **南土是保**라한대 **鄭箋云 保**는 **守也**며 **安也**라하고 **漢書天文志顔注**에 **引宋均云 葆**는 **守也**라하다

'葆'와 '保'는 글자가 통용된다. ≪詩經≫ 〈大雅 崧高〉에 "南土是保(남쪽 땅을 보전하라.)"라 하였는데, 鄭玄의 箋에 "保는 보전한다는 뜻이며, 편안하게 한다는 뜻이다."라 하였고, ≪漢書≫ 〈天文志〉의 顔師古 注에 宋均의 설을 인용하여 "葆는 보전하는 것이다."라 하였다.

31-13-9 **察山川鬼神之所以莫敢不寧者**컨대 **以佐謀禹也**라 **此吾所以知商書之鬼也**라

산천의 귀신들도 감히 편안히 여기지 않음이 없었던 까닭을 살펴보면 〈귀신들도〉 禹임금을 도와 도모했기 때문이다. 이런 까닭에 나는 商나라 글에 귀신이 기록되어 있다는 것을 안다.

商書는 舊本에 作商周러니 王蘇據上文改하니 是也라 今從之하노라

'商書'는 舊本에는 '商周'로 되어 있었는데, 王念孫과 蘇時學이 위 글에 의거하여 고쳤으니, 옳다. 이제 이를 따른다.

31-14-1 **且商書獨鬼요 而夏書不鬼면**

또 商나라 글에만 귀신이 기록되어 있고 있고 夏나라 글에는 귀신에 대한 기록이 없다면,

商書는 舊本에 作禹書러니 王蘇據上文改라 今從之하노라

'商書'는 舊本에는 '禹書'로 되어 있었는데, 王念孫과 蘇時學이 위 글에 의거하여 고쳤다. 이제 이를 따른다.

31-14-2 **則未足以爲法也라 然則姑嘗上觀乎夏書호리라 禹誓曰**

본보기로 삼을 수 없을 것이다. 그렇다면 우선 위로 올라가 夏나라 글을 보자. 〈禹誓〉에 말하기를

畢云 此孔書甘誓文이나 文微有不同이라 書序[98)]云 啓與有扈로 戰于甘之野할새 作甘誓라하니 與此不同이요 而莊子人間世云 禹攻有扈라하고 呂氏春秋召數云 禹攻曹魏하고 屈驁(오)有扈하여 以行其教라하니 皆與此合이라하다 詒讓案 呂氏春秋先己篇云 夏后柏

98) 書序 : ≪尙書≫ 각 편의 첫머리에 있는 〈小序〉를 말하는 것으로, 각 편을 쓰게 된 연유를 간략하게 설명한 것이다. ≪漢書≫ 〈藝文志〉와 ≪隋書≫ 〈經籍志〉 및 馬融, 鄭玄, 王肅, 孔穎達 등은 모두 孔子가 지은 것이라 하였다. 그러나 〈湯征〉과 〈太甲〉의 〈소서〉에 孟子의 說을 따르고 있기 때문에 戰國時代 중기 이후에 지어진 것으로 보는 견해가 많다. 朱熹는 經師가 지은 것으로 보았고, 근세 康有爲와 崔適은 劉歆의 僞作이라고 보았다.

啓[99]與有扈로 戰於甘澤而不勝이라하니 是呂覽[100]有兩說이어나 或禹啓皆有伐扈之事라 故古書或以甘誓爲禹誓與아 說苑政理篇云 昔禹與有扈氏戰할새 三陳而不服이라 禹於是修教三年하니 而有扈氏請服이라하니 說亦與此合이라

畢沅 : 이는 ≪孔書(書經)≫ 〈甘誓〉의 글이나, 글이 조금 다른 점이 있다. 〈書序〉에 "啓가 有扈와 甘의 들판에서 싸울 때 〈감서〉를 지었다."라 하였으니, 이 글과는 같지 않고, ≪莊子≫ 〈人間世〉에는 "禹가 有扈를 공격하였다."라 하였고, ≪呂氏春秋≫ 〈召數〉에는 "禹가 曹와 魏를 정벌하고 鶩와 有扈를 굴복시켜 그 교화를 행하였다."라 하였으니, 모두 이 글과 부합한다.

詒讓案 : ≪여씨춘추≫ 〈先己〉에 "夏后 柏啓가 有扈와 甘澤에서 싸워서 이기지 못하였다."라 하였으니, 그렇다면 ≪여씨춘추≫에도 두 가지 설이 있거나 禹와 啓가 모두 有扈를 정벌한 일이 있었을 것이다. 그러므로 古書에 혹 〈甘誓〉를 〈禹誓〉라고도 한 것인가. ≪說苑≫ 〈政理〉에 "옛날에 禹가 有扈氏와 싸울 때 세 차례 陣을 쳤으나 굴복시키지 못하였다. 禹가 이에 教化를 닦은 지 3년 만에 有扈氏가 복종하겠다고 하였다."라 하였으니, 내용이 역시 이 글과 부합한다.

31-14-3 大戰于甘할새

'甘 땅에서 크게 싸울 때

尙書釋文에 引馬融云 甘은 有扈南郊地也라 甘은 水名이니 今在鄠(호)縣西라하다 畢云 其地在今陝西鄠縣이라하다

≪經典釋文≫ 〈尙書〉에서 馬融의 說을 인용하여 "甘은 有扈의 남쪽 교외 땅이다. 甘은 水名이니 지금 鄠縣 서쪽에 있다."라 하였다.

畢沅 : 그 땅이 지금 陝西 鄠縣에 있다.

31-14-4 王乃命左右六人하여 下聽誓于中軍하고

---

99) 柏啓 : ≪呂氏春秋≫에는 '相'으로 되어 있다.

100) 呂覽 : ≪呂氏春秋≫의 異稱이다.

왕이 이에 좌우 6인에게 명하여 아래에 가서 中軍에서 내리는 誓(훈시)를 듣게 하고

孔書云 乃召六卿이라하고 詩棫(역)樸正義引鄭康成云 六卿者는 六軍之將이라하고 僞孔傳云 天子六軍이니 其將皆命卿이라하다 孫星衍云 鄭注周禮大司馬云 天子六軍이니 三三而居一偏이라하고 賈誼新書云 紂將與武王戰할새 紂陳其卒하니 左臆右臆이라하니 是天子親征에 王爲中軍이요 六卿左右之也라하다

≪孔書≫에는 "乃召六卿(이에 육경을 부르고)"이라 하였고, ≪詩經≫ 〈棫樸〉의 正義에 鄭玄의 說을 인용하여 "六卿은 六軍의 장수이다."라 하였고, ≪僞孔傳≫에는 "天子는 六軍이니, 그 장수는 모두 卿에 임명한다."라 하였다.

孫星衍 : 정현의 ≪周禮≫ 〈大司馬〉 注에 "천자는 六軍이니, 三軍씩 각각 한쪽에 나뉘어 있는다."라 하였고, 賈誼의 ≪新書≫에 "紂가 장차 武王과 싸우려 할 때 紂가 군졸을 포진하니 왼쪽 군대든 오른쪽 군대든 모두 명령을 듣지 않고 마음대로 행동했다."이라 하였으니, 그렇다면 천자가 親征할 때 왕은 中軍이 되고 六卿이 〈셋씩〉 좌우로 나뉘어 있는 것이다.

31-14-5 曰 有扈氏가

〈誓하여〉 이르기를, 「有扈氏가

史記正義云 地理志에 鄠縣은 古扈國이니 有戶亭이라 訓纂[101]云 戶扈鄠三字는 一也니 古今字不同耳라하고 尙書釋文云 有扈는 國名이니 與夏同姓이라 馬云 姒姓之國爲無道者라하고 漢書地理志云 右扶風鄠縣은 古扈國이니 夏啓所伐者也라하다 案 卽今陝西鄠縣이라

≪史記正義≫에 "≪地理志≫에 의하면 鄠縣은 옛날의 扈國이니 戶亭이 있다. ≪訓纂≫에 '戶, 扈, 鄠 세 글자는 같은 것이니, 고금에 글자 모양이 같지 않을 뿐이다.'라 하였다."라 하였다. ≪經典釋文≫ 〈尙書〉에는 "有扈는 나라 이름이니, 夏나라 왕실과 同姓이

101) 訓纂 : 漢나라 揚雄이 ≪蒼頡傳≫에 주석을 붙여 만든 ≪蒼頡訓纂≫을 말한다. ≪漢書≫ 〈藝文志〉에 "≪훈찬≫ 1편은 揚雄이 지은 것이다."라 하였다.

다. 馬融은 '姒姓의 나라로 無道한 자이다.'라 하였다."라 하였고, ≪漢書≫ 〈地理志〉에는 "右扶風 鄠縣은 옛날의 扈國이니, 夏나라 啓가 정벌한 나라이다."라 하였다.

案 : 지금의 陝西 鄠縣이다.

31-14-6 **威侮五行**하고 **怠棄三正**하니

포악하여 五行을 거스르고 태만하여 三正을 버렸으니

尙書釋文에 **引馬融云 建子建丑建寅**이 **三正也**라하고 **史記夏本紀集解**에 **引鄭康成云 五行**은 **四時盛德所行之政也**라 **威侮**는 **暴逆之**라 **三正**은 **天地人之正道**라하고 **僞孔傳云 五行之德**은 **王者相承所取法**이어늘 **有扈與夏同姓**이라 **恃親而不恭**하니 **是則威虐侮慢五行**하고 **怠惰棄廢天地人之正道**니 **言亂常**이라하다 **王引之謂書及此威字**는 **竝當爲滅之誤**요 **滅者**는 **蔑之假借字**라하니 **亦通**이라

≪經典釋文≫ 〈尙書〉에 馬融의 설을 인용하여 "建子, 建丑, 建寅이 三正이다."라 하였고, ≪史記集解≫ 〈夏本紀〉에 鄭玄의 설을 인용하여 "五行은 四時의 盛德에 따라 행하는 정사이다. 威侮는 포악하여 거스르는 것이다. 三正은 天・地・人의 正道이다."라 하였고, ≪僞孔傳≫에는 "五行의 德은 王者가 서로 이어받아 본보기로 삼는 것이거늘 有扈는 夏나라 왕실과 同姓이라 친분을 믿고 공손하지 않았으니, 이에 포악하여 五行을 업신여기고 태만하여 天・地・人의 正道를 버린 것이다. 이는 綱常을 어지럽혔음을 말한다."라 하였다. 王引之는 "≪書經≫과 이 책의 '威'자는 모두 응당 '滅'의 오자가 되어야 하고 '滅'은 '蔑'의 假借字이다."라 하였으니, 또한 통한다.

31-14-7 **天用剿**(초)**絶其命**이라하고

하늘이 이 때문에 그 명맥을 끊으려 한다.」라 하고,

僞孔傳云 剿는 **截也**라하니 **截絶**은 **謂滅之**라 **畢云 勦**(초)[102]**字**는 **同剿**(초)라하다 **詒讓案**

---

102) 勦(초) : 저본의 원주에 "勦는 원본에 剿로 되어 있으나, 畢沅의 刻本에 의거하여 고쳤다. 살펴보건대, 畢本의 글자는 실제로 부수가 力으로 되어 있기 때문에 孫詒讓이 '舊本에서 부수가 力으로 되어 있는 것은 착오이다.'라 하였다.〔勦 原作剿 據畢沅刻本改 按畢本字實从力 故

劓는 當從刀니 舊本從力은 誤라 唐石經尙書亦譌勦라 說文刀部云 劓는 絶也라하고 引書作剿하고 水部灂(초)字를 注引作勦라

≪僞孔傳≫에 "剿는 截(끊다)의 뜻이다."라 하였으니, 截絶은 멸망시킨다는 말이다.

畢沅 : '勦'자는 剿와 같다.

詒讓案 : '劓'는 응당 부수가 刀이니, 舊本에서 부수가 力으로 되어 있는 것은 착오이다. 唐나라 石經의 ≪尙書≫에도 '勦'자로 잘못 되어 있다. ≪說文解字≫ 刀部에 "劓는 끊는다는 뜻이다."라 하고 ≪書經≫을 인용한 곳에 '剿'로 되어 있고, 水部의 灂자를 注에서 인용한 곳에 勦로 되어 있다.

31-14-8 有曰

또 말하기를,

有는 讀亦爲又라

'有'는 독음이 역시 '又'이다.

31-14-9 日中에 今予與有扈氏爭一日之命이라 且爾卿大夫庶人아 予非爾田野葆(士)〔玉〕之欲也요

「정오에 이제 내가 有扈氏와 하루의 목숨을 다투고자 한다. 그대 卿大夫와 庶人이여. 나는 그들의 田野와 寶玉을 얻고자 욕심내는 것이 아니고

孔書에 無此三十二字라 孫云 墨子所見古文書가 與今本異어나 或脫簡이어나 或孔子所刪也라 葆는 同保라 鄭注月令云 小城曰保라하고 俗作堡라 言不貪其土地人民이라하다 兪云 葆士는 無義하니 士는 疑玉字之誤라 葆士는 卽寶玉也라 史記周本紀에 展九鼎葆[103]玉이라한대 徐廣曰 葆[104]는 一作寶라하니 卽其例也라하다 案 兪說이 近是라

孫謂舊本从力誤〕" 하였다.

103) 葆 : ≪史記≫에는 '保'로 되어 있다.

104) 葆 : ≪史記≫에는 '保'로 되어 있다.

≪孔書≫에는 이 32자가 없다.

孫星衍 : 墨子가 본 ≪古文尙書≫가 今本과 다르거나 혹 脫簡이 있거나 혹 孔子가 刪去했을 것이다. '葆'는 '保'와 같다. 鄭玄의 ≪禮記≫ 〈月令〉 注에 "작은 城을 保라 한다."라 하였고, 오늘날 俗語에는 堡가 된다. 그 토지와 인민을 탐내지 않는다는 말이다.

兪樾 : '葆士'는 이 대목에 맞는 뜻이 없다. '士'는 아마도 '玉'의 誤字일 듯하니, '葆士'는 곧 '寶玉'일 것이다. ≪史記≫ 〈周本紀〉에 "九鼎과 葆玉을 펼친다."라 하였는데, 徐廣은 "葆는 한 本에 寶로 되어 있다."라 하였으니, 이것이 곧 그 例이다.

案 : 유월의 설이 옳을 듯하다.

31-14-10 予共行天之罰也로다

나는 하늘의 벌을 공경히 행하는 것이다.

共은 吳鈔本에 作恭이라 孔書云 今予惟恭行天之罰이라한대 僞孔傳云 恭은 奉也라하고 史記夏本紀에 恭亦作共하니 與此同이라 呂氏春秋先己篇의 高注에 引書作龔이라 孫云 恭은 當作(龔)〔龏(공)〕[105]이니 說文에 龏은 慤也라하니 言謹行天罰이라

'共'은 吳鈔本에는 '恭'으로 되어 있다. ≪孔書≫에 "今予惟恭行天之罰(이제 나는 하늘의 벌을 공손히 행한다.)"이라 하였는데, ≪僞孔傳≫에 "恭은 奉(받들다)이다."라 하였고, ≪史記≫ 〈夏本紀〉에는 恭이 역시 共으로 되어 있으니, 이 글과 같다. ≪呂氏春秋≫ 〈先己〉의 高誘 注에 ≪書經≫을 인용한 곳에는 '龔'자로 되어 있다.

孫星衍 : '恭'은 응당 龏이 되어야 하니, ≪說文解字≫에 "龏은 慤(恭謹)이다."라 하였으니, 하늘의 벌을 恭謹하게 행한다는 말이다.

31-14-11 左不共于左하며 右不共于右면

車左가 왼쪽에서 직분을 수행하지 않고 車右가 오른쪽에서 직분을 수행하지 않으면

105) (龔)〔龏(공)〕 : 저본의 원주에 "龏은 원본에 龔으로 잘못되어 있으나, 孫星衍의 ≪尙書今古文注疏≫에 의거하여 고쳤다.〔龏 原誤龔 據孫星衍尙書今古文注疏改〕"라고 하였다.

史記集解引鄭康成云 左는 車左요 右는 車右라하다 共은 孔書에 竝作攻하고 又首句下에 多汝不恭命四字라 史記夏本紀亦無라 孔傳云 左는 車左니 左方主射라 攻은 治也니 治其職이라 右는 車右니 勇力之士가 執戈矛以退敵이라하다

≪史記集解≫에 鄭玄의 설을 인용하여 "左는 車左이고, 右는 車右이다."라 하였다. '共'은 ≪孔書≫에는 모두 '攻'자로 되어 있고, 또 첫째 句 아래에 '汝不恭命' 넉 자가 더 있다. ≪史記≫ 〈夏本紀〉에는 〈이 넉 자가〉 없다. 孔安國의 傳에 "左는 車左이니 왼쪽은 활 쏘는 일을 주관한다. 攻은 治이니, 자기 직분을 수행하는 것이다. 右는 車右이니 勇力이 있는 군사가 창을 잡고서 적을 물리치는 것이다."라 하였다.

31-14-12 若不共命이요

너희가 명을 받들지 않은 것이요

孔書에 亦作汝不恭命이라 考工記鄭注云 若은 猶女也라하다 段玉裁[106]云 墨子作共하니 其義蓋亦訓供奉이니 如棐(비)誓[107]無敢不共[108]也라

≪孔書≫에도 '汝不恭命'으로 되어 있다. ≪周禮≫ 〈考工記〉의 鄭玄 注에 "若은 女(너)와 같다."라 하였다. 段玉裁는 "≪墨子≫에는 共으로 되어 있으니, 字訓을 또한 供奉의 뜻으로 풀이한 것이다. ≪書經≫ 〈棐誓〉의 '無敢不共(감히 공봉하지 않는 이가 없다.)'의 共과 같다."라 하였다.

31-14-13 御非爾馬之政이면 若不共命이라

御(수레를 모는 사람)가 너희의 말을 잘 몰지 못하면, 너희가 명을 받들지 않은 것이다.

---

106) 段玉裁 : 1735~1815. 淸나라 때 학자로 자는 若膺이고, 호는 茂堂이다. 문자학에 조예가 깊었고, 저술로 ≪說文解字注≫가 있다.

107) 棐誓 : ≪書經≫ 〈費誓〉를 ≪說文解字≫에서 〈棐誓〉로 표기하였다.

108) 無敢不共 : 현전하는 ≪서경≫ 〈비서〉에는 '無敢不供'으로 되어 있다.

孔書에 作御非其馬之正이면 汝不恭命한대 傳云 御以正馬爲政하니 三者有失이면 皆不奉我命이라하다 史記夏本紀에 正亦作政이라

≪孔書≫에는 '御非其馬之正 汝不恭命(御가 그의 말을 바로 몰지 못하면 너희가 명을 받들지 않는 것이다.)'으로 되어 있는데, 孔安國의 傳에 "御는 말을 바로 모는 것으로 자기 일을 삼으니, 이 세 부류의 사람들이 잘못하면 모두 나의 명을 받들지 않은 것이다."라 하였다. ≪史記≫ 〈夏本紀〉에는 '正'이 또한 '政'으로 되어 있다.

31-14-14 是以로 賞于祖而僇于社라하니

이런 까닭에 祖에서 상을 주고 社에서 처형하는 것이다.」라 하였다.' 하였으니,

于는 舊本에 竝作於러니 今據吳鈔本改하노라 下二句同이라

'于'는 舊本에는 모두 '於'로 되어 있었는데, 이제 吳鈔本에 의거하여 고쳤다. 아래 두 句도 같다.

31-14-15 賞于祖者는 何也오 言分命之均也라 僇于社者는 何也오

祖에서 상을 주는 것은 무슨 까닭인가? 명을 나누어줌이 均平함을 말한다. 社에서 처형하는 것은 무슨 까닭인가?

孔書에 作用命은 賞于祖하며 弗用命은 戮于社라하다 僇戮은 字通이라 史記夏本紀에 亦作僇이라 孔傳云 天子親征에 必載遷廟之祖主行하여 有功則賞祖主前하여 示不專하고 又載社主하니 謂之社라 事不用命奔北(배)者는 則戮之於社主前하니 社主陰이요 陰主殺하니 親祖嚴社之義라하다

≪孔書≫에는 "用命 賞于祖 弗用命 戮于社(명을 따르는 사람은 祖에서 상을 주고, 명을 따르지 않는 사람은 社에서 처형한다.)"로 되어 있다. '僇'과 戮은 글자가 통용된다. ≪史記≫ 〈夏本紀〉에도 '僇'으로 되어 있다. 孔安國의 傳에 "천자가 親征할 때 반드시 遷廟의 조상 신주를 수레에 싣고 가서 공로가 있는 사람은 조상 신주 앞에서 상을 주니, 자기 마음대로 상을 주지 않는다는 뜻을 보이는 것이다. 또 社의 신주를 수레에 싣고 가니, 이를 社

라 한다. 일에 명을 따르지 않고 달아나는 자는 社의 신주 앞에서 처형하니, 社는 陰을 주관하고, 陰은 죽임을 주관한다. 祖를 친하게 여기고 社를 엄하게 여기는 뜻이다."라 하였다.

31-14-16 **言聽獄之(事)〔衷〕也**라

옥사의 판결이 공정함을 말하는 것이다.

王云 事者는 中之壞字也라 中者는 平也니 與均字對文이라 上文曰 僇於社者何也오 (言)〔告〕[109]聽之中也라하니 是其證이라하다 詒讓案 事는 疑當爲衷이니 篆文二字形近이라 中은 衷通이라

王念孫 : '事'는 '中'자가 이지러진 것이다. 中은 平이니, 위 글의 '均'자와 對句를 이룬다. 위 글에 "僇於社者何也 告聽之中也(社에서 처형하는 것은 무엇 때문인가? 판결이 中正함을 알리는 것이다.)"라 하였으니, 이것이 그 증거이다.

詒讓案 : '事'는 아마도 '衷'이 되어야 할 듯하니, 篆文에 이 두 글자가 모양이 서로 비슷하다. 中은 衷과 통용된다.

31-14-17 **故**로 **古聖王必以鬼神爲賞賢而罰暴**라 **是故**로 **賞必於祖而僇必於社**하니 **此吾所以知夏書之鬼也**라 **故**로 **尙者**는 **夏書**요

그러므로 옛날의 聖王은 반드시 귀신이 어진 사람에게 상을 주고 포악한 사람에게 벌을 준다고 여겼다. 이런 까닭에 상은 반드시 祖에서 주고 처형은 반드시 社에서 하였으니, 이런 까닭에 내가 夏나라 글에 귀신이 기록되어 있다는 것을 안다. 따라서 위로는 夏나라 글,

尙者는 舊本作尙書라 王云 尙書夏書는 文不成義하니 尙與上同이요 書는 當爲者니 言上者則夏書요 其次則商周之書也라 此涉上下文書字而誤라하다 案 王說이 是也라 今據正하노라

---

109) (言)〔告〕: 저본에는 '言'으로 되어 있으나, 위 글에 의거하여 '告'로 바로잡았다.

'尙者'는 舊本에 '尙書'로 되어 있다.

王念孫 : '尙書夏書'는 글 뜻이 되지 않으니, '尙'은 '上'과 같고, '書'는 응당 '者'가 되어야 한다. '위로는 夏나라 글, 그 다음으로는 商나라, 周나라 글'이라는 말이다. 이는 위아래 글의 '書'자와 연관하여 착오를 일으킨 것이다.

案 : 왕염손의 설이 옳다. 이제 이에 의거하여 바로잡았다.

31-14-18 **其次**는 **商周之書**에 **語數**(삭)**鬼神之有也**하여 **重有重之**하니

그 다음으로는 商나라, 周나라의 글에 귀신이 있다는 사실을 자주 말하여 거듭하고 또 거듭했으니,

有는 **亦讀爲又**라

'有'는 역시 독음이 '又'이다.

31-14-19 **此其故何也**오 **則聖王務之**라 **以若書之說**로 **觀之**컨댄 **則鬼神之有**를 **豈可疑哉**아 **於古曰**

이는 그 까닭이 무엇인가? 聖王이 이에 힘쓰기 때문이다. 이러한 서책의 기록으로 보건대 귀신이 있다는 사실을 어찌 의심할 수 있겠는가. 옛날에 이르기를,

疑有脫字라

〈'於古曰'에〉 아마도 빠진 글자가 있는 듯하다.

31-14-20 **吉日丁**(卯)〔**丣**(유)〕에

'吉日인 丁酉에

周以子卯爲忌日이라 **疑此卯**는 **當爲丣**[110]니 **二字形近而誤**라 **漢書翼奉傳云 東方之情**은 **怒也**라 **怒行陰賊**하니 **亥卯主之**라 **是以**로 **王者惡**(오)**子卯也**라 **西方之情**은 **喜也**라 **喜行**

110) 丣 : '酉'의 古字이다.

寬大하니 己酉主之라 是以로 王者吉午酉也[111)]라하니 是吉丣之義라

周나라는 子와 卯가 든 날을 忌避하는 날로 여겼다. 아마도 이 대목의 '卯'는 응당 '丣'가 되어야 할 것이니, 이 두 글자의 모양이 비슷하여 착오를 일으켰을 것이다. ≪漢書≫ 〈翼奉傳〉에 "東方의 情은 怒이다. 怒는 陰賊을 행하니, 亥와 卯가 주관한다. 이런 까닭으로 王者는 子와 卯를 싫어한다. 西方의 情은 喜이다. 喜는 寬大를 행하니, 己와 酉가 주관한다. 이런 까닭에 王者는 午와 酉를 좋아한다."라 하였으니, 이것이 丣를 길하다고 여기는 이치이다.

31-14-21 (周)〔用〕代(祝)〔祀〕社方하고

社와 四方에 번갈아 제사를 지내고

方은 謂秋祭四方地示后土句芒等也라 詩小雅甫田云 以社以方이라한대 毛傳云 方은 迎四方氣於郊也라하고 鄭箋云 秋祭社與四方하니 爲五穀成熟하여 報其功也라하다 此周代祝社方은 疑當爲用代祀社方이니 周用과 祀祝은 竝形近而誤라

'方'은 가을에 四方, 地祇, 后土, 句芒 등에게 제사하는 것이다. ≪詩經≫ 〈小雅 甫田〉에 "以社以方(社에 제사하고 方에 제사한다.)"이라 하였는데, 毛傳에 "方은 郊에서 사방의 기운을 맞이하는 것이다."라 하였고, 鄭玄의 箋에 "가을에 社와 四方에 제사하니, 이는 오곡이 성숙했기 때문에 그 공덕에 보답하는 것이다."라 하였다. 이 '周代祝社方'은 아마도 '用代祀社方'이 되어야 할 듯하니, 周와 用, 祀와 祝이 모두 모양이 비슷하여 착오를 일으켰을 듯하다.

31-14-22 歲於(社者)〔祖若〕考하여

祖와 考에게 해마다 제사하는 자는 오래 살아

---

111) 東方之情……王者吉午酉也 : ≪漢書≫ 권75에 보이는데, 注에 孟康의 설을 인용하여 "東方은 木이니, 木은 亥에서 생기고 卯에서 왕성하다. 木의 성질은 水氣를 받아서 생겨나고 땅을 꿰뚫고 나온다. 그러므로 怒가 되며, 陰氣로 土를 賊害하기 때문에 陰賊이 되는 것이다."라 하였다.

歲上에 疑有脫文이라 於는 吳鈔本에 作于하고 又無者字라 案 社者는 當爲祖若이니 歲於祖若考는 言薦歲事於祖及考也라 少牢饋食禮云 用薦歲事于皇祖伯某라하니라

'歲' 위에 아마도 빠진 글자가 있는 듯하다. '於'는 吳鈔本에는 '于'로 되어 있고 또 '者' 자는 없다.

案 : '社者'는 응당 '祖若'이 되어야 하니, '歲於祖若考'는 祖와 考에게 歲事(해마다 지내는 제사)를 올린다는 말이다. ≪儀禮≫ 〈少牢 饋食禮〉에 "用薦歲事于皇祖伯某(황조백 모에게 세사를 올린다.)"라 하였다.

31-14-23 以延年壽라하니 若無鬼神이면 彼豈有所延年壽哉아

수명을 늘린다.'라 하였으니, 만약 귀신이 없다면 어떻게 수명을 늘리는 일이 있겠는가."

31-15-1 是故로 子墨子曰 (嘗)〔當〕若鬼神之能賞賢如罰暴也를

이런 까닭에 子墨子께서 말씀하셨다. "응당 귀신이 능히 어진 사람에게 상을 주고 포악한 사람에게 벌을 준다는 것을

嘗若은 當作當若이니 此書文例多如是라 詳尙同中篇하다 如는 吳鈔本에 作而라 畢云 如與而音義同이라 故로 字書에 而卽須也라하고 需亦从而聲이라

'嘗若'은 응당 '當若'이 되어야 하니, 이 책에는 文例가 이와 같은 곳이 많다. 〈尙同 中〉에 상세히 보인다. '如'는 吳鈔本에 '而'로 되어 있다.

畢沅 : '如'는 '而'와 성음과 字義가 같다. 그러므로 字書에 "而는 곧 須이다."라 하였으며, 需도 성음은 而를 따른다.

31-15-2 蓋本施之國家하고 施之萬民이면 實所以治國家利萬民之道也라

근본적으로 국가에 시행하고 만민에 시행한다면 실로 국가를 다스리고 만민을 이롭게 하는 도일 것이다.

吳鈔本에 治利二字互易이라

吳鈔本에는 '治'와 '利' 두 글자가 뒤바뀌어 있다.

31-15-3 (若以爲不然이면)

(만약 그렇지 않다고 하면)

王云 此五字隔斷上下文義하니 蓋涉下文若以爲不然而衍이라

王念孫 : 이 다섯 자는 위아래 글 뜻을 막아서 끊으니, 대개 아래 글의 '若以爲不然(만약 그렇지 않다고 하면)'과 연관하여 衍文이 된 듯하다.

31-15-4 是以로 吏治官府之不絜廉과

이런 까닭에 관리가 官府를 다스림이 廉潔하지 못한 것과

絜은 舊本에 作潔이러니 今據吳鈔本改하노라 下竝同이라

'絜'은 舊本에는 '潔'로 되어 있었는데, 이제 吳鈔本에 의거하여 고친다. 아래도 다 같다.

31-15-5 男女之爲無別者를 鬼神見之하며 民之爲淫暴寇亂盜賊하고 以兵刃毒藥水火로 退無罪人乎道路하여

남녀가 분별이 없는 것을 귀신이 보며, 백성이 포악하며 叛亂을 일으키며 도적질을 일삼고 병기와 독약과 물불로 도로의 큰 길 작은 길에서 죄 없는 사람을 막아서

退는 亦當爲迓니 下同이라 說詳前하다

'退'는 또한 응당 '迓'가 되어야 하니, 아래도 같다. 설명은 앞에 상세히 보인다.

31-15-6 奪人車馬衣裘以自利者를 有鬼神見之라

남의 수레와 말, 옷과 갖옷을 빼앗아 자신을 이롭게 하는 자들을 귀신이 보고 있다.

畢云 見이 舊作現은 非라하다 詒讓案 吳鈔本에 作見은 不誤라

畢沅 : '見'은 舊本에 '現'으로 되어 있는 것은 옳지 않다.

詒讓案 : 吳鈔本에 '見'으로 되어 있는 것은 착오가 아니다.

31-15-7 是以로 吏治官府에 不敢不絜廉하고 見善不敢不賞하며 見暴不敢不罪요 民之爲淫暴寇亂盜賊하고 以兵刃毒藥水火로 退無罪人乎道路하여 奪車馬衣裘以自利者가 由此止라 (是以莫放幽閒擬乎鬼神之明顯明有一人畏上誅罰)

이런 까닭에 관리가 官府를 다스릴 때 감히 청렴하지 않을 수 없고 선한 사람을 보면 감히 상을 주지 않을 수 없으며 포악한 자를 보면 감히 죄를 주지 않을 수 없는 것이다.

백성이 포악하며 叛亂을 일으키며 도적질을 일삼고 병기와 독약과 물불로 도로의 큰 길 작은 길에서 죄 없는 사람을 막아서 수레와 말, 옷과 갖옷을 빼앗아 자신을 이롭게 하는 자들이 이로 말미암아 그친다.

戴云 是以莫放幽閒至畏上誅罰二十一字는 疑卽上下文之誤而衍者니 當刪去라하다 案 戴說이 是也라 上文云 民之爲淫暴寇亂盜賊하고 以兵刃毒藥水火로 退無罪人乎道路率徑하여 奪人車馬衣裘以自利者竝作이 由此始라 是以로 天下亂이라하니 與此文略同이라 由此止與由此始와 天下治與天下亂이 文正相對하니 中不當間以此二十一字가 明矣라

戴望 : '是以莫放幽閒'으로부터 '畏上誅罰'까지 21자는 아마도 위아래 글 사이에 잘못 들어가 衍文이 된 듯하니, 응당 刪去해야 한다.

案 : 대망의 설이 옳다. 위 글에 "백성이 포악하며 반란을 일으키며 도적질을 일삼고 병기와 독약과 물불로 도로의 큰 길 작은 길에서 죄 없는 사람을 막아서 남의 수레와 말, 옷과 갖옷을 빼앗아 자신을 이롭게 하는 자들이 아울러 일어나는 것이 이로 말미암아 시작될 것이다. 이런 까닭에 천하가 혼란해진다."라 하였으니, 이 글과 대략 같다. '由

此止(이로 말미암아 그칠 것이다.)'와 '由此始(이로 말미암아 시작될 것이다.)', '天下治(천하가 다스려질 것이다.)'와 '天下亂(천하가 어지러워질 것이다.)'이 바로 서로 對文이 되니, 중간에 응당 이 21자가 그 사이에 끼어들 수 없음이 분명하다.

31-15-8 **是以**로 **天下治**라

이런 까닭에 천하가 다스려졌다.

31-16-1 **故**로 **鬼神之明**은 **不可爲幽閒廣澤**과

그러므로 귀신의 밝은 눈에는 한적한 곳, 넓은 늪과

畢云 閒은 當爲澗이라하다 案 閒字不誤니 詳上文及天志上篇하다

畢沅 : '閒'은 응당 '澗'이 되어야 한다.
案 : '閒'자는 착오가 아니니, 위 글 및 〈天志 上〉에 보인다.

31-16-2 **山林深谷**이니 **鬼神之明**은 **必知之**니라 **鬼神之罰**은 **不可爲富貴衆强**과

산 속의 숲, 깊은 골짜기가 〈장애가〉 될 수 없으니, 귀신의 밝은 눈은 반드시 안다. 귀신의 벌에는 부귀한 자, 많은 사람의 위세와

爲는 畢本에 作恃하고 云 舊脫此字러니 一本有라하다 王云 不可下一字는 乃爲字니 非恃字也라 下文曰 此吾所謂鬼神之罰은 不可爲富貴衆强하며 勇力强武하며 堅甲利兵者가 此也라하니 文凡兩見하니 是其明證矣라 上文曰 鬼神之明은 不可爲幽閒廣澤과 山林深谷이니 鬼神之明은 必見之라하니 與此文同一例라 不可爲富貴衆强云云은 猶孔子言仁不可爲衆也[112]라 其一本에 作不可恃하니 恃字는 乃後人以意補之라 與上下文不合이라하다 案 王說이 是也라 今據補하노라

---

112) 孔子言仁不可爲衆也 : 《孟子》〈離婁 上〉에 보인다. '仁不可爲衆'은 仁者 앞에는 아무리 많은 사람이 있을지라도 많은 사람이 될 수 없다는 말이니, 아무리 많은 사람이라도 인자를 대적할 수는 없다는 뜻이다.

'爲'는 畢沅 本에는 '恃'로 되어 있고, "舊本에는 이 글자가 빠졌는데, 한 본에는 있다." 라 하였다.

王念孫 : '不可' 아래 한 글자는 바로 '爲'자이지 '恃'자가 아니다. 아래 글에 "此吾所謂鬼神之罰 不可爲富貴衆强 勇力强武 堅甲利兵者 此也(내가 귀신의 벌에는 부귀한 자, 많은 사람의 위세, 용력, 强武와 굳센 갑옷, 예리한 병기가 〈장애가〉 될 수 없다고 한 것이 이를 두고 말한 것이다.)"라 하였으니, 같은 글이 모두 두 번 보인다. 이것이 분명한 증거이다. 위 글에 "鬼神之明 不可爲幽閒廣澤 山林深谷 鬼神之明 必見之(귀신의 밝은 눈에는 한적한 곳, 넓은 늪과 산 속의 숲, 깊은 골짜기가 〈장애가〉 될 수 없으니, 귀신은 밝은 눈은 반드시 본다.)"라 하였으니, 이 글과 동일한 例이다. "不可爲富貴衆强云云" 한 것은 孔子가 "仁不可爲衆也(仁者에게는 많은 무리가 될 수 없다.)"라 한 것과 같다. 한 本에는 '不可恃(믿을 수 없다.)'로 되어 있으니, '恃'자는 後人이 뜻으로 주측하여 보충한 것으로 위아래 글과 맞지 않다.

案 : 왕염손의 설이 옳다. 이제 이에 의거하여 보충한다.

31-16-3 **勇力强武**와 **堅甲利兵**이니 **鬼神之罰**은 **必勝之**니라 **若以爲不然**이면 **昔者**에 **夏王桀**은 **貴爲天子**요 **富有天下**로되 **上詬天侮鬼**하며 **下殃(傲)〔殺〕天下之萬民**이요

용력, 强武와 굳센 갑옷, 예리한 병기가 〈장애가〉 될 수 없으니, 귀신의 벌은 반드시 이긴다.

만약 그렇지 않다고 한다면 〈다음을 보자.〉 옛날에 夏나라 왕 桀은 존귀하기로는 天子요 부유하기로는 천하를 소유하였지만 위로는 하늘을 헐뜯고 귀신을 모욕하였으며 아래로는 천하의 萬民에게 재앙을 끼쳐 죽였으며,

王云 殃傲二字는 **義不相屬**하니 **是殃殺之誤**라 **下文殷王紂殃傲天下之萬民同**이라하다
案 王說이 **是也**라 **此書殺字**가 **多譌爲傲**라 **詳尙賢中篇**하다

王念孫 : '殃傲' 두 글자는 뜻이 이어지지 않으니, '殃殺'의 착오일 것이다. 아래 글의 "殷王紂殃傲天下之萬民(은나라 왕 紂가 천하의 만민에게 재앙을 끼쳐 죽였다.)"도 같다.

案 : 왕염손의 설이 옳다. 이 책에는 '殺'자가 '傲'로 잘못된 곳이 많다. 〈尙賢 中〉에 상세히 보인다.

31-16-4 祥[113]上帝하고 (伐)〔代〕元(山)〔上〕帝行이라

上帝의 명이라 속이고 상제를 대행하는 것처럼 행세하였다.

伐은 吳鈔本에 作代라 山帝는 疑亦當爲上帝라 畢云 此句는 未詳이라

'伐'은 吳鈔本에는 '代'로 되어 있다. '山帝'는 아마도 역시 '上帝'가 되어야 할 듯하다. 畢沅 : 이 구절은 未詳이다.

31-16-5 故로 於此乎에 天乃使湯至明罰焉하니

그러므로 이에 하늘이 湯을 시켜 밝은 벌을 주도록 하니,

畢云 至는 同致라

畢沅 : '至'는 '致'와 같다.

31-16-6 湯以車九〔十〕兩으로

湯이 兵車 90兩으로

周禮夏官敍官云 二十五人爲兩이라하니 古者兵車一兩에 卒二十五人이니 九兩은 止二百二十五人이라 於數太少하니 殆非也라 此九兩은 疑當作九十兩이니 呂氏春秋云 良車七十乘[114]이라하니 數略相近이라

≪周禮≫ 〈夏官 敍官〉에 "25인이 兩이다."라 하였으니, 옛날에 兵車 1兩에는 병졸 25인이 소속되니, 9兩은 단지 225인에 그친다. 숫자로 너무 적으니, 아마도 아닐 것이다. 이 대목의 9兩은 아마도 90兩이 되어야 할 듯하니, ≪呂氏春秋≫에 "良車七十乘"이라 하였으니, 숫자가 대략 비슷하다.

---

113) 祥 : 曹耀湘은 "祥자는 佯示 두 글자가 잘못 합하여 한 글자가 된 것이다."라 하였다. 이 견해에 따라 번역한다.

114) 良車七十乘 : 良車는 散車의 반대말로 잘 제작한 수레이다. ≪呂氏春秋≫ 권8 〈簡選〉에 "殷나라 湯이 좋은 수레 70乘과 결사대 6,000명으로 戊子日에 郕에서 싸워서 드디어 推移와 大犧를 사로잡았다.〔殷湯良車七十乘 必死六千人 以戊子戰於郕 遂禽移大犧〕"라 하였다.

31-16-7 鳥陳鴈行할새

鳥陣을 펼치고 기러기 행렬처럼 갈 때

六韜[115]鳥[116]雲澤兵篇에 有鳥雲之陳하고 云 所謂鳥雲者는 鳥散而雲合하여 變化無窮者也라하다

≪六韜≫ 〈鳥雲澤兵〉에 '鳥雲之陳'이 있고 "이른바 鳥雲이란 것은 새처럼 흩어지고 구름처럼 모여서 변화가 무궁한 것이다."라 하였다.

31-16-8 湯乘大贊하여

湯이 大贊에서 올라가서

畢云 疑輦字라하다 兪云 畢非也라 湯乘大贊은 卽書序所謂升自陑(이)者라 枚傳云 湯升道從陑하여 出其不意가 是也라 呂氏春秋簡選篇亦云 登自鳴條라하니 蓋湯之伐桀에 必由間道하여 從高而下라 故書序言升하고 呂覽言登하고 墨子言乘이라하니 乘은 卽升也며 登也라 詩七月篇의 毛傳曰 乘은 升也라하고 襄二十三年左傳의 杜注曰 乘은 登也라하니라 升陑登鳴條는 皆以地言이니 則乘大贊도 亦必以地言이로되 但不能知其所在耳라하다

畢沅 : 〈'贊'은〉 아마도 '輦'자일 것이다.

兪樾 : 필원의 설은 옳지 않다. 湯乘大贊은 곧 〈書序〉에서 말한 "升自陑(陑땅에서부터 길을 올라갔다.)"라는 것이다. 枚賾의 傳에 "湯이 陑땅으로부터 길을 올라가서 不意에 공격하였다."라고 한 것이 이를 말한 것이다. ≪呂氏春秋≫ 〈簡選〉에도 "登自鳴條(鳴條로부터 올라갔다.)"라 하였다. 대개 湯이 桀을 정벌할 때 반드시 샛길로 가서 높은 곳으로부터 아래로 내려갔을 것이다. 그러므로 〈書序〉에서는 '升'이라고 하였고, ≪呂氏春秋≫에서는 '登'이라고 하였고, ≪墨子≫에서는 '乘'이라 하였으니, 乘은 곧 升이며 登이다. ≪詩經≫ 〈七月〉의 毛傳에 "乘은 升이다."라 하였고, ≪春秋左氏傳≫ 襄公 23년 條의 杜預 注에 "乘은 登

---

115) 六韜 : 周나라 太公望이 지었다고 하는 兵書로 〈文韜〉, 〈武韜〉, 〈龍韜〉, 〈虎韜〉, 〈豹韜〉, 〈犬韜〉 6권으로 되어 있다.

116) 鳥 : 四庫全書本 ≪六韜≫에는 '烏'자로 되어 있고, ≪武經總要≫에는 '鳥'자로 되어 있다. 아래도 같다.

이다."라 하였다. '升陑(陑에서 올라갔다.)', '登鳴條(鳴條에서 올라갔다.)'는 모두 지명으로 말했으니, '乘大贊(大贊에서 올라갔다.)'도 필시 지명으로 말했을 터이지만 다만 그곳이 어디에 있는지는 알 수 없다.

31-16-9 **犯**(遂下)〔**逐夏**〕**衆**하고 (**人**)〔**入**〕**之**(鄗(교))〔**郊**〕**遂**하여

침공하여 夏나라 사람들을 쫓아내고 郊野로 들어가서

畢云 疑有誤字라하다 **詒讓案 疑當作犯逐夏衆入之郊遂**니 **逐遂形誤**요 **夏下**와 **郊鄗**는 **聲誤**라

畢沅 : 아마도 誤字가 있을 듯하다.

詒讓案 : 아마도 이 대목은 '犯逐夏衆 入之郊遂'가 되어야 할 듯하니, 逐과 遂는 모양이 비슷하여 착오를 일으켰을 것이고, 夏와 下, 郊와 鄗는 소리가 〈비슷하여〉 착오를 일으켰을 것이다.

31-16-10 **王**(乎)〔**手**〕**禽推哆**(치)**大戲**하다

湯王이 손수 推哆와 大戲를 사로잡았다.

畢云 乎禽은 **當爲手禽**이라 **或云 乎**는 **同呼**라하다 **呂氏春秋簡選云 殷湯以良車七十乘**과 **必死六千人**으로 **以戊子戰於郕**하여 **遂禽移大犧**라한대 **高誘云 桀多力**하여 **能推大犧**라 **因以爲號**어늘 **而禽克之**라하다 **案 移**는 **卽推移**라 **此書所染云 夏桀染于干辛推哆**라하고 **古今人表**[117]**作雅侈**라 **此下又云 推哆大戲**는 **生列兕**(시)**虎**하고 **指畫殺人**이라하니 **則推哆大戲**는 **是人名無疑**라 **哆移侈**와 **戲犧**는 **皆音相近也**라 **高誘注呂氏春秋**는 **誤**라하다 **詒讓案 淮南子主術訓云 桀之力**이 **能推移大犧**라하니 **高蓋本彼而誤**라

畢沅 : '乎禽'은 응당 '手禽'이 되어야 한다. 혹자는 "'乎'는 '呼'와 같다."라 한다. ≪呂氏春秋≫ 〈簡選〉에 "殷湯以良車七十乘 必死六千人 以戊子戰於郕 遂禽移大犧(殷나라 湯이 良

117) 古今人表 : ≪漢書≫에 나오는 表 중 하나로, 권20에 실려 있다. 사람의 등급을 上, 中, 下로 나눈 것을 다시 각각 상, 중, 하로 나누어 아홉 등급으로 모두 1,931명의 인물 품격을 매겼다.

車 70乘과 결사대 6,000인을 거느리고 戊子日에 郕에서 싸워 移大犧를 사로잡았다.)"라 하였는데, 高誘는 "桀이 힘이 많아 능히 큰 희생을 밀쳐낼 수 있기에 인하여 〈'移大犧'를〉 호로 삼았거늘 그를 사로잡아 이겼다."라 하였다. 생각건대, '移'는 곧 '推移'이다. 이 책 〈所染〉에 "夏나라 桀이 干辛과 推哆에게 물들었다."라 하였고, ≪漢書≫ 〈古今人表〉에는 '雅侈'로 되어 있다. 이 대목 아래에 또 "推哆와 大戲는 코뿔소와 범을 산 채로 찢어 죽이고 손가락으로 가리키기만 하면 사람을 죽였다."라 하였으니, 推哆와 大戲는 사람의 이름임이 틀림없다. 哆, 移, 侈와 戲, 犧는 모두 성음이 서로 비슷하다. 高誘의 ≪呂氏春秋≫ 注는 옳지 않다.

詒讓案 : ≪淮南子≫ 〈主術訓〉에 "桀之力 能推移大犧(桀의 힘이 능히 큰 희생을 떠밀어 옮길 수 있다.)"라 하였으니, 高誘는 이 설에 의거하여 착오를 일으켰을 것이다.

31-16-11 **故**로 **昔〔者〕夏王桀**은

그러므로 옛날의 夏나라 왕 桀은

昔下에 **當有者字**라

'昔' 아래에 응당 '者'자가 있어야 한다.

31-16-12 **貴爲天子**며 **富有天下**요 **有勇力之人**인

존귀하기로는 천자이며 부유하기로는 천하를 소유하였으며, 용력이 있는 사람인

畢云 舊脫力字人字러니 **據太平御覽增**이라

畢沅 : 舊本에는 '力'자와 '人'자가 빠졌는데, ≪太平御覽≫에 의거하여 더 넣었다.

31-16-13 **推哆大戲**는

推哆와 大戲는

晏子春秋[118]**內篇諫上云 推侈大戲**는 **足走千里**요 **手裂兕虎**라하다

118) 晏子春秋 : 춘추시대 齊나라 晏嬰의 言行을 문답식으로 기록한 책이다. 內篇인 〈諫上〉, 〈諫

≪晏子春秋≫ 〈內篇 諫上〉에 "推侈와 大戲는 발은 천 리를 달리고 손으로 코뿔소와 범을 찢어 죽였다."라 하였다.

31-16-14 生列兕虎하고

코뿔소와 범을 산 채로 찢어 죽이고

生列은 舊本作主別하다 畢云 主別은 太平御覽에 引作生捕라하다 王云 主別兕虎는 本作生𠜾兕虎하니 𠜾은 即今裂字也라 說文에 𠜾은 分解也라하고 裂은 繒餘也라하니 義各不同이라 艮九三에 列其夤(인)이라하고 大戴記曾子天圓篇에 割列禳瘞(양예)라하고 管子五輔篇에 博帶梨(리)[119]하고 大袂列이라하니 皆是古分列字라 今分列字는 皆作裂하고 而列은 但爲行列字矣라 鈔本太平御覽皇王部七에 引墨子作生裂兕虎라 故知今本主別은 爲生𠜾之譌라 刻本作生捕者는 淺人以意改之耳라하다 案 王說이 是也라 今據正하노라

'生列'은 舊本에는 '主別'로 되어 있다.

畢沅 : '主別'은 ≪太平御覽≫에 이 대목을 인용한 곳에는 '生捕'로 되어 있다.

王念孫 : '主別兕虎'는 본래 '生𠜾兕虎'로 되어 있었으니, 𠜾은 곧 오늘날의 '裂'자이다. ≪說文解字≫에 "𠜾은 分解이다."라 하고, "裂은 繒餘(쓰고 남은 명주)이다."라 하였으니, 字義가 각각 다르다. ≪周易≫ 艮卦 九三에 "列其夤(그 등뼈를 찢어놓는 것이다.)"이라 하였고, ≪大戴禮記≫ 〈曾子天圓〉에 "割列禳瘞(희생을 가르고 고기를 찢고 사방을 향해 기도하고 매장한다.)"라 하였고, ≪管子≫ 〈五輔〉에 "博帶梨 大袂列(넓은 띠를 잘라내고 큰 소매를 찢었다.)"이라 하였으니, 모두 옛날의 分列의 '列'자이다. 오늘날의 分列의 '列'자는 모두 裂로 되고, 列은 단지 行列의 列자가 될 뿐이다. 鈔本 ≪太平御覽≫ 〈皇王部7〉에 ≪墨子≫를 인용한 곳에는 "生裂兕虎"로 되어 있다. 따라서 今本의 '主別'은 '生𠜾'의 착오임을 알 수 있다. 刻本에 '生捕'로 되어 있는 것은 식견이 얕은 사람이 자기 생각으로 짐작하여 고

下〉, 〈問上〉, 〈問下〉, 〈雜上〉, 〈雜下〉와 外篇으로 구성되어 있다.

119) 梨 : 저본의 원주에 "梨는 원문에 棃(곧 黎의 俗體)로 되어 있으나, ≪管子≫ 〈五輔〉에 의거하면 원문이 실제로 梨로 되어 있다. 여기서는 이 원문에 의거하여 고쳐서 바로잡았다. 살펴보건대, 梨는 剺와 통용하니 아래 구의 列자와 함께 동일하게 '찢는다'는 뜻이다.〔梨 原作棃(卽黎之俗體) 據管子五輔篇原文實作梨 今依原文改正 按 梨通剺 與下句列字 均爲割裂之意〕"라 하였다.

친 것일 뿐이다.

案 : 왕염손의 설이 옳다. 이제 이에 의거하여 바로잡았다.

31-16-15 **指畫殺人**이요 **人民之衆兆億**이라 **侯盈厥澤陵**이나

손가락으로 가리키기만 하면 사람을 죽였으며, 인민이 많아서 兆億이라 습지와 丘陵에 가득하였다.

詩周頌下武의 **毛傳云 侯**는 **維也**라하다

≪詩經≫ 〈周頌 下武〉의 毛傳에 "侯는 維이다."라 하였다.

31-16-16 **然不能以此圉鬼神之誅**라

그러나 이것으로 귀신의 주벌을 막지는 못하였다.

圉禦는 **字通**이라 **詩大雅桑柔篇**에 **孔棘我圉**라한대 **鄭箋云 圉**는 **當作禦**라하다

'圉'와 '禦'는 통용된다. ≪詩經≫ 〈大雅 桑柔〉에 "孔棘我圉(매우 위급하도다. 우리 변방이여.)"라 하였는데, 鄭玄의 箋에 "圉는 응당 禦가 되어야 한다."라 하였다.

31-16-17 **此吾所謂鬼神之罰**에 **不可爲富貴衆强**과 **勇力强武**와 **堅甲利兵者**가 **此也**라

내가 귀신의 벌에는 부귀한 자, 많은 사람의 위세, 勇力, 强武, 굳센 갑옷, 예리한 병기가 〈장애가〉 될 수 없다고 한 것이 이를 두고 말한 것이다.

31-17-1 **且不惟此爲然**이라 **昔者**에 **殷王紂**는 **貴爲天子**요 **富有天下**로되 **上詬天侮鬼**하며

게다가 이것만 그러할 뿐이 아니다. 옛날에 殷나라 왕 紂는 존귀하기로는 천자요 부유하기로는 천하를 소유하였지만 위로는 하늘을 헐뜯고 귀신을 모욕하였으며

畢云 詬는 **太平御覽引作訶**하고 **鬼下**에 **御覽引有神字**하다

畢沅 : '詬'는 ≪太平御覽≫에 이 대목을 인용한 곳에는 '訶'로 되어 있고, '鬼' 아래에 ≪태평어람≫에 이 대목을 인용한 곳에는 '神'자가 있다.

31-17-2 下殃(傲)〔殺〕天下之萬民하고

아래로는 천하의 萬民에게 재앙을 끼쳐 죽였으며,

傲는 亦當依王校作殺이라

'傲'는 또한 응당 王念孫의 교감에 따라 '殺'이 되어야 한다.

31-17-3 播棄黎老하고

늙은이들을 다 버리고서 〈공경하지 않고〉

僞古文書泰誓云 播棄犂老라한대 孔傳云 鮐(태)背之耇(구)를 稱犂老[120]니 布棄不禮敬이라하다 山井鼎七經孟子考文[121]引古本書에 犂作黎하니 與此同이라 孔疏云 孫炎曰 耇는 面凍棃色이 似浮垢也라하니 然則老人面色似棃라 故稱棃老라 傳에 以播爲布하니 布者는 徧也라 言徧棄之不禮敬也라하다 方言云 棃는 老也니 燕代之北鄙曰棃라하고 國語吳語云 今王播棄黎老라한대 韋注云 鮐背之耇를 稱黎老라하다 王引之云 黎老者는 耆老也라 古字에 黎與耆近[122]이라

播棄黎老圖

120) 老 : 저본의 원주에 "老자는 원문에 탈락되어 있으나, ≪尙書≫ 〈泰誓 中〉의 孔安國 傳에 의거하여 보충하였다.〔老字原脫 據尙書泰誓中孔傳補〕"라고 하였다.

121) 山井鼎七經孟子考文 : 山井鼎(1690~1728)은 일본 紀伊 사람으로 일명 重鼎이며, 자는 君彝이고 호는 崑崙이다. 저술로 ≪七經孟子考文≫, ≪崑崙山相生紀行≫이 있다.

122) 近 : 저본의 원주에 "近자 위에 마땅히 音자가 실수로 탈락되었다. 살펴보건대, 黎와 耆는

尙書西伯戡黎釋文에 **大傳黎作耆**라하니 **是其例也**라

≪僞古文尙書≫ 〈泰誓〉에 "播棄犂老"라 하였는데, 孔安國의 傳에 "등에 복어 무늬 반점이 생긴 노인을 犂老라 하는데, 다 버리고 禮敬하지 않는 것이다."라 하였다. 山井鼎의 ≪七經孟子考文≫에 古本 ≪尙書≫를 인용한 곳에 '犂'가 '黎'로 되어 있으니, 이 대목과 같다. 孔穎達의 疏에 "孫炎이 '耇는 얼굴이 추위에 언 배 빛깔인 것이 마치 때가 낀 것과 같다.'라 하였으니, 그렇다면 노인이 얼굴 색깔이 배와 비슷하기 때문에 '梨老'라 한 것이다. 傳에 播를 布라 하였으니, 布란 遍(두루)이다. 두루 다 버리고 禮敬하지 않는다는 말이다."라 하였다. ≪方言≫에 "梨는 노인이니, 燕代 지방의 북쪽 변방에서는 노인을 梨라 하였다."라 하였고, ≪國語≫ 〈吳語〉에 "今王播棄黎老(지금 왕은 노인을 다 버리고 〈예경하지 않는다.〉)"라 하였는데 韋昭의 注에 "등에 복어 무늬 반점이 생긴 노인을 黎老라 한다."라 하였다.

王引之 : 黎老는 耆老이다. 古字에 黎와 耆가 모양이 비슷하다. ≪尙書≫ 〈西伯戡黎〉의 ≪經典釋文≫에 "≪尙書大傳≫에는 黎가 耆로 되어 있다." 하였으니, 이것이 그 例이다.

31-17-4 **賊誅孩子**하며

어린아이를 誅殺하였으며,

誅는 **吳鈔本**에 **作殺**이라 **說文口部云 咳**는 **小兒笑也**라하다 **古文作孩**라 **書微子云 我舊云刻子**[123]라하고 **論衡本性篇引刻子**에 **亦作孩子**라 **此謂紂誅殺小兒也**라

'誅'는 吳鈔本에는 '殺'로 되어 있다. ≪說文解字≫ 口部에 "咳는 아기가 웃는 모습이다."라 하였다. 古字에는 孩로 되어 있다. ≪書經≫ 〈微子〉에 "我舊云刻子"라 하였고, ≪論衡≫ 〈本性〉에서 刻子를 인용한 곳에도 孩子로 되어 있다. 여기서는 紂가 어린아이를 주살했음을 말한다.

古音이 서로 비슷하다.〔近上當誤脫音字 按黎耆古音相近〕" 하였다.

123) 我舊云刻子 : ≪書經≫ 〈微子〉에 "我舊云刻子 王子弗出 我乃顚隮"라 하였는데, 蔡沈의 傳에 의하면, "내가 옛날에 말한 것이 그대를 해쳤다. 왕자가 떠나가지 않으면 우리 宗祀는 전복되고 실추할 것이다."로 번역할 수 있다.

31-17-5 (楚毒)〔焚炙〕無罪하며

죄 없는 사람을 불태워 죽였으며

王云 楚毒은 本作焚炙라 此因焚誤爲楚하니 則楚炙二字는 義不可通이라 後人不得其解하여 遂以意改爲楚毒耳라 焚炙는 卽所謂炮烙之刑[124]也니 焚炙刳剔(고척)은 皆實有其可指之刑이라 若改作楚毒이면 則不知爲何刑矣라 北堂書鈔[125]政術部(十五)〔四十〕[126]에 出焚炙無罪四字한대 注曰 墨子云 殷紂라하니 則墨子之本作焚炙無罪가 甚明이라 僞古文泰誓에 焚炙忠良하며 刳剔孕婦라하니 卽用墨子而小變其文이라하다 案 王說이 是也라 泰誓僞孔傳云 忠良無罪를 焚炙之라한대 孔疏云 焚炙는 俱燒也라하니 殷本紀炮格之刑이 是紂焚炙之事也라

焚炙忠良圖

王念孫 : '楚毒'은 본래 '焚炙'로 되어 있었다. 여기서는 '焚'자로 인하여 '楚'자로 잘못되었으니, '焚炙' 두 글자는 뜻이 통하지 않는다. 그래서 후인들이 그 뜻을 알 수 없어 마침내 자기 생각으로 추측하여 '楚毒'으로 고친 것이다. 楚炙는 곧 炮烙刑이라는 것이니, 〈죄 없는 사람을〉 불태워 죽인 일과 〈임산부의 배를〉 갈라 죽인 일은 모두 실제로 가리켜 말할 수 있는 형벌이 있다. 만약

---

124) 炮烙之刑 : 殷 紂王이 만든 혹독한 형벌로 ≪古列女傳≫ 7권 〈殷紂妲己〉에 "구리 기둥에 기름을 바르고 아래에 숯불을 피워놓은 다음 죄 지은 자로 하여금 기둥 위를 걷게 하니, 사람들이 번번이 숯불 속으로 떨어질 때마다 妲己가 웃었다. 이 형벌의 이름을 炮烙刑이라 한다."라 하였다.

125) 北堂書鈔 : 唐나라 虞世南이 편저한 중국 최초의 類書이다. 여러 책의 文句를 摘錄하여 19部 801類로 類別하였다. 모두 160권이다.

126) (十五)〔四十〕 : 저본에는 '十五'로 되어 있으나, ≪北堂書鈔≫에 의거하여 '四十'으로 바로잡았다. 이 내용은 ≪北堂書鈔≫ 41권 〈政術部 暴虐40〉에 보인다.

'楚毒'으로 고치면 무슨 형벌인지 알 수 없게 된다. ≪北堂書鈔≫ 〈政術部 40〉에 "焚炙無罪" 네 글자가 나오는데 注에 "≪墨子≫에 '殷나라 紂가 했다.'라 하였다."라고 하였으니, ≪묵자≫에 본래 '焚炙無罪'로 되어 있었음이 매우 분명하다. ≪僞古文尙書≫ 〈泰誓〉에 "焚炙忠良 刳剔孕婦(忠良한 신하를 불태워 죽이고 임산부의 배를 갈랐다.)"라 하였으니, 이는 곧 ≪묵자≫의 글을 인용하면서 조금 문장을 바꾼 것이다.

案 : 왕염손의 설이 옳다. 〈태서〉의 僞孔傳에 "忠良無罪 焚炙之(죄 없는 忠良한 신하들을 불태워 죽였다.)"라 하였는데, 孔穎達의 疏에 "焚과 炙는 모두 불태우는 것이다."라 하였으니, ≪史記≫ 〈殷本紀〉에 나오는 포락형이 바로 紂가 焚炙한 일이다.

31-17-6 刳剔(고척)孕婦하니

임산부의 배를 갈랐으니,

偽古文書泰誓同이라 孔傳云 懷子之婦를 刳剔視之라한대 孔疏云 刳剔은 謂割剝也라 說文云 刳는 刲也라하다 今人去肉至骨을 謂之剔去라하니 是則亦刲之義也라 皇甫謐帝王世紀云 紂剖比干妻하여 以視其胎라하니 卽引此爲刳剔孕婦也라

刳剔孕婦圖

≪僞古文尙書≫ 〈泰誓〉의 내용도 같다. 孔安國의 傳에 "懷子之婦 刳剔視之(아기를 밴 아낙네의 배를 갈라 보았다.)"라 하였는데, 孔穎達의 疏에 "'刳剔'은 가른다는 뜻이다. ≪說文解字≫에 '刳는 刲(가르다)이다.'라 하였다. 오늘날 사람들이 살을 발라내어 뼈에까지 이르는 것을 '剔去(발라내다)'라고 하니, 이 또한 刲의 뜻이다. 皇甫謐의 ≪帝王世紀≫에 '紂가 比干의 아내의 배를 갈라서 胎를 보았다.'라 하였다."라 하였으니, 이 대목을 인용하여 '刳剔孕婦'라 한 것이다.

31-17-7 **庶舊鰥寡**가 **號咷**(도)**無告也**라

庶人과 늙은이, 홀아비와 과부들이 울부짖으며 호소할 곳이 없었다.

楚辭離世의 **王注**에 **號咷**는 **讙呼也**라하고 **太玄經**의 **范注云 號咷**는 **憂聲也**라하다

≪楚辭≫ 〈離世〉의 王逸 注에 "'號咷'는 讙呼이다."라 하였고, ≪太玄經≫의 范望 注에 "號咷는 근심하는 소리이다."라 하였다.

31-17-8 **故**로 **於此乎**에 **天乃使武王至明罰焉**하니 **武王以擇車百兩**과

그러므로 하늘이 이에 무왕을 시켜 밝은 벌을 내리게 하니, 무왕이 선발한 전차 100兩과

擇車는 **猶呂氏春秋云 簡車選車**라 **說文手部云 擇**은 **柬選也**라하다

擇車는 ≪呂氏春秋≫에서 말한 '簡車(車兵을 가려뽑다)', '選車(車兵을 선발하다)'와 같다. ≪說文解字≫ 手部에 "擇은 가려 뽑는 것이다."라고 하였다.

31-17-9 **虎賁之卒四百人**으로

虎賁(용사) 400인을 거느리고

逸周書克殷篇云 "周車三百五十乘으로 **陳於牧野**라 **王旣誓**에 **以虎賁戎車**로 **馳商師**라한대 **孔注云 戎車三百五十乘**이면 **則士卒三萬一千五百人**[127]이요 **有虎賁三千五百人也**라하다 **書敍云 武王戎車三百兩**과 **虎賁三百人**으로 **與受戰于牧野**라하고 **孟子盡心篇云 武王之伐殷也**에 **革車三百兩**이요 **虎賁三千人**이라하고 **史記周本紀云 遂率戎車三百乘**과 **虎賁三千人**과 **甲士四萬五千人**이라하고 **風俗通義**[128]**三王篇**에 **引尙書**하여 **武王**이 **戎車三**

127) 三萬一千五百人 : 저본의 원주에 "'三萬一千五百人'은 ≪逸周書≫ 〈克殷解〉의 孔晁 注에는 실제로 '三萬六千三百五十人'으로 되어 있다. 이 인용문은 이미 孫詒讓이 직접 교감하여 고친 것인데 그에 대한 설명이 없다. 손이양의 ≪周書斠補≫ 권2를 참고하라.〔三萬一千五百人 逸周書克殷解孔晁注 實作三萬六千三百五十人 此引文已由孫自行校改而未說明 參孫氏周書斠補卷二〕" 하였다.

百兩과 **虎賁八百人**으로 **禽紂于牧之野**하고 **呂氏春秋簡選篇云 武王**이 **虎賁三千人**과 **簡車三百乘**으로 **以要甲子之事於牧野**하니 **而紂爲禽**이라한대 **貴因篇**에 **作選車三百**과 **虎賁三千**이라하다 **案 諸書所言**이 **數竝差異**하니 **未知孰是**로다

≪逸周書≫ 〈克殷解〉에 "周나라가 兵車 350乘으로 牧野에 陣을 쳤다. 왕이 誓(훈시)를 마치고는 虎賁과 戎車를 거느리고 商나라 군사에게로 돌격하였다."라 하였는데, 孔安國의 注에 "戎車가 350乘이면 士卒은 31,500인이고 虎賁은 3,500인이다."라 하였다. 〈書序〉에 "武王이 戎車 300兩과 虎賁 300인을 거느리고 受(紂王의 이름)와 牧野에서 싸웠다."라 하였고, ≪孟子≫ 〈盡心 下〉에 "武王이 殷나라를 정벌할 때 革車(兵車)가 300兩이요 虎賁이 3,000인이었다."라 하였고, ≪史記≫ 〈周本紀〉에 "드디어 戎車 300乘과 虎賁 3,000인과 甲士 45,000인을 거느리고서"라 하였고, ≪風俗通義≫ 〈三王〉에서 ≪尙書≫를 인용하면서 "武王이 戎車 300兩과 虎賁 800인을 거느리고 牧野에서 紂를 사로잡았다."라 하였고, ≪呂氏春秋≫ 〈簡選〉에 "武王이 虎賁 3,000인과 簡車 300乘을 거느리고 牧野에서 甲子日의 일을 이룸에 紂가 사로잡혔다."라 하였는데, ≪여씨춘추≫ 〈貴因〉에는 "選車 300乘과 虎賁 3,000인"으로 되어 있다.

案 : 이상 서책들에서 말한 숫자가 모두 차이가 나니, 어느 것이 옳은지 모르겠다.

31-17-10 先庶國節窺戎하여

먼저 符節을 받은 有司들이 閱兵한 다음

畢云 未詳이라하다 **洪云 史記周本紀**에 **乃告司馬司徒司空諸節**이라한대 **集解**에 **馬融曰 諸受符節有司也**라하니 **庶節**은 **卽諸節**이요 **窺戎**은 **卽觀兵**이라 **此當本於尙書泰誓篇**이라

畢沅 : 未詳이다.

洪頤煊 : ≪史記≫ 〈周本紀〉에 "乃告司馬司徒司空諸節(이에 사마, 사도, 사공 등 諸節에게 고하기를)"이라 했는데, ≪史記集解≫에 "馬融은 '符節을 받은 有司들이다.'라 하였다."라 하였으니, '庶節'은 곧 諸節이고, '窺戎'은 곧 觀兵(閱兵)이다. ≪사기≫의 이 대목은 응당 ≪尙書≫ 〈泰誓〉에 근거했을 것이다.

---

128) 風俗通義 : 後漢 때 학자 應劭(153~196)의 저술로 내용은 대개 세상 사람들이 잘못 알고 전하는 사실을 고증하여 바로잡은 것이다. 본문 10권, 부록 2권으로 구성되어 있다.

31-17-11 **與殷人戰乎牧之野**하여 **王(乎)〔手〕禽費中**과

殷나라 사람들과 牧野에서 싸워서 왕이 손수 費中과

乎는 亦當爲手라 史記殷本紀에 紂用費中爲政이라한대 正義云 費는 姓이요 仲은 名也라하다 畢云 中讀如仲이라하다

'乎'는 역시 응당 '手'가 되어야 한다. ≪史記≫ 〈殷本紀〉에 "紂가 費中을 써서 정치를 하였다."라 하였는데, ≪史記正義≫에 "費는 姓이고, 仲은 이름이다."라 하였다.

畢沅 : '中'은 '仲'과 같이 읽어야 한다.

牧野誓師圖

31-17-12 **惡來**하니

惡來를 사로잡으니,

見所染篇하다

〈所染〉에 보인다.

31-17-13 **衆畔(百)〔皆〕走**라

〈은나라〉 무리들이 배반하여 모두 달아났다.

畔은 吳鈔本에 作叛하다 王引之云 百字는 義不可通하니 百走는 蓋皆走之誤라 蘇云 百字는 誤니 當作而라하다 案 王說近是라

'畔'은 吳鈔本에는 '叛'으로 되어 있다.

王引之 : '百'자는 뜻이 통하지 않으니, '百走'는 아마도 '皆走'의 착오일 것이다.

蘇時學 : '百'자는 착오이니, 응당 '而'가 되어야 할 것이다.

案 : 왕인지의 설이 옳을 듯하다.

31-17-14 **武王(逐)〔遂〕奔入宮**하여

武王이 드디어 달려서 궁에 들어가

畢云 逐은 **太平御覽引作遂**하다

畢沅 : '逐'은 ≪太平御覽≫에 이 대목을 인용한 곳에는 '遂'로 되어 있다.

31-17-15 **萬年梓株**로

만년 묵은 가래나무로

未詳이라

미상이다.

31-17-16 **折紂而繫之赤環**하여

紂의 목을 쳐서 부러뜨리고 붉은 수레바퀴에 묶은 다음

畢云 太平御覽에 **引作(折)〔擒〕**[129]**紂而出**하고 **環作轘**하니 **是**라 **言繫之朱輪**이라하다 **案 此無攷**라 **荀子解蔽篇云 紂縣於赤旆**(패)라하고 **正論篇云 縣之赤旂**(기)라하니 **竝與此異**라 **畢說**은 **未塙**(확)이라

畢沅 : ≪太平御覽≫에 이 대목을 인용한 곳에는 "擒紂而出(주를 사로잡아 나와서)"로 되어 있고, '環'은 '轘'으로 되어 있으니, 옳다. 붉은 수레바퀴에 묶었다는 말이다.

案 : 이 설은 고찰의 근거가 없다. ≪荀子≫ 〈解蔽篇〉에는 "紂의 목을 赤旆에 매달았다."라 하고, ≪순자≫ 〈正論篇〉에서는 "赤旂에 매달았다."라 하니, 모두 이와 다르다. 필원의 설은 확실하지 않다.

31-17-17 **載之白旗**하여

〈목을〉 白旗에 매달아서

逸周書克殷篇云 商辛奔內하여 **登于鹿臺之上**하고 **屛遮而自燔于火**어늘 **武王入適王**

129) 擒 : 저본에는 '折'로 되어 있으나, ≪太平御覽≫에 의거하여 '擒'으로 바로잡았다.

所하여 擊之以輕呂하고 斬之以黃鉞하고 折縣諸太白이라한대 孔注云 折은 絶其首라하다

≪逸周書≫ 〈克殷解〉에 "商나라 辛이 궁궐 안으로 달아나 鹿臺 위에 올라가서 〈사람이 접근하지 못하도록〉 막은 다음 스스로 焚身하거늘 武王이 왕의 처소에 가서 輕呂劍으로 치고 黃鉞로 베고 〈목을〉 끊어 太白旗에 매달았다.〔折縣諸太白〕"라 하였는데, 孔晁의 注에 "折은 그의 머리를 끊은 것이다."라 하였다.

31-17-18 以爲天下諸侯僇(륙)이라 故로 昔者에 殷王紂는 貴爲天子며 富有天下요 有勇力之人인 費中과

천하 제후들에 의해 죽은 것으로 삼았다. 그러므로 옛날에 殷나라 왕인 紂는 존귀하기로는 천자이며 부유하기로는 천하를 소유하였고 용력이 있는 사람인 費中과

畢云 太平御覽에 引作仲이라

畢沅 : ≪太平御覽≫에서 이 대목을 인용한 곳에는 〈'中'이〉 '仲'으로 되어 있다.

31-17-19 惡來와 崇侯虎가

惡來와 崇侯虎가

見所染篇이라

〈所染〉에 보인다.

31-17-20 指寡殺人이요

손가락으로 가리키기만 하면 사람을 죽였고,

上說推哆(치)大戲에 作指畫이라 畢云 寡는 畫字假音이니 太平御覽에 引作畫이라

위에서 推哆와 大戲를 말한 곳에서는 '指畫'으로 되어 있다.

畢沅 : '寡'는 '畫'자의 假音字이니 ≪太平御覽≫에서 이 대목을 인용한 곳에는 '畫'으로 되어 있다.

31-17-21 **人民之衆兆億**이라 **侯盈厥澤陵**이나 **然不能以此圉鬼神之誅**라 **此吾所謂鬼神之罰**에 **不可爲富貴衆强**과 **勇力强武**와 **堅甲利兵者**가 **此也**라 **且禽艾(之)道之**[130]**曰**

인민이 많아서 兆億이라 습지와 丘陵에 가득하였으나 이것으로 귀신의 주벌을 막지는 못하였다. 내가 귀신의 벌에는 부귀한 자, 많은 사람의 위세, 勇力, 强武, 굳센 갑옷, 예리한 병기가 〈장애가〉 될 수 없다고 한 것이 이를 두고 말한 것이다. 또 〈禽艾〉에 말하기를,

翟灝[131]**云 逸周書世俘解**에 **有禽艾侯**[132]**之語**하니 **當卽此禽艾**라

翟灝 : ≪逸周書≫ 〈世俘解〉에 '禽艾侯'란 말이 있으니, 응당 바로 이 '禽艾'일 것이다.

31-17-22 **得璣無小**하며

'은덕을 받는 것은 작게 여기지 않으며

畢云 此卽禨(기)**祥字**라하다 **蘇云 禽艾**는 **蓋逸書篇名**이니 **呂覽報更篇云 此書之所謂德幾無小者也**라하니 **得**[133]**璣與德幾**는 **古字通用**이라하다 **案 蘇說**이 **是也**라 **說苑復恩篇云 此書之所謂德無小者也**라하니 **疑卽本此**라 **今書僞古文尹訓亦云 惟德罔小**라하니 **畢說非是**라

畢沅 : 이 〈'璣'는〉 곧 '禨祥(禨祥)'의 '禨'자이다.

蘇時學 : '禽艾'는 아마도 逸書의 篇名일 것이니, ≪呂氏春秋≫ 〈報更〉에 "此書之所謂德幾無小者也(이것이 ≪書≫에서 말한 '德惠는 작게 여기지 않는다.'는 것이다.)"라 하였으니, '得

---

130) 禽艾(之)道之 : 漢文大系本 ≪墨子≫ 戶埼允明의 考에 "위의 '之'자는 아마도 衍字일 듯하다. 禽艾는 아마 篇名일 것이다."라 하였다. 이에 따라 교감하고 번역하였다.

131) 翟灝 : 1736~1788. 淸나라 때 학자로 ≪通俗編≫을 저술하였다.

132) 禽艾侯 : ≪逸周書≫ 〈世俘解〉에는 '禽霍侯 俘艾佚侯(霍侯를 사로잡고 艾佚侯를 포로로 잡았다.)'로 되어 있다.

133) 得 : 저본의 원주에 "得은 원문에 德으로 잘못되어 있으나, 蘇時學의 ≪墨子刊誤≫ 권1에 의거하여 고쳤다.〔得 原誤德 據蘇時學墨子刊誤卷一改〕"라고 하였다.

璣'와 '德幾'는 古字에 통용된다.

案 : 蘇時學의 설이 옳다. ≪說苑≫ 〈復恩〉에 "此書之所謂德無小者也(이것이 ≪書≫에서 말한 '덕은 작게 여기지 않는다.'는 것이다.)"라 하였으니, 아마도 이 대목에 근거했을 것이다. 지금 ≪僞古文尙書≫ 〈尹訓〉에도 "惟德罔小(덕은 작게 여기지 마소서.)"라 하였으니, 필원의 설은 옳지 않다.

31-17-23 **滅宗無大**라하니 **則此言鬼神之所賞**은 **無小必賞之**하며 **鬼神之所罰**은 **無大必罰之**라

종족을 멸망시키는 것은 크게 여기지 않는다.'라 하였으니, 이는 귀신이 상을 줄 곳에는 〈그 대상이〉 아무리 작아도 반드시 상을 주며 귀신이 벌을 줄 곳에는 〈그 대상이〉 아무리 커도 반드시 벌을 준다는 말이다.

31-18-1 **今執無鬼者曰 意不(忠)〔中〕親之利**하고 **而害爲孝子乎**인저

지금 귀신이 없다고 주장하는 사람을 말하기를 '생각컨대 〈귀신을 섬기면〉 부모의 이익에 맞지 않고 효자가 되는 데 방해가 될 것이다.'라 한다."

蘇云 忠은 **當作中**이라 **非攻篇**에 **言上中天之利**하고 **中中鬼之利**하고 **下中人之利**라하니 **意與此同**이라

蘇時學 : '忠'은 응당 '中'이 되어야 한다. 〈非攻〉에 말하기를 "上中天之利 中中鬼之利 下中人之利(위로는 하늘의 이익에 맞고 중간으로는 귀신의 이익에 맞고 아래로는 사람의 이익에 맞다.)"라 하였으니, 뜻이 이 대목과 같다.

31-18-2 **子墨子曰 古(之)今之爲鬼**는

子墨子께서 말씀하셨다. "고금의 귀신은

疑當作古今之爲鬼니 **此衍一之字**라

아마도 '古今之爲鬼'가 되어야 할 듯하니, 여기에 '之' 한 자가 더 들어갔다.

31-18-3 **非他也**라 **有天鬼〔神〕**하며

다름이 아니라 하늘의 귀신이 있으며,

疑當有神字라 周禮大宗伯에 天神地示人鬼라한대 此則天神地示를 總曰鬼神이라하니 散文得通也이라

아마도 응당 '神'자가 더 있어야 할 듯하다. ≪周禮≫ 〈大宗伯〉에는 "天神, 地示, 人鬼"라 하였는데 여기서는 天神과 地示를 뭉뚱그려 '鬼神'이라 한 것이니, 散文으로는 통용할 수 있다.

31-18-4 **亦有山水鬼神者**하며 **亦有人死而爲鬼者**라 **今有子先其父死**하며 **弟先其兄死者矣**라 **意雖使然**이나

또한 山水의 귀신이 있으며, 또한 사람이 죽어서 귀신이 된 경우도 있다. 지금 자식이 자기 아버지보다 먼저 죽은 경우도 있고 아우가 형보다 먼저 죽은 경우도 있다. 생각건대 비록 그렇지만

畢本에 使作死하고 云 一本作使라하다 案 道藏本吳鈔本에 竝作使하니 今從之라

畢沅本에 '使'가 '死'로 되어 있고, "한 本에는 '使'로 되어 있다."라 하였다.
案 : 道藏本과 吳鈔本에 모두 '使'로 되어 있으니, 이에 이를 따른다.

31-18-5 **然而天下之陳物**

그러나 천하에서 지난 일을 말하는 사람들은

謂陳說事故라 文選古詩李注云 陳은 猶說也라하다

지난 일을 말한다는 뜻이다. ≪文選≫ 〈古詩十九首〉의 李善 注에 "陳은 說과 같다."라 하였다.

31-18-6 **曰 先生者先死**라하니 **若是**면 **則先死者非父則母**요 **非兄而姒**(사)**也**라

말하기를 '먼저 태어난 사람이 먼저 죽는다.'라 하니, 그렇다면 먼저 죽는 사람은 아버지가 아니면 어머니요 형이 아니면 누나일 것이다.

爾雅釋親云 女子同出에 謂先生爲姒하며 後生爲娣요 長婦謂稚婦爲娣婦하며 娣婦謂長婦爲姒婦라하다 王引之云 而는 猶則也라하다

≪爾雅≫〈釋親〉에 "여자가 같은 아버지에게서 태어나면 먼저 태어난 사람을 姒라 하며 뒤에 태어난 사람을 娣라 하고, 손위 며느리가 어린 며느리를 일러 娣婦라 하며 娣婦가 손위 며느리를 일러 姒婦라 한다."라 하였다.

王引之 : 〈'非兄而姒也'의〉 '而'는 '則'과 같다.

31-18-7 **今絜爲酒醴粢盛**하여

지금 정결하게 술과 단술, 粢盛을 마련하여

絜은 道藏本에 作潔하니 即絜之俗이라

'絜'은 道藏本에 '潔'로 되어 있으니, 곧 絜의 俗字이다.

31-18-8 **以敬愼祭祀**하니 **若使鬼神請有**면

경건히 제사를 지내니, 만약 귀신이 참으로 있다면

請은 畢本改誠하고 云 舊作請하고 一本如此라 下依改하노라하다 案 道藏本吳鈔本에 竝作請이라 此篇多以請爲誠하니 詳前하다

請은 畢沅本에 誠으로 고치고 "舊本에는 請으로 되어 있고, 한 本에는 이와 같이 〈誠으로 되어〉 있다. 아래도 이와 같이 고친다."라 하였다.

案 : 道藏本과 吳鈔本에는 모두 請으로 되어 있다. 이 篇에는 請을 誠의 의미로 쓴 곳이 많다. 앞에 상세히 보인다.

31-18-9 **是得其父母姒兄而飮食之也**니 **豈非厚利哉**아 **若使鬼神請亡**(무)면

이는 자기 아버지, 어머니, 누나, 형이 음식을 먹을 수 있는 것이니, 어찌 두터

운 이익이 아니겠는가. 만약 귀신이 참으로 없다면,

請은 畢本作誠이나 道藏本吳鈔本作請하니 今據改하노라 亡는 無通이라

'請'은 畢沅本에는 '誠'으로 되어 있으나 道藏本과 吳鈔本에는 請으로 되어 있으니, 이제 이에 의거하여 고쳤다. '亡'는 無와 통한다.

31-18-10 是乃費其所爲酒醴粢盛之財耳라 (自)〔且〕夫費之나 非特注之汙壑而棄之也라

이는 술과 단술, 粢盛으로 마련한 재물을 허비한 것일 뿐이다. 허비했다고 하더라도 단지 도랑이나 골짜기에 음식을 쏟아버리는 것과 같을 뿐만은 아니다.

自는 當爲且요 舊本無非字라 畢云 一本에 作非直注之하니 特與直音近이라 故로 特亦作犆(직)이라하다 蘇云 特字上에 當有非字라하다 兪云 一本에 作非直注之하니 是也라 直特固得通用이요 而非字則必當有라 墨子蓋謂非空棄之而已요 且可以合驩聚衆也라 今脫非字면 則義不可通이라 下文에 正作非直注之汙壑而棄之也라하니 當據補라하다 案蘇兪校가 是也라 今據補하노라

'自'는 응당 '且'가 되어야 하고, 舊本에는 '非'자가 없다.

畢沅 : 한 本에는 〈'非特注之'가〉 '非直注之'로 되어 있으니, 特과 直은 성음이 비슷하기 때문에 '特'자는 '犆'자가 되기도 한다.

蘇時學 : '特'자 위에 응당 '非'자가 있어야 한다.

兪樾 : 한 本에는 〈'非特注之'가〉 '非直注之'로 되어 있으니, 이는 옳다. 直과 特은 본디 통용되고, '非'자는 반드시 있어야 한다. 墨子는 아마도 '마련한 음식을 속절없이 버리는 것일 뿐만은 아니고 사람들을 모아 함께 즐길 수도 있었다.'고 생각했을 터이다. 지금 '非'자가 빠지면 뜻이 통하지 않는다. 아래 글에는 바로 '非直注之汙壑而棄之也'로 되어 있으니, 의당 이에 의거하여 〈'非'자를〉 보충해야 한다.

案 : 소시학과 유월의 교감이 옳다. 이제 이에 의거하여 보충하였다.

31-18-11 內者宗族과 外者鄕里가 皆得如[134]具飮食之하니

안으로는 종족과 밖으로는 향리의 사람들이 모두 다 함께 음식을 먹을 수 있으니,

此謂祭祀에 與兄弟賓客爲獻酬라 又詩小雅湛露의 孔疏에 引尙書大傳云 燕私者는 祭已니 而與族人飮이라하니 亦是也라 國語楚語云 日月會于龍豝(두)[135]어든 家于是乎嘗祀하나니 百姓夫婦가 擇其令辰하여 以昭祀其先祖라 於是乎合[136]其州鄕朋友婚姻하며 比爾兄弟親戚이라하니 是祭祀幷燕州鄕朋友等이니 卽所云宗族鄕里也라

이는 제사에서 형제, 빈객과 더불어 獻酬함을 말한다. 또 ≪詩經≫ 〈小雅 湛露〉의 孔穎達 疏에 ≪尙書大傳≫을 인용하여 "사사로이 酒宴을 여는 것은 제사 때뿐이니, 이때 族人들과 더불어 술을 마신다."라 하였으니, 역시 이를 두고 말한 것이다. ≪國語≫ 〈楚語〉에 "해와 달이 龍豝에 모이면 人家에서는 이에 嘗祀(가을 제사)를 지내나니, 백성 부부가 좋은 날을 골라서 자기 선조에게 정결하게 제사를 올린다. 이에 향리 사람들과 붕우와 인척들을 모으며 너의 형제 친척들과 친목을 다진다."라 하였으니, 이는 제사 때 향리 사람들과 붕우 등을 모아서 연회를 여는 것이다. 이것이 곧 여기서 말한 '종족'과 '향리 사람'인 것이다.

31-18-12 雖使鬼神請亡(무)라도

비록 귀신이 참으로 없다 하더라도

請은 畢本作誠이나 今依道藏本吳鈔本改하노라

'請'은 畢沅本에는 '誠'으로 되어 있으나 이제 道藏本과 吳鈔本에 의거하여 고쳤다.

---

134) 如 : 연접사로 而 자와 같다. ≪시경≫ 〈小雅 車攻〉에 "不失其馳 舍矢如破(말몰이꾼이 말 모는 법도를 잃지 않거늘 射手가 화살을 쏘아 명중시킨다.)"라 하였는데, 王引之의 ≪經傳釋詞≫ 7권에 "'如破'는 而破이다."라 하였다.

135) 日月會于龍豝 : 韋昭의 注에 "豝는 龍尾星이다. 周나라 12월이 夏나라 10월임을 말한다. 日月이 용미성 위에 모이는 것을 ≪禮記≫ 〈月令〉에서는 '孟冬(10월)에 해가 尾星에 있다.'라 하였다."라 하였다.

136) 合 : 저본의 원주에 "合은 원문에 令으로 되어 있으나, ≪國語≫ 〈楚語〉에 의거하여 고쳤다.〔合 原作令 據國語楚語改〕"라고 하였다.

31-18-13 **此猶可以合驩聚衆**하여

이는 오히려 사람들을 모아서 함께 즐김으로써

驩은 吳鈔本에 作歡하니 下同이라

'驩'은 吳鈔本에는 '歡'으로 되어 있다. 아래도 같다.

31-18-14 **取親於鄕里**라 **今執無鬼者言曰 鬼神者**는 **固請無有**라

향리에 친목을 다질 수 있다. 지금 귀신이 없다고 주장하는 자는 말하기를 '귀신이란 것은 진실로 없다.

請은 畢本作誠이나 今依道藏本吳鈔本改하노라

'請'은 畢沅本에는 '誠'으로 되어 있으나, 이제 道藏本과 吳鈔本에 의거하여 고쳤다.

31-18-15 **是以**로 **不共其酒醴粢盛犧牲之財**하니 〔今〕**吾非乃**(今)**愛其酒醴粢盛犧牲之財乎**아

이런 까닭으로 술과 단술, 粢盛과 희생을 마련할 재물을 바치지 않는 것이니, 지금 내가 술과 단술, 粢盛과 희생을 마련할 재물을 아끼는 것이겠는가.

吳鈔本에 脫非字요 又今在乃上하니 以文義校之컨대 疑當在吾上이라 今吾는 語前後屢見이라

吳鈔本에는 '非'자가 빠졌고, 또 '今'자가 '乃'자 위에 있다. 글 뜻으로 교감해보건대 '今'자는 아마도 '吾'자 위에 있어야 할 듯하다. '今吾'라는 말은 전후로 누차 보인다.

31-18-16 **其所得者**는 (臣)**將何哉**오

그 소득이란 것은 무엇이겠는가?

臣字는 誤라 畢云 一本無此字라

'臣'은 오자이다.

畢沅 : 한 本에는 이 글자(臣)가 없다.

31-18-17 **此上逆聖王之書**하고 **內逆民人孝子之行**하여 **而爲上士於天下**니 **此非所以爲上士之道也**라

이는 위로 聖王의 글을 어기고 안으로는 民人과 효자의 행실을 어겨서 천하에 고상한 선비가 되고자 하는 것이니, 이는 고상한 선비가 되는 도리가 아니다.'라 한다."

舊本에 **脫之字也字**라 **王云 上文曰 則非所以爲君子之道也**라하니 **與此文同一例**라 **今據補**하노라

舊本에는 '之'자와 '也'자가 없다.

王念孫 : 위 글에 '則非所以爲君子之道也(이는 곧 군자가 되는 도리가 아니다.)'라 하였으니, 이 대목과 같은 例이다. 이제 이에 의거하여 '之'자와 '也'자를 보충하였다.

31-18-18 **是故**로 **子墨子曰 今吾爲祭祀也**는 **非直注之汙壑而棄之也**라 **上以交鬼〔神〕之福**하고

이런 까닭에 子墨子는 말씀하셨다. "지금 내가 제사를 지내는 것은 단지 도랑이나 골짜기에 음식을 쏟아버리는 것과 같을 뿐만은 아니다. 위로 귀신의 복을 받고

蘇云 鬼下에 **當有神字**라

蘇時學 : '鬼' 아래에 응당 '神'자가 있어야 한다.

31-18-19 **下以合驩聚衆**하여 **取親乎鄕里**요 **若〔鬼誠〕神有**면

아래로는 사람들을 모아 함께 즐김으로써 향리에 친목을 다지는 것이요, 만약 귀신이 참으로 있다면

畢云 若神은 **當云 若鬼神**이라하다 **詒讓案 以上文校之**컨대 **疑當云 若鬼神誠有**라

畢沅 : '若神'은 응당 '若鬼神'이라 해야 한다.

詒讓案 : 위 글로 교감해보건대 아마도 '若鬼神誠有(만약 귀신이 참으로 있다면)'라 해야 할 듯하다.

31-18-20 **則是得吾父母**(弟兄)〔兄姒〕**而食之也**라

이는 나의 아버지, 어머니, 형, 누나가 음식을 먹을 수 있는 것이니,

兪云 弟兄은 **當作兄姒**니 **義見上文**이라하다

兪樾 : '弟兄'은 응당 '兄姒'가 되어야 하니, 뜻이 위 글에 보인다.

31-18-21 **則此豈非天下利事也哉**아

이 어찌 천하의 이로운 일이 아니겠는가."

31-19-1 **是故**로 **子墨子曰 今天下之王公大人士君子**가 **中實將欲求興天下之利**하고 **除天下之害**인댄 **當若鬼神之有也**를 **將不可不尊明也**니

이런 까닭으로 子墨子는 말씀하셨다. "지금 천하의 王公 大人과 士君子들이 진실로 천하의 이로움을 일으키고 천하의 해로움을 제거하고자 한다면, 혹시라도 귀신의 존재를 높이 섬기고 밝게 드러내지 않아서는 안 되니,

尊明은 **謂尊事而明著之**하여 **以示人也**니 **卽明鬼之義**라

'尊明'은 높이 섬기고 밝게 드러내어서 사람들에게 보여주는 것이니, 이것이 곧 '明鬼'의 뜻이다.

31-19-2 **聖王之道也**니라

聖王의 도이니라."

非樂 上 第三十二* 제32편 음악을 비판함 상

* 非樂은 말 그대로 음악을 부정한다는 뜻이다. 묵자는 음악 그 자체를 배척하지 않고 귀족들이 음악에 빠져 방탕한 생활을 하는 弊風을 비판한다. 사람들이 일하지 않고 음악에 빠져서 쾌락을 추구한다면 먹고 살 곡식을 생산할 수 없을 것이다. 禮樂을 중시하는 儒家의 사상과 배치된다.

荀子富國篇의 楊注云 墨子言樂(악)無益於人이라 故作非樂篇이라

≪荀子≫〈富國篇〉楊倞의 注에 "묵자는 음악이 사람에게 무익함을 말하였다. 그러므로 〈非樂〉을 지었다."라 하였다.

32-1-1 子墨子言曰 仁〔者〕之事(者)는

子墨子께서 말씀하셨다. "仁者가 일삼는 바는

兪云 仁之事者는 當作仁人之所以爲事者니 見兼愛中篇이라하다 詒讓案 疑當云仁者之事니 下文云 仁者之爲天下度(탁)也라하니 可證이라

兪樾 : '仁之事者'는 응당 '仁人之所以爲事者'가 되어야 하니, 〈兼愛 中〉에 보인다.
詒讓案 : 아마도 '仁者之事'가 되어야 할 듯하니, 아래 글에 "仁者之爲天下度也(인자가 천하를 위하여 헤아리는 것은)"라 하였으니, 이것이 증거가 될 수 있다.

32-1-2 必務求興天下之利하며 除天下之害하여 將以爲法乎天下하여 利人乎면 卽爲요 不利人乎면 卽止라 且夫仁者之爲天下度(탁)也는 非爲其目之所美와 耳之所樂(락)과 口之所甘과 身體之所安이니 以此虧奪民衣食之財는 仁者弗爲也니라

반드시 천하의 이로움을 일으키고 천하의 해로움을 없애고자 하는 데 힘써서 이로써 천하에 법도를 삼는다. 그리하여 사람에게 이로우면 하고 사람에게 이롭지 않으면 그친다. 게다가 仁者가 천하를 위해 헤아리는 것은 눈이 아름답게 느끼

는 바와 귀가 즐겁게 느끼는 바와 입이 맛있게 느끼는 바와 신체가 편안하게 느끼는 바를 위한 것이 아니니, 이런 일로 백성들의 의복과 음식을 마련할 재물을 탈취하는 짓을 인자는 하지 않는다."

32-2-1 **是故**로 **子墨子之所以非樂者**는 **非以大鍾鳴鼓琴瑟竽笙之聲**으로

따라서 子墨子께서 음악을 비판하는 까닭은 큰 종, 북, 琴, 瑟, 竽, 생황 소리를

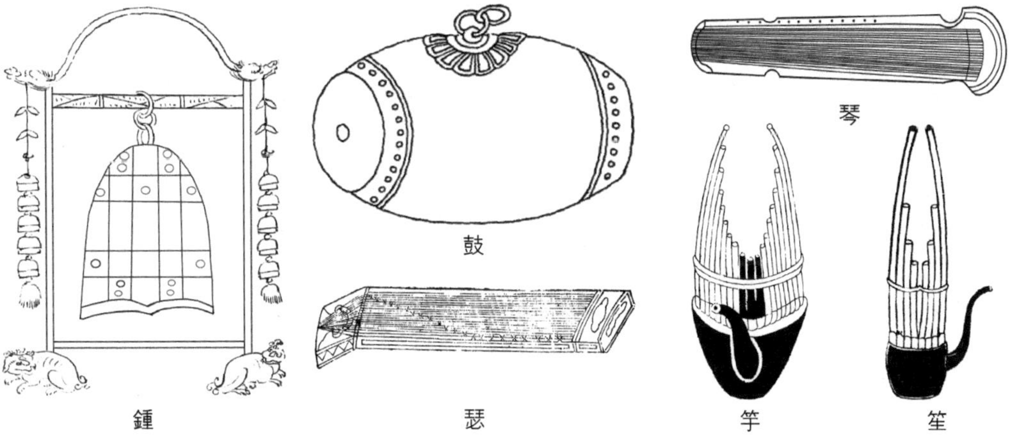

爾雅釋樂云 大鍾을 **謂之鏞**이라하고 **說文金部云 鎛**(박)은 **大鍾**이니 **淳于**[1]**之屬**이라하다

≪爾雅≫ 〈釋樂〉에 "큰 鍾을 鏞이라 한다."라 하였고, ≪說文解字≫ 金部에 "鎛은 큰 鍾이니, 淳于와 같은 것이다."라 하였다.

32-2-2 **以爲不樂也**며 **非以刻鏤華文章之色**으로

즐겁지 않다고 여겨서가 아니며, 〈악기에〉 아로새긴 문양의 화려한 빛깔을

畢云 一本無華字라하다

---

1) 淳于 : 古代의 악기로, 청동으로 제작하며 모양은 대나무 통과 같으며 위는 둥글고 아래는 텅 비어 있고 꼭대기에 끈이 있어 매달아놓고 물건으로 쳐서 소리를 낼 수 있다. 흔히 북과 짝을 이루어 전쟁 중의 진퇴를 지휘할 때 쓰인다. 東周와 漢나라 때 많이 쓰였다. ≪國語≫ 〈晉語〉에 "전쟁에서 錞于와 징을 사용하여 백성을 경계시킨다.〔戰以錞于丁寧 儆其民也〕"라 하였다. 錞于 또는 錞釪로도 표기한다.

畢沅 : 한 본에는 '華'자가 없다.

32-2-3 以爲不美也며 非以犓豢(추환)[2]煎炙之味로 以爲不甘也며

아름답지 않다고 여겨서가 아니며, 볶고 구운 고기 맛을 맛있지 않다고 여기서가 아니며,

犓는 吳鈔本에 作芻라 說文火部云 煎은 熬也라하고 方言云 煎은 火乾也라하니 凡有汁而乾을 謂之煎이라

'犓'는 吳鈔本에는 '芻'로 되어 있다. ≪說文解字≫ 火部에 "煎은 불로 볶는 것이다."라 하였고, ≪方言≫에 "煎은 불로 말리는 것이다."라 하였으니, 무릇 물기가 있어 말리는 것을 煎이라 한다.

32-2-4 非以高臺厚榭(사)邃野之居로 以爲不安也라

높은 누대, 큰 정자, 깊은 집과 같은 거처를 편안하게 여기지 않아서가 아니라

王引之云 野는 卽宇字也니 古讀野如宇라 故與宇通이라 周禮職方氏에 其澤藪曰大野라한대 釋文에 野는 劉音與라하니 與宇는 古同音이라 楚辭招魂에 高堂邃宇라한대 王注曰 邃는 深也요 宇는 屋也라하고 鹽鐵論取下篇曰 高堂邃宇와 廣廈洞房이라하고 易林[3]恒之剝曰 深堂邃宇는 君安其所라하니 皆其證이라 若郊野之野면 則不得言邃요 且上與高臺厚榭로 不倫하고 下與之居二字로 義不相屬矣라하다

王引之 : '野' 곧 '宇'자이니, 옛날에는 野를 宇와 같은 소리로 읽었으므로 '宇'자와 통용

---

2) 犓豢(추환) : 芻豢과 같은 말이다. ≪孟子≫ 〈告子 上〉에 "의리가 나의 마음을 즐겁게 하는 것이 추환이 나의 입을 즐겁게 하는 것과 같다.〔理義之悅我心 猶芻豢之悅我口〕"라고 하였는데, 朱熹의 注에 "芻는 풀을 먹는 짐승으로 소, 양과 같은 짐승이며, 豢은 곡물을 먹는 짐승으로 개, 돼지와 같은 짐승이다."라 하였다. 옛날에는 이러한 가축의 고기를 가장 맛있는 것으로 여겼다.

3) 易林 : 前漢 昭帝 때의 학자 焦延壽의 저술로 ≪周易≫ 64卦로 점을 치는 방법을 서술한 일종의 占書이다. 모두 16권이다.

했다. ≪周禮≫ 〈職方氏〉에 "그 澤藪(大澤)를 大野라 한다."라 하였는데, ≪經典釋文≫에 "野는 劉昌宗이 독음이 與라고 하였다."라 하였으니, 與와 宇는 옛날에 독음이 같았다. ≪楚辭≫ 〈招魂〉에 "高堂邃宇(높은 당 깊은 집)"라 하였는데, 王逸의 注에 "邃는 깊다는 뜻이고, 宇는 집이다."라 하였고, ≪鹽鐵論≫ 〈取下〉에 "高堂邃宇(높은 당 깊은 집) 廣廈洞房(넓은 집 깊은 방)"이라 하였고, ≪易林≫ 〈恒之剝〉에 "深堂과 邃宇는 임금이 그곳을 편안히 여긴다."라 하였으니, 이것이 모두 그 증거이다. 만약 郊野의 野라면 '邃(깊다)'라 말할 수 없으며, 게다가 위로는 '高臺厚榭'와 짝을 이룰 수 없고 아래로는 '之居' 두 글자와 뜻이 이어질 수 없다.

32-2-5 **雖身知其安也**요 **口知其甘也**요 **目知其美也**요 **耳知其樂也**나 **然上考之**에 **不中聖王之事**요 **下度**(탁)**之**에 **不中萬民之利**라 **是故**로 **子墨子曰 爲樂**은 **非也**라

비록 몸은 편안한 줄 알고 입은 맛있는 줄 알고 눈은 아름다운 줄 알고 귀는 즐거운 줄 알지만, 그러나 위로 살펴보면 聖王의 일에 맞지 않고 아래로 헤아려보면 만민의 이로움에 맞지 않다. 이런 까닭에 子墨子께서는 말씀하셨다. "음악을 즐기는 것은 옳지 않다.

32-3-1 **今王公大人**이 **雖無造爲樂器**하여

지금 王公 大人이 오직 악기를 만들어서

王云 雖는 **與唯同**이요 **無**는 **語詞也**니 **說見尙賢中篇**하다

王念孫 : '雖'는 唯와 같고, '無'는 어조사이니, 설명이 〈尙賢 中〉에 보인다.

32-3-2 **以爲事乎國家**나 **非直掊**(부)**潦水折壤坦而爲之也**라

국가를 위해 일한다고는 하지만 단지 길바닥에 고인 물을 손으로 떠서 취하거나 흙더미의 흙을 손으로 긁어모아 만드는 것은 아니다.

折은 **舊本譌**(와)**拆**이러니 **今據道藏本吳鈔本及王校正**이라 **坦**은 **畢本改作垣**하고 **云 舊作坦**이러니 **以意改**라하다 **兪云 畢改坦爲垣**이 **是也**라 **壤**은 **疑壞字之誤**라 **掊者**는 **說文**

手部云 (杷)〔把〕[4]也라하니 今鹽官入水取鹽爲掊라 折者는 說文广(엄)部云 (庈(척))〔㡿(척)〕[5]은 卻屋也라하고 一切經音義에 引說文作𨽥(사)屋也라한대 隷變作斥하고 俗又加手耳라 行潦之水而掊取之하며 毁壞之垣而拆𨽥之는 不足爲損益이어니와 若王公大人이 造爲樂器는 豈直如此哉아 故曰 非直掊潦水拆壞垣而爲之也라하다 案 畢兪說은 竝非也라 此折은 當讀爲擿이니 耕柱篇云 夏后開使飛廉折金於山川이라하니 此義與彼正同이라 說詳彼注하다 壤은 謂土壤이요 坦은 讀爲壇이니 聲近假借字라 韓詩外傳에 閔子曰 出見羽蓋龍旂旃(기전)裘相隨하니 視之如壇土矣라하고 莊子則陽篇에 觀乎大山에 木石同壇이라하니 與此書義竝同이라 壤坦은 猶言壇土也라 墨子意謂王公大人作樂器는 非掊取之於水擿取之於地所能得이라 故下文卽言將必厚措斂乎萬民以爲鍾鼓等也라 諸說竝未得其恉라

'折'은 舊本에는 '拆'으로 잘못되어 있었는데, 이제 道藏本과 吳鈔本 및 王念孫의 교감에 의거하여 바로잡는다. '坦'은 畢沅本에는 '垣'으로 되어 있고 "구본에는 坦으로 되어 있었는데, 뜻으로 판단하여 고쳤다."라 하였다.

兪樾 : 필원이 坦을 垣으로 고친 것은 옳다. '壤'은 아마도 '壞'의 오자일 듯하다. '掊'란 것은 ≪說文解字≫ 手部에 "把(잡다)이다."라 하였으니, 지금 鹽官(소금을 관리하는 관원)이 물에 들어가 소금을 취하는 것을 掊라 한다. '拆'이란 것은 ≪설문해자≫ 广部에 "㡿은 卻屋(지붕을 걷어냄)이다."라 하였고, ≪一切經音義≫에서 ≪설문해자≫를 인용한 곳에는 〈卻屋이〉 𨽥屋으로 되어 있는데, 隷書로는 글자 모양이 변하여 斥이 되고 俗字로는 또 '手'자를 더한다. 길바닥에 고인 물을 손으로 떠서 취하고 부서진 담을 허무는 것은 아무 損益이 되지 않지만, 王公 大人이 악기를 만드는 것 같은 경우는 어찌 단지 이와 같을 뿐이겠는가. 그러므로 "단지 길바닥에 고인 물을 손으로 떠서 담거나 부서진 담을 허물어서 만드는 것은 아니다."라 한 것이다.

案 : 필원와 유월의 설은 모두 옳지 않다. 이 대목의 '折'은 응당 '擿'으로 읽어야 하니, 〈耕柱〉에 "夏后開使飛廉折金於山川(하나라 임금 開(啓)가 飛廉을 시켜 산천에서 금을 긁어모으게 했다.)"이라 하였으니, 이 대목의 字義가 〈경주〉의 저 대목의 자의와 같다. 설명은

---

4) (杷)〔把〕 : 저본에는 '杷'로 되어 있으나, ≪說文解字≫에 의거하여 '把'로 바로잡았다.

5) (庈(척))〔㡿(척)〕 : 저본에는 '庈'으로 되어 있으나, ≪說文解字≫에 의거하여 '㡿'으로 바로잡았다. '㡿'은 '斥'의 本字이다.

〈경주〉의 注에 상세히 보인다. '壤'은 土壤을 말한다. '坦'은 '壇(흙더미)'으로 읽어야 하니, 성음이 비슷한 假借字이다. ≪韓詩外傳≫에 "閔子曰 出見羽蓋龍旂旃裘相隨 視之如壇土矣(閔子騫이 말하기를 '羽蓋(일산), 龍旂(두 마리 용 문양이 있는 큰 깃발), 旃裘(모피 옷)가 서로 따르는 광경을 보되 마치 흙더미처럼 여긴다.'라 하였다.)"라 하였고, ≪莊子≫ 〈則陽〉에 "觀乎大山 木石同壇(큰 산을 봄에 나무와 돌이 흙더미처럼 함께 모여 있다.)"이라 하였으니, 이 책의 字義와 같다. '壤坦'은 壇土(흙더미)와 같다. 墨子는 '王公 大人이 악기를 만드는 것은 물에서 움켜 오고 땅에서 긁어모아서 만들 수 있는 것이 아니라.'고 했을 것이다. 그러므로 아래 글에서 곧바로 "장차 반드시 萬民에게서 재물을 많이 거두어 鍾鼓 등의 악기를 만들 것이다."라 한 것이다. 여러 설들은 모두 이 뜻을 알지 못하였다.

32-3-3 **將必厚措**(조)**斂乎萬民**하여

장차 반드시 萬民에게 세금을 많이 거두어

王云 措字는 以昔爲聲이니 措斂은 與籍斂同이라 案 王說이 是也라 籍斂은 見節用上篇하다

王念孫 : '措'자는 '昔'으로 성음을 삼으니, '措斂'은 '籍斂(세금을 거둠)'과 같다.
案 : 왕염손의 설이 옳다. '籍斂'은 〈節用 上〉에 보인다.

32-3-4 **以爲大鍾鳴鼓琴瑟竽笙之聲**하리니 **古者聖王**도 **亦嘗厚措斂乎萬民**하여 **以爲舟車**로되 **旣以成矣**어든

큰 종, 북, 琴, 瑟, 竽, 생황과 같은 악기를 만들 것이다. 옛날의 聖王들도 일찍이 만민에게 세금을 많이 거두어 배와 수레를 만들었지만, 다 만들고 나서는

以는 王校作已라

〈'旣以成矣'의〉 '以'는 王念孫의 교감에는 '已'로 되어 있다.

32-3-5 **曰 吾將惡**(오)**許用之**오하고

말하기를 '내 장차 이를 어느 곳에 사용할꼬?'라 하고,

畢云 惡許는 猶言何許라하다 王引之云 言吾將何所用之也라 文選謝朓(조)在郡臥病詩[6]의 李注曰 許는 猶所也니 許所聲近而義同이라하고 說文에 所는 伐木聲也니 詩曰 伐木所所라한대 今詩作許許라 洪說同하다

畢沅 : '惡許'는 '何許(어느 곳)'란 말과 같다.

王引之 : '내 장차 이를 어느 곳에 사용할꼬?'란 말이다. ≪文選≫에 실려 있는 謝朓의 〈在郡臥病〉 詩에 대한 李善의 注에 "許는 所와 같으니, 許와 所는 성음이 비슷하고 뜻이 같다."라 하였고, ≪說文解字≫에는 "所는 나무를 치는 소리이니, ≪詩經≫ 〈小雅 伐木〉에 '伐木所所(나무를 치는 소리 소소하다.)'라 하였다."라 하였는데, 지금의 ≪시경≫에는 〈'所所'가〉 '許許'로 되어 있다.

洪頤煊의 설도 같다.

32-3-6 曰 舟用之水하고 車用之陸하니 君子息其足焉하고 小人休其肩背焉이라하니

'배는 물에서 사용하고 수레는 뭍에서 사용할 것이니, 君子(사대부)는 발을 쉴 수 있고 小人(백성)은 어깨와 등을 쉴 수 있을 것이다.'라 하였다.

休는 吳鈔本에 作息이라 言小人休息其負荷之勞也라

'休'는 吳鈔本에는 息으로 되어 있다. '백성이 짐을 이고 지는 수고를 쉴 수 있게 된다.'는 말이다.

32-3-7 故萬民出財齎而予之하되

그러므로 만민이 재물을 내어 주되

予는 吳鈔本에 作與라 周禮掌皮云 歲終則會其財齎라한대 鄭注云 財는 斂財本數及餘見(현)者요 齎는 所給予人以物曰齎라 鄭司農云 齎는 或爲資라하고 又槀人云 掌受財于職金하여 以齎其工이라한대 注云 齎는 給(市)〔其〕[7]財用之直(치)라하다 此謂萬民出財

---

6) 文選謝朓在郡臥病詩 : ≪文選≫ 26권에 실려 있는데, '在郡臥病'이 '在郡臥病呈沈尙書'로 되어 있다.

齎하여 以給爲舟車之費也라

'予'는 吳鈔本에는 '與'로 되어 있다. ≪周禮≫ 〈掌皮〉에 "한 해가 끝나면 그 財齎를 모은다."라 하였는데, 鄭玄의 注에 "財는 거둔 재물의 본래 수량 및 남아 있는 것이고, 齎는 사람에게 물품을 지급한 것을 말한다. 鄭司農(鄭衆)은 '「齎」자는 「資」자로 되어 있는 곳도 있다.'라 하였다."라 하였다. 또 ≪주례≫ 〈槀人〉에 "掌受財于職金 以齎其工(職金에게 재물을 받아서 工人에게 값을 지급한다.)"이라 하였는데, 注에 "齎는 財用의 값을 지급하는 것이다."라 하였다. 이 대목은 '만민이 재물을 내어 배와 수레를 만드는 비용을 지급한다'는 말이다.

32-3-8 不敢以爲慼(척)恨者는 何也오 以其反中民之利也라 然則樂器反中民之利亦若此면 卽我弗敢非也라 然則當用樂器니 譬之若聖王之爲舟車也라 卽我弗敢非也니라

감히 걱정하고 원망하지 않는 것은 무엇 때문인가? 도리어 백성의 이로움에 맞기 때문이다. 그렇다면 樂器가 도리어 백성의 이로움에 맞음이 이와 같다면 나는 감히 〈음악을〉 비판하지 않을 것이다. 그렇다면 응당 악기를 사용해야 할 것이니, 비유하자면 聖王들이 배와 수레를 만든 것과 같다. 그러면 나는 감히 음악을 비판하지 않을 것이다.

譬는 吳鈔本에 作辟(비)라 王云 此文兩言然則하고 兩言卽我弗敢非也하니 皆上下相應이라 舊本에 譬之以下十六字가 誤入上文竽笙之聲之下러니 今移置於此라

'譬'는 吳鈔本에는 '辟'로 되어 있다.

王念孫 : 이 글에서는 '그렇다면'을 두 번 말하고, '나는 감히 음악을 비판하지 않을 것이다'를 두 번 말하였으니, 모두 위아래가 照應한다. 舊本에는 '譬之' 이하 16자가 위 글 '竽笙之聲' 아래에 잘못 들어가 있었는데, 지금 이곳에 옮겨놓았다.

---

7) (市)〔其〕 : 저본에는 '市'자로 되어 있으나, ≪周禮集說≫, ≪周禮句解≫에 의거하여 '其'로 바로잡았다.

32-4-1 **民有三患**하니 **飢者不得食**하며 **寒者不得衣**하며 **勞者不得息**이라 **三者**는 **民之巨患也**라 **然卽當爲之撞**(당)**巨鍾**하며

백성들에게는 세 가지 근심이 있으니, 굶주린 사람이 음식을 먹지 못하며, 추위에 떠는 사람이 옷을 입지 못하며, 피로한 사람이 쉬지 못하는 것이다. 이 세 가지는 백성들의 큰 근심거리이다. 그렇다면 시험삼아 큰 종을 치며

王引之云 卽은 與則同이요 當은 與儻同이라하다 詒讓案 當嘗은 字通이요 嘗은 試也니 詳天志下篇하다 下同이라 文選東京賦의 李注云 撞은 擊也라하다 巨大義同이라

王引之 : '卽'은 '則'과 같고, '當'은 '儻'과 같다.

詒讓案 : '當'과 '嘗'은 글자가 통용되고, '嘗'은 '試(시험삼아)'이다. 〈天志 下〉에 상세히 보인다. ≪文選≫ 〈東京賦〉의 李善 注에 "撞은 치는 것이다."라 하였다. '巨'와 '大'는 뜻이 같다.

32-4-2 **擊鳴鼓**하며 **彈琴瑟**하며 **吹竽笙**하고

북을 치며 琴과 瑟을 퉁기며 竽와 생황을 불고

畢云 文選注에 引作吹笙竽라하다

畢沅 : ≪文選≫ 注에서 이 대목을 인용한 곳에는 〈'吹竽笙'이〉 '吹笙竽'로 되어 있다.

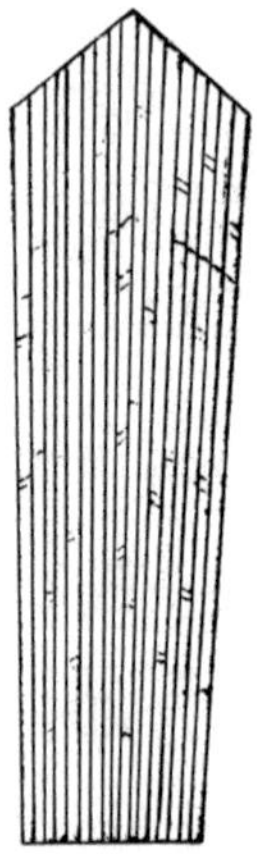
干

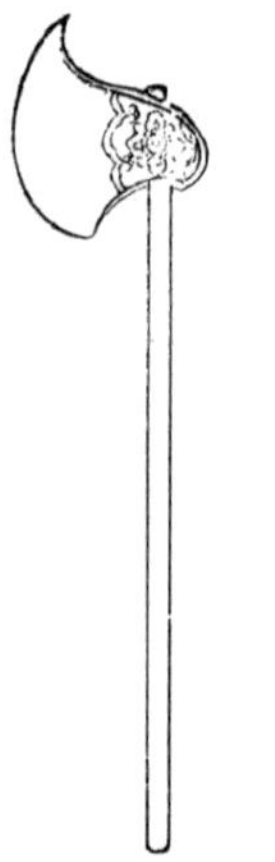
戚

32-4-3 **而揚干戚**[8]하라

干戚을 들고서 춤을 추어보라.

小爾雅[9]廣言云 揚은 擧也라하다

8) 揚干戚 : 干은 방패이고, 戚은 도끼이다. 왼손에 干을 들고 오른손에 戚을 들고서 추는 干戚舞를 말한다.(≪周禮≫ 〈春官 樂師〉)

9) 小爾雅 : ≪爾雅≫의 체제에 따라 古書에 나오는 詞語를 해석한 책이다. ≪漢書≫ 〈藝文志〉에 ≪小爾雅≫ 1편이 들어있는데 편찬자의 이름은 전하지 않으며, ≪隋書≫ 〈經籍志〉와 ≪新唐書≫ 〈藝文志〉에는 李軌가 주석한 ≪소이아≫ 1권이 목록에 있지만 원본은 전하지 않는다.

≪小爾雅≫ 〈廣言〉에 "揚은 擧(들다)이다."라 하였다.

32-4-4 **民衣食之財**를 **將安可得乎**아

백성들의 의복과 음식을 마련할 재물을 장차 이를 통해서 얻을 수 있겠는가.

荀子勸學篇의 **楊注云 安**은 **語助**라하고 **王引之經傳釋詞**에 **得下**에 **補而具**[10]**二字**하고 **云 安**은 **猶於是也**라하니 **言衣食之財**를 **將於是可得而具也**라

≪荀子≫ 〈勸學篇〉의 楊倞 注에 "安은 어조사이다."라 하였고, 王引之의 ≪經傳釋詞≫에는 '得' 아래에 '而具' 두 자를 보충해 넣고 "安은 '於是'와 같다."라 하였으니, '의복과 음식을 장차 이를 통해서 얻을 수 있겠는가.'라는 말이다.

32-4-5 **卽我以爲未必然也**라 **意舍此**라

나는 꼭 그렇지는 않다고 생각한다. 우선 이 문제는 접어두자.

王云 此下에 **有脫文**이나 **不可考**라하다 **兪云 此三字**는 **乃承上文而作轉語也**라 **意**는 **通作抑**이니 **論語學而篇**에 **抑與之與**라한대 **漢石經**에 **抑**은 **作意**하니 **是其證也**라 **抑舍此者**는 **言姑舍此弗論**하고 **而更論它事也**라 **上文言樂**(악)**之無益於飢者寒者勞者**하고 **下文言樂之無益於大國攻小國**하고 **大家伐小家**할새 **而以此三字**로 **作轉語**하니 **王謂此下有脫文**은 **非也**라

王念孫 : '此' 아래 빠진 글자가 있는데, 고증할 수 없다.

兪樾 : 이 세 글자('意舍此')는 위 글을 이어 전환하는 말을 삼은 것이다. '意'는 '抑'과 통용할 수 있으니, ≪論語≫ 〈學而〉에 "抑與之與(아니면 들려준 것입니까?)"라 하였는데, 漢나라 石經에는 〈이 대목의〉 '抑'자가 '意'자로 되어 있으니, 이것이 그 증거이다. '抑舍此'란 것은 '우선 이 문제는 접어두고 논하지 말고 다시 다른 일을 논하자.'는 말이다. 위 글에서는 음악이 굶주린 사람, 추위에 떠는 사람, 피로한 사람에게 도움이 되지 않는다는 것을 말하

현전하는 ≪소이아≫는 ≪孔叢子≫에 일부 수록된 것으로, 모두 13장으로 구성되어 있다.

10) 具 : 저본의 원주에 "具는 원문에 其로 잘못되어 있으나, 王引之의 ≪經傳釋詞≫ 권2에 의거하여 고쳤다.〔具 原誤其 據王引之經傳釋詞卷二改〕"라고 하였다.

고, 아래 글에서는 음악이 큰 나라가 작은 나라를 공격하고 큰 大夫家가 작은 大夫家를 정벌하는 〈문제를 해결하는〉 데 도움이 되지 않는다는 것을 말하기에, 이 세 글자로 전환하는 말을 삼은 것이다. 왕염손이 '此' 아래 빠진 글자가 있다고 한 것은 옳지 않다.

32-4-6 **今有大國卽攻小國**하고 **有大家卽伐小家**하며 **强劫弱**하고 **衆暴寡**하며 **詐欺愚**하고 **貴傲賤**하니 **寇亂盜賊竝興**하여 **不可禁止也**라 **然卽當爲之撞巨鍾**하며 **擊鳴鼓**하며 **彈琴瑟**하며 **吹竽笙**하고 **而揚干戚**하라 **天下之亂也**를 **將安可得而治與**아 **卽我〔以爲〕未必然也**라

지금 큰 나라가 작은 나라를 공격하고, 큰 大夫家가 작은 大夫家를 정벌하고, 강한 자가 약한 자를 겁박하고, 다수가 소수에게 횡포를 부리고, 교활한 자가 어리석은 자를 속이고, 존귀한 자가 비천한 자를 업신여기니, 寇亂과 盜賊이 아울러 일어나 막을 수가 없다. 그렇다면 시험삼아 큰 종을 치며 북을 치며 琴과 瑟을 퉁기며 竽와 생황을 불고 干戚을 들고서 춤을 추어보라. 천하의 혼란을 장차 이를 통해서 다스릴 수 있겠는가. 나는 꼭 그렇지는 않다고 생각한다."

兪云 我下에 脫以爲二字하니 當據上文補라

兪樾 : '我' 아래 '以爲' 두 자가 빠졌으니, 응당 위 글에 의거하여 보충해야 한다.

32-4-7 **是故**로 **子墨子曰 姑嘗厚措斂乎萬民**하여 **以爲大鍾鳴鼓琴瑟竽笙之聲**하여 **以求興天下之利**하며 **除天下之害**라도 **而無補也**라하니라 **是故**로 **子墨子曰 爲樂**은 **非也**라

이런 까닭으로 子墨子께서 말씀하셨다. "시험삼아 만민에게 세금을 많이 거두어 큰 종, 북, 琴, 瑟, 竽, 생황과 같은 악기를 만들어 천하의 이로움을 일으키고 천하의 해로움을 제거하고자 해보라. 그래도 아무 도움이 되지 않을 것이다."

이런 까닭에 자묵자께서 말씀하셨다. "음악을 즐기는 것은 옳지 않다.

32-5-1 **今王公大人**이 **唯毋處高臺厚榭之上而視之**하면

지금 王公 大人이 오직 높은 누대, 큰 정자 위에서 보면

唯는 舊本에 作惟러니 今據吳鈔本改하노라

'唯'는 舊本에는 '惟'로 되어 있었는데, 이제 吳鈔本에 의거하여 고쳤다.

32-5-2 鍾猶是延鼎也라

종은 거꾸로 엎어놓은 鼎과 같을 것이다.

延鼎은 蓋謂偃覆(복)之鼎이라 玉藻의 鄭注云 延은 冕上覆也라하니 是延有覆義라 鍾上弇(엄)下侈[11]하여 與鼎相反하니 虛縣弗擊하면 則與鼎偃覆相類라 又疑延當讀爲璧羨[12]之羨이라 周禮玉人의 鄭注云 羨은 猶延也라하고 典瑞注云 羨은 不圜之貌라하니 延鼎은 謂如鼎而橢(타)不正圜이라 鳧(부)氏의 賈疏云 古鍾은 如今之鈴하니 不圜이라하다

'延鼎'은 아마 넘어지고 엎어진 鼎을 말하는 것이리라. ≪禮記≫ 〈玉藻〉의 鄭玄 注에 "延 冕上覆也(延은 면류관의 위의 덮개이다.)"라 하였으니, '延'에는 覆(엎다)의 뜻이 있는 것이다. 鍾은 윗부분이 좁고 아랫부분이 넓어서 鼎과 모양이 상반된다. 그러니 공연히 매달아 놓기만 하고 치지 않으면 鼎이 넘어지고 엎어진 것과 서로 비슷하다. 또 아마도 '延'은 응당 '璧羨'의 '羨'과 같이 읽어야 할 것이다. ≪周禮≫ 〈玉人〉의 鄭玄 注에 "羨은 延과 같다."라 하였고, 〈典瑞〉의 鄭玄 注에 "羨은 둥글지 않은 모양(타원형)이다."라 하였으니, '延鼎'은 鼎과 같되 타원형이고 반듯하게 둥근 모양은 아닌 것이다. ≪주례≫ 〈鳧氏〉의 賈公彦 疏에 "옛날의 鍾은 오늘날의 鈴과 같았으니, 타원형이었다."라 하였다.

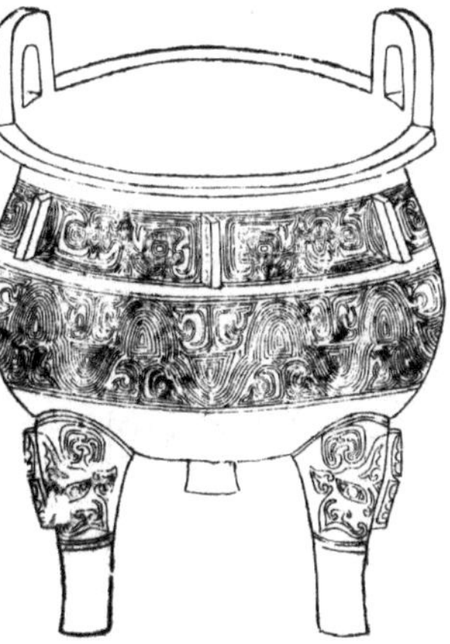

鼎

11) 上弇(엄)下侈 : 윗부분은 좁고 아랫부분은 넓은 것이다. ≪禮記≫ 〈少儀〉의 孔穎達 疏에 "侈는 鐘의 입구 부분이 넓은 것을 이르고, 弇은 입구 안쪽 부분이 좁은 것을 이른다.〔侈 謂鐘口寬大 弇 謂鐘口內小〕"라고 하였다.

12) 璧羨 : ≪周禮≫ 〈典瑞〉에 "璧羨以起度(璧의 길이가 1尺인 것으로 尺度를 일으킨다.)"라 하였는데, 鄭玄의 注에 "鄭司農은 '羨은 길이이다.'라 하였다."라 하였다.

32-5-3 **弗撞擊**이면 **將何樂得焉哉**아 **其說將必撞擊之**라 **惟勿撞擊**하되

〈종을〉 치지 않으면 장차 어떻게 〈음악을〉 즐길 수 있겠는가? 장차 반드시 종을 쳐야 한다고 주장할 것이다. 오직 종을 치되

勿은 語詞니 惟勿은 猶云唯毋唯無라 蘇云 勿은 當作毋니 書中多用毋字라 蓋與務通이라하니 非是라

'勿'는 어조사이니, '惟勿'은 '唯毋', '唯無'와 같다. 蘇時學은 "'勿'은 응당 '毋'가 되어야 하니, 이 책에는 '毋'자로 쓴 곳이 많다. 毋는 대개 務와 통한다."라 하였으니, 옳지 않다.

32-5-4 **將必不使老與遲者**니

장차 반드시 늙은이와 어린이를 시켜 〈치게〉 하지 말아야 할 것이니,

王云 遲는 讀爲稺(치)니 遲字本有稺音이라 遲稺는 又同訓爲晩이니 廣雅에 遲稺는 晩也라하니 故稺通作遲라하다

王念孫 : '遲'는 '稺'로 읽어야 하니, '遲'자는 본래 독음이 '稺'이다. 遲와 稺는 게다가 다 같이 字訓이 晩이니, ≪廣雅≫에 "遲稺는 晩(늦음)이다."라 하였다. 따라서 稺는 遲와 통용된다.

32-5-5 **老與遲者**는 **耳目不聰明**하며 **股肱不畢强**하고

늙은이와 어린이는 눈과 귀가 총명하지 못하며 팔과 다리가 빠르고 강하지 못하고

畢은 疾也니 義詳兼愛中下兩篇하다

'畢'은 빠르다는 뜻이니, 그 뜻이 〈兼愛 中〉과 〈兼愛 下〉 두 편에 상세히 보인다.

32-5-6 **聲不和調**하며 **明不轉**(朴)〔抃〕이라

소리는 조화롭지 못하며 눈은 움직이지 못한다.

畢云 朴은 疑卧(복)正字라 玉篇云 卧은 補目切이니 目骨이라하다 兪云 明은 下文作眉하니 疑音字之誤라 此句作明은 則涉上文耳目不聰明而誤也라 朴은 當作抃이니 亦以形似故誤라 抃者는 變之叚字라 尙書堯典篇의 於(오)變時雍이 孔宙碑에 作於卞時雍하니 卽其例也라 上句云 聲不和調라하고 此云 音不轉變이라하니 正以類相從矣라하다 案 兪以朴爲抃이 近是라 明은 卽謂目也니 似不誤라

畢沅 : '朴'은 아마도 '卧'의 正字일 것이다. ≪玉篇≫에 "卧은 補와 目의 반절이니 目骨이다."라 하였다.

兪樾 : '明'은 아래 글에는 '眉'로 되어 있으니, 아마 '音'의 오자일 듯하다. 이 구절에서 '明'으로 된 것은 위 글의 "耳目不聰明"과 연관하여 착오가 생겼을 것이다. '朴'은 응당 '抃'이 되어야 하니, 또한 글자의 모양이 비슷하기 때문에 착오가 생긴 것이다. 抃은 變의 가차자이다. ≪尙書≫ 〈堯典〉의 "於變時雍(아, 변하여 이에 화락하였다.)"이 〈孔宙碑〉에는 "於卞時雍"으로 되어 있으니, 이것이 바로 그 例이다. 위 구절에서는 "聲不和調(聲은 조화를 이루지 못한다.)"라 하고, 여기서는 "音不轉變(音은 잘 전변하지 못한다.)"이라 한 것이니, 바로 〈聲과 音이〉 같은 부류로 相從한 것이다.

案 : 兪樾이 '朴'을 '抃'이라 한 것을 옳을 듯하다. '明'은 곧 눈을 말한 것이니, 착오가 아닐 듯하다.

32-5-7 將必使當年하여

장차 반드시 壯年을 시켜서

王云 當年은 壯年也라 當有盛壯之義하니 晏子外篇曰 兼壽不能殫其教하며 當年不能究其禮라하고 呂氏春秋愛類篇曰 士有當年而不耕者하며 女有當年而不績者라하고 淮南子齊俗篇曰 丈夫丁壯而不耕하며 婦人當年而不織이라하고 管子揆度篇曰 老者를 譙之하고 當壯者를 遣之邊戍라하니 當壯은 卽丁壯也라 丁當은 一聲之轉이라

王念孫 : '當年'은 '壯年'이다. '當'에는 盛壯이란 뜻이 있으니, ≪晏子春秋≫ 〈外篇〉에 "兼壽不能殫其教 當年不能究其禮(수명을 곱절로 늘여도 그(孔子)가 말하는 가르침을 다 배울 수 없으며, 壯年에는 그가 말하는 禮를 다 실행할 수 없다.)"라 하였고, ≪呂氏春秋≫ 〈愛類〉

에 "士有當年而不耕者 女有當年而不績者(士는 장년에 농사짓지 않는 사람이 있고, 여인은 장년에 길쌈하지 않는 사람이 있다.)"라 하였고, ≪淮南子≫ 〈齊俗訓〉에 "丈夫丁壯而不耕 婦人當年而不織(장부는 丁壯인데도 농사짓지 않고, 부인은 장년인데도 길쌈하지 않는다.)"이라 하였고, ≪管子≫ 〈揆度〉에 "老者譙之 當壯者遣之邊戍(늙은이는 꾸짖고, 장년은 변방의 수자리에 보낸다.)"라 하였으니, 當壯은 곧 丁壯이다. 丁과 當은 한 성음이 전변한 것이다.

32-5-8 因其耳目之聰明과 股肱之畢强과 聲之和調와 眉之轉(朴)〔抃〕이니

그 총명한 귀와 눈, 빠르고 강한 다리와 팔, 조화로운 목소리, 잘 움직이는 눈썹을 이용해야 하니,

畢云 眉는 一本作明이라하다 案 明眉는 字通이라 穆天子傳[13]云 眉曰西王母之山이라하니 卽名也라 詩에 猗(의)嗟名兮라한대 爾雅云 目上爲名이라하니 亦卽眉也라

畢沅 : '眉'는 한 本에는 '明'으로 되어 있다.

案 : '明'과 '眉'는 글자가 통용된다. ≪穆天子傳≫에 "眉曰西王母之山(이름하여 서왕모의 산이라 했다.)"라 하였으니, 여기서 〈眉는〉 곧 名이다. ≪詩經≫ 〈齊風 猗嗟〉에 "猗嗟名兮(아 아리따운 눈썹이여.)"라 하였는데, ≪爾雅≫에 "目上爲名(눈 윗부분이 名이다.)"이라 하였으니, 또한 〈名이〉 곧 眉인 것이다.

32-5-9 使丈夫爲之면 廢丈夫耕稼樹藝之時요 使婦人爲之면 廢婦人紡績織紝之事라 今王公大人이 唯毋爲樂하여

丈夫를 시켜 〈종을〉 치게 하면 장부가 경작하여 농작물을 가꿀 때를 놓치게 만들고, 부인을 시켜 〈종을〉 치게 하면 부인이 길쌈하고 紡織하는 일을 못하게 만들 것이다. 지금 王公 大人이 오직 음악을 즐기느라

---

13) 穆天子傳 : 穆天子는 周 穆王이다. 晉나라 太康 2년(281)에 不準(부준)이 魏 襄王의 무덤에서 발굴했다는 ≪汲冢竹書≫에 들어 있는 책으로 모두 6권이다. 일종의 소설로 穆王이 天帝의 딸인 西王母를 만나고, 미인 盛姬와 연애하여 결혼한다는 얘기가 있다. ≪周王傳≫, ≪穆王傳≫, ≪周穆王傳≫, ≪周穆王游行記≫로 불리기도 한다. 현전하는 ≪목천자전≫은 ≪급총죽서≫에 들어 있던 것과 ≪周穆王美人盛姬死事≫가 합쳐진 것이라 한다.

唯는 舊本에 作惟러니 今據吳鈔本改하노라

'唯'는 舊本에는 '惟'로 되어 있었는데, 이제 吳鈔本에 의거하여 고쳤다.

32-5-10 虧奪民衣食之財하여

백성들의 의복과 음식을 마련할 재물을 탈취하여

舊本에 譌時러니 今從王校正하노라

舊本에는 〈'財'자가〉 '時'자로 잘못되어 있었는데, 이제 王念孫의 교감에 따라 바로잡았다.

32-5-11 以拊樂如此多也라

이와 같이 악기를 두드려 〈음악을 연주하는〉 이들이 많다."

廣雅釋詁云 拊는 擊也라하다 書舜典에 予擊石拊石이라한대 僞孔傳云 拊는 亦擊也라하다

≪廣雅≫ 〈釋詁〉에 "拊는 擊(치다)이다."라 하였다. ≪書經≫ 〈舜典〉에 "予擊石拊石(내가 石磬을 치고 내가 석경을 두드리자)"이라 하였는데, ≪僞孔傳≫에 "拊 또한 擊이다."라 하였다.

32-5-12 是故로 子墨子曰 爲樂은 非也라

이런 까닭에 子墨子께서 말씀하셨다. "음악을 즐기는 것은 옳지 않다.

32-6-1 今大鍾鳴鼓琴瑟竽笙之聲이 旣已具矣라도

지금 큰 종, 북, 琴, 瑟, 竽, 생황과 같은 악기들이 이미 갖추어졌을지라도

畢云 據上文컨대 當有王公二字라

畢沅 : 위 글에 의거하건대 〈旣已具矣〉 뒤에 응당 '王公' 두 자가 있어야 한다.

32-6-2 〔王公〕大人鏽(수)[14]然奏而獨聽之면

王公 大人이 숙연히 음악을 연주하고 홀로 들으면

畢云 鏽字는 說文玉篇俱無라

畢沅 : '鏽'자는 ≪說文解字≫와 ≪玉篇≫에 모두 없다.

32-6-3 將何樂得焉哉아 其說將(必)〔不〕與賤人(不)〔必〕與君子리니

장차 어떻게 〈음악을〉 즐길 수 있겠는가. 賤人과 더불어 듣지 않으면 반드시 군자와 더불어 들을 것이라 말할 터이니,

王云 此本作必將與賤人與君子니 下文與君子聽之與賤人聽之가 卽承此文而言이라 今本에 作不與君子하니 不字는 乃後人不曉文義而妄加之라하다 案 此疑當作不與賤人必與君子니 謂所與共聽者가 非賤人則君子也라 王校未塙(확)이라

王念孫 : 이 대목은 본래 "必將與賤人與君子(반드시 장차 천인과 군자와 더불어 들을 것이다.)"로 되어 있었을 것이니, 아래 글에 "與君子聽之(군자와 더불어 들으면)", "與賤人聽之(천인과 더불어 들으면)"라 한 대목이 바로 이 대목을 이어받아 말한 것이다. 今本에 '不與君子'로 되어 있으니, '不'자는 바로 후세 사람이 글 뜻을 알지 못하고서 함부로 더 넣은 것이다.

案 : 이 대목은 아마도 "不與賤人必與君子"가 되어야 할 듯하니, 말하자면 더불어 함께 음악을 듣는 사람이 천인이 아니면 군자라는 것이다. 왕염손의 교감은 확실하지 않다.

32-6-4 與君子聽之면

군자와 더불어 〈음악을〉 들으면

畢云 舊脫首三字러니 一本有라하다

畢沅 : 舊本에는 첫머리의 〈'與君子'〉 세 자가 빠졌는데, 한 本에 있다.

32-6-5 廢君子聽治요 與賤人聽之면 廢賤人之從事라 今王公大人이 惟毋爲樂하여

14) 鏽(수) : ≪康熙字典≫에 "독음이 肅이니, 肅과 뜻이 같다."라 하였다.

虧奪民之衣食之財하여 **以拊樂如此多也**라 **是故**로 **子墨子曰 爲樂**은 **非也**라

군자가 정사를 보는 것을 못하게 되며, 천인과 더불어 음악을 들으면 천인이 자기 할 일을 못하게 될 것이다. 지금 王公 大人이 오직 음악을 즐기느라 백성들의 의복과 음식을 마련할 재물을 탈취하여 이와 같이 악기를 두드려 음악을 연주하는 이들이 많다."

이런 까닭에 자묵자께서 말씀하시기를 "음악을 즐기는 것은 옳지 않다.

32-7-1 **昔者**에 **齊康公**이

옛날에 齊 康公이

畢云 案史記컨대 **康公**은 **名貸**니 **宣公子**라 **當周安王時**라하다 **詒讓案 齊康公**은 **與田和**[15]**同時**하니 **墨子容及見其事**로되 **但康公衰弱**하여 **屬於田氏**라가 **卒爲所遷廢**하니 **恐未必能興樂如此之盛**이라 **竊疑其爲景公之誤**니 **惜無可校諭也**라

畢沅 : ≪史記≫를 살펴보건대, 康公은 이름이 貸이니, 宣公의 아들로 周 安王 때 사람이다.

詒讓案 : 齊 康公은 田和와 동시대 사람이니, 墨子가 혹 그 일을 보았을 수도 있다. 다만 강공은 쇠약하여 田氏에게 예속되어 있다가 마침내 〈海上으로〉 옮겨져 폐위되고 말았으니, 아마도 이와 같이 성대하게 음악을 일으킬 수는 없었을 것이다. 아마도 〈'康公'은〉 '景公'의 착오일 듯하지만 교감할 길이 없어 애석하다.

32-7-2 **興樂萬**하니

일어나 음악에 맞춰 萬舞를 추게 하니

俞云 興은 **猶喜也**라 **禮記學記篇**에 **不興其藝**라한대 **鄭注曰 興之言**은 **喜也**며 **歆也**라하고

---

15) 田和 : 춘추시대 齊나라를 찬탈한 사람이다. 제나라는 원래 太公望 呂尙의 封國으로 姜姓의 나라였다. 桓公 때 陳 厲公의 아들인 田完이 제나라로 망명하여 환대를 받았는데, 그의 후손인 田常이 齊 簡公을 시해하여 정권을 장악하였고, 그 후 전상의 증손인 전화가 康公을 폐위시키고 나라를 찬탈하였다.(≪史記≫ 卷46 〈田敬仲完世家〉)

尙書堯典의 庶績咸熙가 史記五帝紀에 作衆功皆興하고 揚雄劇秦美新[16]에 引作庶績咸喜하니 是興與喜는 一聲之轉이라 其義得通하니 興樂萬者는 喜樂萬也라 樂은 卽本篇非樂之樂이요 萬은 謂萬舞[17]也라하다 蘇云 此亦見太平御覽하니 興樂萬萬人이 作有樂工萬人이라 愚謂正文은 當以興樂萬爲句요 而萬人은 當屬下爲句라 蓋萬은 不可以數言이니 當爲萬舞之萬이라 萬人은 猶舞人也니 興樂萬은 猶興樂舞也라 斯於事義爲協이라 若以數言이면 則樂至萬萬人하니 雖傾國之力이라도 不足以供之라 雖至無道之君이라도 不聞有此하니 審爾면 則墨子當先以爲譏로되 而篇中尙無此意하니 則萬非人數가 曉然矣라하다 案 蘇說이 是也라 周禮鄕大夫舞師에 竝云 興舞라한대 鄭注云 興은 猶作也라하니 卽此興樂萬之義라

兪樾 : '興'은 '喜'와 같다. ≪禮記≫ 〈學記〉에 "不興其藝(그 배움을 기뻐하지 않으면)"라 했는데, 鄭玄의 注에 "興이란 말은 기뻐함이며 좋아함이다."라 하였고, ≪尙書≫ 〈堯典〉의 "庶績咸熙(여러 功績들이 다 넓어졌다.)"가 ≪史記≫ 〈五帝本紀〉에는 "衆功皆興"으로 되어 있고 揚雄의 〈劇秦美新〉에서 인용한 곳에는 "庶績咸喜"로 되어 있으니, 이는 興과 喜는 한 성음이 轉變한 것이라 그 字義가 통하는 것이다. 따라서 '興樂萬'이란 萬이란 음악을 좋아하는 것이다. '樂'은 本篇 〈非樂〉의 樂이고, '萬'은 萬舞를 말한다.

蘇時學 : 이 대목은 ≪太平御覽≫에도 보이는데, '興樂萬萬人'이 '有樂工萬人'으로 되어 있다. 나는 생각건대 正文은 응당 '興樂萬'으로 句를 삼아야 하고, '萬人'은 응당 아래에 속하여 句가 되어야 한다. 대개 '萬'은 숫자로 말할 수 없으니, 응당 萬舞의 萬이 되어야 한다. '萬人'은 舞人과 같으니, '興樂萬'은 '興樂舞'와 같다. 이렇게 보는 것이 사리에 맞다. 만약 숫자로 말한다면 음악을 연주하는 사람이 萬萬人에 이르게 되니, 비록 국력을 다 기울일지라도 공급할 수 없을 것이다. 아무리 무도한 임금일지라도 이러한 일이 있었다는 것은 들어보지 못했다. 참으로 과연 이러한 일이 있었다면 墨子가 응당 먼저 그 일을 비판했을 터인데, 이 편 중에 오히려 이러한 뜻이 없으니, '萬'이 사람의 숫자가 아님은 분명하다.

---

16) 劇秦美新 : 揚雄이 漢나라 帝位를 찬탈하여 新을 건국한 王莽에게 아첨하기 위해 지은 글이다. 劇秦美新이란 秦은 나쁘고 왕망의 新은 좋다는 뜻을 담은 것이다.(≪文選≫ 卷48 〈劇秦美新〉)

17) 萬舞 : 고대의 춤의 일종이다. 먼저 춤추는 사람이 손에 병기를 들고 武舞를 춘 다음에 뒤에 춤추는 사람이 손에 새 깃털과 악기를 들고 文武를 추는 것이다. ≪詩經≫ 〈簡兮〉에 "간략하고 간략하여 바야흐로 만무를 추노라.〔簡兮簡兮 方將萬舞〕"라 하였다.

案 : 蘇時學의 설이 옳다. ≪周禮≫의 〈鄕大夫〉와 〈舞師〉에 모두 "興舞(일어나 춤추다)"라 하였는데, 鄭玄의 注에 "興은 作(일어나다)과 같다."라 하였으니, 바로 이 '興樂萬'의 〈興의〉 뜻이다.

32-7-3 萬人은 不可衣短褐이요

萬舞를 추는 사람은 短褐을 입을 수 없고

短褐은 卽裋(수)褐之借字라 說文衣部云 裋는 豎(수)使布長襦(유)라하고 褐은 粗衣라하다 方言云 襜褕(첨유)는 其短者를 謂之裋褕라하고 又云 複襦는 江湘之間에 謂之𧝓(수)라하니 𧝓는 卽裋之俗이라 墨子書此及魯問公輸三篇에 字竝作短이라 韓非子說林上篇과 賈子新書過秦下篇과 戰國策宋策과 史記孟嘗君傳과 文選班彪王命論이 竝同이라 史記秦始皇[18]本紀에 夫寒者는 利裋褐이라한대 徐廣云 一作短이니 小襦也라하고 索隱云 蓋謂褐布豎裁하여 爲勞役之衣에 短而且狹이라 故謂之短褐이요 亦曰豎褐이라하다 列子力命篇云 衣則裋褐이라한대 殷敬順釋文云 裋는 音豎라하고 許愼注淮南子云 楚人謂袍爲裋라하고 又有作短褐者는 誤라하다 荀子大略篇云 衣則豎褐不完이라한대 楊注云 豎褐은 僮豎之褐이니 亦短褐也라하다 案 短豎는 竝裋之同聲叚借字라 唐人說에 或讀短如字하고 或以短爲字誤하고 或釋豎爲僮豎는 皆非也라

'短褐'은 곧 '裋褐'의 가차자이다. ≪說文解字≫ 衣部에 "裋는 豎使(童僕)가 입는 베로 된 긴 저고리이다."라 하였고, "褐은 거친 옷이다."라 하였다. ≪方言≫에 "襜褕(비교적 긴 홑옷)는 그중에서 짧은 것을 裋褕라 한다."라 하였고, 또 "複襦(솜을 넣은 두루마기)를 江湘 지역에서 𧝓라 한다."라 하였으니, 𧝓는 곧 裋의 俗字이다. ≪墨子≫의 이 편과 〈魯問〉, 〈公輸〉 3편에는 글자가 모두 短으로 되어 있다. ≪韓非子≫ 〈說林 上〉과 ≪賈子新書≫ 〈過秦 下〉와 ≪戰國策≫ 〈宋策〉과 ≪史記≫ 〈孟嘗君傳〉과 ≪文選≫ 班彪의 〈王命論〉에도 다 같다. ≪사기≫ 〈秦始皇本紀〉에 "夫寒者 利裋褐(대저 추위에 떠는 사람은 裋褐도 이롭게 여긴다.)"이라 하였는데, 徐廣은 "〈裋은〉 한 本에는 短으로 되어 있으니, 작은 저고리이

---

18) 始皇 : 저본의 원주에 "始皇 두 글자는 원문에 빠져 있으나, ≪史記≫에 의거하여 보충하였다. 이 인용문은 ≪史記≫ 〈秦始皇本紀〉의 論에 인용된 賈誼의 말이다.〔始皇二字原脫 據史記補 引文秦始皇本紀論引賈誼語〕"라고 하였다.

다."라 하였고, ≪史記索隱≫에는 "대개 褐布를 세로로 裁斷하여 勞役할 때 입는 옷을 만든 것으로 길이가 짧은데다가 폭이 좁다. 그러므로 短褐이라 하고 또한 豎褐이라 한다."라 하였다. ≪列子≫ 〈力命〉에 "衣則裋褐(옷은 裋褐을 입었다.)"이라 하였는데, 殷敬順의 ≪列子釋文≫에 "裋는 독음이 豎이다."라 하였고, 許愼의 ≪淮南子≫ 注에 "楚나라 사람들을 袍를 裋라 한다."라 하였고, 또 "短褐로 되어 있는 것은 착오이다."라 하였다. ≪荀子≫ 〈大略〉에 "衣則豎褐不完(옷은 허름한 裋褐을 입었다.)"이라 했는데, 楊倞의 注에 "豎褐은 童僕이 입는 褐衣이니, 또한 短褐이다."라 하였다.

案 : 短과 豎는 모두 裋와 聲音이 같은 假借字이다. 唐나라 사람의 說에 혹 短을 本字 그대로 읽어야 한다는 견해도 있고, 혹 短을 오자로 보는 견해도 있고, 혹 '豎'를 '僮豎(아이 종)'로 풀이하는 견해도 있는데, 모두 옳지 않다.

32-7-4 不可食穅糟라하고

변변찮은 음식을 먹을 수 없다."라 하고,

畢云 穅字는 从禾니 俗寫誤从米라하다 蘇云 御覽에 作糟穅이라하다

畢沅 : '穅'자는 부수가 禾인데 속자로는 米 부수로 잘못 쓰기도 한다.
蘇時學 : ≪太平御覽≫에서 〈이 대목을 인용한 곳에는〉 '糟穅'으로 되어 있다.

32-7-5 曰 食飮不美하면

이르기를 "음식이 좋지 못하면

蘇云 御覽에 食飮이 作飮酒라하다

蘇時學 : ≪太平御覽≫에는 '食飮'이 '飮酒'로 되어 있다.

32-7-6 面目顏色이 不足視也요 衣服不美하면 身體從容(醜羸(리))이 不足觀也라

면목과 안색이 볼품없게 되고, 의복이 좋지 못하면 신체의 거동이 볼품없게 된다.

畢云 一本에 作身體容貌不足觀也요 太平御覽引作身體從容不足觀也라하다 王云 醜

羸二字는 後人所加也라 楚辭九章注와 廣雅釋訓曰 從容은 擧動也라하니 古謂擧動爲從容이라 身體從容不足觀은 謂衣服不美하면 則身體之一擧一動이 皆無足觀也니 後人乃加入醜羸二字라 夫衣服不美가 何致羸其身體리오 且身體從容不足觀이 與面目顔色不足視로 對文이니 加醜羸二字하면 則與上文不對矣라 鈔本北堂書鈔衣冠部三에 引此作身體從容不足觀하고 無醜羸二字라 太平御覽服章部十飮食部七所引도 竝同이라

畢沅 : 한 本에는 "身體容貌不足觀也(신체와 용모가 볼품없다.)"로 되어 있고, ≪太平御覽≫에서 이 대목을 인용한 곳에는 "身體從容不足觀也(신체의 거동이 볼품없다.)"로 되어 있다.

王念孫 : '醜羸' 두 자는 후세 사람이 더 넣은 것이다. ≪楚辭≫ 〈九章〉 注와 ≪廣雅≫ 〈釋訓〉에 "從容은 擧動이다."라 하였으니, 옛날에는 擧動을 從容이라 했던 것이다. '身體從容不足觀'은 "의복이 좋지 못하면 신체의 一擧一動이 모두 볼품없게 된다."는 말이니, 그래서 후세 사람이 '醜羸(추하고 여위다)' 두 자를 더 넣은 것이다. 그러나 의복이 아름답지 못한 것이 어찌 그 옷을 입은 사람의 신체를 여위게 할 수 있겠는가. 게다가 '身體從容不足觀'이 '面目顔色不足視'와 對文이니, '醜羸' 두 글자를 더 넣으면 위 글과 대문이 못 된다. 鈔本 ≪北堂書鈔≫ 〈衣冠部 3〉에 이 대목을 인용한 곳에는 "身體從容不足觀"으로 되어 있고 '醜羸' 두 자가 없다. ≪太平御覽≫ 〈服章部 10〉과 〈飮食部 7〉에서 이 대목을 인용한 곳도 모두 같다.

32-7-7 **是以**로 **食必粱肉**이요 **衣必文繡**니 **此掌不從事乎衣食之財**하고

이런 까닭에 음식은 반드시 쌀밥과 고기를 먹고 옷은 반드시 수놓은 비단옷을 입으니, 이들은 늘 衣食을 마련할 재물을 만드는 데 종사하지 않고

畢云 掌은 **一本作常**이라하다 **詒讓案 掌常**은 **字通**이니 **下同**이라

畢沅 : '掌'은 한 本에는 '常'으로 되어 있다.

詒讓案 : '掌'과 '常'은 글자가 통용된다. 아래도 같다.

32-7-8 **而掌食乎人者也**라 **是故**로 **子墨子曰 今王公大人**이 **惟毋爲樂**하여 **虧奪民衣食之財**하여 **以拊樂如此**(之)〔多〕[19]**也**라 **是故**로 **子墨子曰 爲樂**은 **非也**라

늘 남의 힘으로 먹고 사는 사람들이다."라 하셨다.

이런 까닭에 子墨子께서 말씀하셨다. "지금 王公 大人이 음악을 즐기느라 백성들의 의복과 음식을 마련할 재물을 탈취하여 이와 같이 악기를 두드려 음악을 연주하는 이들이 많다."

이런 까닭에 子墨子께서 말씀하셨다. "음악을 즐기는 것은 옳지 않다.

毋는 道藏本吳鈔本에 竝作無하니 字通이라 舊本에 爲下에 脫樂字러니 今據王校補하노라

'毋'는 道藏本과 吳鈔本에는 모두 無로 되어 있으니, 글자가 통용된다. 舊本에는 '爲' 아래에 '樂'자가 빠졌는데, 이제 王念孫의 교감에 의거하여 보충하였다.

32-8-1 今人은 固與禽獸麋(미)鹿蜚鳥貞蟲異者也라

지금 사람은 진실로 날짐승, 길짐승, 고라니, 사슴, 나는 새, 곤충들과 다른 것이다.

蜚는 與飛通이라 貞蟲은 詳明鬼下篇이라하다 宋翔鳳云 貞은 通征이라 此言蜚鳥征蟲은 卽三朝記[20]所謂蜚征[21]也라하다 案 宋說이 是也라 莊子在宥篇云 災及草木하며 禍及止蟲이라한대 釋文引崔譔本에 作正蟲하니 亦卽貞蟲也라 征은 正字니 貞正은 竝聲近叚借字라

'蜚'는 '飛'와 통한다. '貞蟲'은 〈明鬼 下〉에 상세히 보인다.

宋翔鳳 : '貞'은 '征'과 통한다. 여기서 말한 蜚鳥와 征蟲은 곧 ≪三朝記≫에서 말한 '蜚征'이다.

案 : 송상봉의 설이 옳다. ≪莊子≫ 〈在宥〉에 "災及草木 禍及止蟲(재해가 초목에 미치며

---

19) (之)〔多〕: 저본에는 '之'로 되어 있으나, 續修四庫全書本 ≪墨子閒詁≫에 의거하여 '多'로 바로잡았다.

20) 三朝記 : ≪孔子三朝記≫를 줄인 말이다. 내용은 孔子가 魯 哀公의 물음에 답한 말들을 기록한 것인데 공자가 세 번 애공에게 朝見(조현)했다는 뜻으로 붙인 이름이다. 지금은 ≪大戴禮記≫에 들어 있다.

21) 蜚征 : ≪大戴禮記≫ 〈四代〉에 보이는데, 王聘珍의 解詁에 "蜚征은 禽獸와 곤충을 말한다."라 하였다.

화가 지충에 미친다.)"이라 하였는데, ≪經典釋文≫에서 崔譔本을 인용한 곳에 〈'止蟲'〉이 '正蟲'으로 되어 있으니, 곧 貞蟲인 것이다. '征'은 '正'자이니 貞과 正은 모두 서로 성음이 비슷한 假借字이다.

32-8-2 **今之禽獸麋鹿蜚鳥貞蟲**은 **因其羽毛**하여 **以爲衣裘**하며 **因其蹄蚤**(제조)하여

지금 날짐승, 길짐승, 고라니, 사슴, 나는 새, 곤충들은 자기 깃과 털을 그대로 옷과 갖옷으로 삼으며, 발굽과 발톱을 그대로

畢云 蹄는 **卽蹢**(적)**省文**이라 **蚤**는 **卽爪假音**이라하다

畢沅 : '蹄'는 곧 '蹢'의 省文이다. '蚤'는 곧 '爪'의 假音字이다.

32-8-3 **以爲絝屨**(고구)하며

잠방이와 신발로 삼으며,

吳鈔本에 **絝**는 **作袴**(고)라 **畢云 絝**는 **卽𩊚正文**이라 **說文云 絝**는 **脛衣也**라하다

吳鈔本에는 '絝'가 '袴'로 되어 있다.

畢沅 : '絝'는 곧 '𩊚'의 正字이다. ≪說文解字≫에 "絝는 脛衣(잠방이)이다."라 하였다.

32-8-4 **因其水草**하여 **以爲飮食**이라 **故唯使雄不耕稼樹藝**하고

물과 풀을 그대로 음식으로 삼는다. 그러므로 비록 수컷은 경작하여 농작물을 가꾸지 않고

唯는 **舊本**에 **作惟**러니 **今從吳鈔本改**하노라 **唯雖**는 **字通**이라 **蘇云 惟**는 **當作雖**라하다

'唯'는 舊本에는 '惟'로 되어 있었는데, 이제 吳鈔本을 따라 고친다. 唯와 雖는 글자가 통용된다.

蘇時學 : '惟'는 응당 '雖'가 되어야 한다.

32-8-5 **雌亦不紡績織紝**이라도 **衣食之財**가 **固已具矣**어니와 **今人**은 **與此異者也**라 **賴**

其力者生하고

암컷도 길쌈하고 紡織하지 않더라도 의복과 음식을 마련할 재물이 진실로 이미 갖추어져 있는 셈이다. 그렇지만 지금 사람은 이와는 다른 것이다. 자기 힘을 利用하는 자는 살고

史記高帝紀에 以臣無賴라한대 集解에 晉灼云 賴는 利也라하다 畢云 生은 舊作主하고 下同한대 以意改하노라

≪史記≫ 〈高帝本紀〉에 "以臣無賴"라 하였는데, 〈이 대목의〉 ≪史記集解≫에 "晉灼이 '賴는 利(이로움)이다.'라 하였다."라 하였다.

畢沅 : '生'은 舊本에는 '主'로 되어 있고 아래도 같은데 뜻으로 판단하고 고쳤다.

32-8-6 **不賴其力者不生**이라 **君子不强聽治**면 **卽刑政亂**하고 **賤人不强從事**면 **卽財用不足**이라 **今天下之士君子**가 **以吾言不然**하니 **然卽姑嘗數天下分事**하여 **而觀樂之害**하리라

자기 힘을 이용하지 못하는 자는 살지 못한다. 군자가 힘써 정사를 보지 않으면 刑政이 문란해지고 賤人이 힘써 자기 할 일을 하지 않으면 財用이 부족해진다. 지금 천하의 士君子가 내 말을 수긍하지 않으니 그렇다면 우선 천하의 分事(직분 상 당연히 해야 할 일)를 몇 가지 들어서 음악의 해로움을 보여주겠다.

蘇云 卽은 與則通用이라

蘇時學 : '卽'은 '則'과 통용된다.

32-8-7 **王公大人**은 **蚤朝晏退**하여 **聽獄治政**하니

王公 大人이 아침 일찍 조회에 나가고 저녁 늦게 퇴근하면서 獄事를 판결하고 정사를 처리하니

文選任彦昇天監三年策秀才文의 李注에 引退作罷하며 聽作斷하다

≪文選≫에 수록된 任彦昇의 〈天監三年策秀才文〉의 李善 注에 이 대목을 인용한 곳에 '退'는 '罷'로 되어 있고, '聽'은 '斷'으로 되어 있다.

32-8-8 此其分事也요 **士君子**가 **竭股肱之力**하고 **亶**(단)**其思慮之智**하여

이것이 그 分事요, 士君子는 팔다리의 힘을 다 쓰고 사려의 지혜를 다 쏟아서

蘇云 非命篇에 亶作殫이라하다 詒讓案 亶殫은 聲近字通이라 太玄經의 范望注云 亶은 盡也라하다

蘇時學 : 〈非命〉에는 '亶'이 '殫'으로 되어 있다.

詒讓案 : 亶과 殫은 성음이 비슷하고 글자가 통용된다. ≪太玄經≫의 范望 注에 "亶은 盡(다하다)이다."라 하였다.

32-8-9 內治官府하고 **外收斂關市山林澤梁之利**하여 **以實倉廩府庫**하니 **此其分事也**요 **農夫蚤**(조)**出暮入**[22]하여 **耕稼樹藝**하여 **多聚叔粟**하니

안으로는 官府를 다스리고 밖으로는 關市와 산림과 澤梁의 이익을 거두어서 倉廩과 府庫에 채우니 이것이 그 分事요, 농부는 아침 일찍 〈들에〉 나가 날이 저물어서야 〈집에〉 들어오면서 경작하여 농작물을 가꾸어 곡식을 많이 거둬들이니

叔은 舊本에 作升이라 王云 升은 當爲叔이니 叔與菽同이라 大雅生民篇에 蓺(예)之荏菽이라하고 檀弓에 啜菽飮水라하다 左氏春秋定元年에 隕霜殺菽이라한대 釋文에 竝作叔이라 管子戒篇에 出冬蔥與戎叔이라하고 莊子列御寇篇에 食以芻叔이라하고 漢書昭帝紀에 以叔粟當賦라하니 竝與菽同이라 尙賢篇云 蚤出莫(모)入하여 耕稼樹藝하여 聚菽粟이라하니 是其證也라 草書叔升二形相似하니 晏子諫篇에 合升㪷(두)之微하여 以滿倉廩이라한대 說苑正諫篇에 升㪷作菽粟하고 齊策에 先生王斗라한대 文選任昉齊竟陵文宣王行狀注에 引作王叔하고 漢書古今人表作王升이라 後漢書에 周章字次叔이라한대 叔或作升하고 文選左思

---

22) 入 : 저본의 원주에 "入은 원문에 人으로 잘못되어 있으나, 畢沅의 刻本에 의거하여 고쳤다.〔入 原誤人 據畢沅刻本改〕"라고 하였다.

魏都賦注에 **引張升反論**[23)]한대 **陳琳答東阿王牋注**에 **作張叔及論**하고 **昭七年左傳正義作張叔皮論**하니 **皆以字形相似而誤**라 **非命篇多聚升粟**은 **誤**니 **與此同**이라

'叔'은 舊本에는 '升'으로 되어 있었다.

王念孫 : '升'은 응당 叔이 되어야 하니, 叔은 菽과 같다. ≪詩經≫ 〈大雅 生民〉에 "蓺之荏菽(콩을 심자)"이라 하였고, ≪禮記≫ 〈檀弓〉에 "啜菽飮水(콩을 먹고 물을 마셔도)"라 하였다. ≪春秋左氏傳≫ 定公 원년 條에 "隕霜殺菽(서리가 내려 콩을 죽였다.)"이라 했는데, ≪經典釋文≫에는 〈菽이〉 모두 叔으로 되어 있다. ≪管子≫ 〈戒〉에 "出冬蔥與戎叔(동총과 융숙을 내어서)"이라 하였고, ≪莊子≫ 〈列御寇〉에 "食以芻叔(꼴과 콩을 먹인다.)"이라 하였고, ≪漢書≫ 〈昭帝紀〉에 "以叔粟當賦(콩과 조로 〈錢物 대신〉 賦稅를 내었다.)"라 하였으니, 모두 〈'叔'자가〉 '菽'자와 같다. 그리고 本書 〈尙賢〉에 "蚤出莫入 耕稼樹藝 聚菽粟(아침 일찍 〈들에〉 나가 날이 저물어서야 〈집에〉 들어오면서 경작하고 농작물을 가꾸어 콩과 조를 거두어 들인다.)"이라 하였으니, 이것이 그 증거이다. 草書로 叔과 升 두 글자는 모양이 서로 비슷하니,≪晏子春秋≫ 〈諫〉에 "合升𪏆之微 以滿倉廩(미미한 콩과 조를 모아서 창고에 가득 채운다.)"이라 하였는데 ≪說苑≫ 〈正諫〉에는 '升𪏆'가 '菽粟'으로 되어 있고, ≪戰國策≫ 〈齊策〉에 "先生王斗"라 하였는데 ≪文選≫에 실려 있는 任昉의 〈齊竟陵文宣王行狀〉 注에 이 대목을 인용한 곳에는 〈'王斗'가〉 '王叔'으로 되어 있고 ≪漢書≫ 〈古今人表〉에는 '王升'으로 되어 있다. 그리고 ≪後漢書≫에 "周章字次叔(주장은 자가 차숙이다.)"라 했는데 '叔'이 어떤 곳에는 '升'으로 되어 있다. ≪文選≫에 실려 있는 左思의 〈魏都賦〉 注에 이 대목을 인용한 곳에는 "張升反論(장승의 〈反論〉에)"이라 했는데 陳琳의 〈答東阿王牋〉의 注에는 "張叔及論"으로 되어 있고, ≪春秋左氏傳≫ 昭公 7년 條의 正義에는 "張叔皮論"으로 되어 있다. 이러한 경우들은 다 字形이 서로 비슷하여 생긴 착오이다. 본서 〈非命〉의 '多聚升粟'은 착오이니, 이 대목과 같다.

32-8-10 **此其分事也**요 **婦人夙興夜寐**하여 **紡績織紝**하여 **多治麻絲葛緖綑布**(縿)〔**繰**〕하니

23) 張升反論 : 저본의 원주에 "살펴보건대, ≪文選≫ 〈與山巨源絶交書〉의 주에 이 대목을 인용한 곳에는 '張升反論'으로 되어 있고, 〈魏都賦〉의 주에 이 대목을 인용한 곳에는 '張升及論'으로 되어 있는데, 胡克家의 ≪文選考異≫에 '反으로 되어 있는 것이 옳다.' 하였다.〔按 文選與山巨源絶交書注引作張升反論 魏都賦注引作張升及論 胡克家考異謂作反是〕"라고 하였다.

이것이 그 分事요, 아낙네는 아침 일찍 일어나 밤늦게 잠들면서 길쌈하고 紡織하여 삼, 生絲, 칡 등을 손질하여 천과 명주를 짜는 일을 많이 하니

畢云 綑은 舊作細라하다 盧云 當爲綑이니 與捆同이라 非命下에 正作捆이라 縿은 鄭君[24]注禮記云 縑也라 縿은 讀如綃라하다 王云 縿은 當爲繰라 凡書傳中從喿之字가 多變而從參이라 故繰誤爲縿이라 集韻[25]에 綑은 織也라하니 綑布繰는 猶言綑布帛이라 說文에 繰는 帛如紺色이니 或曰深繒이라 從(糸)〔喿〕[26]聲이요 讀若喿라하고 玉篇에 子老切이라하고 廣雅曰 繰를 謂之縑이라하다 檀弓에 布幕은 衛也요 繰幕은 魯也라한대 鄭注曰 繰는 縑也라하니 繰는 讀如綃라 今本檀弓亦譌作縿이라 又說文에 縿은 旌旗之游也니 從糸參聲이라하고 玉篇에 所銜切이라하니 兩字判然不同이라하다 案 王說이 是也라 前辭過篇에 作梱布絹하니 絹은 卽綃之誤라 綑梱捆은 竝稛之俗이라 詳非命下篇하다

畢沅 : '綑'은 舊本에는 '細'로 되어 있다.

盧文弨 : 응당 '綑'이 되어야 하니, '捆'과 같다. 〈非命 下〉에 바로 '捆'으로 되어 있다. 縿은 鄭玄의 ≪禮記≫ 注에 "縑(생명주)이다. 縿은 綃와 같이 읽는다."라 하였다.

王念孫 : '縿'은 응당 繰가 되어야 한다. 典籍 중에 喿 阜傍인 글자는 변하여 參 阜傍으로 되는 경우가 많다. 그러므로 繰가 縿으로 잘못된 것이다. ≪集韻≫에 "綑은 織이다."라 하였으니 '綑布繰'는 '綑布帛(베와 명주를 짜다)'이란 말과 같다. ≪說文解字≫에 "繰는 帛(명주)이 紺色과 같은 것이니, 혹 深繒이라고도 한다. 부수는 糸이고 성음은 喿이며 喿와 같이 읽는다."라 하였고, ≪玉篇≫에는 "子와 老의 반절이다."라 하였고, ≪廣雅≫에 "繰를 縑이라 한다."라 하였다. ≪禮記≫ 〈檀弓〉에 "布幕衛也 繰幕魯也(베로 만든 천막은 衛나라 천막이요, 명주로 만든 천막은 魯나라 천막이다.)"라 하였는데 鄭玄의 注에 "繰는 縑이다."라 하였으니, 繰는 綃와 같이 읽는다. 今本 ≪禮記≫ 〈檀弓〉에도 縿으로 잘못되어 있다. 또 ≪설문해자≫에 "縿은 旌旗에 매달린 수술이니, 부수는 糸이고 성음은 縿이다."라 하였고, ≪옥편≫에 "所와 銜의 반절이다."라 하였다. 따라서 〈繰와 縿〉 두 글자는 판연히 다르다.

---

24) 鄭君 : 經學者들이 鄭玄을 일컫는 호칭이다.

25) 集韻 : 중국의 韻書로 모두 10권이다. 北宋 寶元 2년(1039)에 丁度 등이 왕명을 받아 撰述하였다. 수록한 글자는 5만여 자로, ≪廣韻≫의 약 2배이다. 異體字와 異讀을 광범위하게 수록하였다.

26) (糸)〔喿〕 : 저본에는 '糸'로 되어 있으나, ≪說文解字≫에 의거하여 '喿'로 바로잡았다.

案 : 왕염손의 설이 옳다. 앞의 〈辭過〉에는 "梱布絹(베와 명주를 짠다)"이라 하였으니, 絹은 綃의 오자이다. 綑과 梱과 捆은 모두 稛의 俗字이다. 〈非命 下〉에 상세히 보인다.

32-8-11 **此其分事也**어늘 **今惟毋在乎王公大人**에 **說**(열)**樂而聽之**면 **卽必不能蚤朝晏退**하고 **聽獄治政**이라 **是故**로 **國家亂而社稷危矣**라 **今惟毋在乎士君子**에 **說樂而聽之**면

이것이 그 分事이다. 그런데 王公 大人에 있어서 음악을 좋아하여 들으면, 필시 아침 일찍 조회에 나가고 저녁 늦게 퇴근하면서 獄事를 판결하고 정사를 처리하지 못할 것이다. 이런 까닭에 국가가 혼란하고 社稷이 위태로워질 것이다. 지금 士君子에 있어서 음악을 좋아하여 들으면,

吳鈔本에 惟毋가 作唯無라

吳鈔本에는 '惟毋'가 '唯無'로 되어 있다.

32-8-12 **卽必不能竭股肱之力**하고 **亶其思慮之智**하여 **內治官府**하고 **外收斂關市山林澤梁之利**하여 **以實倉廩府庫**라 **是故**로 **倉廩府庫不實**이라 **今惟毋在乎農夫**에 **說樂而聽之**면

필시 팔다리의 힘을 다 쓰고 사려의 지혜를 다 쏟아서 안으로는 官府를 다스리고 밖으로는 關市와 산림과 澤梁의 이익을 거두어서 倉廩과 府庫에 채우지 못할 것이다. 이런 까닭에 창름과 부고가 차지 못하게 된다. 지금 농부에 있어서 음악을 좋아하여 들으면,

惟는 吳鈔本에 作唯하니 下同이라

'惟'는 吳鈔本에는 唯로 되어 있다. 아래도 같다.

32-8-13 **卽必不能蚤出暮入**하여 **耕稼樹藝**하여 **多聚叔粟**이라 **是故**로 **叔粟不足**이라

필시 아침 일찍 〈들에〉 나가 날이 저물어서야 〈집에〉 들어오면서 경작하여 농작물

을 가꾸어 곡식을 많이 거둬들이지 못할 것이다. 이런 까닭에 곡식이 부족하게 된다.

多聚叔粟의 叔은 舊本作升이러니 今據王校正하노라 又舊本에 脫是故叔粟四字러니 王據上下文補라

'多聚叔粟'의 '叔'은 舊本에는 '升'으로 되어 있었는데 이제 王念孫의 교감에 의거하여 바로잡았다. 또 舊本에는 '是故叔粟' 네 자가 빠졌는데, 왕염손이 위아래 글에 근거하여 보충하였다.

32-8-14 今惟毋在乎婦人에 說(열)樂而聽之면 即(不必)〔必不〕能夙興夜寐하여

지금 아낙네에 있어서 음악을 좋아하여 들으면 아침 일찍 일어나 밤늦게 잠들면서

畢云 舊脫能字러니 以意增이라하다 詒讓案 依上文컨대 當作必不能이라

畢沅 : 舊本에는 '能'자가 빠졌는데 뜻으로 판단하여 더 보충하였다.

詒讓案 : 위 글에 의거하건대, 〈'不必能'은〉 응당 '必不能'이 되어야 한다.

32-8-15 紡績織紝하여

길쌈하고 紡織하여

吳鈔本에 作織紝紡績이라

吳鈔本에는 '織紝紡績'으로 되어 있다.

32-8-16 多治麻絲葛緒綑布(縿)〔繰〕라

삼, 生絲, 칡 등을 손질하여 천과 명주를 짜는 일을 많이 하지 못하게 될 것이다.

綑은 舊本亦誤細러니 今依盧校正하노라

'綑'은 舊本에 또한 '細'로 잘못되어 있었는데, 이제 盧文弨의 교감에 의거하여 바로잡았다.

32-8-17 是故로 布(縿)〔繰〕不興이라 曰 孰爲〔而廢〕大人之聽治(而廢)(國家)〔賤

人]之從事아 **曰 樂也**니라

이런 까닭에 천과 명주를 생산하지 못할 것이다. 무엇 때문에 大人은 정사를 보지 못하고 賤人은 자기 할 일을 하지 못하게 되는가? 음악이다."

兪云 而廢二字는 當在大人之上이요 國家二字는 當作賤人이니 後人不達文義而誤改也라 此本云 孰爲而廢大人之聽治賤人之從事아 曰 樂也라하니 言大人聽樂이면 則廢聽治하고 賤人聽樂이면 則廢從事也라 上文曰 與君子聽之면 廢君子聽治요 與賤人聽之면 廢賤人之從事라하니 是其證也라

兪樾 : '而廢' 두 자는 응당 '大人' 위에 있어야 하고, '國家' 두 자는 응당 '賤人'이 되어야 하니, 후세 사람이 글 뜻을 알지 못하고서 잘못 고쳤다. 이 대문은 본래 '孰爲而廢大人之聽治賤人之從事 曰 樂也'라 했을 것이니, 대인이 음악을 들으면 정사를 보지 않게 되고 천인이 음악을 들으면 자기 할 일을 하지 않게 된다는 말이다. 위 글에 "군자와 더불어 음악을 들으면 군자가 정사를 보지 못하게 되며, 천인과 더불어 음악을 들으면 천인이 자기 할 일을 못하게 될 것이다."라 하였으니, 이것이 그 증거이다.

32-8-18 **是故**로 **子墨子曰 爲樂**은 **非也**라

이런 까닭에 子墨子께서 말씀하셨다. "음악을 즐기는 것은 옳지 않다.

32-9-1 **何以知其然也**오 **曰 先王之書**의 **湯之官刑有之**하니

어찌하여 그러한 줄 아는가? 先王의 글인 湯임금의 〈官刑〉에 이런 말이 있으니,

左傳昭六年에 叔向曰 商有亂政이어늘 而作湯刑이라하고 竹書紀年에 祖甲[27]二十四年에 重作湯刑이라하고 呂氏春秋孝行覽云 商書曰 刑三百에 罪莫重於不孝라한대 高注云 商湯所制法也라하다

≪春秋左氏傳≫ 昭公 6년 條에 "叔向이 말하기를 '商나라에 亂政이 있거늘 〈湯刑〉을 지었다.'라 하였다."라 하였고, ≪竹書紀年≫에 "祖甲 24년에 거듭 〈탕형〉을 지었다."라 하

---

27) 祖甲 : 殷나라 25대 왕으로 高宗인 武丁의 셋째 아들이다.

였고, ≪呂氏春秋≫ 〈孝行覽〉에 "≪商書≫에 '刑 300가지 중에 죄가 불효보다 무거운 것은 없다.'라 하였다."라 하였는데, 高誘의 注에 "商湯이 제정한 법이다."라 하였다.

32-9-2 曰 其恒舞于宮을

'宮(집)에서 늘 춤추는 것을

畢云 其는 孔書云 敢有라하다 詒讓案 舞는 吳鈔本에 作武하니 字通이라 伊訓僞孔傳云 常舞則荒淫이라하다

畢沅 : '其'는 ≪孔書(尙書)≫에서는 '敢有'라 하였다.
詒讓案 : '舞'는 吳鈔本에는 '武'로 되어 있으니, 이 두 글자는 통용된다. ≪尙書≫ 〈伊訓〉에 대한 ≪僞孔傳≫에 "늘 춤춘다면 荒淫이다."라 하였다.

32-9-3 是謂巫風이니

이를 巫風이라 하니

僞孔傳云 事鬼神曰巫라하다 畢云 是는 孔書作時니 文見伊訓이라하다

≪僞孔傳≫에 "귀신을 섬기는 것을 巫라 한다."라 하였다.
畢沅 : '是'는 ≪孔書≫에 '時'로 되어 있으니, 글이 ≪尙書≫ 〈伊訓〉에 보인다.

32-9-4 其刑은 君子出絲二(衛)〔衞〕이요

그 형벌은 군자(爲政者)는 生絲 2衞을 내고

畢云 此緯字假音이니 說文云 緯는 織橫絲也라하다 案 緯는 非絲數量之名이니 畢說은 未允이라 衛는 疑當爲衞이니 衞은 與遂로 古通이라 月令徑衞의 鄭注에 讀爲遂라하니 是其例라 西京雜記鄒長倩遺公孫弘書云 五絲[28]爲䌰(녑)이요 倍䌰爲升이요 倍升爲緎이요

28) 絲 : 生絲를 계산하는 단위이다. ≪孫子算經≫ 上卷에 "누에 한 마리가 토해 내는 생사가 忽이니, 10홀이 1絲이다.〔蠶吐絲爲忽 十忽爲一絲〕"라 하였다.

倍緎爲紀요 倍紀爲緵(종)이요 倍緵爲䍁라하니 遂는 卽䍁也라 此叚借作術이요 又譌作衛라 遂不可通耳하니라

畢沅 : 이 〈'衛'는〉 '緯'의 假音字이니, ≪說文解字≫에 "緯는 베를 짤 때 가로로 오가는 실이다."라 하였다.

案 : 緯는 生絲의 수량을 헤아리는 단위의 말이 아니니, 필원의 설은 타당하지 않다. '衛'는 아마도 '術'이 되어야 할 듯하니, 術은 遂와 옛날에 통용되었다. ≪禮記≫ 〈月令〉의 "徑術"에 대해 鄭玄의 注에 "術은 遂로 읽어야 한다."라 하였으니, 이것이 그 例이다. ≪西京雜記≫에 실려 있는 鄒長倩의 〈遺公孫弘書〉에 "5絲가 䋖이고, 䋖의 곱절이 升이고, 升의 곱절이 緎이고, 緎의 곱절이 紀이고, 紀의 곱절이 緵이고, 緵의 곱절이 䍁이다."라 하였으니, 遂는 곧 䍁이다. 이 䍁의 가차자가 術이 되고 또 '衛'자로 잘못되어 마침내 뜻이 통하지 않게 된 것이다.

32-9-5 小人은 否라

소인(백성)은 그렇지 않다.'라 한다.

似言小人則無刑이니 此官刑이라 故로 嚴於君子하고 而寬於小人이라 又疑否當爲咅이니 卽倍之省이니 猶書呂刑云 其罰惟倍라 言小人之罰이 倍於君子也라

소인은 형벌이 없다는 말인 듯하니, 이는 官刑이므로 군자에게 엄격하고 소인에게 관대한 것이다. 또 의심하건대, '否'는 응당 '咅'이 되어야 할 듯하니, 〈'咅'은〉 곧 倍의 약자이다. 이는 ≪書經≫ 〈呂刑〉에 "其罰惟倍(그 벌이 곱절이다.)"라 한 것과 같으니, 소인이 받는 벌은 군자보다 곱절이라는 말이다.

32-9-6 似二伯黃徑

此文有脫誤라 僞古文伊訓采此로되 而獨遺其刑以下數句하니 蓋魏晉時傳本이 已不可讀이라 故置不取라 非命下篇節引下文作大誓하니 疑此下文自是周書라 與湯刑本不相冢일새 因有脫誤하여 遂淆捉莫辨也라 蘇云 伯黃二字는 或伊尹之譌라하니 亦非라

이 대목은 오탈이 있다. ≪僞古文尙書≫ 〈伊訓〉에 이 대목을 따다 썼는데 유독 '其刑' 이하의 몇 구절은 빠뜨렸으니, 魏晉 때 傳本에서도 이미 읽을 수 없었기 때문에 버려두고 취하지 않았던 것이다. 〈非命 下〉에 아래 글을 추려서 인용하여 〈大誓〉를 만들었으니, 아마도 이 아래 글은 본래 周나라 글일 것이다. 따라서 〈湯刑〉과는 본래 내용이 서로 연결되지 않기에 오탈이 있어 마침내 글이 혼란해져 뜻을 알 수 없게 된 것이다. 蘇時學은 "'伯黃' 두 자는 혹 '伊尹'이 잘못 표기된 것일 듯하다."라 하였으니, 역시 옳지 않다.

32-9-7 乃言曰

이에 말하기를,

後數句는 非命下篇에 別爲大誓文하니 疑當作大誓曰이라

이 뒤 몇 句는 〈非命 下〉에서 따로 〈大誓〉의 글이 되었으니, 아마도 〈乃言曰은〉 '大誓曰'이 되어야 할 듯하다.

32-9-8 嗚乎라

'오호라!

道藏本吳鈔本에 竝作呼라

道藏本과 吳鈔本에는 모두 〈'乎'가〉 呼로 되어 있다.

32-9-9 舞佯佯하여

춤추는 사람들이 많아

吳鈔本에 作洋洋이라 畢云 舞는 當爲羴(무)니 羴는 與謨音同이라 孔書에 作聖謨洋洋이요 元遺山續古今考에 亦引作洋洋이라 顧云 此正是舞字라 故用之以非樂이라 二十五篇書가 何足據耶아하다 案 顧說이 是也라 此猶詩魯頌閟宮云 萬舞洋洋하니 毛傳云 洋洋은 衆多也라하다

吳鈔本에는 〈'佯佯'이〉 洋洋으로 되어 있다.

畢沅 : '舞'는 응당 '𦏁'가 되어야 하니, 𦏁는 謨와 성음이 같다. ≪孔書≫에는 '聖謨洋洋(성인의 謨訓이 크고 크다.)'으로 되어 있고, 元遺山(元好問)의 ≪續古今考≫에서 이 대목을 인용한 곳에도 '洋洋'으로 되어 있다.

顧廣圻 : 이는 바로 '舞'자이다. 그러므로 이를 써서 음악을 비판한 것이다. 25편 ≪僞孔書≫가 어찌 근거로 삼을 만하겠는가.

案 : 고광기의 설이 옳다. 이는 ≪詩經≫ 〈魯頌 閟宮〉의 "萬舞洋洋(만무를 추는 사람이 많다.)"과 같으니, 毛傳에 "洋洋은 衆多이다."라 하였다.

32-9-10 (黃)〔其〕言孔章이라

그 말이 크게 드러난지라

畢云 黃은 孔書에 作嘉하니 是라 王引之云 畢說은 非也라 舞佯佯하니 黃言孔章이라 上帝弗常하니 九有以亡은 卽下文之萬舞翼翼하니 章聞于天이라 天用弗式也라 此承上文하여 言耽於樂者必亡其國이라 故下文云 察九有之所以亡者컨대 徒從飾樂也라하니라 東晉人改其文曰 聖謨洋洋하니 嘉言孔彰이라 惟上帝不常이라하니 則與墨子非樂之意了不相涉이어늘 而畢反據之하여 以改原文하니 傎矣라하다 案 王說이 是也라 黃은 疑當作其니 其는 篆文作𠦝요 黃은 古文作𡕛이니 二字形近이라 非命下篇에 引大誓云 其行甚章이라하니 與此語意略同이라 下文上帝弗常四句는 彼引大誓에 亦有之라

畢沅 : '黃'은 ≪孔書≫에 '嘉'로 되어 있으니 옳다.

王引之 : 필원의 설은 옳지 않다. "舞佯佯 黃言孔章 上帝弗常 九有以亡(춤추는 사람들이 많아 그 말이 크게 드러난지라 상제가 돕지 않으니 九州가 이 때문에 망하였다.)"은 곧 아래 글의 "萬舞翼翼 章聞于天 天用弗式(만무를 한가하게 추니 그 소문 하늘에까지 들리거늘 하늘이 모범으로 여기지 않았다.)"이다. 이 대목은 위 글을 이어받아서 '음악에 탐닉하는 자는 반드시 그 나라를 망하게 한다.'는 것을 말하였다. 그러므로 아래 글에 "察九有之所以亡者 徒從飾樂也(九州가 망하는 까닭을 살펴보건대 단지 음악을 제작했기 때문이다.)"라 한 것이다. 그런데 東晉 사람이 그 글을 고쳐 "聖謨洋洋 嘉言孔彰 惟上帝不常"이라 하였으니, 墨子가 음악을 비판한 뜻과 전혀 상관없게 되었다. 그런데 필원은 도리어 이 글에 의거하여 원래의 글을 고쳤으니, 顚倒된 판단이다.

案：왕인지의 설이 옳다. ‘黃’은 아마도 ‘其’가 되어야 할 듯하니, 其는 篆書로 𠔏가 되고, 黃은 古字로 炗이 되니, 두 글자가 모양이 비슷하다. 〈非命 下〉에 〈大誓〉를 인용하여 “其行甚章(그 행함이 몹시 드러나)”이라 하였으니, 이 대목과 글 뜻이 대략 같다. 아래 글의 “上帝弗常” 네 구절은 저 〈非命 下〉에서 〈大誓〉를 인용한 곳에도 있다.

32-9-11 上帝弗常하니

상제가 돕지 않으니

王引之云 常은 **讀大雅抑篇曰 肆皇天弗尙之尙**이니 **謂天弗右也**라 **爾雅釋詁**에 **尙**은 **右也**라하니라 **尙**은 **古通作常**하니 **晩出古文尙書**[29]**咸有一德篇**에 **襲墨子而改之曰 厥德非常**이면 **九有以亡**이라하니 **蓋未知**(尙爲常)〔**常爲尙**〕[30]**之借字也**라하다

王引之：‘常’은 ≪詩經≫ 〈大雅 抑〉의 “肆皇天弗尙(그러므로 황천이 돕지 않으시니)”의 尙과 같이 읽으니, 하늘이 돕지 않는다는 말이다. ≪爾雅≫ 〈釋詁〉에 “尙은 돕는다는 말이다.”라 하였다. ‘尙’자는 옛날에 ‘常’자와 통용하여 썼다. 후대에 세상에 나타난 ≪古文尙書≫ 〈咸有一德〉에서 ≪墨子≫를 이어받아서 고치기를 “厥德非常 九有以亡(그 덕이 떳떳하지 못하면 九州가 이 때문에 망한다.)”이라 하였으니, 대개 常이 尙의 가차자인 줄 몰랐던 것이다.

32-9-12 九有以亡이라

九州가 이 때문에 망하였다.

毛詩商頌玄鳥에 **奄有九有**라한대 **傳云 九有**는 **九州也**라하고 **文選冊魏公九錫文**의 **李注**에 **引韓詩作九域**하니 **有域**은 **一聲之轉**이라

≪毛詩≫ 〈商頌 玄鳥〉에 “奄有九有(九有를 다 가졌다.)”라 하였는데, 傳에 “九有는 九州이다.”라 하였고, ≪文選≫ 〈冊魏公九錫文〉의 李善 注에 ≪韓詩≫를 인용한 곳에 〈‘九有’가〉

---

29) 晩出古文尙書：東晉 때 나온 ≪僞古文尙書≫를 말한다.

30) (尙爲常)〔常爲尙〕：저본에는 ‘尙爲常’으로 되어 있으나, 王引之의 ≪經義述聞≫에 의거하여 ‘常爲尙’으로 바로잡았다. 저본의 원주에도 “살펴보건대, ‘尙爲常’은 ‘常爲尙’이 되어야 하니, 이곳은 실수로 도치되었다.〔按 尙爲常當作常爲尙 此處誤倒〕”라고 하였다.

'九域'으로 되어 있으니, 有와 域은 한 성음이 전변한 것이다.

32-9-13 上帝不順이면

상제께서 마음에 들지 않으면

畢云 孔書에 無此八字라하다

畢沅 : ≪孔書≫에는 〈'九有以亡上帝不順'〉 이 여덟 자가 없다.

32-9-14 降之百殃(상)하니

온갖 재앙을 내리리니

畢云 百은 舊作日하니 非라 殃은 祥字異文이니 郭璞注山海經에 音祥이라하고 玉篇云 殃은 徐羊切이니 女鬼也라하다 詒讓案 吳鈔本에 作日殃이라 孔書에 作惟上帝不常하여 作善이면 降之百祥하고 作不善이면 降之百殃한대 孔傳云 祥은 善也라 天之禍福이 惟善惡所在니 不常在一家라하다

畢沅 : '百'은 舊本에는 '日'로 되어 있으니, 잘못이다. 殃은 祥의 이체자이니, 郭璞의 ≪山海經≫ 注에 "독음이 祥이다."라 하였고, 玉篇에 "殃은 徐와 羊의 반절이니, 여자 귀신이다."라 하였다.

詒讓案 : 吳鈔本에는 '日殃'으로 되어 있다. ≪孔書≫에는 "惟上帝不常 作善降之百祥 作不善降之百殃(상제는 일정하지 않아 선을 하면 온갖 祥瑞를 내리고 악을 하면 온갖 재앙을 내린다.)"으로 되어 있는데, ≪僞孔傳≫에 "祥은 善이다. 하늘이 내리는 禍와 福이 오직 善과 惡이 있는 곳을 따르니, 일정하게 한 국가에 있지 않다."라 하였다.

32-9-15 其家必壞喪이라

그 집은 반드시 망할 것이다.'라 하였다.

壞는 道藏本吳鈔本에 竝作懷字하니 亦通이라 畢云 孔書云 墜厥宗이라 已上文은 亦見伊訓이라

'壞'는 道藏本과 吳鈔本에는 모두 '懷'자로 되어 있으니, 또한 통한다.

畢沅 : ≪孔書≫에는 "墜厥宗(그 종족을 망하게 할 것이다.)"이라 하였다. 이상의 글은 역시 ≪孔書≫ 〈伊訓〉에 보인다.

32-9-16 察九有之所以亡者컨대 徒從飾樂也라 於武觀曰

九州가 망하는 까닭을 살펴보건대 단지 음악을 제작했기 때문이다. 〈武觀〉에 이르기를,

國語楚語云 啓有五觀이라한대 韋注云 觀은 洛汭(예)之地라하고 水經巨洋水의 酈注云 國語曰 啓有五觀을 謂之姦子라하니 五觀은 蓋其名也라 所處之邑이 其名爲觀이라하나 左傳昭元年의 杜注云 觀國은 今頓丘衛縣이라하다 畢云 汲郡古文云 帝啓十一[31]年에 放王季子武觀于西河러니 十五年에 武觀以西河叛이어늘 彭伯壽帥師征西河하니 武觀來歸라한대 注에 武觀은 五觀也라하다 楚語에 士娓曰 夏有五觀이라한대 韋昭云 五觀은 啓子요 太康昆弟也라하고 春秋傳曰 夏有觀扈라하다 惠棟[32]云 此逸書에 敍武觀之事니 即書敍之五子也라 周書嘗麥曰 其在夏之五子가 忘伯禹之命하여 假國無正하여 用胥興作亂하여 遂凶厥國이어늘 皇天哀禹하여 賜以彭壽하여 思正夏略이라하니 五子者는 武觀也요 彭壽者는 彭伯也라 五子之歌는 墨子述其遺文하고 周書는 載其逸事하여 與內外傳[33]所稱無殊요 且孔氏逸書에 本有是篇하니 漢儒習聞其事라 故韋昭注國語하고 王符[34]撰潛夫論에 皆依以爲說하니라

≪國語≫ 〈楚語〉에 "啓는 五觀이 있다."라 하였는데, 韋昭의 注에 "觀은 洛汭(洛水 북쪽

31) 一 : 저본의 원주에 "一자는 원문에 탈락되어 있으나, 今本 ≪竹書紀年≫(곧 畢沅이 말한 ≪汲郡古文≫)에 의거하여 보충하였다.〔一字原脫 據今本竹書紀年(卽畢所稱汲郡古文)補〕"라고 하였다.

32) 惠棟 : 1697~1758. 淸나라 때 사람으로 漢學中吳派(蘇州學派)의 대표적인 학자이다. 字는 定宇이고 號는 松崖이며 小紅豆先生이라 불리기도 한다. 저서로 ≪古文尙書考≫, ≪後漢書補註≫, ≪九經古義≫, ≪明堂大道錄≫, ≪松文鈔≫ 등이 있다.

33) 內外傳 : 여기서 內傳은 ≪春秋左氏傳≫을 말하고, 外傳은 ≪國語≫를 말한다.

34) 王符 : 後漢 때 사람으로 당시의 정치, 사회를 비판하여 ≪潛夫論≫을 지었다. ≪後漢書≫ 〈王符傳〉에 "安定 臨涇 사람으로 어릴 때부터 학문을 좋아하고 志操가 있었다. 馬融, 竇章, 張衡, 崔瑗 등과 친하게 지냈다."라 하였다

물굽이)의 땅이다."라 하였고, ≪水經≫ 〈巨洋水〉의 酈道元 注에 "≪國語≫에 '啓에게는 五觀이 있으니, 이를 姦子라 한다.'라 하였으니, 五觀은 대개 그 이름일 것이다. 그가 거주하는 고을 이름이 觀이다."라 하였다. ≪春秋左氏傳≫ 昭公 원년의 杜預 注에 "觀國은 오늘날 頓丘郡 衛縣이다."라 하였다.

畢沅 : ≪汲郡古文≫에 "帝 啓 11년에 왕의 막내아들인 武觀을 西河로 放逐했는데, 15년에 무관이 서하를 거점으로 반란을 일으켰다. 이에 彭伯壽가 군사를 거느리고 서하를 정벌하니, 무관이 와서 귀순하였다."라 하였는데, 注에 "武觀은 五觀이다."라 하였다. ≪國語≫ 〈楚語〉에 "士娓가 말하기를 '夏나라에 五觀이 있다.'라 하였다."라 하였는데, 韋昭는 "五觀은 啓의 아들이고, 太康의 형제이다."라 하였고, ≪춘추좌씨전≫에 "夏나라에는 觀扈가 있다."라 하였다.

惠棟 : 이는 逸書에서 武觀의 일을 서술한 것이니, 무관은 곧 〈書序〉에 나오는 五子이다. ≪逸周書≫ 〈嘗麥解〉에 "夏나라 때에 五子가 伯禹의 명을 잊고서 나라를 임시로 차지하여 바르지 않은 짓을 하고 서로 일어나 난리를 일으켜서 마침내 그 나라를 凶하게 하였다. 이에 하늘이 禹를 불쌍히 여겨 彭壽를 내려보내 夏나라의 정사를 바로잡고자 하였다."라 하였으니, 五子는 武觀이고, 彭壽는 彭伯이다. 〈五子之歌〉는 ≪墨子≫가 그 遺文을 서술하고 ≪周書≫는 그 逸事를 서술하여 內傳과 外傳에서 말한 바와 다름이 없고, 게다가 孔安國의 ≪逸書≫에 본래 이 편이 있었으니, 漢儒가 그 일을 익히 들었다. 그러므로 韋昭가 ≪國語≫에 注를 달고 王符가 ≪潛夫論≫을 찬술하면서 모두 이에 의거하여 서술했던 것이다.

32-9-17 啓乃淫溢康樂하여

啓가 이에 淫溢하고 康樂하여

惠云 啓乃는 **當作啓子**라 **溢與泆同**이라 **江聲說同**하다 **江又云 啓子**가 **五觀也**라 **啓是賢王**이니 **何至淫溢**이리오 **據楚語**컨대 **士亹比五觀于朱均管蔡**[35)]하니 **則五觀是淫亂之人**이라 **故知此文當爲啓子**니 **乃**는 **字誤也**라 **案 此卽指啓晩年失德之事**니 **乃**는 **非子之誤也**라 **竹**

35) 朱均管蔡 : 朱均은 堯임금의 아들인 丹朱와 舜임금의 아들인 商均의 병칭으로 두 사람 다 不肖하여 요임금은 舜에게 禪位하고 순임금은 禹에게 선위하였다. 管蔡는 周 武王과 周公의 아우인 管叔 鮮과 蔡叔 度(도)의 병칭이다. 武王이 죽은 뒤에 周公이 어린 成王을 보필하여 攝政하자, 관숙과 채숙이 유언비어를 퍼뜨리며 반란을 일으켰다.

書紀年及山海經에 皆盛言启作樂하고 楚辭離騷亦云 启九辯與九歌兮[36]여 夏康娛以自縱이로다 不顧難以圖後兮여 五子用失乎家巷이라하니 竝古書言启淫溢康樂之事라 淫溢康樂은 卽離騷所謂康娛自縱也라 王逸楚辭注云 夏康은 启子太康也라하니 亦失之라

惠棟 : '启乃'는 응당 '启子'가 되어야 한다. '溢'은 '泆'과 같다.

江聲의 설도 같다.

강성은 또 "启의 아들이 五觀이다. 启는 어진 왕이니, 어찌 淫溢한 데 이르리오. ≪國語≫ 〈楚語〉에 의거하면, 士亹가 五觀을 丹朱, 商均, 管叔, 蔡叔에 비겼으니, 五觀은 淫亂한 사람이다. 그러므로 이 글은 응당 〈'启乃'가〉 응당 启子로 되어야 하니, '乃'는 오자임을 알 수 있다."라 하였다.

案 : 이는 곧 启가 만년에 失德한 일을 가리키니, '乃'는 '子'의 오자가 아니다. ≪竹書紀年≫과 ≪山海經≫에 모두 启가 음악을 연주하여 즐긴 일을 크게 말하였고, ≪楚辭≫ 〈離騷〉에도 "启가 九辯과 九歌를 지으니, 아래 사람들이 안락하게 놀며 스스로 방종하였다. 환란을 돌아보아 후일을 도모하지 않으니, 五子가 이 때문에 집안의 內訌에 빠졌도다."라 하였으니, 모두 옛날의 서책에서 启가 淫溢하고 康樂한 일을 말한 것이다. '淫溢康樂'은 곧 〈離騷〉에서 말한 "안락하게 놀며 스스로 방종하였다."는 것이다. 王逸의 ≪楚辭注≫에 "夏康은 启의 아들 太康이다."라 하였으니, 역시 잘못 본 것이다.

启

32-9-18 野于飮食하여

들판에서 음식을 먹으면서

畢云 野于는 疑作于野라하다 孫星衍說同하다 孫又云 于는 往也라하다 兪云 畢說은 非라 此本以启乃淫溢康樂爲句하고 野于飮食爲句하니 野于飮食은 卽下文所謂渝食于野

---

36) 兮 : 저본의 원주에 "兮자는 원문에 탈락되었으나, 〈離騷〉에 의거하여 보충하였다.〔兮字原脫據離騷補〕"라고 하였다.

也라 與左傳室於怒市於色으로 文法正同이라하다

畢沅 : '野于'는 아마도 '于野'가 되어야 할 듯하다.

孫星衍의 설도 같다.

손성연은 또 "'于'는 간다는 뜻이다."라 하였다.

兪樾 : 필원의 설은 옳지 않다. 이 대목은 본래 '啓乃淫溢康樂'이 한 句이고, '野于飮食'이 한 구이니, '野于飮食'은 곧 아래 글에서 말한 '渝食于野(들판에서 구차하게 음식을 먹는다.)'이다. 이는 ≪春秋左氏傳≫ 昭公 19년의 "室於怒 市於色(방 안에서 노하고 저잣거리에서 그 기색을 드러낸다.)"과 문법이 꼭 같다.

32-9-19 將將(銘莧(현))〔鍠(굉)鍠筦(관)〕磬以(力)〔方〕하고

화락한 음악 소리 모여 관악기와 磬 소리가 함께 일어나

畢云 句未詳이라 莧은 疑筦字之誤니 形聲相近이라하다 孫說同하다 孫又云 將將上에 疑有脫文하니 作樂聲也라 樂聲鎗(쟁)鎗하여 銘力於磬管이라하다 江云 莧은 當爲萈(환)이라 萈은 喜說(열)也요 胡官反이라하다 兪云 將將銘莧磬以力은 疑有脫文이라 蓋(說)〔亦〕[37] 八字作二句也니 力字與食字爲韻이어늘 畢失其讀(두)라 故但知下文翼式是韻也라하다 王紹蘭云 莧筦은 音近通用하니 非誤也라 力은 即勒字니 銘莧磬以力은 謂作筦磬之銘而勒之라하다

案 將將銘은 疑當作將將鍠鍠이니 詩周頌執競云 鍾鼓喤喤하며 磬筦將將이라한대 說文金部引詩에 喤喤作鍠鍠하고 毛傳云 喤喤은 和也요 將將은 集也라하다 說文足部云 蹌(장)은 行皃(모)라하고 引詩曰 管磬蹌蹌이라하니 則將은 亦蹌之借字라 此力은 雖與上食下翼式韻協이나 然義不可通이라 且下文酒野는 亦與力韻不合하니 竊疑此當作將將鍠鍠筦磬以方이니 方與鍠은 自爲韻이요 力方은 形亦相近이라 儀禮鄕射禮의 鄭注云 方은 猶併也라하다

磬

37) (說)〔亦〕: 저본에는 '說'로 되어 있으나, 兪樾의 ≪諸子平議≫에 의거하여 '亦'으로 바로잡았다.

管磬以方은 謂管磬倂作이니 猶詩言笙磬同音矣라 諸說은 竝非라

畢沅 : 句를 알 수 없다. '莧'은 아마도 '箢'의 오자일 것이니, 글자 모양과 성음이 서로 비슷하다.

孫星衍의 설도 같다.

손성연은 또 "'將將' 위에 아마도 빠진 글자가 있는 듯하니, 음악을 연주하는 소리이다. 음악 소리를 쟁쟁 울려 磬과 관악기에 힘을 쏟는 것이다."라 하였다.

江聲 : '莧'은 응당 '萈'이 되어야 한다. '萈'은 喜說(喜悅)이고 胡와 官의 반절이다.

兪樾 : '將將銘莧磬以力'은 아마도 빠진 글자가 있는 듯하다. 아마도 또한 이 여덟 자는 두 句가 될 듯하니, '力'자와 '食'자가 韻인데, 필원은 구두를 잘못 떼었다. 그래서 단지 아래 글에 '翼'과 '式'이 韻인 줄만 알았다.

王紹蘭 : 莧과 箢은 성음이 비슷하여 통용되니, 오자가 아니다. '力'은 곧 '勒'자이니, '銘莧磬以力'은 관악기와 磬의 銘을 지어서 새긴다는 말이다.

案 : '將將銘'은 아마도 '將將鍠鍠'이 되어야 할 듯하니, ≪詩經≫ 〈周頌 執競〉에 "鍾鼓喤喤 磬筦將將(종과 북이 화락하게 울리며 磬과 관악기가 쟁쟁하게 울린다.)"이라 하였는데, ≪說文解字≫ 金部에서 ≪시경≫의 이 구절을 인용한 곳에 '喤喤'이 '鍠鍠'으로 되어 있고, 毛傳에 "喤喤은 화락한 것이고, 將將은 소리가 모이는 것이다."라 하였다. ≪설문해자≫ 足部에 "蹡은 걸어가는 모습이다."라 하고, ≪시경≫의 이 구절을 인용하면서 "管磬蹡蹡"이라 하였으니, '將'은 또한 '蹡'의 가차자이다. 이 대목의 '力'은 비록 위 글의 '食', 아래 글의 '翼'·'式'과 韻이 맞지만 뜻이 통하지 않는다. 게다가 아래 글의 '酒'와 '野'는 '力'과 韻이 맞지 않는다. 내 생각에는 아마 이 대목은 응당 '將將鍠鍠筦磬以方'이 되어야 할 듯하니, 方과 鍠은 본래 韻이 되고 力과 方은 글자 모양이 또한 서로 비슷하다. ≪儀禮≫ 〈鄕射禮〉의 鄭玄 注에 "方은 倂과 같다."라 하였다. '管磬以方'은 관악기와 磬 소리가 함께〔倂〕 일어난다는 말이니, ≪시경≫ 〈小雅 鼓鍾〉에 "笙磬同音(笙과 磬이 소리를 같이한다.)"이라 한 것과 같다. 여러 설들은 모두 옳지 않다.

32-9-20 湛(침)濁于酒하며 渝食于野하고

술에 빠져 혼란하며 들판에서 구차하게 음식을 먹고

惠云 湛은 與耽同이니 耽은 淫이요 濁은 亂也라하다 江云 湛濁은 沈湎也니 言飮酒無度라

渝는 讀當爲輸니 轉輸饋食于野라 言游田無度也라하다 孫云 湛은 與媒通하고 渝는 與輸通이라하다 案 湛은 沈通하니 江說得之라 渝는 當讀爲偸니 同聲叚借字라 表記의 鄭注云 偸는 苟且也라하니 謂苟且飮食於野外燕游之所라 惠孫說은 竝未允이라

惠棟 : '湛'은 '耽'과 같으니, 耽은 음란함이고, 濁은 혼란함이다.

江聲 : '湛濁'은 '沈湎'이니, 술을 마심에 절도가 없다는 말이다. '渝'는 응당 '輸'로 읽어야 하니 들판에 음식을 실어와서 먹는 것이다. 놀러 다니고 사냥하면서 절도가 없음을 말한다.

孫星衍 : '湛'은 '媒'와 통하고, '渝'는 '輸'와 통한다.

案 : '湛'은 '沈'과 통하니, 강성의 설이 맞다. '渝'는 응당 '偸'로 읽어야 하니, 성음이 같은 假借字이다. ≪禮記≫ 〈表記〉의 鄭玄 注에 "偸는 苟且이다."라 하였으니, 야외의 노는 곳에서 구차하게 음식을 먹는 것이다. 혜동과 손성연의 설은 모두 온당하지 않다.

32-9-21 **萬舞翼翼**하니

萬舞를 한가하게 추니

詩商頌那云 萬舞有奕이라한대 毛傳云 奕奕然閑也라하니 奕翼은 字通이라 小雅采薇傳亦云 翼翼은 閑也라하다

≪詩經≫ 〈商頌 那〉에 "萬舞有奕"이라 하였는데, 毛傳에 "奕奕하게 한가로운 것이다."라 하였으니, 奕과 翼은 글자가 통용된다. ≪시경≫ 〈小雅 采薇〉의 毛傳에도 "翼翼은 한가한 것이다."라 하였다.

32-9-22 **章聞于(大)〔天〕**이어늘

그 소문이 하늘에까지 들리거늘

惠云 當作天이라하다 畢及江說同하다

惠棟 : 〈'大'는〉 응당 '天'이 되어야 한다.

畢沅과 江聲의 설도 같다.

32-9-23 **天用弗式**이라

하늘이 모범으로 여기지 않았다.

孫云 萬舞之盛이 顯聞於天이어늘 天弗用之라하다 畢云 翼式爲韻이라 海外西經云 大樂之野에 夏后啓于此儛九代라하고 大荒西經云 夏后開上三嬪于天하여 得九辨與九歌以下라하니 據此컨대 則指啓盤于游田이라 書序大[38]康尸位及楚詞夏康娛云云은 疑大康夏康이니 卽此云 湛濎康樂이라 湛之訓은 大니 然則太康은 疑非人名이어늘 而孔傳以爲啓子라하니 不可奪也라 案 楚辭夏康娛의 夏는 當從王引之讀爲下라 戴震은 謂康娛는 卽康樂이니 非太康이라하니 說亦致塙(확)이라 畢謂書序太康은 亦非夏帝라하니 則謬說이라 不足據也니라

孫星衍 : 萬舞의 성대함이 드러나 소문이 하늘에까지 들리거늘 하늘이 〈좋게 여겨 왕으로〉 쓰지 않았다.

畢沅 : '翼'과 '式'이 韻이다. ≪山海經≫ 〈海外西經〉에 "大樂의 들판은 夏나라 임금 啓가 이곳에서 九代 춤을 추었다."라 하였고, 〈大荒西經〉에 "夏나라 임금 開가 三嬪을 하늘에 올려 보내 九辨과 九歌를 얻어서 내려왔다."라 하였으니, 이에 의거하면 啓가 유람과 사냥을 편안히 여겨 즐긴 일을 가리킨다. 〈書序〉에 "太康이 하는 일 없이 王位만 차지했다."라 한 것과 ≪楚辭≫에서 "夏康이 놀며 스스로 방종하였다."라 한 것을 보면, 아마도 太康이 夏康일 것이니, 곧 여기서 "湛濎하고 康樂하다."는 것이다. 湛의 字訓은 大이다. 그렇다면 太康은 아마도 人名이 아닐 것이다. 그러나 孔安國의 傳에서 "啓의 아들이다."라 하였으니, 어찌할 수 없다.

案 : ≪楚辭≫에 "夏康娛"의 夏는 응당 王引之의 설을 따라 下로 읽어야 한다. 戴震은 "康娛는 康樂이니 太康이 아니다."라 하였으니, 그 설이 매우 확실하다. 畢沅은 "〈書序〉에서 말한 太康은 夏나라 帝가 아니다."라 하였으니, 틀린 설이라 근거할 것이 못 된다.

32-9-24 故로 上者天鬼弗(戒)〔式〕하고

그러므로 위로는 天鬼가 모범으로 여기지 않고

---

38) 大 : 저본의 원주에 "大는 ≪尙書≫의 〈書序〉에 원래 太로 되어 있다. 살펴보건대, 옛날에 大와 太는 통용하였다. 畢沅은 아마도 大로 고쳐서 아래 글의 說을 이룬 듯하다.〔大 尙書書序原作太 按古大太通作 畢似改作大 以成其下文之說〕"라고 하였다.

戒는 當爲式이니 此卽冢上引書天用弗式之文이라

'戒'는 응당 '式'이 되어야 하니, 이는 곧 위에서 逸書의 "天用弗式(하늘이 모범으로 여기지 않았다.)"을 인용한 대목을 이어받은 것이다.

32-9-25 下者萬民弗利라

아래로는 만민이 이롭게 여기지 않았다."

32-10-1 是故로 子墨子曰 今天下士君子가 請將欲求興天下之利하며

이런 까닭에 子墨子께서 말씀하셨다. "지금 천하의 士君子가 참으로 장차 천하의 이로움을 일으키고

請은 畢本에 改誠하고 云 舊作請이러니 一本如此라하다 案 請誠은 字通하니 詳前하다

'請'은 畢沅本에는 '誠'자로 고치고 "舊本에는 '請'으로 되어 있는데, 한 本에 이와 같이 〈'誠'으로〉 되어 있다."라 하였다.

案 : 請과 誠은 글자가 통용된다. 앞에 상세히 보인다.

32-10-2 除天下之害인댄 當在樂之爲物을 將不可不禁而止也니라

천하의 해로움을 없애고자 한다면 응당 음악이란 것을 장차 금지하지 않아서는 안 된다."

非樂 中 第三十三 闕　　제33편 음악을 비판함 중 결락

非樂 下 第三十四 闕　　제34편 음악을 비판함 하 결락

非命 上 第三十五* 제35편 宿命論을 비판함 상

*〈非命〉에서는 특별하게 예정된 命, 즉 특정한 왕이나 왕조에 내리는 天命이나 개인의 운명 따위가 있다는 숙명론에 대하여 비판한다. 숙명론을 믿으면 지배층이나 인민이나 모두 자신의 행위에 대해 스스로 책임지지 않게 되어 천명만 믿고 정사를 돌보지 않거나 운명 탓만 하며 자신의 생업을 게을리하게 된다는 것이다. 본문의 '命'은 맥락에 따라 '命'으로 그대로 표기하거나 '천명', 혹은 '운명'으로 번역하였다.

漢書[1]藝文志[2]注[3]에 蘇林[4]云 非有命者는 言儒者執有命而反勸人修德積善하니 政教與行相反이라 故로 譏之也라하고 如淳[5]云 言無吉凶之命이요 但有賢不肖善惡이라하니라 祭法孔疏[6]에 引孝經援神契[7]云 命有三科하니 有受命以(任)〔保〕[8]慶하고 有遭命以謫

---

1) 漢書 : ≪前漢書≫라고도 불린다. 後漢의 班固가 편찬한 紀傳體 역사서로, 漢 高祖 원년(B.C. 206)에서 新朝 王莽 地皇 4년(A.D. 23)까지 230년의 역사를 다루고 있다. 紀 12篇, 表 8篇, 志 10篇, 傳 70篇 등 모두 100편(후대에 120편으로 나눔)으로 구성되어 있다. '二十四史' 중의 하나이며, ≪史記≫·≪後漢書≫·≪三國志≫와 함께 '前四史'라 불린다. 唐나라 顔師古의 주석이 있다.

2) 藝文志 : 당대의 서적들을 망라해서 목록을 정리한 것으로, 班固의 ≪漢書≫에서 처음 보이는데, 이는 劉歆의 ≪七略≫을 바탕으로 작성된 것이다. 先秦에서 前漢까지의 학술 상황을 볼 수 있는 자료로, 당시 존재하던 596家, 13,269권의 典籍을 6略 38類로 나누어 정리하였다. ≪한서≫ 이후 대부분의 중국 正史에서는 '예문지', 혹은 '經籍志'라는 이름으로 전적을 정리하였다.

3) 注 : 〈藝文志〉에서 墨家에 대해 설명하면서 "네 계절을 따라서 행하였기 때문에 命을 비판하였다.〔順四時而行 是以非命〕"라 언급한 데 대한 주석이다.

4) 蘇林 : ?~?. 漢末魏初에 살았던 학자로 字는 孝友이고 陳留郡 外黃縣(지금의 河南省 民權縣 西北) 사람이다. 古今文字에 달통해서 여러 서적을 訓釋하였다고 알려져 있다. 唐나라 顔師古가 ≪漢書≫에 주를 달면서 字音에 대해서 蘇林의 학설을 다수 인용하였다.

5) 如淳 : ?~?. 삼국시대 魏나라 사람으로 陳郡丞을 역임하였으며, ≪漢書≫를 주석하였다.

6) 孔疏 : 孔穎達(574~648)의 疏로, 七祀 중 하나인 司命에 대한 注인 "'司命'은 '三命'을 독찰하는 것을 주관하는 것이다.〔司命 主督察三命〕"에 대한 疏이다. 공영달은 唐나라 초기의 학자로, 冀州 衡水(지금의 河北省 衡水市) 사람이고, 자는 仲達이다. 孔子의 32代孫으로 唐 太宗에

暴하고 **有隨命以督行**이라 **受命**은 **謂年壽也**요 **遭命**은 **謂行善而遇凶也**요 **隨命**은 **謂隨其善惡〔而〕**[9]**報之**라하니라 **白虎通義**[10]**壽命篇及王充**[11]**論衡**[12]**命義篇**도 **說三命略同**[13]하니 **墨子所非者**는 **卽三命之說也**라

《漢書》〈藝文志〉의 注에 "蘇林이 말하기를 '천명이 있다는 주장을 비판하는 것은 유학자들이 천명이 있다고 주장하면서도 도리어 사람들에게 덕성을 도야하고 선한 일을 쌓으라고 권하니, 〈이렇게 그들의〉 政敎와 실제 행동이 상반되기 때문에 그들을 비판한다는 말이다.'라 하였고, 如淳이 말하기를 '길하고 흉한 운명은 없고 다만 현능한 사람과 모자란 사람, 선한 사람과 악한 사람이 있다는 말이다.'라 하였다."라 하였다.

게 중용되어 신임을 받고, 國子博士를 거쳐 국자감의 祭酒·東宮侍講 등을 지냈다. 문장·천문·수학에 능통하였고, 五經 해석의 통일을 시도하여 《五經正義》 170권을 편찬하였다.

7) 孝經援神契：漢나라 때의 緯書이다. 原刊本은 망실되었고 현재는 輯佚本 몇 종만 남아 있다.

8) (任)〔保〕：저본에는 '任'으로 되어 있으나, 《禮記正義》에 의거하여 '保'로 바로잡았다.

9) 〔而〕：원문에는 '而'가 없으나, 《禮記正義》에 의거하여 보충하였다.

10) 白虎通義：《白虎通》 혹은 《白虎通德論》으로도 불린다. 漢 章帝 4년(79)에 白虎觀에서 五經에 대한 今文과 古文의 同異를 토론하였는데, 班固 등이 그 결과를 모아 만든 것이다. 今文經學을 기초로 經學의 통일을 추구했다는 평가를 받는다.

11) 王充：27~97. 字는 仲任이고 會稽郡 上虞縣(지금의 浙江省 紹興 上虞) 사람이다. 後漢의 哲學家로 《譏俗節義》, 《政務》, 《論衡》, 《養性》 등의 저서가 있지만, 현재는 《論衡》만 남아 있다.

12) 論衡：後漢의 王充이 지은 책으로, 현재 85篇(〈招致〉는 篇目만 전함)이 전한다. '論衡'은 '저울에 대해 논한다'는 의미로, '實'을 근거로 세속의 의혹을 해석하여 시비를 가리는 것을 목적으로 삼았다. 현대 중국에서는 고대의 유물주의 철학서로 평가받기도 한다.

13) 說三命略同：《白虎通義》 〈壽命〉에 "命有三科以記驗 有壽命以保度 有遭命以遇暴 有隨命以應行.(명에는 세 가지가 있어 기록하여 증험하니, 명을 받아 보호하고 헤아리는 것이 있고 명을 만나 흉포한 일을 당하는 것이 있으며, 명을 따라 일에 응하는 것이 있다.)"이라 했고, 《論衡》 〈命義〉에 "傳曰說命有三 一曰正命 二曰隨命 三曰遭命 正命 謂本稟之自得吉也 性然骨善 故不假操行以求福而吉自至 故曰正命 隨命者 戮力操行而吉福至 縱情施欲而凶禍到 故曰隨命 遭命者 行善得惡 非所冀望 逢遭於外而得凶禍 故曰遭命.(전에 이르기를, 명에는 세 가지가 있으니, 첫 번째는 명을 바르게 하는 것, 두 번째는 명을 따르는 것, 세 번째는 명을 만나는 것이다. 명을 바르게 하는 것은 본래 품부받은 것이 길하다는 것을 이르니, 본성이 선한 까닭에 행동을 조심하여 복을 구할 필요 없이 길함이 저절로 이르기 때문에 명을 바르게 한다는 것이다. 명을 따른다는 것은 힘써 행동을 조심하면 길함과 복이 이르고 마음과 욕구를 따르면 흉함과 화가 이르기 때문에 명을 따른다고 하는 것이다. 명을 만난다는 것은 선을 행해도 악을 얻으니 바라는 바가 아닌데도 밖에서 만나는 것마다 흉함과 화를 얻게 되니 이 때문에 명을 만난다고 하는 것이다.)"이라 하였다.

≪禮記正義≫ 〈祭法〉의 孔穎達의 疏에서 ≪孝經援神契≫를 인용하여 “命에는 세 등급이 있으니, 명을 받아〔受命〕 경사를 보존하는 것, 명을 만나〔遭命〕 앙화를 받는 것, 명을 따라〔隨命〕 행동을 독찰하는 것이 있다. 명을 받는 것은 壽命을 이르는 것이고, 명을 만나는 것은 선을 행하였는데 흉한 일을 당하는 것을 이르는 것이며, 명을 따른다는 것은 그 선악에 따라 보응받는 것을 이르는 것이다.”라 하였다. ≪白虎通義≫ 〈壽命篇〉과 王充의 ≪論衡≫ 〈命義篇〉에서 ‘三命’에 대해 설명하는 것도 대략 같으니, 墨子가 비판한 것은 바로 이 三命說이다.

35-1-1 **子墨子言曰 古者**에 **王公大人爲政國家者**는 **皆欲國家之富**하고 **人民之衆**하고 **刑政之治**하나 **然而不得富而得貧**하고 **不得衆而得寡**하고 **不得治而得亂**하니 **則是本失其所欲**[14)]하고 **得其所惡**(오)하니라 **是故**는 **何也**오 **子墨子言曰 執有命者以襍**(잡) **於民閒者**가 **衆**이라 **執有命者之言曰 命富則富**하고 **命貧則貧**하고 **命衆則衆**하고 **命寡則寡**하고 **命治則治**하고 **命亂則亂**하고 **命壽則壽**하고 **命夭則夭**하니 **命**이면

子墨子께서 말씀하셨다. “옛날에 국가의 정사를 맡았던 王公 大人들은 모두 국가가 부유하고 인민이 많고 刑政이 제대로 다스려지기를 바랐다. 그러나 〈실제로 국가는〉 부유해지지 못하고 가난해지며, 〈인민은〉 많아지지 못하고 적어지며, 〈형정은〉 다스려지지 못하고 어지러워졌으니, 이는 그들이 본래 바라던 것을 이루지 못하고 그들이 싫어하던 것을 얻게 된 것이다.”

이렇게 된 이유는 무엇인가?

子墨子께서 말씀하셨다. “命이 있다고 주장하는 자들이 민간에 많이 섞여 있기 때문이다. 명이 있다고 주장하는 자가 이르기를 ‘〈하늘이 국가가〉 부유해지라고 명하면 부유해지고 가난해지라고 명하면 가난해지며, 〈인민이〉 많아지라고 명하면 많아지고 적어지라고 명하면 적어지며, 〈형정이〉 다스려지라고 명하면 다스려지고 어지러워지라고 명하면 어지러워지며, 장수하라고 명하면 장수하고 요절하라고 명하면 요절한다. 명이라면

---

14) 本失其所欲 : 문맥상 ‘失其本所欲’으로 번역하였다.

王云 此下에 有脫文이나 不可考라하다

王念孫：이 아래에 빠진 문장이 있지만 고증할 수 없다.

35-1-2 雖强勁이라도 何益哉리오하여 上以[15]說(세)王公大人하고 下以駔(조)百姓之從事라

비록 억지로 하더라도 무슨 도움이 되겠는가.'라 하고, 위로는 이런 내용으로 王公 大人에게 유세하고 아래로는 백성이 하는 일을 가로막는다.

畢云 駔는 阻(조)字假音이라 說文[16]云 駔는 从馬且聲이라하고 劉逵[17]注左思賦[18]에 引說文(于)〔千〕[19]助反이라하다

---

15) 上以：저본의 원주에 "'上以' 두 자는 원래 잘못 도치되어 있었으나, 畢沅의 刻本에 의거하여 고쳤다.〔上以 二字原誤倒 據畢沅刻本乙正〕"라고 하였다.

16) 說文：≪說文解字≫이다. 後漢의 許愼(B.C. 58 추정~B.C. 147 추정)이 20여 년에 걸쳐 완성한 것으로, 漢字의 形·義·音을 체계적이고 종합적으로 설명하였다. 중국 最古의 字書로, 원본은 전하지 않는다. 남아 있는 것은 宋나라 徐鉉이 펴낸 교정본으로 본문 14권과 敍目 1권으로 이루어져 있다. 淸나라 段玉裁의 ≪說文解字注≫가 ≪說文解字≫의 주석서로 가장 널리 알려져 있다.

17) 劉逵：1061~1110. 晉나라 侍中을 지냈으며 左思의 〈三都賦〉에 주석을 달았다.

18) 左思賦：左思(250~305)의 〈三都賦〉를 말하는 것이다. 左思는 字가 太冲이고 臨淄(지금의 山東省) 사람으로 西晉의 문장가이다. 그가 지은 〈三都賦〉는 "사람들이 서로 다투어 베껴서 洛陽의 紙價를 높였다."라 할 정도로 당시 높은 평가를 받았다. 皇甫謐이 序를 짓고 張載와 劉逵가 注를 달았다.

19) (于)〔千〕：저본의 원주에 "생각건대, 畢沅이 이른바 '左思賦'는 ≪文選≫에 있는 左思의 〈魏都賦〉를 가리킨다. 현재 통행본 ≪文選≫에 있는 左思의 〈魏都賦〉에 대한 劉逵의 주에서 ≪說文解字≫를 인용하여 '駔'자의 음은 '子'와 '朗'의 反切이라 하고(〈魏都賦〉의 '異馬塡廐而駔駿'의 주를 보라.) '于'와 '助'의 反切이라 하지 않았다. 지금 段玉裁의 ≪說文解字注≫를 보면 '駔'자 아래에 ≪文選≫의 이 주를 인용하면서 '千'과 '助'의 反切이라 하였으니(그가 의거한 ≪文選≫의 판본이 무엇인지 알 수 없다.), 畢沅이 '于'와 '助'의 反切이라고 인용한 것은 필시 '千'을 '于'로 잘못 쓴 것이다. '駔'는 齒音字이지 牙音字가 아니니 '于'자를 이용하여 반절음을 달 수 없다.〔按 畢所謂左思賦 指文選左思魏都賦 今本文選左思魏都賦劉逵注引說文駔字音子朗反(見魏都賦異馬塡廐而駔駿句注) 不作于助反 今按段玉裁說文解字注駔字下引文選此注作千助反(所據文選版本不祥) 則畢引作于助反者于必是千之誤 駔爲齒音字 非牙音字 不得反切于字〕"라 하였다. 이에 의거하여 저본의 '于'를 '千'으로 바로잡았다.

畢沅 : '駔'는 '阻'자의 借音字이다. ≪說文解字≫에 "'駔'는 '馬'를 부수로 하고 '且'로 발음한다."고 하였으며, 劉逵가 左思의 賦에 주를 달면서 ≪설문해자≫를 인용하여 "'千'과 '助'의 反切로 읽는다."고 하였다.

35-1-3 故로 執有命者는 不仁이라 故로 當執有命者之言하여 不可不明辨이라하니라

그러니 命이 있다고 주장하는 자는 不仁한 것이다. 그러므로 명이 있다고 주장하는 자의 말의 〈허실에〉 대하여 분명하게 가리지 않을 수 없다."

35-2-1 然則明辨此之說을 將柰何哉오 子墨子言曰 必立儀니

그렇다면 이를 분명하게 가리는 주장을 장차 어떻게 할 것인가?
子墨子께서 말씀하셨다. "반드시 기준을 세워야 하니,

吳鈔本에 無曰字한대 案疑當作言必立儀요 今本의 曰言二字는 涉上誤倒라 管子[20]禁藏篇云 法者天下之儀也라한대 尹[21]注云 儀謂表[22]也라하니라

吳鈔本에는 '曰'자가 없는데, 〈이는〉 생각건대 아마도 응당 '言必立儀'가 되어야 한다고 생각한 것 같고, 今本의 '曰言' 두 字는 위 문장과 연관하여 잘못 도치된 것이다. ≪管子≫ 〈禁藏〉에 "法은 천하의 儀이다."라 하였는데, 尹知章의 주에 "儀는 '表(기준)'를 이른다."고 하였다.

35-2-2 言而毋儀면 譬猶運鈞之上而立朝夕者也니

말을 하면서 기준이 없으면 비유하건대 구르는 轆轤臺 위에 해시계를 세워 東西

---

20) 管子 : 春秋時代 齊나라의 유명한 정치가였던 管仲(B.C. 723~B.C. 645)의 이름을 딴 저작으로, 관중의 영향을 받은 후대 稷下學派에 의해 작성된 것으로 알려져 있다. 四庫全書의 子部 法家類에 속해 있으며, 당대 법가사상을 대표하는 저작으로 평가받는다.

21) 尹 : 尹知章(669~718)을 가리킨다. 唐나라의 大臣이다. 六經에 정통하였으며 ≪孝經≫, ≪老子≫, ≪莊子≫, ≪韓非子≫, ≪管子≫, ≪鬼谷子≫ 등에 대한 주석서를 저술하였다.

22) 表 : 원래는 고대 해시계에서 그림자의 길이를 측량하는 기둥을 일컫는 것인데, 기준, 모범, 표준의 의미로 사용되기도 한다.

를 측량하는 것과 같으니

畢云 運은 中篇作員이니 音相近이라 廣雅[23]云 運은 轉也라하고 高誘[24]注淮南子[25]云 鈞은 陶人作瓦器法에 下轉旋[26]者라하고 史記集解[27]云 駰[28]案컨대 漢書音義[29]曰 陶家名模下圓轉者爲鈞이라하고 索隱[30]云 韋昭[31]曰 鈞木長七尺하고 有絃하니 所以調爲器具也라하니 言運鈞轉動無定하여 必不可立表以測景이라하다 詒讓案 管子七法篇云 不明於則(칙)而欲出號令은 猶立朝夕於運均之上이라한대 尹注云 均은 陶者之輪也요 立朝

23) 廣雅 : ≪博雅≫라고도 한다. 北魏 太和(227~232) 연간에 魏나라 학자 張揖이 ≪三蒼≫과 ≪說文解字≫ 등을 참고하여 ≪爾雅≫를 증보한 것이다. 총 10권이다. 古書의 字句를 해석하였으며 經書를 고증하고 주석을 달았다. 淸나라 王念孫(1744~1832)이 이를 증보하여 ≪廣雅疏證≫과 ≪釋大≫를 지었다.

24) 高誘 : ?~?. 涿郡 涿縣 사람이다. 後漢 末年에 활동했고, 馬融의 再傳弟子로 ≪淮南子≫·≪呂氏春秋≫·≪戰國策≫에 대한 주석이 있다.

25) 淮南子 : 前漢의 淮南王 劉安이 賓客과 方士 수천 명을 불러 지었다고 한다. 內篇 21권, 外篇 33권으로, 현재 내편만 전해진다. '淮南子'라는 명칭은 梁나라 吳均의 ≪西京雜記≫에 처음 보이며, 그 전에는 ≪鴻烈≫ 또는 ≪淮南鴻烈≫이라 하였다. ≪漢書≫ 〈藝文志 雜家〉에 수록되어 있다.

26) 旋 : 저본의 원주에 "'旋'은 원래 '鈞'으로 잘못 되어 있었는데, ≪淮南子≫ 〈原道訓〉에 의거하여 고쳤다.〔旋 原誤鈞 據淮南子原道訓改〕"라 하였다.

27) 史記集解 : ≪史記≫에 대한 주석으로, 南朝 宋 때 裵駰이 지은 것이다. 모두 80권이다. 원래는 단행본이었는데, 北宋 때 司馬貞의 ≪史記索隱≫, 張守節의 ≪史記正義≫와 함께 ≪史記≫ 원문 아래에 주석으로 편입되었다.

28) 駰 : 裵駰이다. 字는 龍駒이고 河東 聞喜(지금의 山西省 聞喜縣) 사람이다. 南朝의 저명한 史學家이고 아버지 裴松之, 손자 裴子野와 아울러 '史學三裴'라 불렸다. 저서로 ≪史記集解≫가 있는데, 현존하는 책 중 가장 오래된 ≪史記≫에 대한 주석서이다.

29) 漢書音義 : 韋昭(204~273)의 저작이다.

30) 索隱 : ≪史記≫의 주석서이다. 南朝 宋나라 裴駰의 ≪史記集解≫, 唐나라 張守節의 ≪史記正義≫, 司馬貞의 ≪史記索隱≫이 ≪史記≫의 대표적인 주석서로 꼽힌다. 司馬貞은 唐나라 사람으로 字는 子正이다. 玄宗(712~756 재위) 때 朝散大夫, 國子博士, 弘文館學士 등을 지냈으며, ≪사기색은≫ 30권을 편찬하였다.

31) 韋昭 : 204~273. 字는 弘嗣이고 吳郡 雲陽(지금의 江蘇省 丹陽) 사람이다. 삼국시대 유명한 사학자로 東吳의 重臣이었다. 저서로 ≪吳書≫, ≪漢書音義≫, ≪國語注≫, ≪官職訓≫, ≪三吳郡國志≫ 등이 있다.

夕은 所以正東西也니 今均旣運이면 則東西不可準也라하니라 案 運員音近하여 古通이라 國語[32]越語에 廣運百里라한대 山海經[33]西山經에 作廣員百里하고 莊子天運篇의 釋文[34]에 引司馬彪[35]本하여 作天員하니라 立朝夕은 謂度(탁)東西也니 周禮[36]大司徒云 日東則景(영)夕하고 日西則景朝라하고 司儀云 凡行人之儀는 不朝不夕이라하고 考工記 匠人云 晝參諸日中之景하고 夜考之極星하여 以正朝夕이라하고 晏子春秋[37]雜篇云 古之立國者는 南望南斗하고 北戴樞星하니 彼安有朝夕哉리오하고 春秋繁露[38]深察名號

---

32) 國語 : ≪春秋外傳≫ 혹은 ≪左氏外傳≫이라고 칭해지기도 하며, 春秋時代 말기 魯나라 左丘明이 지은 것으로 전해지지만 현재는 戰國時代의 학자가 춘추시대 각국의 사료를 토대로 편찬한 것이라 여겨진다. 중국 최초의 나라별 역사서로, 周王室과 魯·齊·晉·鄭·楚·吳·越 등의 기사를 싣고 있으며, 이는 B.C. 947년에서 B.C. 453년까지 약 500년간의 역사를 포괄하는 것이다. 모두 21권이다.

33) 山海經 : 戰國時代 中後期에서 漢代 初中期 사이에 楚나라 혹은 巴蜀 땅 사람이 지은 것으로 여겨지는 책으로, 민간 설화에 나오는 妖怪와 怪獸에 대한 설명과 신화를 수록하고 있다. 이 책을 통해 고대의 신화, 지리, 동식물, 광물, 종교, 역사, 의약, 민속 등 여러 방면의 정보를 얻을 수 있다고 평가받는다. 현존하는 것은 18篇이다.

34) 釋文 : ≪經典釋文≫을 가리키는 것으로, 이는 唐代 經學家인 陸德明의 저작이다. ≪周易≫, ≪古文尙書≫, ≪毛詩≫, ≪周禮≫, ≪儀禮≫, ≪禮記≫, ≪春秋左氏傳≫, ≪春秋公羊傳≫, ≪春秋穀梁傳≫, ≪孝經≫, ≪論語≫, ≪爾雅≫, ≪老子≫, ≪莊子≫ 등의 古音과 訓義에 대하여 고증한 것으로, 魏晉 이래 혼란해진 注音을 통일하기 위해 經文과 注文에 모두 反切이나 直音을 달았을 뿐 아니라 漢魏六朝의 경학자들의 音切과 訓詁를 망라하여 수록함으로써 이후 經學의 기본서가 되었다.

35) 司馬彪 : 240?~306. 西晉의 史學家이자 文學家로, 字는 紹統이고 河內 溫(지금의 河南省 溫縣) 사람이다. 晉 武帝 때 秘書郎·秘書丞·散騎侍郎 등의 벼슬을 했고, ≪續漢書≫80卷, ≪莊子注≫ 21卷, ≪兵記≫ 20卷, 文集 4卷을 지었으나 모두 없어졌고, 지금은 ≪文選≫ 중에 〈贈山濤〉, 〈雜詩〉 등만 수록되어 전한다. ≪續漢書≫의 八志는 뒤에 范曄의 ≪後漢書≫ 안에 산입되었다.

36) 周禮 : 儒家의 경전으로 13경 가운데 하나이다. 周公의 저작으로 전해지지만, 실제로는 戰國시기에 만들어진 것이라 한다. ≪儀禮≫, ≪禮記≫와 함께 '3禮'라 불리며, 중국 先秦시대 봉건제도에 대한 사료일 뿐 아니라, 이후 동아시아 儒家의 經世論의 근거로 활용되었다고 평가받는다.

37) 晏子春秋 : 춘추시대 齊나라 晏嬰의 言行을 문답식으로 기록한 책이다. 內篇인 〈諫上〉, 〈諫下〉, 〈問上〉, 〈問下〉, 〈雜上〉, 〈雜下〉와 外篇으로 구성되어 있다.

38) 春秋繁露 : ≪春秋≫의 주석서로, 公羊學의 대가로 알려진 前漢 董仲舒의 저술이다. 南宋代에 4종류의 ≪春秋繁露≫ 底本이 있었으며, 淸나라 乾隆 50년에 盧文弨 등 13인의 학자들

篇云 正朝夕者는 視北辰이라하다

畢沅 : '運'은 〈非命 中〉에는 '員'으로 되어 있으니, 音이 서로 비슷하기 때문이다. ≪廣雅≫에 "'運'은 '轉(돌리다)'이다."라 하였고, 高誘가 ≪淮南子≫에 주를 달면서 "'鈞'은 도공들이 瓦器를 만드는 법에 틀 아래에서 굴려 돌아가게 하는 것이다."라 하였고, ≪史記集解≫에 "내〔駰〕가 살펴보건대 ≪漢書音義≫에 '도공들이 틀 아래에서 돌리는 것을 '鈞'이라 이름붙였다.'고 하였다."라 하였고, ≪史記索隱≫에 "韋昭가 말하기를 '鈞은 나무의 길이가 7척이고 絃이 있으니 그것으로 기구를 만드는 것을 조절하는 것이다.'라 하였다."라 하였으니, 〈본문의 내용은〉 녹로대를 돌려 고정되지 않은 상태에서는 반드시 表를 세워 해그림자를 잴 수 없다는 말이다.

詒讓案 : ≪管子≫ 〈七法〉에 "원칙에 밝지 않으면서도 명령을 내고자 하는 것은 비유컨대 구르는 녹로대〔均〕 위에 朝夕을 세우는 것과 같다."고 하였는데, 尹知章의 주에 이르기를 "'均'은 도공들의 바퀴이고, 朝夕을 세우는 것은 東西를 바르게 하는 것이니, 지금 均이 이미 움직이면 東西는 기준을 잡을 수 없다."라 하였다. 생각건대 '運'과 '員'은 音이 비슷하니 옛날에는 통용했다. ≪國語≫ 〈越語〉에 "廣運百里"라 하였는데 ≪山海經≫ 〈西山經〉에는 "廣員百里"로 되어 있고, ≪經典釋文≫의 ≪莊子≫ 〈天運〉편에 司馬彪의 판본을 인용하여 '天員'으로 되어 있다. '立朝夕'은 東西를 재는 것을 이른다. ≪周禮≫ 〈大司徒〉에 "해가 동쪽으로 치우치면 그림자가 저녁에 지고 해가 서쪽으로 치우치면 그림자가 아침에 진다.〔日東則景夕 日西則景朝〕"라 하였고, 〈司儀〉에 "대저 행인의 예의는 동향하지도 않고 서향하지도 않는다.〔凡行人之儀 不朝不夕〕"라 하였고, 〈考工記 匠人〉에 "낮에는 정오의 해 그림자를 참고하고 밤에는 북극성의 위치를 참고하여 〈남북의 방향을 정하고〉 동서의 방향을 바로잡는다.〔晝參諸日中之景 夜考之極星 以正朝夕〕"라 하였고, ≪晏子春秋≫ 〈雜篇〉에 "옛날에 도읍을 세우는 자는 남쪽으로 南斗(斗宿)를 바라보고 북쪽으로 북극성을 이었으니 거기에 어찌 〈따로〉 동서를 〈정하는 것이〉 있었겠는가.〔古之立國者 南望南斗 北戴樞星 彼安有朝夕哉〕"라 하였고, ≪春秋繁露≫ 〈深察名號〉에 "동서를 바르게 하는 자는 북극성을 본다.〔正朝夕者 視北辰〕"라 하였다.

35-2-3 是非利害之辨을 不可得而明知也라 故言必有三表라하니라

是非나 利害의 구별을 분명하게 알 수 없다. 그러므로 말에는 반드시 세 가지

이 이 저본들을 모두 모아 교정하여 총 17권 82편을 완성하였다.

기준〔表〕이 있어야 한다."

表儀는 義同이라 左文六年傳云 引之表儀라하다 洪云 非命中篇과 非命下篇의 此段은 文義大略相同한대 皆作言有三法이라 法은 說文作灋이요 表는 古文作褾하니 字形相近이라하다

'表'와 '儀'는 뜻이 같다. ≪春秋左氏傳≫ 文公 6年 傳에 "引之表儀(威儀로 〈백성을〉 이끌고)"라 하였다.

洪頤煊 : 〈非命 中〉과 〈非命 下〉의 이 단락은 글의 뜻이 대략 같은데, 모두 '言有三法'으로 되어 있다. '法'은 ≪說文解字≫에 '灋'으로 되어 있고, '表'는 古文에서 '褾'으로 쓰니 字形이 서로 비슷하다.

35-2-4 何謂三表오 子墨子言曰 有本之者하고

무엇을 가리켜 세 가지 기준이라 하는가?
子墨子께서 말씀하셨다. "근거 삼는 데가 있고

本은 謂考其本始니 下篇에 作有考之者라

'本'은 그 근본과 시작을 고찰하는 것이니, 〈非命 下〉에는 "有考之者"로 되어 있다.

35-2-5 有原之者하고

헤아리는 데가 있으며

廣雅釋詁云 謜은 度(탁)也라하니 原謜은 字通이라 劉歆[39]列女傳[40]頌小序云 原度天道라하니 此原之도 亦謂察度其事故也라

39) 劉歆 : B.C. 50?~23. 字는 子駿이고 劉秀로 改名했다. 前漢 말년의 저명한 학자로 王莽을 도와 新朝에서 國師로 칭해졌지만 만년에 모반사건에 연루되어 자살했다. 그는 고문경학자로서 漢代 今古文 經學 논쟁을 촉발시켰으며 부친 劉向과 함께 궁중 소장 도서의 목록을 작성하여 ≪七略≫과 ≪別錄≫을 남겼다.

40) 列女傳 : 前漢의 劉向이 지었다고 알려진 책으로, 고대부터 한나라 때까지 유명한 현모, 양처, 烈女 및 妬婦들의 略傳, 頌, 圖說 등을 엮은 것이다. 모두 8편 15권으로, 나중에 宋의 方回가 7권으로 간추렸다.

≪廣雅≫ 〈釋詁〉에 "'謜'은 '度(헤아리다)'이다."라 하니, '原'과 '謜'은 통용하는 글자이다. 劉歆의 ≪列女傳≫ 〈頌 小序〉에 "原度天道(천도를 헤아린다)"라 하였으니, 여기의 '原之'도 그 사정을 살피고 헤아리는 것을 이른다.

35-2-6 **有用之者**라 **於何本之**오 **上本之於古者聖王之事**라 **於何原之**오 **下原察百姓耳目之實**이라 **於何用之**오 **廢以爲刑政**하여

쓰는 데가 있어야 한다. 무엇을 근거로 삼는가? 위로 옛날 聖王의 일을 근거 삼는다. 무엇을 헤아리는가? 아래로 백성의 귀와 눈으로 보고 들은 사실을 헤아리고 살핀다. 어디에 쓰는가? 刑政을 실시하여

盧云 廢는 **置也**라 **中篇作發**이라하다 **王云 盧說**은 **非也**라 **廢讀爲發**이라 **故**로 **中篇作發而爲刑政**하고 **下篇作發而爲政乎國**하니라 **發廢**는 **古字通**이라하다

盧文弨 : '廢'는 '置'이다. 〈非命 中〉에는 '發'로 되어 있다.

王念孫 : 盧文弨의 설은 틀렸다. '廢'는 '發'로 읽기 때문에 〈非命 中〉에 '發而爲刑政'으로 되어 있고, 〈非命 下〉에는 '發而爲政乎國'으로 되어 있다. '發'과 '廢'는 옛날에 글자를 통용하였다.

35-2-7 **觀其中國家百姓人民之利**라 **此所謂言有三表也**라

국가와 백성, 인민의 이익에 맞는지 살펴본다. 이것이 이른바 말에는 세 가지 기준이 있다는 것이다.

35-3-1 **然而今天下之士君子**는 **或以命爲有**라

그런데도 지금 천하의 士君子 중 어떤 자들은 命이 있다고 생각한다.

句라

여기에서 句를 뗀다.

35-3-2 蓋(합)嘗尙觀於聖王之事아

〈그렇다면〉 어찌 한번 위로 성왕의 일을 살펴보지 않겠는가?

蓋上에 舊本有益字라 王云 或以命爲有에 絶句하여 下文云 豈可謂有命哉아하다 益卽蓋字之譌(와)라 蓋字는 俗書作盖하니 形이 與益相近이라 故로 蓋譌作益이라 史記楚世家의 還蓋長城以爲防에 徐廣[41]曰 蓋는 一作益이라하니라 今云益蓋者는 一本作益하고 一本作蓋하여 而後人誤合之耳라 蓋與盍은 同이니 盍은 何不也라 檀弓曰 子蓋言子之志於公乎아하고 孟子梁惠王篇에 蓋[42]亦反其本矣아하다 嘗은 試也요 尙與上은 同이라 言今天下之士君子에 或以命爲有하니 則何不試上觀於聖王之事乎아라 下文曰 今天下之士君子에 或以命爲有하니 益嘗尙觀於先王之書라한대 益도 亦蓋字之譌라하다 案컨대 王校是也니 今據刪이라

'蓋' 위에 舊本에는 '益'자가 있다.

王念孫 : '어떤 자들은 명이 있다고 생각한다.〔或以命爲有〕'에서 句를 끊으므로 아래 글에서 "어찌 명이 있다고 할 수 있는가?〔豈可謂有命哉〕"라 한 것이다. '益'은 바로 '蓋'자의 訛字이다. '蓋'자는 흔히 '盖'으로 쓰는데 그 모양이 '益'과 서로 비슷하기 때문에 '蓋'이 '益'으로 잘못 쓰인 것이다. 《史記》〈楚世家〉에 "還蓋長城以爲防(둘러싸고 숨겨 장성을 방어선으로 삼다)"이라 하였는데, 〈이에 대하여〉 徐廣이 "'蓋'은 어떤 본에 '益'으로 되어 있다."라 하였다. 지금 '益蓋'이라고 한 것은 어떤 본에는 '益'으로 되어 있고, 어떤 본에는 '蓋'으로 되어 있어 後人이 잘못 합쳐버린 것일 따름이다. '蓋'과 '盍'은 같은 글자이니 '盍'은 '어찌 아니하는가〔何不〕'라는 뜻이다. 《禮記》〈檀弓〉에 "子蓋言子之志於公乎(그대는 어찌 그대의 뜻을 공에게 말하지 않는가?)"라 하였고, 《孟子》〈梁惠王〉에 "蓋亦反其本矣(어찌 그 근본으로 돌아가지 않는가?)"라 하였다. '嘗'은 '試(한번 해보다)'이고, '尙'과 '上(위)'은 같은 뜻이다. 지금 천하의 사군자들 중에 어떤 이는 명이 있다고 하니 어찌 한번 위로

41) 徐廣 : 352~425. 字는 野民이고, 東莞 姑幕(지금의 山東省 莒縣) 사람으로 《晉記》 46권을 편찬했다. 《車服儀注》, 《答禮問》, 《毛詩背隱義》 2권, 文集 15권, 《史記音義》 13권 등의 저술이 있다.

42) 蓋 : 趙岐와 朱熹 모두 이 '蓋'자를 발어사로 해석했지만, 여기에서 孫詒讓은 '盍', 즉 '何不'로 해석하고 있다.

성왕의 일을 살펴보지 않겠는가라는 말이다. 아래 글에 "今天下之士君子 或以命爲有 盍嘗尙觀於先王之書"라고 했는데, 거기의 '盍' 또한 '蓋'자의 訛字이다.

案 : 王念孫의 교감이 옳으니, 지금 이에 의거하여 <'盍'자를> 삭제한다.

35-3-3 **古者**에 **桀之所亂**을 **湯受而治之**하고 **紂之所亂**을 **武王受而治之**하니 **此**는 **世未易民未渝**나

옛날에 桀이 어지럽힌 것을 湯王이 받아 다스리고 紂가 어지럽힌 것을 武王이 받아 다스렸다. 이는 세대가 아직 바뀌지 않고 인민이 아직 변하지 않았지만

爾雅[43]**釋言云 渝**는 **變也**라하다

≪爾雅≫ <釋言>에 "'渝'는 '變(변하다)'이다."라 하였다.

35-3-4 **在於桀紂**엔 **則天下亂**하고

桀과 紂 때에는 천하가 어지러워지고

畢云 舊脫在字러니 **據下文增**이라하다

畢沅 : 舊本에는 '在'자가 빠져있는데, 아래 글에 의거하여 보충하였다.

35-3-5 **在於湯武**엔 **則天下治**하니 **豈可謂有命哉**아

湯王과 武王 때에는 천하가 다스려졌다는 것이니, 어찌 命이 있다고 말할 수 있겠는가?

---

43) 爾雅 : 중국 最古의 訓詁書이다. ≪釋名≫ 또는 ≪釋言≫이라고도 한다. 저자와 편찬 시기는 분명치 않으며, 戰國時代(B.C. 403~B.C. 221) 말에서 前漢時代 武帝(B.C. 141~B.C. 87 재위) 사이일 것으로 추정할 뿐이다. ≪이아≫의 經文을 풀이하여 注를 낸 郭璞(276~324)의 ≪爾雅注≫와 ≪이아≫의 경문과 ≪이아주≫를 풀이한 邢昺(932~1010)의 ≪爾雅疏≫가 가장 널리 알려져 있다. 唐 高祖 때의 國學博士인 陸德明(550~630)이 ≪爾雅音義≫를 짓고 자신의 저서인 ≪經典釋文≫에 수록하였다.

35-4-1 **然而今天下之士君子**는 **或以命爲有**라 **蓋**(합)**嘗尙觀於先王之書**아

그런데도 지금 천하의 士君子 중 어떤 자들은 命이 있다고 생각하니, 어찌 한번 위로 先王의 글을 살펴보지 않겠는가?

蓋은 **舊本亦譌盍**이니 **王據上文改**라

'蓋'은 舊本에 역시 '盍'으로 잘못 쓰여 있으니, 王念孫이 위 글에 의거하여 고쳤다.

35-4-2 **先王之書**에 **所以出國家**하고

先王의 글 가운데 국가에 공포하고

畢云 舊脫以字하니 **據下文增**이라하다

畢沅 : 舊本에는 '以'자가 빠져있는데 〈'所以聽獄制罪者' 등〉 아래 글에 의거하여 보충하였다.

35-4-3 **布施百姓者**는

백성들에게 시행하는 것은

畢云 舊脫此字하니 **據下文增**이라하다

畢沅 : 舊本에는 이 〈'者'〉 字가 빠져있는데 〈'所以聽獄制罪者' 등〉 아래 글에 의거하여 보충하였다.

35-4-4 **憲也**라

법령이다.

爾雅釋詁云 憲은 **法也**라하고 **周禮秋官**에 **有布憲**하고 **管子立政篇**에 **云 布憲於國**이라하고 **國語周語**에 **云 布憲施舍于百姓**이라한대 **韋注同爾雅**라

≪爾雅≫ 〈釋詁〉에 "'憲'은 '法'이다."라 하였고, ≪周禮≫ 〈秋官〉에 "布憲(법령을 펼치다)"이라는 말이 있고, ≪管子≫ 〈立政篇〉에 "布憲於國(나라에 법령을 시행하다)"이라 하였

고, ≪國語≫ 〈周語〉에 "布憲施舍于百姓(백성들에게 법령을 시행하고 재물을 주었다)"이라 하였는데, 韋昭의 注가 ≪이아≫와 같다.

35-4-5 **先王之憲**에 **亦嘗有曰 福不可請**하고 **而禍不可諱**하고

先王의 법령에 또한 일찍이 '복은 청할 수 없고 화는 피할 수 없으며

諱는 **當讀爲違**니 **同聲叚借字**라 **禮記緇衣**에 **太甲**[44]**曰 天作孼**(얼)은 **猶可違也**라한대 **鄭**[45]**注云 違**는 **猶辟**(피)**也**라하니라 **下同**이라

'諱'는 응당 '違(피하다)'로 읽어야 하니, 同聲假借字이다. ≪禮記≫ 〈緇衣〉에 "太甲曰 天作孼 猶可違也(태갑이 말하기를 "하늘이 내린 재앙은 피할 수 있으나"라 하였다.)"라 하였는데, 鄭玄의 注에 "'違'는 '辟(피하다)'와 같다"라 하였다. 아래도 같다.

35-4-6 **敬無益**하고 **暴無傷者乎**아 **所以聽獄制罪者**는 **刑也**라 **先王之刑**에 **亦嘗有曰 福不可請**하고 **禍不可諱**하고 **敬無益**하고 **暴無傷者乎**아 **所以整設師旅進退師徒者**는 **誓也**라 **先王之誓**에 **亦嘗有曰 福不可請**하고 **禍不可諱**하고 **敬無益**하고 **暴無傷者乎**아하니라 **是故**로 **子墨子言曰 吾**(當)〔**尙**〕**未**(鹽)〔**盡**〕**數**라

공경하더라도 득이 없고 사납게 굴더라도 잃는 것이 없다.'라고 말한 것이 있는가? 〈先王의 글 가운데〉 재판을 하고 죄를 정하는 것은 형법이니, 선왕의 형법에 또한 일찍이 '복은 청할 수 없고 화는 피할 수 없으며 공경하더라도 득이 없고 사납게 굴더라도 잃는 것이 없다.'라고 말한 것이 있는가? 〈선왕의 글 가운데〉 군대를 정비하고 병사를 움직이는 것은 〈〈禹誓〉, 〈湯誓〉, 〈泰誓〉 등의〉 誓이니, 선왕의 서에 또한 일찍이 '복은 청할 수 없고 화는 피할 수 없으며 공경하더라도 득이 없고 사납게 굴더라도 잃는 것이 없다.'고 말한 것이 있는가?"

---

44) 太甲 : 商나라 湯王의 長孫으로 商朝의 5대 임금이다. 姓은 子이고 이름은 至이며 '祖甲'이라 불리기도 한다. 묘호는 太宗이다.

45) 鄭 : 後漢 때의 儒學者인 鄭玄(127~200)을 가리킨다. 자는 康成이고, 高密 사람이다. 경학의 今文과 古文 외에 天文, 曆數에 정통하였다. ≪周易≫, ≪尙書≫, ≪毛詩≫, ≪周禮≫, ≪儀禮≫, ≪禮記≫, ≪論語≫, ≪孝經≫ 등 경서에 주를 달았다.

이런 까닭에 子墨子께서 말씀하셨다. "나는 아직 다 세어보지 못하였다.

當은 疑尙之譌라 畢云 鹽은 盡字之譌라하다

'當'은 아마도 '尙'의 訛字인 것 같다.

畢沅 : '鹽'은 '盡'자의 訛字이다.

35-4-7 天下之良書는 不可盡計數나 大方論數면

천하의 좋은 글이란 모두 다 세어볼 수 없는 것이지만, 대략을 꼽아본다면

大方은 卽大較也라 後漢書郎顗傳李[46]注云 方은 法也라하고 史記律書索隱云 大較는 大法也라하다

'大方'은 바로 '大較(대략)'이다. ≪後漢書≫〈郎顗傳〉李賢의 注에 "'方'은 '法'이다."라 하였고, ≪史記索隱≫〈律書〉에 "'大較'는 '大法(대체)'이다."라 하였다.

35-4-8 而(五)〔三〕者가 是也라

〈바로 이 先王의 법령, 형법, 서〉 세 가지가 이것이다.

畢云 五는 當爲三이니 卽上先王之憲之刑之誓是라하다

畢沅 : '五'는 응당 '三'이 되어야 하니, 바로 위의 선왕의 憲·刑·誓가 이것이다.

35-4-9 今雖毋求執有命者之言이라도 不必得하니

지금 命이 있다고 주장하는 자의 말을 〈이러한 성인의 글에서〉 찾아보더라도 반드시 얻을 수 없을 것이니,

---

46) 李 : 李賢(654~684)으로, 唐나라 章懷太子이다. 字는 明允이고, 高宗의 여섯째 아들이자 則天武后의 둘째 아들이다. 형이 죽은 후에 한 번 太子에 봉해졌지만, 얼마 후 廢庶人 되었다. 張大安, 劉訥言, 格希元 등의 학자를 모아 范曄의 ≪後漢書≫에 주석을 달았다. 이외에 ≪列藩正論≫, ≪春宮要錄≫, ≪修身要覽≫ 등의 저술이 있다.

雖唯는 通이요 毋는 語詞라 詳尙賢中篇이라

'雖'와 '唯'는 뜻이 통하고, '毋'는 語詞이다. 〈尙賢 中〉에 자세하다.

35-4-10 不亦可錯乎아

역시 내버려두면 되지 않겠는가?

錯與廢는 義同이라 詳節葬下篇이라

'錯'과 '廢(그만두다)'는 뜻이 같다. 〈節葬 下〉에 자세하다.

35-4-11 今用執有命者之言은 是覆天下之義니 覆天下之義者는 是立命者也요 百姓之誶(췌)也라 說(열)百姓之誶者는

지금 命이 있다고 주장하는 자의 말을 〈政事에〉 채택하는 것은 천하의 義를 뒤엎는 것이니, 천하의 의를 뒤엎는 자는 바로 명이 있다고 주장하는 자이며 백성의 근심이다. 백성의 근심을 기뻐하는 자는

畢云 爾雅云 誶는 告也라하고 陸德明[47]音義云 沈音粹요 郭音碎라하니 言以此告百姓이라하다 蘇云 誶는 猶誶誶니 謂不道之言也라하다 兪云 誶는 讀爲悴라 說文心部에 悴는 憂也라하니 猶曰百姓之憂也라 故曰 說百姓之誶者는 是滅天下之人也라 畢釋은 非是라하다 案컨대 兪說이 是也라

畢沅 : ≪爾雅≫에 "'誶'는 '告(고하다)'이다."라 하고, 陸德明의 ≪爾雅音義≫에 "沈旋은 音이 '粹(수)'라 하였고, 郭璞은 音이 '碎(쇄)'라 하였다."라 하니, 이로써 백성에게 고한다는 말이다.

蘇時學 : '誶'는 '誶誶(욕하다)'와 같으니, 무도한 말을 이르는 것이다.

兪樾 : '誶'는 '悴(근심하다)'로 읽는다. ≪說文解字≫ 心部에 "'悴'는 '憂(근심하다)'이다."

---

47) 陸德明 : 550?~630. 唐나라 蘇州 吳縣 사람으로, 본명은 元朗이다. 唐 高祖 때 國子博士를 지냈으며, 經書에 주석서를 내고 ≪經典釋文≫ 30권을 지었다. 저서에 ≪老子疏≫, ≪易疏≫ 등이 있다.

라 하였으니, 百姓의 근심이란 말과 같다. 그러므로 "백성의 근심을 기뻐하는 자는 천하의 인민을 멸망시키는 것이다."라고 한 것이다. 畢沅의 해석은 틀렸다.

案 : 兪樾의 설이 옳다.

35-4-12 是滅天下之人也라 然則所爲欲義〔人〕在上者는

바로 천하의 인민을 멸망시키는 것이다. 그렇다면 의로운 사람이 위에 있기를 바란다고 하는 것은

義在上은 **文未備**하니 **據下文當作義人在上**이라 **今本脫人字**라

'義在上'은 글이 불완전하니 아래 글에 근거하여 응당 '義人在上'이 되어야 한다. 今本에는 '人'자가 빠져있다.

35-4-13 何也오 曰 義人在上하면 天下必治하고 上帝山川鬼神에 必有幹主하여

왜인가? 의로운 사람이 위에 있으면 천하가 반드시 다스려지고 上帝나 山川의 귀신에 반드시 〈제사를 주관하는〉 宗主가 있어

畢云 幹은 **當爲斡**(관)이니 **此**는 **管字假音**이라 **詒讓案 後漢書竇憲傳李注云 斡**은 **主也**라 **或曰 古管字**라하고 **漢書食貨志顔**[48]**注云 斡**은 **讀爲管同**이니 **謂主領也**라하고 **漢隸**에 **榦斡皆作幹**하고 **經典多通用**이나 **但此幹字**는 **似當讀如字**라 **說文木部云 榦**은[49] **本也**라하니 **榦者**는 **本榦**으로 **對枝言之也**라 **荀子儒效篇云 以枝代主而非越也**라한대 **楊**[50]**注云 枝**는 **枝子**라하니 **若然**이면 **冢適謂之榦**이요 **支子謂之枝**이니 **榦主者**는 **猶言宗主耳**라

---

48) 顔 : 顔師古(581~645)를 가리킨다. 京兆 萬年 사람으로, 字는 師古, 名은 籀, 시호는 戴이다. 經學과 文字學에 정통하였다. 저서에 ≪漢書序≫, ≪急就章注≫, ≪匡謬正俗≫이 있다.

49) 榦 : 저본의 원주에 "'榦'은 원래는 '幹'으로 되어 있다. ≪說文解字≫를 보면 '幹'자는 본래 '榦'으로 되어 있으니, '幹'은 隸書의 變體이다. 지금 ≪설문해자≫에 의거하여 고쳤으며, 正文에서는 孫詒讓도 모두 '榦'으로 썼다.〔榦 原作幹 按說文幹字本作榦 幹爲隸變之體 今據說文改正文孫亦均寫作榦〕"라고 하였다.

50) 楊 : 楊倞이다. 唐 憲宗 연간(805~820) 弘農(지금의 河南省 靈寶縣) 사람이다. 저서로 ≪荀子注≫가 있다.

畢沅 : '幹'은 응당 '斡(관리하다)'이 되어야 하니, 이는 '管'자의 假音이다.

詒讓案 : ≪後漢書≫ 〈竇憲傳〉 李賢의 注에 "'幹'은 '主'이다. 어떤 이는 '管'의 古字라고도 한다."라 하였고, ≪漢書≫ 〈食貨志〉 顔師古의 注에 "'斡'은 '管'과 같이 읽으니, '主領(주관하다)'을 이르는 것이다."라 하였다. 漢나라 隸書에서는 '榦'과 '斡'을 모두 '幹'으로 쓰고 경전에서 통용하는 경우가 많다. 다만 여기의 '幹'자는 응당 원래 글자 그대로 읽어야 할 것 같다. ≪說文解字≫ 木部에 "'榦'은 '本'이다."라 하였으니, '榦'은 '本榦(뿌리와 줄기)'으로, '枝(가지)'와 대비해서 말한 것이다. ≪荀子≫ 〈儒效〉에 "以枝代主而非越也(지손으로써 적장자를 대신하였지만 〈분수를〉 넘은 것이 아니고)"라 하였는데, 楊倞의 注에 "'枝'는 '枝子'이다."라 하였으니, 그렇다면 '冢適(嫡長子)'을 '榦'이라 이르고 '支子'를 '枝'라 이르는 것이니, '榦主'는 '宗主'란 말과 같을 따름이다.

35-4-14 **萬民**이 **被其大利**라하니라 **何以知之**오 **子墨子曰 古者**에 **湯封於**(亳)〔**薄**〕하니

萬民이 그 큰 이득을 입게 되기 때문이다."
어떻게 그것을 아는가?
子墨子께서 말씀하셨다. "옛날 湯王이 薄땅에 봉해지시니,

畢云 當爲薄이라 說文云 亳은 京兆杜陵亭也니 从高省乇聲이라하고 史記集解云 徐廣曰 京兆杜縣有亳亭이라하고 索隱云 秦寧公與亳王戰한대 亳王奔戎[51)]하니 遂滅湯社한대 皇甫謐[52)]云 周桓王時에 自有亳王號湯하니 非殷也라하다 此亳在陝西長安縣南하니 若殷湯所封은 是河南偃師之薄이라하고 書傳及本書亦多作薄한대 惟孟子作亳하니 蓋借音字로되 後人依改亂之라 顧炎武[53)]不考史記하고 反以此譏許君地里之謬라 是는 以不狂爲狂也라

51) 戎 : 저본의 원주에 "'戎'자는 원래 빠져 있는데, 생각건대 畢沅이 ≪史記索隱≫을 인용하면서 ≪史記≫ 〈封禪書〉에 대한 索隱注를 보았을 터이니, 지금 이에 근거하여 '戎'자를 보충한다.〔戎字原脫 按畢引索隱見史記封禪書索隱 今據補戎字〕"라 하였다.

52) 皇甫謐 : 西晉 시대 인물로, 字는 士安, 名은 靜, 號는 玄晏이다. 역사에 조예가 깊었으며 당대 書淫이라 일컬어졌다. 주요 저서에 ≪帝王世紀≫·≪年歷≫·≪高士傳≫·≪逸士傳≫ 등이 있다.

53) 顧炎武 : 1613~1682. 江蘇省 昆山 출신으로, 본명은 絳이고 字는 忠淸이며 호는 亭林이다. 明나라 멸망 이후 이름을 炎武, 자를 寧人으로 고쳤다. 청대 고증학의 開祖로 평가되며, 王夫之·黃宗羲와 함께 '明末淸初 三大儒'로 불린다.

畢沅 : 〈'亳'은〉 응당 '薄'이 되어야 한다. ≪說文解字≫에 "'亳'은 京兆의 杜陵亭이니, '高'의 생략형을 부수로 하고 乇은 聲符이다."라고 하였고, ≪史記集解≫에 "徐廣이 '京兆 杜縣에 亳亭이 있다'고 했다."고 하였고, ≪史記索隱≫에 "秦 寧公과 亳王이 전투를 벌였는데 亳王이 戎땅으로 도망치니 드디어 湯社를 없앴는데, 皇甫謐이 '周 桓王 때 애초에 亳王이 있어 湯이라 불렀으니, 〈이는〉 殷이 아니다.'라 하였다."고 하였다. 이 '亳'은 陝西 長安縣의 남쪽에 있으니, 殷의 湯이 封地로 삼은 곳은 河南 偃師의 薄땅이다. ≪書傳≫과 本書 ≪墨子≫에도 '薄'이라 되어 있는 곳이 많은데, 오직 ≪孟子≫에서만 '亳'으로 되어 있으니 〈이는〉 아마도 借音字인데 後人들이 이 〈≪孟子≫〉에 의거하여 고쳐서 혼란스러워졌다. 顧炎武는 ≪史記≫를 살피지 않고 도리어 이로써 許君(許愼)의 지리학의 오류에 대해 비웃었으니, 이는 미치지 않은 것을 미쳤다고 여긴 것이다.

35-4-15 絶長繼短하면

긴 곳을 잘라 짧은 곳에 이으면

禮記王制云 凡四海之內는 絶長補短하면 方三千里라하고 孟子滕文公篇云 今滕은 絶長補短하면 將五十里也라하고 戰國策[54]秦策에 韓非[55]說(세)秦王曰 今秦地形은 斷長續短하면 方數千里라하고 又楚策에 莊辛對楚王曰 今楚雖小나 絶長續短하면 猶以數千里라하니 此云絶長繼短은 猶國策云斷長續短也라

≪禮記≫ 〈王制〉에 "凡四海之內 絶長補短 方三千里(四海의 안은 〈그 토지에서〉 긴 곳을 잘라 짧은 곳에 보태면 사방 3천 리다.)"라 하였고, ≪孟子≫ 〈滕文公〉에 "今滕 絶長補短 將五十里也(지금 滕나라는 〈그 국토에서〉 긴 곳을 잘라 짧은 곳에 보태면 50리이다.)"라 하였고, ≪戰國策≫ 〈秦策〉에 "韓非說秦王曰 今秦地形斷長續短 方數千里(한비자가 진나라 왕에게 유세하기를 '지금 진나라의 지형은 긴 곳을 잘라 짧은 곳에 이으면 사방 수천 리 입니다.'라 하였다.)"라 하였고, 또 〈楚策〉에 "莊辛對楚王曰 今楚雖小 絶長續短 猶以數千里(莊辛이 초나라 왕에게 대답하여 말하기

---

54) 戰國策 : 前漢 때 劉向이 편찬한 책이다. 전국시대에 활약한 謀士들의 말과 문장을 모은 것으로 秦, 齊, 楚 등 12개국으로 나누어져 있다. 총 33권이다.

55) 韓非 : 戰國시대 말기 韓나라 法家의 집대성자였던 韓非(B.C. 280~B.C. 233)의 저작이다. 현존하는 것은 55편으로 대부분 韓非 자신의 저술이며, 이 책에 담긴 法家사상은 이후 秦나라의 통일에 큰 영향을 주었다고 평가받는다.

를, '지금 초나라는 비록 작지만 긴 곳을 잘라 짧은 곳에 이으면 오히려 수천 리 입니다.')"라 하였으니, 여기서 말하는 '絶長繼短'은 ≪戰國策≫에서 말하는 "斷長續短"과 비슷한 뜻이다.

35-4-16 **方地百里**나 **與其百姓兼相愛**하고 **交相利**하며 **移**(치)**則分**하고

땅이 사방 백 리였다. 그렇지만 그 백성과 함께 아울러 사랑하고 서로 이롭게 하며 넉넉하면 나누고

畢云 言財多則分也라 移는 或多字라하다 洪云 禮記郊特牲에 順成之方에 其蜡乃通하여 以移民也라한대 鄭注에 移之言羡也라하니 移는 古通作侈字라 侈亦是有餘之義라하다

畢沅 : 재물이 많으면 나눈다는 말이다. '移'는 혹 '多'자로 쓰기도 한다.

洪頤煊 : ≪禮記≫ 〈郊特牲〉에 "順成之方 其蜡乃通 以移民也(기후가 좋아 풍년이 든 지방에는 蜡祭를 지내서 인민들을 넉넉하게 한다.)"라 했는데 鄭玄의 注에 "'移'는 '羡(여유, 잉여)'을 말하는 것이다."라 하였으니, '移'는 옛날에는 '侈(넉넉하다)'자와 통용되었다. '侈' 역시 여유가 있다는 뜻이다.

35-4-17 **率其百姓**하여 **以上尊天事鬼**라 **是以天鬼富之**하고 **諸侯與之**하고 **百姓親之**하고 **賢士歸之**하여 **未歿其世**에

그 백성을 이끌어 위로 하늘을 공경하고 귀신을 섬겼다. 이런 까닭에 하늘과 귀신이 그를 부유하게 하고 제후가 그를 편들며 백성이 그를 친애하고 賢士가 그를 따라서 그 생을 다 마치기 전에

歿은 吳鈔本作沒이니 下同이라

'歿'은 吳鈔本에 '沒'로 되어 있으니, 아래도 같다.

35-4-18 **而王天下**하여 **政諸侯**라

천하의 왕이 되어 제후들의 수장이 되었다.

政正通하고 正猶長也니 詳親士篇이라

'政'과 '正'은 통용하고, '正'은 '長'과 비슷한 뜻이니, 〈이에 대한 설명은〉〈親士〉에 자세하다.

35-4-19 **昔者**에 **文王**이 **封於岐周**하니

옛날 文王이 岐周에 봉해지시니,

孟子離婁篇云 文王生於岐周라한대 **趙注云 岐山下周之舊邑**이라하고 **漢書地理志云 右扶風美陽**은 **禹貢岐山在西北**하고 **中水鄉**은 **周大**(태)**王所邑**이라하고 **又云 大王徙邠**(빈)하고 **文王作酆**이라하다 **畢云 岐**는 **岐山**이요 **周**는 **周原**이라하다

≪孟子≫〈離婁〉에 "文王이 岐周에서 태어났다"고 했는데 趙岐의 注에 "岐山의 아래가 周의 舊邑이다."라 하였고, ≪漢書≫〈地理志〉에 "右扶風 美陽縣은 ≪尙書≫〈禹貢〉의 岐山이 西北에 있고, 中水鄉은 周 太王이 도읍으로 삼은 곳이다."라 하였고, 또 "太王은 邠으로 〈도읍을〉 옮겼고, 文王은 酆을 〈도읍으로〉 삼았다."고 하였다.

畢沅 : '岐'는 岐山이고, '周'는 周原이다.

35-4-20 **絶長繼短**하면 **方地百里**나

긴 곳을 잘라 짧은 곳에 이으면 땅이 사방 백 리였다.

舊本作地方한대 **今從道藏本**[56]**乙**하여 **與上文合**이라

舊本에는 '地方'으로 되어 있는데, 지금 道藏本을 따라 순서를 바꾸어 위 글과 맞추었다.

35-4-21 **與其百姓兼相愛**하고 **交相利**하고 〔**移**〕**則**〔**分**〕하니

그렇지만 그 백성과 함께 아울러 사랑하고 서로 이롭게 하며 넉넉하면 나누었으니

王云 是以上에 **不當有則字**니 **蓋卽利字之誤而衍者**라 **上下文**에 **是以天鬼富之**하고 **諸侯**

56) 道藏本 : 明나라 正統 10년(1445)에 간행한 도교의 경전집인 ≪正統道藏≫에 들어 있는 ≪墨子≫의 판본이다. 明나라의 많은 ≪墨子≫ 刊本들이 이를 토대로 삼았고, 畢沅 등 많은 淸나라 학자들이 이 판본을 대본으로 교감했다.

與之하고 百姓親之하고 賢士歸之라하니 是以上에 皆無則字라하다 兪云 則上에 脫移字요 下에 脫分字라 上文曰 與其百姓하여 兼相愛하고 交相利하고 移則分이라하니 是其證也라 王氏謂則卽利字之誤而衍者는 非라하다 案컨대 兪說이 近是라

王念孫 : '是以' 위에 응당 '則'자가 있어서는 안 되니, 아마도 이는 '利'자가 잘못 들어간 것이다. 위아래 글에 "是以天鬼富之 諸侯與之 百姓親之 賢士歸之(그러므로 하늘과 귀신이 그를 부유하게 하고 제후들이 그의 편을 들며 백성들이 그를 친애하며 현사들이 그를 따른다.)"라고 하였으니 '是以' 위에 모두 '則'자가 없다.

兪樾 : '則' 위에 '移'자가 빠지고, 아래에는 '分'자가 빠진 것이다. 위 글에 "與其百姓 兼相愛 交相利 移則分(그 백성들과 함께 아울러 서로 사랑하고 번갈아 서로 이롭게 하고 넉넉하면 나눈다.)"이라고 하였으니 이것이 그 증거이다. 王念孫이 '則'은 곧 '利'자가 잘못 들어간 것이라고 한 것은 틀렸다.

案 : 兪樾의 설이 옳은 것 같다.

35-4-22 是以近者安其政하고 遠者歸其德하며 聞文王者는 皆起而趨之하고 罷(피)不肖股肱不利者는

이런 까닭에 가까운 사람들은 그 정사를 편안하게 여기고 먼 사람들은 그 덕을 따랐으며 文王의 명성을 들은 자는 모두 일어나서 그에게 달려갔고, 몸이 약하고 거동이 불편한 자는

荀子成相篇云 君子賢而能容罷라한대 楊注云 罷는 弱不任事者라하고 國語齊語云 罷士無伍라한대 韋注云 無行曰罷라하고 管子小匡篇尹注云 罷는 謂乏于德義者라하다

≪荀子≫ 〈成相〉에 "君子賢而能容罷(군자가 현능하여 약한 이를 포용할 수 있다.)"라고 하였는데, 楊倞의 注에 "'罷'는 힘이 약해 일을 맡지 않는 자이다."라 하였고, ≪國語≫ 〈齊語〉에 "罷士無伍(罷士는 〈배속될〉 伍가 없고)"라 하였는데, 韋昭의 注에 "품행이 단정하지 않은 것을 '罷'라 한다."고 하였고, ≪管子≫ 〈小匡〉의 尹知章의 注에 "'罷'는 德義가 결핍된 자를 이른다."고 하였다.

35-4-23 處而願之曰 柰何乎使文王之地及我(吾)오 則吾(利)

〈자기 마을에〉 있으면서 소원을 빌며 말하기를 '어떻게 해야 文王의 영토가 나에게까지 미치게 할 수 있을까? 그렇게 되면 내가

蘇云 我字衍文이라 或去上吾字도 亦可라하다 兪云 則上吾字와 豈上利字는 竝衍文이라하다

蘇時學 : '我'자는 衍文이다. 어떤 본에는 위의 '吾'자를 삭제하기도 했는데 이 또한 괜찮다.
兪樾 : '則' 위의 '吾'자와 '豈' 위의 '利'자 모두 衍文이다.

35-4-24 豈不亦猶文王之民也哉라하니라 是以天鬼富之하고 諸侯與之하고 百姓親之하고 賢士歸之하여 未歿其世에 而王天下하여 政諸侯라

또한 어찌 文王의 인민들과 같아지지 않겠는가.'라고 하였다. 이런 까닭에 하늘과 귀신이 그를 부유케 하고 제후들이 그를 편들며 백성들이 그를 친애하고 賢士들이 그를 따라서 그 생을 다 마치기 전에 천하의 왕이 되어 제후들의 수장이 되었다.

政은 舊本作征이라 蘇云 征은 當從上文作政이라 蓋政者正也니 征政은 古通用이라하다 案컨대 吳鈔本에 作政하니 今據正이라 政諸侯는 謂長諸侯也니 詳親士篇이라

'政'은 舊本에 '征'으로 되어 있다.
蘇時學 : '征'은 응당 위 글을 따라 '政'이 되어야 한다. 대개 '政'이란 '正'이니 '征'과 '政'은 옛날에는 통용했다.
案 : 吳鈔本에는 '政'으로 되어 있으니, 지금 이에 의거하여 고친다. '政諸侯'는 '長諸侯'를 이르는 것이니, 〈親士〉에 자세하다.

35-4-25 鄕者言曰

〈내가〉 전에 이르기를,

畢云 鄕은 同曏이라

畢沅 : '鄕'은 '曏(앞서)'과 같다.

35-4-26 義人在上하면 天下必治하고 上帝山川鬼神에 必有幹主하여 萬民被其大

利라하니 **吾用此知之**라

'의로운 사람이 위에 있으면 천하가 반드시 다스려지고 上帝나 산천의 귀신에게 반드시 〈제사를 주관할〉 宗主가 있어 萬民이 그 큰 이득을 입게 된다.'라고 하였으니, 나는 이것으로써 안 것이다.

35-5-1 **是故**로 **古之聖王**은 **發憲出令**하고 **設以爲賞罰**하여 **以勸賢〔沮暴〕**라

이런 까닭으로 옛 聖王은 법령을 공포하고 상벌을 내려 현능한 이를 권면하고 포악한 이를 막았다.

畢云 中篇作勸沮하니 是라하다 王云 原文是勸賢이니 不得徑改爲勸沮라 余謂勸賢下當有沮暴二字하니 勸賢은 承賞而言이요 沮暴는 承罰而言이라 尙賢篇曰 賞不當賢而罰不當暴면 則是爲賢者不勸하고 而爲暴者不沮矣라하고 尙同篇曰 賞譽不足以勸善하고 而刑罰不可以沮暴라하니 皆其證이라

畢沅 : 〈非命 中〉에 '勸沮'라 되어 있는데 〈이것이〉 옳다.

王念孫 : 原文은 '勸賢'이니, 이를 바로 '勸沮'로 고쳐서는 안 된다. 내 생각에 '勸賢' 아래 응당 '沮暴' 두 글자가 있어야 하니, '勸賢'은 '賞'을 이어서 말한 것이고, '沮暴'는 '罰'을 이어서 말한 것이다. 〈尙賢〉에 "賞不當賢而罰不當暴 則是爲賢者不勸 而爲暴者不沮矣(賞이 현능함에 마땅하지 않고 罰이 포악함에 마땅하지 않으면, 이는 현능한 자를 권면하지 않고 포악한 자를 막지 않는 것이다.)"라 하고, 〈尙同〉에 "賞譽不足以勸善 而刑罰不可以沮暴(상과 명예는 선을 권하기에 부족하고, 형벌은 포악함을 막을 수 없다.)"라 하였으니, 모두 그 증거이다.

35-5-2 **是以**로 **入則孝慈於親戚**하고

그래서 〈백성들은 집안에〉 들어가서는 부모에게 효도하고

親戚은 卽父母也니 詳兼愛下篇이라 尙賢中篇云 入則不慈孝父母라

'親戚'은 곧 父母이니, 〈그에 대한 설명은〉 〈兼愛 下〉에 자세하다. 〈尙賢 中〉에는 "入則不慈孝父母"라 하였다.

35-5-3 出則弟長於鄕里하고 坐處有度하고 出入有節하고 男女有辨이라

〈집밖에〉 나가서는 동네에서 〈어른께〉 공손하고 〈아이들을〉 잘 가르치며, 몸가짐은 법도가 있고 드나드는 데 절도가 있으며 남녀 사이에 분별이 있었다.

辨別同이라 尙賢中篇云 男女無別이라

'辨'과 '別'은 같다. 〈尙賢 中〉에는 "男女無別(남녀 사이에 분별이 없다.)"이라 하였다.

35-5-4 是故로 使治官府면 則不盜竊하고 守城이면 則不崩叛하고

이런 까닭으로 〈그에게〉 官府를 다스리게 하면 도둑질을 하지 않고 성을 지키게 하면 배반을 하지 않으며

崩은 當爲倍之叚字라 尙賢中篇云 守城則倍畔이라하니 猶此下文云 守城則崩叛也라 倍與背는 同이라 逸周書[57]時訓篇云 遠人背叛이라한대 倍與崩은 一聲之轉이라 古字通用이라 說文人部에 倗은 讀若陪位라하고 邑部에 鄘은 讀若陪라하니 卽[58]崩倍相通之例라

'崩'은 응당 '倍'의 假借字일 것이다. 〈尙賢 中〉에 "守城則倍畔(성을 지키게 하면 배반하고)"이라 하였으니 아래 글에서 "守城則崩叛"이라 한 것과 같다. '倍'와 '背'는 같은 뜻이다. ≪逸周書≫ 〈時訓〉에 "遠人背叛(멀리 있는 사람은 배반한다.)"이라 했는데, '倍'와 '崩'은 한 聲音이 바뀐 것으로 옛날 글자로는 通用되었다. ≪說文解字≫ 人部에서 "'倗'은 '陪位'의 〈'陪'와〉 같이 읽는다."고 하였고, 邑部에서 '鄘'은 '陪'와 같이 읽는다고 하였으니, 바로 '崩'과 '倍'가 서로 통하는 사례이다.

35-5-5 君有難則死하고 出亡則送하니 此는 上之所賞하고 而百姓之所譽也라 執有

57) 逸周書 : 先秦의 역사책으로 원래 이름은 ≪周書≫이며, 隋唐 이후에는 ≪汲冢周書≫로 불리기도 하였다. ≪春秋左氏傳≫, ≪國語≫ 등에서 ≪주서≫를 여러 차례 인용하고 있는데, 그 내용이 지금의 ≪尙書≫ 안에 있고, ≪墨子≫와 ≪戰國策≫에서도 ≪주서≫를 여러 차례 인용하고 있는데, 이는 지금의 ≪일주서≫의 내용과 같다. 주로 周 文王에서 景王에 이르는 시대의 일에 대해 기록하고 있다.

58) 저본의 원주에 "'卽'은 원문에 '郞'으로 잘못되어 있으므로 곧바로 고쳤다.〔卽 原誤郞 徑改〕"라 하였다.

命者之言曰 上之所賞은 **命固且賞**이요 **非賢故賞也**라하니 (**上之所罰命固且罰不暴故罰也**)

군주가 난을 당하면 〈그를 위해〉 죽고 〈군주가〉 망명하면 그를 따라나서니, 이는 위의 〈군주가〉 상 주는 바이며 백성들이 칭찬하는 바이다. 〈그러나〉 命이 있다고 주장하는 자의 말에 이르기를 '위의 〈군주가〉 상 주는 것은 그의 운명이 처음부터 마땅히 상을 받게 되어 있어서이며 〈그가〉 현능하기 때문에 상을 받는 것은 아니다.'라고 하니,

王引之云 不與非同義라 故互用이라하다 兪云 上之所罰命固且罰不暴故罰也十三字는 當爲衍文이니 說詳下라하다

王引之 : '不'과 '非'는 같은 뜻이기 때문에 互用한다.

兪樾 : '上之所罰 命固且罰 不暴故罰也' 13字는 응당 衍文이니, 그에 대한 설명은 아래에 상세하다.

35-5-6 **是故**로 **入則不慈孝於親戚**하고 **出則不弟長於鄕里**하며 **坐處不度**하고 **出入無節**하고 **男女無辨**이라 **是故**로 **治官府**면 **則盜竊**하고 **守城**이면 **則崩叛**하고 **君有難**이면 **則不死**하고 **出亡**이면 **則不送**하니 **此**는 **上之所罰**이요 **百姓之所非毁也**라 **執有命者言曰 上之所罰**은 **命固且罰**이요 **不暴故罰也**라하니 (**上之所賞命固且賞非賢故賞也**)

이런 까닭에 〈백성들은 집안에〉 들어가서는 부모에게 효도하지 않고 〈집밖에〉 나가서는 동네에서 〈어른께〉 공손하지 않고 〈아이들을〉 잘 가르치지 않으며, 몸가짐은 법도가 없고 드나드는 데 절도가 없으며 남녀 사이에 분별이 없다. 이런 까닭에 官府를 다스리면 도둑질을 하고 성을 지키면 배반하며 군주가 난을 당하면 〈그를 위해〉 죽지 않고 〈군주가〉 망명하면 따라나서지 않는다. 이는 위의 〈군주가〉 벌하는 바이며 백성들이 비난하고 헐뜯는 바이다. 〈그러나〉 命이 있다고 주장하는 자의 말에 이르기를 '위의 〈군주가〉 벌하는 것은 그의 운명이 처음부터 마땅히 벌을 받게 되어 있어서이며 〈그가〉 포악하기 때문에 벌을 받는 것은 아니다.'라고 하니,

兪云 上之所賞命固且賞非賢故賞也十三字는 當爲衍文이라 蓋上文說賞事라 故述執

有命者之言하여 曰 上之所賞은 命固且賞이요 非賢故賞也요 此文은 是說罰事라 故述執有命者之言하여 曰 上之所罰은 命固且罰이요 不暴故罰也라하니라 今上文엔 衍上之所罰云云하고 此文엔 衍上之所賞云云하니 皆於文義未合이니 卽此文之罰賞倒置하고 而其傳寫誤衍之跡을 居然可見矣라하다

兪樾 : "上之所賞 命固且賞 非賢故賞也" 13字는 응당 衍文이다. 대개 위 글에서는 상을 주는 일을 이야기했기 때문에 命이 있다고 주장하는 자의 말을 서술하여 "上之所賞 命固且賞 非賢故賞也"라 한 것이고, 이 글은 벌을 주는 일을 이야기 하는 것이기 때문에 命이 있다고 주장하는 자의 말을 서술하여 "上之所罰 命固且罰 不暴故罰也"라 하였다. 지금 위 글에는 '上之所罰' 운운한 것이 잘못 들어갔고, 이 글에는 '上之所賞' 운운한 것이 잘못 들어갔으니, 모두 文義에 부합하지 않는다. 이는 곧 이 글에서 벌과 상이 도치되고 그것이 옮겨 적는 과정에서 잘못 더 들어가게 된 흔적임을 분명히 볼 수 있다.

35-5-7 以此爲君則不義하고 爲臣則不忠하고 爲父則不慈하고 爲子則不孝하고 爲兄則不(良)〔長〕하고 爲弟則不弟한대

이러한 〈命이 있다고 주장하는 자가〉 군주가 되면 의롭지 않고, 신하가 되면 충성스럽지 않으며, 부모가 되면 자애롭지 않고, 자식이 되면 효성스럽지 않으며, 형이 되면 잘 가르치지 않고, 아우가 되면 공손하지 않을 것이다.

良爲兄은 義不甚切하니 疑良當爲長이라 逸周書謚法篇云 敎誨不倦曰長이라하니 卽其義也라 此는 以兄長對弟弟이니 亦卽(冡)〔冢〕[59]上云出則弟長於鄕里爲文이라 尙賢中篇云 出則不長弟鄕里라하고 國語齊語亦云 不長弟於鄕里라하고 謚法云 愛民長弟曰恭이라하니 此竝以長敎幼爲長이요 幼事長爲弟로되 淺人不解長字之義하여 而改爲良하여 遂與上弟長之文으로 不相應矣라

'良爲兄(형 노릇을 잘한다)'은 뜻이 아주 적절한 것은 아니니, 아마도 '良'은 응당 '長'이 되어야 할 것이다. ≪逸周書≫ 〈謚法〉에 "가르치면서 지겨워하지 않는 것을 '長'이라 한

59) (冡)〔冢〕: 저본에는 '冡'으로 되어 있으나, 續修四庫全書本 ≪墨子閒詁≫에 의거하여 '冢'으로 바로잡았다.

다."라 했는데, 바로 그 뜻이다. 이는 '兄長'을 '弟弟'와 대비한 것이니, 또한 위에서 말한 "出則弟長於鄕里"와 호응하여 글이 된다. 〈尙賢 中〉에 "出則不長弟鄕里"라 하고, ≪國語≫ 〈齊語〉에도 "不長弟於鄕里"라 하고, ≪일주서≫ 〈시법〉에 "愛民長弟曰恭"이라 하였으니, 이는 모두 어른이 아이를 가르치는 것을 '長'이라 하고 아이가 어른을 섬기는 것을 '弟'라 한 것인데, 잘 모르는 사람들이 '長'자의 뜻을 이해하지 못하고 '良'으로 고쳐서 결국 위의 "弟長"을 말하는 글과 상응하지 않게 되었다.

35-5-8 而强執此者는 此特凶言之所自生이요 而暴人之道也라

그런데도 굳이 이 주장을 고집하는 것은 단지 흉한 언론이 생기는 원천이며 포악한 사람의 도일 뿐이다.

舊本作者하고 道藏本作昔한대 畢據下文改라 特은 舊本譌持라 王云 持字는 義不可通하니 持當爲特이라 呂氏春秋[60]忠廉篇注曰 特猶直也라하니 言此直是凶人之言이요 暴人之道也라 下文同이라하다 案 王校是也니 今據正이라

〈'也'자가〉 舊本에는 '者'로 되어 있고, 道藏本에는 '昔'으로 되어 있는데, 畢沅이 아래 글에 근거하여 고쳤다. '特'은 舊本에 '持'로 잘못되어 있다.

王念孫 : '持'자는 뜻이 통할 수 없으니, '持'는 응당 '特(다만)'이 되어야 한다. ≪呂氏春秋≫ 〈忠廉〉의 注에 "'特'은 '直'과 같다."고 하였으니, '이는 단지 凶人의 말이고 暴人의 道이다.'라는 말이다. 아래 글도 같다.

案 : 王念孫의 교감이 옳으니, 지금 이에 의거해 고친다.

35-6-1 然則何以知命之爲暴人之道아 昔上世之窮民은 貪於飮食하고 惰於從事라 是以衣食之財不足하여

그렇다면 命이 있다는 주장이 포악한 사람의 도라는 것을 어떻게 아는가? 옛날 상고시대에 궁핍한 인민들은 음식만을 탐내고 일은 게을리하였다. 이런 까닭에

---

60) 呂氏春秋 : 秦나라의 呂不韋(?~B.C. 235)가 학자들을 불러모아 편찬한 것이다. 총 26권이다. 儒家를 중심으로 道家·墨家·法家·農家·陰陽家 등 선진시대의 諸說과 說話를 채택하여 수록하였다. 선진시대 사상사를 연구하는 데 주요한 자료로 꼽힌다.

먹고 입을 재화가 부족하여

畢云 舊脫食字하니 據上文增이라하다

畢沅 : 舊本에는 〈'衣食之財'의〉 '食'자가 빠져있으니, 위 글에 의거하여 더해 넣는다.

35-6-2 而飢寒凍餒之憂至한대 不知曰我罷不肖하여 從事不疾하고 必曰我命固且貧이라하니라 昔上世暴王은

굶고 얼어 죽을 걱정이 닥쳤는데도 '내가 몸이 약하여 일을 부지런히 하지 않았다.'라고 말할 줄은 모르고, 반드시 '내 운명은 처음부터 가난하게 되어 있다.'고 말했다. 옛날 상고시대에 포악한 왕은

昔은 舊本譌作若하니 王據上文改昔이라 今從之라 道藏本吳鈔本은 竝作苦하니 則當屬上讀이라

'昔'은 舊本에 '若'으로 잘못되어 있으니, 王念孫이 위 글에 의거하여 '昔'으로 고쳤다. 지금 이를 따른다. 道藏本과 吳鈔本은 모두 '苦'라고 되어 있으니 〈이런 경우라면〉 응당 위로 붙여서 〈'貧苦'로〉 읽어야 한다.

35-6-3 不忍其耳目之淫心(涂)〔志〕之辟하여

자신의 눈과 귀의 욕망과 치우친 마음을 못 참아

畢云 涂는 猶術이라하다 王引之云 畢說은 非也라 心涂는 本作心志니 耳目之淫과 心志之辟은 竝見中篇이라 下篇作心意도 亦心志之譌라하다

畢沅 : '涂'는 '術'과 같은 뜻이다.

王引之 : 畢沅의 설은 틀렸다. '心涂'는 본래 '心志'라 되어 있으니 '耳目之淫'과 '心志之辟'은 모두 〈非命 中〉에 보인다. 〈非命 下〉에 '心意'라 되어 있는 것도 '心志'가 잘못된 것이다.

35-6-4 不順其親戚하여 遂以亡失國家하고 傾覆社稷한대 不知曰我罷不肖하여 爲政不善하고 必曰吾命固失之라하니라 於仲虺(鬷)之(告)〔誥〕에

그 부모를 따르지 않아 마침내는 국가를 잃고 社稷을 무너뜨렸는데도 '내가 몸이 약하여 정사를 잘하지 못하였다.'고 말할 줄은 모르고, 반드시 '내 운명은 처음부터 〈나라를〉 잃게 되어 있었다.'고 말했다. ≪尙書≫ 〈仲虺之誥〉에

書敍云 湯歸自夏라가 至于大坰(경)한대 仲虺作誥라하고 禮記緇衣의 尹吉曰에 鄭注云 吉當爲告라하니 告는 古文誥字之誤也라

≪尙書≫ 〈仲虺之誥 敍〉에 "湯歸自夏 至于大坰 仲虺作誥(湯이 夏나라를 정벌하고 돌아오다 大坰에 이르렀는데 仲虺가 誥를 지었다.)"라 하고, ≪禮記≫ 〈緇衣〉에 "尹吉曰(이윤이 고하여 말하기를)"이라 하였는데 鄭玄의 注에 "'吉'은 응당 '告'가 되어야 한다."고 하였다. '告'는 古文 '誥'의 誤字이다.

35-6-5 曰 我聞于夏人컨대 矯天命布命于下하니

이르기를 '내가 하나라 사람(桀)에게 듣건대, 〈걸이〉 천명이라고 속여 아래 〈백성들에게〉 명이 있다는 설을 퍼뜨리니,

僞孔傳云 言託天以行虐於天下하니 乃桀之大罪라하다 畢云 孔書에 作夏王有罪矯誣上天以布命于下라하다

≪僞古文尙書≫의 傳에 "하늘에 가탁하여 천하에 포악한 정치를 행한 것이 걸의 큰 죄라는 말이다."라 하였다.

畢沅 : ≪僞古文尙書≫에는 "夏王有罪 矯誣上天 以布命于下(하나라 왕에게 죄가 있으니, 하늘의 명령이라 속이고 아래 〈백성들에게〉 명을 퍼뜨렸다.)"로 되어 있다.

35-6-6 帝(伐)〔式〕之惡(오)하여

上帝가 이에 그것을 미워하시어

畢云 非命中作式是惡하니 式伐은 形相近하고 之是는 音相近也라

畢沅 : 〈非命 中〉에는 "式是惡"로 되어 있으니, '式'과 '伐'은 모양이 서로 비슷하고, '之'와 '是'는 音이 서로 비슷하기 때문이다.

35-6-7 龔(공)喪厥師라하니

그 백성을 밝히게 하셨습니다.'라고 했으니,

僞孔傳云 天用桀無道라 故不善之라 式은 用이요 爽은 明也라 用商受王命하여 用明其衆하니 言爲主也라하다 畢云 孔書作帝用不臧式商受命用爽厥師한대 龔用과 喪爽은 音同이라하다 江聲[61]云 師는 衆也니 言桀執有命하니 天用是憎惡之하여 用喪其衆이라하다 孫星衍[62]云 用爲龔하니 聲相近이라하다

≪僞古文尙書≫의 孔安國의 傳에 "하늘이 桀이 無道하기 때문에 좋지 않게 여겼다. '式'은 '用'이고, '爽'은 '明(밝히다)'이다. 商나라가 王이 되라는 천명을 받아 그 무리를 밝혔으니, 임금이 되었다는 말이다."라 하였다.

畢沅 : ≪위고문상서≫에는 "帝用不臧 式商受命 用爽厥師(상제께서 좋지 않게 여기시어 상나라가 천명을 받아 그 무리를 밝히게 하셨습니다.)"로 되어 있는데, '龔'과 '用', '喪'과 '爽'은 音이 같다.

江聲 : '師'는 '衆'이다. 桀이 命이 있다고 주장하니, 하늘이 이를 미워하여 그 무리를 밝혔다는 말이다.

孫星衍 : '用'이 '龔'으로 되었으니 聲이 서로 비슷하기 때문이다.

35-6-8 此는 言湯之所以非桀之執有命也라 於太誓曰 紂夷處하여

이는 湯이 命이 있다고 주장한 桀을 비판했던 까닭을 말한 것이다. 〈太誓〉에 이르기를, '紂는 오만하여

天志中篇에 作紂越厥夷居라

〈天志 中〉에 "紂越厥夷居(紂가 명령을 어기고 오만하였다.)"로 되어 있다.

---

61) 江聲 : 1721~1799. 字는 鯨濤·叔雲이며, 號는 艮庭이다. 江蘇 元和(지금의 蘇州) 사람이다. 淸나라 經學家이자 書法家이다. 저서에 ≪尙書集注音疏≫ 12卷, 附 ≪補誼≫ 9條, ≪識僞字≫ 1條, 前後 ≪述外編≫ 1卷이 있다.

62) 孫星衍 : 1753~1818. 淸나라 江蘇 陽湖 사람이다. 字는 淵如·伯淵, 號는 季逑·芳茂山人이다. 古書를 감별하고 교감하는 데 조예가 깊었다. 저서에 ≪尙書今古文注疏≫, ≪周易集解≫, ≪晏子春秋音義≫, ≪爾雅廣雅詁訓韻編≫, ≪史記天官書考證≫ 등이 있다.

35-6-9 不肎(긍)事上帝鬼神하고

上帝와 귀신을 섬기려 하지 않고,

天志中篇에 無鬼神二字라 畢云 孔書作乃夷居弗事上帝神祇라하다

〈天志 中〉에는 '鬼神' 두 글자가 없다.

畢沅 : ≪僞古文尙書≫에는 "乃夷居 弗事上帝神祇(이에 오만하게 상제와 귀신을 섬기지 않고)"로 되어 있다.

35-6-10 (禍)〔棄〕厥先神禔不祀하고

그 조상 사당을 비려두고 제사를 안 지내면서

天志中篇에 禍作棄하고 禔作祇라 畢云 孔書作遺厥先宗廟弗祀라 禔同示라하다 詒讓案 說文示部云 禔는 安也라 易曰 禔旣平이라한대 今易坎九五에 作祇旣平이라 釋文云 祇는 京作禔라하니 是는 祇禔聲近하여 古通用之證이라

〈天志 中〉에 '禍'는 '棄(버리다)'로 되어 있고, '禔'는 '祇'로 되어 있다.

畢沅 : ≪僞古文尙書≫에 "遺厥先宗廟弗祀(선조의 종묘를 버리고 제사지내지 않고)"라 하였다. '禔'는 '示'와 같다.

詒讓案 : ≪說文解字≫ 〈示部〉에 "'禔'는 '安'이다. ≪周易≫에 '禔旣平'이라 하였다."라 하였는데, 지금의 ≪周易≫ 坎卦 九五에는 '祇旣平(이미 평평함에 이르다)'으로 되어 있다. ≪經典釋文≫에 "'祇'는 京房本에는 '禔'로 되어 있다."고 하였으니, 이는 '祇'와 '禔'가 聲이 서로 비슷하여 옛날에는 통용했다는 증거이다.

35-6-11 乃曰 吾(民)有命이라하고

'나에게는 天命이 있다.'고 말하고

天志中篇에 無民字하고 孔書에 民上有有字라

〈天志 中〉에는 '民'자가 없으며, ≪僞古文尙書≫에는 '民' 위에 '有'자가 있다.

35-6-12 (無廖排漏)〔毋僇其務〕하니

모욕과 살육에만 힘을 썼으니

道藏本에 作扇(루)라 案컨대 此는 當從中篇作毋僇其務하니 義詳彼注라 天志中篇에 作無廖僔務한대 亦誤라 畢云 孔書作乃曰吾有民有命罔懲其侮라하다

〈'務'가〉 道藏本에는 '扇'로 되어 있다. 생각건대 이는 응당 〈非命 中〉에 "毋僇其務"로 되어 있는 것을 따라야 하니, 그 이유는 그곳의 注에 상세하다. 〈天志 中〉에 "無廖僔務"라 하였는데, 이 또한 誤字이다.

畢沅 : ≪僞古文尚書≫에 "乃曰吾有民有命 罔懲其侮(말하기를 '나는 백성을 가지고 있고 천명을 가지고 있다.'고 하며 업신여기는 마음을 경계하지 않는다.)"로 되어 있다.

35-6-13 天도 亦縱棄之而弗葆라하니

하늘 또한 그를 내쳐버리고 보우하지 않았다.'라 하였으니,

畢云 孔書無此文이라하다 案컨대 舊本에 棄는 在之下라 王云 縱之棄는 當作縱棄之라 縱棄는 猶放棄也라 中篇에 作天不亦棄縱而不葆하고 天志篇에 作天亦縱棄紂而不葆하니 皆其證이라하다 案컨대 王說이 是也라 今據乙이라 葆는 吳鈔本에 作保라

畢沅 : ≪僞古文尚書≫에는 이 문장이 없다.

案 : 舊本에는 '棄'가 '之' 아래에 있다.

王念孫 : '縱之棄'는 응당 '縱棄之'가 되어야 한다. '縱棄'는 '放棄'와 같은 뜻이다. 〈非命 中〉에 "天不亦棄縱而不葆"라 하였고, 〈天志〉에 "天亦縱棄紂而不葆"라 하였으니, 모두 그 증거이다.

案 : 王念孫의 설이 옳으니 지금 이에 의거하여 순서를 바꾼다. '葆'는 吳鈔本에 '保'로 되어 있다.

35-6-14 此는 言武王所以非紂〔之〕執有命也라

이는 武王이 天命이 있다고 주장하는 紂를 비판한 까닭을 말한 것이다.

畢云 紂下에 據上文當有之字라

畢沅 : '紂' 아래에 위 글에 의거하면 응당 '之'자가 있어야 한다.

35-6-15 今用執有命者之言이면 則上不聽治하고 下不從事하니 上不聽治면 則刑政亂하고 下不從事면 則財用不足이라 上無以供粢盛酒醴하여

지금 命이 있다고 주장하는 자의 말을 채택한다면, 위는 정사를 안 돌보고 아래는 일을 하지 않을 것이다. 위가 정사를 안 돌본다면 刑政이 어지러워지고 아래가 일을 하지 않는다면 재화가 부족할 것이다. 〈그렇게 되면〉 위로는 곡물과 술을 바쳐

供은 吳鈔本作共이라

'供'은 吳鈔本에 '共'으로 되어 있다.

35-6-16 祭祀上帝鬼神하고 下無以降綏天下賢可之士하며

上帝와 귀신에게 제사 지낼 수 없고 아래로는 천하의 현능한 士들을 편안하게 해줄 수 없으며,

舊本에 脫下無以三字하니 王據上下文補라 爾雅釋詁云 綏는 安也라하다

舊本에 '下無以' 3字가 빠져 있는데, 王念孫이 위아래 글에 의거하여 보태 넣었다. ≪爾雅≫ 〈釋詁〉에 "'綏'는 '安'이다."라 하였다.

35-6-17 外無以應待諸侯之賓客하고 內無以食(사)飢衣寒(將)〔持〕養老弱이라

밖으로는 제후의 빈객을 응대할 수 없고, 안으로는 굶주린 이를 먹이거나, 추위하는 사람에게 옷을 입히며 노약자를 부양할 수 없다.

兪謂將養爲持養之誤하니 詳尙賢中篇이라

兪樾이 '將養'은 '持養'의 誤字라고 말하였으니, 〈尙賢中〉에 자세하다.

35-6-18 故로 命上不利於天하고 中不利於鬼하고 下不利於人이나 而强執此者는 此特凶言之所自生이요

그러므로 命은 위로는 하늘에 이롭지 못하고 가운데로는 귀신에게 이롭지 못하며 아래로는 사람에게 이롭지 못하다. 그런데도 굳이 이 주장을 고집하는 것은 단지 흉한 언론이 생기는 원천이며

特은 舊本亦譌持한대 依王校改라

'特'은 舊本에 또한 '持'로 잘못 되어 있으나, 王念孫의 교감에 의거하여 고쳤다.

35-6-19 而暴人之道也라

포악한 사람의 도일 뿐이다."

35-7-1 是故로 子墨子言曰 今天下之士君子가 忠實欲天下之富而惡(오)其貧하고

이런 까닭에 子墨子께서 말씀하셨다. "지금 천하의 士君子가 진정으로 천하가 부유해지기 바라고 〈천하가〉 가난해지는 것을 싫어하며

畢云 忠은 下篇作中이라

畢沅 : '忠'은 〈非命 下〉에는 '中'으로 되어 있다.

35-7-2 欲天下之治而惡(오)其亂이면 執有命者之言을 不可不非니라 此는 天下之大害也라하니라

천하가 다스려지기 바라고 〈천하가〉 어지러워지는 것을 싫어한다면, 命이 있다고 주장하는 자의 말을 비판하지 않을 수 없다. 이는 천하의 큰 해악인 것이다."

非命 中 第三十六* 제36편 宿命論을 비판함 중

* 이 편은 上篇을 이어 운명이 원래 정해져 있다는 주장을 부정하고 인간의 적극적인 노력을 강조한다. 그 표현 방식이 한층 집약적이고 글자 수는 적다. 특히 여기에서는 人民이 직접 보고 들은 사례를 근거로 삼아 운명의 존재 有無를 판별하는 논증을 전개하고 있는데, 논의의 기준이 되는 3법(3표)을 자세히 다루지는 않았다.

36-1-1 **子墨子言曰 凡出言談由文學之爲道也**는

子墨子께서 말씀하셨다. "무릇 담론을 펼치고 학문을 하는 방법은

由爲義相近이라 **下篇云 今天下之君子之爲文學出言談也**라

'由'는 '爲'와 뜻이 서로 비슷하다. 〈非命 下〉에 "今天下之君子之爲文學出言談也(지금 천하 군자들이 학문하고 담론을 펼치고 있다.)"라 하였다.

36-1-2 **則不可而不先立義法**이라

먼저 儀法(기준)을 세우지 않을 수 없는 것이다.

畢云 義는 **上篇作儀**라 **義儀同**이라하다

畢沅 : '義'는 〈非命 上〉에 '儀'로 되어 있다. '義'와 '儀'는 같은 뜻이다.

36-1-3 **若言而無義**면 **譬猶立朝夕於員鈞之上也**니

만약 말을 하면서 기준이 없으면 비유하건대 구르는 轆轤臺 위에 해시계를 세워 東西를 측량하는 것과 같으니,

譬는 **吳鈔本作辟**(비)라 **員**은 **上篇作運**하니 **聲義相近**이라

'譬'는 吳鈔本에 '辟'로 되어 있다. '員'은 〈非命 上〉에 '運'으로 되어 있으니, 聲과 뜻이 서로 비슷하다.

36-1-4 **則雖有巧工**이라도 **必不能得正焉**이라 **然今天下之情僞**를 **未可得而識也**라 **故**로 **使言有三法**하니 **三法者**는 **何也**오 **有本之者**하고 **有原之者**하고 **有用之者**니 **於其本之也**에 **考之天鬼之志聖王之事**하고 **於其原之也**에 **徵以先王之書**라 **用之柰何**오 **發而爲刑〔政〕**이니

비록 솜씨 좋은 장인이 있다 하더라도 반드시 바른 방위를 구할 수 없다. 그러나 지금 천하의 진실과 거짓을 알아낼 수가 없기 때문에 말을 할 때에는 세 가지 법(기준)이 있도록 한 것이니, 세 가지 법이란 무엇인가? 근거로 삼는 데가 있고 헤아리는 데가 있으며 쓰는 데가 있는 것이니, 근거로 삼을 때에는 하늘과 귀신의 뜻과 聖王이 한 일을 고찰하며, 헤아릴 때에는 先王의 글에서 증거를 찾는다. 쓸 때는 어떻게 할 것인가? 刑政에 실시하는 것이니,

畢云 據上篇有政字라하다

畢沅 : 〈非命 上〉에 의거하면 '政'자가 있다.

36-1-5 **此言之三法也**라

이것이 말의 세 가지 법이다.

36-2-1 **今天下之士君子**가 〔**或以命爲有**하고〕

지금 천하의 사군자 가운데 어떤 이는 명이 있다고 생각하고

盧云 此下에 當有或以命爲有五字라하다

盧文弨 : 이 아래에 응당 '或以命爲有' 5字가 있어야 한다.

36-2-2 **或以命爲亡**(무)라 **我所以知命之有與亡者**는 **以衆人耳目之情**으로 **知有與**

亡하니 **有聞之**하고 **有見之**면 **謂之有**라하고 **莫之聞**하고 **莫之見**이면 **謂之亡**라 **然胡不嘗考之百姓之情**이리오

어떤 이는 命이 없다 생각한다. 우리가 명이 있는지 없는지 아는 근거는 많은 사람이 귀로 듣고 눈으로 본 실정을 가지고 있는지 없는지 아는 것이니, 들은 것이 있고 본 것이 있으면 있다고 하고, 들은 것이 없고 본 것이 없으면 없다고 한다. 그렇다면 어찌 시험 삼아 백성의 실정에서 이를 고찰해보지 않겠는가?

畢云 舊脫不字한대 據下文增이라하다 詒讓案 然與則義同이라 然胡不은 亦見尙同下篇이라 此下文繁言之하니 則云然則胡不이라

畢沅 : 舊本에는 '不'자가 빠져 있는데, 아래 글에 의거하여 더해 넣었다.

詒讓案 : '然'은 '則'과 뜻이 같다. '然胡不'은 〈尙同 下〉에도 보인다. 이하의 글에서 많이 말할 것이니 '然則胡不(그렇다면 어찌 ~하지 않겠는가?)'이라 한 것이다.

36-2-3 **自古以及今**히 **生民以來者**로 **亦嘗〔有〕見命之物**하고

예로부터 지금에 이르기까지 인류가 있은 이래로 또한 일찍이 命의 모습을 보거나

以下文校之면 亦嘗下當有有字라

아래 글로 교감하면 '亦嘗' 아래에 응당 '有'자가 있어야 한다.

36-2-4 **聞命之聲者乎**아 **則未嘗有也**라 **若以百姓爲愚不肖**하여 **耳目之情**을 **不足因而爲法**이면 **然則胡不嘗考之諸侯之傳言流語乎**아 **自古以及今**히 **生民以來者**로 **亦嘗有聞命之聲**하고 **見命之體者乎**아 **則未嘗有也**라 **然胡不嘗考之聖王之事**리오 **古之聖王**은 **擧孝子而勸之事親**하고 **尊賢良而勸之爲善**하고 **發憲布令以敎誨**하고

命의 소리를 들은 사람이 있었는가? 있지 않았다. 만약 백성을 어리석고 못났다 여겨 〈그들이〉 듣고 본 실정을 근거로 법으로 삼기에 부족하다면 어찌 시험 삼아 제후국들에 전해지거나 떠도는 말에서 이를 고찰하지 않겠는가?

예로부터 지금에 이르기까지 인류가 있은 이래로 또한 일찍이 명의 소리를 듣

거나 명의 형체를 본 사람이 있었는가? 있지 않았다. 그렇다면 어찌 시험 삼아 聖王의 일에서 이를 고찰하지 않겠는가?

옛날 성왕은 효자를 등용하여 부모 모시는 일을 권장하고 賢良한 사람을 존중하여 善을 행하기를 권면하며 법령을 공포하여 가르치고

長短經[1]運命篇에 引無布字라

≪長短經≫ 〈運命〉에서 〈이 문장을〉 인용한 곳에는 '布'자가 없다.

36-2-5 明賞罰以勸沮라

賞罰을 밝혀서 勸善懲惡하였다.

舊本에 脫明字한대 今據長短經引補라 又勸沮는 長短經作沮勸이라 勸은 吳鈔本作賞한대 非라

舊本에는 '明'자가 빠져 있는데, 지금 ≪長短經≫의 인용문에 의거하여 보태 넣었다. 또한 '勸沮'는 ≪장단경≫에 '沮勸'으로 되어 있다. '勸'은 吳鈔本에 '賞'으로 되어 있는데 틀렸다.

36-2-6 若此니 則亂者可使治하고 而危者可使安矣라 若以爲不然이면 昔者에 桀之所亂을 湯治之하고 紂之所亂을 武王治之리오 此는 世不渝而民不改라도 上變政而民易(이)教라

이렇게 하였으니 어지러운 것은 다스려지고 위태로운 것은 안정될 수 있었던 것이다. 만약 이렇게 하지 않았다면 옛날 桀이 어지럽힌 것을 湯이 다스리고 紂가 어지럽힌 것을 武王이 다스릴 수 있었겠는가? 이는 세대가 변하지 않고 그 인민들이 바뀌지 않았더라도 윗사람들이 정사를 고치면 인민들은 쉽게 교화된다는 것이다.

政은 治要[2]長短經에 竝作正이라

---

1) 長短經 : 唐代의 趙蕤(유)(659~742)가 지은 것으로, 唐 이전의 역사를 소재로 儒家·道家·兵家·法家·陰陽家 등 제자백가의 학설을 모두 모아 정치·외교·군사 영역의 전략전술을 다루었다. '反經'이라고도 불린다.

2) 治要 : 群書治要를 가리키는 것으로, 唐 太宗의 勅命으로 魏徵 等이 편찬한 책이다. 經書 및

'政'은 ≪群書治要≫와 ≪長短經≫에 모두 '正'으로 되어 있다.

36-2-7 **其在湯武**면 **則治**하고 **其在桀紂**면 **則亂**하니 **安危治亂**은

湯王과 武王 때에는 다스려지고 桀과 紂 때에는 어지러워지니, 〈나라의〉 안위와 治亂은

安危上에 **長短經有則字**라

'安危' 위에 ≪長短經≫에는 '則'자가 있다.

36-2-8 **在上之發政也**니 **則豈可謂有命哉**아

윗사람이 정치를 하는 데 달려 있는 것이다. 그러니 어찌 命이 있다고 말할 수 있겠는가.

長短經에 **無則字**라

≪長短經≫에는 '則'자가 없다.

36-2-9 **夫曰有命云者**는 **亦不然矣**라

〈그런데〉 '명이 있다.'고 말하는 저 사람들은 또한 그렇지 않다.

36-3-1 **今夫〔執〕有命者言曰**

지금 命이 있다고 주장하는 자들은 이르기를

有命上에 **疑脫執字**라

'有命' 위에 아마도 '執'자가 빠져 있는 것 같다.

正史, 諸子書에서 政治와 관련된 대목을 발췌하여 모은 것으로, 631년에 완성되었다. 총 50권이다.

36-3-2 我非作之後世也요 自昔三代有若言以傳流矣어늘 今(故)〔胡〕先生(對)〔非〕之오하니라

'우리가 후세에 그것을 지어낸 것이 아니고, 옛날 三代 때부터 이 말이 있어 전하여 내려왔는데, 지금 선생은 어찌 그것을 비판하는가?'라고 한다.

畢云 未詳이라 生은 當爲王이라하다 案컨대 顧校季本[3]吳鈔本에 竝作王이라 兪云 此는 子墨子託爲先生之言하여 以折執有命者之說이라 畢謂生當爲王이나 非是라하다 案컨대 疑當作今胡先生非之하니 諸校竝未得其義라

畢沅 : 미상이다. '生'은 응당 '王'이 되어야 한다.

案 : 顧廣圻가 교감한 季本과 吳鈔本에 모두 '王'으로 되어 있다.

兪樾 : 이는 子墨子가 先生의 말에 가탁하여 명이 있다고 주장하는 자의 설을 꺾은 것이다. 畢沅이 '生'은 응당 '王'이 되어야 한다고 했는데 옳지 않다.

案 : 아마도 응당 '今胡先生非之'가 되어야 한다. 여러 교감은 모두 설득력이 없다.

36-3-3 曰 夫有命者는 不志昔也三代之聖善人與아

命이 있다고 주장하는 저 사람들은 〈그 말을 한 자가〉 옛날 三代 때의 聖人과 善人이었는지

畢云 下篇에 作不識昔也니 志卽識字요 與讀如歟라하다 詒讓案 不志不識은 竝猶云不知라 禮記哀公問鄭注云 志는 讀爲識이니 識은 知也라하다

畢沅 : 〈非命 下〉에 '不識昔也'라 되어 있으니 '志'는 곧 '識'자이고, '與'는 '歟'와 같이 읽는다.

詒讓案 : '不志'와 '不識'은 모두 '不知'와 같다. ≪禮記≫ 〈哀公問〉의 鄭玄의 注에 "'志'는 '識'으로 읽는데, '識'은 '知'이다."라 하였다.

---

3) 季本 : ≪墨子閒詁≫ 孫詒讓의 自序에 "顧廣圻의 교정본에는 또 '季本'이 있는데, 傳하는 기록에 '李本'으로 되어 있기도 하니, 어느 것이 옳은지 모르겠다.〔顧校又有季本 傳錄 或作李本 未知孰是〕"라 하였다.

36-3-4 意亡(억무)昔三代之暴不肖人也아

아니면 옛날 三代 때의 포악하고 모자란 사람이었는지 알지 못하는 것이리라.

意은 與抑同이요 意亡는 語詞라 詳非攻下篇이라 畢云 亡는 同無라 也는 下篇作與하니 同이라

'意'은 '抑'과 같고, '意亡'는 語詞이다. 〈그에 대한 설명은〉〈非攻 下〉에 상세하다.
畢沅 : '亡'는 '無'와 같다. '也'는 〈非攻 下〉에는 '與'로 되어 있는데, 같은 뜻이다.

36-3-5 何以知之오

어떻게 그것을 아는가?

畢云 言有命之說은 不識出之昔者聖善人乎아 意亡此言出之暴不肖人乎니 彼固亡知之妄言이라하다

畢沅 : 命이 있다는 주장은 〈그 주장이〉 옛날의 聖人과 善人에게서 나온 것인가, 아니면 이 말이 포악하고 모자란 사람에게서 나온 것인가 알지 못한 것이니, 그것은 본래 알지 못하고 하는 망언이라는 말이다.

36-3-6 初之列士桀大夫는

옛날의 列士와 걸출한 대부는

說苑[4)]臣術篇云 列士者는 所以參大夫也라하니라 桀은 與傑字通이라 白虎通義聖人篇에 引禮別名記云 萬人曰傑이라하고 說文人部云 傑은 埶(예)也니 材過萬人也라하고 呂氏春秋孟秋紀高注[5)]云 才過萬人曰桀이라하고 毛詩衛風의 邦之桀兮에 傳云 桀은 特立也라하니라

≪說苑≫ 〈臣術〉에 "'列士'는 大夫의 일에 참여하는 자이다."라 하였다. '桀'은 '傑'과 통용되는 글자이다. ≪白虎通義≫ 〈聖人〉에서 ≪禮記≫ 〈別名記〉를 인용하여 "萬人을 '傑'이

4) 說苑 : 前漢의 劉向(B.C. 77?~B.C. 6?)의 저술로, 총 20권이다. 춘추시대로부터 漢나라 초에 이르는 여러 학자의 전기와 일화를 모은 책이다. 宋나라 때 曾鞏이 散佚된 것을 보충하였다.
5) 高注 : ≪呂氏春秋注≫를 말한다. 秦 始皇帝 때 呂不韋(B.C. 292~B.C. 235)가 저술한 ≪呂氏春秋≫에 後漢의 高誘가 注를 단 것이다.

라 한다."고 하였고, ≪說文解字≫ 人部에 "'傑'은 '埶(재주)'이니, 재질이 萬人을 뛰어넘는 것이다."라 하였고, ≪呂氏春秋≫ 〈孟秋紀〉의 高誘의 注에 "재주가 萬人을 뛰어넘는 것을 '桀'이라 한다."고 하였고, ≪毛詩≫ 〈衛風〉의 "邦之桀兮(나라의 영걸이로다.)"에 대한 傳에 "'桀'은 '特立(우뚝 서다)'이다."라 하였다.

36-3-7 **愼言知行**하니 **此上有以規諫其君長**하고 **下有以教順其百姓**이라

말을 조심하고 실천할 줄을 알았으니 이들은 위로는 그의 군주에게 간할 수 있었고, 아래로는 그의 백성을 가르칠 수 있었다.

畢云 順은 同訓이라하다 詒讓案 舊本此下에 有故上有以規諫其君長下有以教順其百姓二句라 盧云 此已上十七字衍文이라하다 案 盧校是也요 吳鈔本亦無하니 今據刪이라

畢沅 : '順'은 '訓'과 같다.

詒讓案 : 舊本에는 이 아래에 "故上有以規諫其君長 下有以教順其百姓" 두 구가 있다.

盧文弨 : 이상 〈"故上有以規諫其君長 下有以教順其百姓"〉 17字는 衍文이다.

案 : 盧文弨의 교감이 옳고, 吳鈔本에도 없으니, 지금 이에 의거하여 삭제한다.

36-3-8 **故**로 **上得其君長之賞**하고 **下得其百姓之譽**하여 **列士桀大夫聲聞不廢**하여 **流傳至今**하여 **而天下皆曰其力也**라하니 **必不能曰我見命焉**이라

그러므로 위로 그 군주의 상을 받고 아래로 그 백성의 칭찬을 받아 列士와 걸출한 대부의 명성이 그치지 않고 오늘까지 전해져 내려와 천하의 사람 모두가 〈이에 대해〉 '그들이 힘쓴 결과이다.'라고 말하니, '내가 命을 보았다.'고는 절대 말할 수 없는 것이다.

見字는 吳鈔本脫이라 兪云 必不能曰下有闕文이니 下文에 必不能曰我罷不肖我從事不疾必曰我命固且窮이라하니 是其證也라하다

'見'자는 吳鈔本에 빠져 있다.

兪樾 : '必不能曰' 아래에 闕文이 있다. 아래 글에 "必不能曰 我罷不肖 我從事不疾 必曰我命固且窮"이라 하였으니, 이것이 그 증거이다.

36-4-1 是故로 昔者三代之暴王은 不繆(규)其耳目之淫하고

그런데 옛날 三代의 포악한 왕은 자신의 눈과 귀의 욕망을 바로잡지 못하고

畢云 言不糾其繆(류)라하다 詒讓案 繆는 卽糾之叚字라

畢沅 : 그 잘못을 바로잡지 못했다는 말이다.

詒讓案 : '繆'는 곧 '糾(바로잡다)'의 假借字이다.

36-4-2 不愼其心志之辟(벽)하여

자신의 치우친 마음을 삼가지 않아

治要作僻이라 畢云 僻同이라

〈'辟'은〉 ≪群書治要≫에 '僻(치우치다)'으로 되어 있다.

畢沅 : 〈'辟'은〉 '僻'과 같다.

36-4-3 外之敺騁田獵畢弋(익)하고

밖으로 말을 몰아 사냥하고 그물을 놓고 활을 쏘며

畢云 說文云 古文驅从攴라하다 案 騁은 畢本作聘하니 譌라 孟子盡心篇云 驅騁田獵이라하고 國語齊語云 田狩畢弋이라한대 韋注云 畢은 掩雉兔之網也라하고 弋은 惟(익)之借字니 詳備高臨篇이라

畢沅 : ≪說文解字≫에 "古文에서 '驅'는 '攴'를 부수로 한다."라 하였다.

案 : '騁'은 畢沅本에 '聘'으로 되어 있는데 誤字이다. ≪孟子≫ 〈盡心〉에 "驅騁田獵(말을 달리며 사냥하다.)"이라 하였고, ≪國語≫ 〈齊語〉에 "田狩畢弋(사냥하고 그물질하고 활을 쏜다.)"이라 하였는데 韋昭의 注에 "'畢'은 꿩과 토끼를 잡는 그물이다."라 하였고, '弋'은 '惟(새를 잡는 화살)'의 假借字이니 〈그에 대한 설명은〉 〈備高臨〉에 상세하다.

36-4-4 內沈於酒樂하여 而

안으로 술과 음악에 빠져

自必不能曰以下至此히 凡四十五字가 舊本에 誤入下文身在刑僇(륙)之中之下한대 王移置於此라

"必不能曰"에서 여기에 이르기까지 모두 45字가 舊本에서는 아래 글의 "身在刑僇之中" 아래에 잘못 들어가 있었는데, 王念孫이 여기로 옮겨놓았다.

36-4-5 不顧其國家百姓之政하고 繁爲無用하고 暴逆百姓하여 使下不親其上이라 是故로 國爲虛厲하고

국가와 백성에 대한 정사를 돌보지 않고 빈번하게 쓸데없는 짓만 하며 백성을 잔혹하게 대하여 아랫 사람으로 하여금 그 윗사람을 친애하지 않게 하였다. 이런 까닭에 나라에 인민이 없어지고 후손이 끊기며

厲는 公孟魯問二篇에 竝作戾한대 字通이라 畢云 陸德明莊子音義云 李云 居宅無人曰虛요 死而無後曰厲라하다

'厲'는 〈公孟〉·〈魯問〉 두 편에 모두 '戾'로 되어 있는데 글자가 통한다.

畢沅 : 陸德明의 ≪莊子音義≫에 "李軌가 말하기를 '집에 사람이 없는 것을 「虛」라고 하고, 죽었는데 후손이 없는 것을 「厲」라 한다.'고 하였다."고 하였다.

36-4-6 身在刑僇之中이라도

자신은 형벌 받는 상황에 있으면서도

自不顧其國家以下至此凡三十五字가 舊本誤入上文必不能曰之上한대 王移置於此라 舊本不顧上에 又衍一字한대 王據下篇刪이라

'不顧其國家'에서 여기까지 모두 35字가 舊本에서는 위 글의 '必不能曰'의 위에 잘못 들어가 있었는데, 王念孫이 여기로 옮겨놓았다. 舊本에서는 '不顧'의 위에 또한 '一'자가 잘못 더해져 있는데, 왕염손이 〈非命 下〉에 의거하여 삭제했다.

36-4-7 不肎(긍)曰

'내가 몸이 약하여 刑政을 잘하지 못하였다.'라고 말하려 하지 않고,[6)]

三字舊脫한대 畢據下文增不曰二字라 治要引有此三字하니 今據補라

〈不肎曰〉 세 글자가 舊本에서는 빠져 있는데, 畢沅이 아래 글에 의거하여 '不曰' 두 글자를 더해 넣었다. ≪群書治要≫의 인용문에는 이 세 글자가 있으니 지금 이에 근거하여 보태 넣었다.

36-4-8 我罷不肖하여

舊本無我字한대 畢據一本增이라 顧校季本有라

舊本에는 '我'자가 없는데, 畢沅이 다른 본에 근거하여 더해 넣었다. 顧廣圻가 교감한 季本에는 있다.

36-4-9 我爲刑政不善이라하고 必曰 我命故且亡이라하니라

반드시 '내 운명은 본래 망하게 되어 있었다.'라고 말했다.

故는 下文作固하니 同이라

'故'는 아래 글에 '固'로 되어 있는데, 같은 뜻이다.

36-4-10 雖昔也三代之窮民이라도

비록 옛날 三代 때의 궁핍한 인민일지라도

治要窮作僞하니 與下同이라

≪群書治要≫에는 '窮'이 '僞'로 되어 있으니, 아래 글과 같다.

---

6) 내가……않고 : 번역의 편의상 아래의 '我爲刑政不善'까지 이곳에 한꺼번에 번역하였다.

36-4-11 亦由此也라

역시 이와 같았다.

蘇云 由는 與猶同이라

蘇時學 : '由'는 '猶'와 같은 뜻이다.

36-4-12 內之不能善事其親戚하고

안으로 자신의 부모를 잘 섬길 수 없고,

畢云 事는 一本作視라하다 詒讓案 親戚은 謂父母라 詳兼愛下篇이라

畢沅 : '事'는 어떤 본에는 '視'로 되어 있다.

詒讓案 : '親戚'은 父母를 이르는 것이니 〈그에 대한 설명은〉 〈兼愛 下〉에 자세하다.

36-4-13 外〔之〕不能善事其君長하고

밖으로 자신의 군주를 잘 섬길 수 없으며,

外下에 疑脫之字라

'外' 아래에 아마 '之'자가 빠져 있는 것 같다.

36-4-14 惡(오)恭儉而好簡易(이)하고 貪飮食而惰從事하여 衣食之財不足하여 使身至有饑寒凍餒(뇌)之憂라도

공손하기 싫어하고 방만하게 굴기 좋아하며 음식을 탐내고 일을 게을리 하여 먹고 입을 재화가 부족하여 스스로 굶어죽고 얼어죽을 걱정을 할 지경에 이르게 되더라도

饑는 上下篇竝作飢하고 吳鈔本同이라

'饑'는 〈非命 上〉·〈非命 下〉에 모두 '飢'로 되어 있고 吳鈔本도 마찬가지이다.

36-4-15 必不能曰

'내가 몸이 약하여 일을 신속하게 하지 않았다.'고 절대 말하지 못하고[7)]

畢云 必은 舊作心한대 以意改라하다 案컨대 顧校季本正作必이라

畢沅 : '必'은 舊本에 '心'으로 되어 있는데 의미로 판단하여 고쳤다.

案 : 顧廣圻가 교감한 季本에 '必'로 제대로 되어 있다.

36-4-16 我罷不肖하여 我從事不疾이라하고 必曰 我命固且窮이라하니라 雖昔也三代之僞民이라도 亦猶此也니 繁飾有命하여 以敎衆愚樸(人)이 久矣라

반드시 '내 운명은 본래 궁하게 되어 있었다.'고 말한다. 비록 옛날 三代 때의 무도한 인민일지라도 역시 이와 같았으니, 운명이 있다고 번다하게 꾸며 어리석고 순박한 대중을 가르쳐온 지 오래다.

治要無樸人二字라 王云 愚樸下에 衍人字라하다 戴云 不當刪이라하다 案컨대 王校近是라 家語[8)]王言篇에 民敦而俗樸이라하고 王肅[9)]注云 樸은 慤(각)愿貌라하니라

≪群書治要≫에는 '樸人' 두 글자가 없다.

王念孫 : '愚樸' 아래에 '人'자가 잘못 들어가 있다.

戴望 : 삭제하면 안 된다.

案 : 王念孫의 교감이 옳은 것 같다. ≪孔子家語≫ 〈王言〉에 "民敦而俗樸(인민이 돈후하고 풍속이 질박하다.)"이라 했는데, 〈그에 대한〉 王肅의 注에 "'樸'은 건실한 모양이다."라 하였다.

36-4-17 聖王之患此也라 故로 書之竹帛하고 琢之金石이라 於先王之書仲虺(훼)之告에 曰 我聞컨대 有夏人이 矯天命하여 布命于下하니 帝式是惡(오)하여 用(闕)〔喪厥〕師라하니라

---

7) 내가……못하고 : 번역의 편의상 아래의 '我從事不疾'까지 이곳에 한꺼번에 번역하였다.

8) 家語 : ≪孔子家語≫를 일컫는 것으로, 孔子의 사상과 생애를 기술한 책이다. 戰國 말기에서 漢나라 초기에 걸쳐 편찬되었고, 뒤에 王肅이 27卷으로 정리했는데 현재 10卷이 남아 있다.

9) 王肅 : 195~256. 字는 子雍이고 東海郡 郯(지금의 山東省 郯城 西南) 사람이다. 三國時期의 경학자로 ≪孔子家語≫, ≪孔從子≫, ≪尙書傳≫, ≪論語注≫, ≪孝經注≫ 등을 저술했다.

聖王이 이것을 걱정하였기 때문에 竹帛에 적고 金石에 새겼다. 先王의 글인 〈仲虺之誥〉에 이르기를 '제가 듣기로는 夏나라 사람 〈桀이〉 天命이라 속여 아래 〈백성들에게〉 命이 있다는 설을 퍼뜨리니, 上帝가 이에 그것을 미워하시어 그 백성을 밝히게 하셨습니다.'라고 하였다.

畢云 闕은 當是喪厥二字니 下篇作用爽厥師라하다 孫星衍云 厥은 爲闕하니 形相近이라

畢沅 : '闕'은 응당 '喪厥' 두 글자이니, 〈非命 下〉에 '用爽厥師'로 되어 있다.

孫星衍 : '厥'은 '闕'이니, 모양이 서로 비슷하다.

36-4-18 **此는 語夏王桀之執有命也에 湯與仲虺가 共非之라 先王之書太誓之言에 然曰 紂夷之居하여 而不肎事上帝하고 棄(闕)〔厥〕(其)先神〔示〕而不祀也하며**

이것은 夏王 桀이 命이 있다고 주장한 데 대해 湯과 仲虺가 함께 비판한 일을 말한다. 先王의 글인 〈太誓〉에도 그렇게 이르기를 '紂는 오만하여 上帝를 섬기려 하지 않고 그 조상 사당을 버려두고 제사를 안 지내면서

以天志中篇及上篇으로 校之컨대 闕亦當讀爲厥하니 與上闕師同이라 此當云 棄闕先神示而不祀也라 示祇同이니 傳寫誤作亓(기)한대 校者不憭하여 因此書其字多作亓하여 遂又改爲其하고 復誤移箸(착)先神上하니 不知闕卽厥字니 不當更云其也라 天志篇에 正作棄厥先神祇不祀라하니 可證이라 非儒下篇에 其道不可以期世라하고 期는 晏子春秋[10]에 作示하니 亦示亓其三字가 展轉譌變之比例也라

〈天志 中〉과 〈天志 上〉으로 교감해보면 '闕' 또한 응당 '厥'로 읽어야 하니, 위의 '闕師'와 마찬가지이다. 여기에서는 응당 "棄闕先神示而不祀也"로 되어야 한다. '示'와 '祇'는 같으니, 〈'示'를〉 옮겨 적으면서 '亓'로 잘못된 것인데, 교감하는 이가 사리에 밝지 못해 이 책(≪墨子≫)에서 '其'자를 '亓'로 쓰는 경우가 많은 것으로 인하여 결국 또한 〈'亓'를〉 '其'로 바꾸어버리고 다시 '先神' 위에 잘못 옮겨 적어놓았으니, 〈이는〉 '闕'이 곧 '厥'자임을 알지 못한 것이니 다시 '其'라고 해서는 안 된다. 〈天志〉에 "棄厥先神祇不祀"라고 바로 되

---

10) 晏子春秋 : 춘추시대 齊나라 晏嬰의 言行을 문답식으로 기록한 책이다. 內篇인 〈諫上〉, 〈諫下〉, 〈問上〉, 〈問下〉, 〈雜上〉, 〈雜下〉와 外篇으로 구성되어 있다.

어 있으니 증명할 수 있다. 〈非儒 下〉에 "其道不可以期世(그 도는 세상 사람들에게 보여줄 수 없고)"라 했는데, '期'는 ≪晏子春秋≫에 '示'로 되어 있으니, 이 또한 '示'·'亓'·'其' 세 글자가 돌고 돌아 와전된 사례이다.

36-4-19 曰 我(民)[11]有命이라하고 毋僇其務하니

'나에게는 天命이 있다.'고 말하고 모욕하고 형벌을 내리는 데에만 힘쓰니,

畢云 言毋勠(륙)力其事也라 上二篇은 俱當从此라 孔書作罔懲其侮하니 義異라 或云僞泰誓不足據라하니 不如此文이라 詒讓案 毋僇은 當爲侮僇이니 二字平列이라 言紂惟陵侮僇辱民是務也라 荀子彊國篇云 無僇乎族黨하며 而抑卑其後世라하니 無毋毋는 古通이나 無僇與抑卑는 文相儷하니 與此毋僇으로 義亦正同이라 楊注釋爲無刑戮之恥라한대 失之라

畢沅 : 그 일에 힘쓰지 않았다는 말이다. 위 두 편은 모두 응당 이를 따라야 한다. ≪僞古文尙書≫에 '罔懲其侮(업신여기는 마음을 경계하지 않는다.)'라 했는데, 뜻이 다르다. 어떤 이는 ≪위고문상서≫ 〈泰誓〉는 근거로 삼기에 부족하다고 했으니, 〈〈태서〉에 나오는 글은 ≪墨子≫의〉 이 글과 같지 않다.

詒讓案 : '毋僇'은 응당 '侮僇'이 되어야 하니, 두 글자가 〈같은 품사로〉 열거된 것이다. 紂가 오직 백성들을 모욕하고 형벌 내리는 데에만 힘썼다는 말이다. ≪荀子≫ 〈彊國〉에 "無僇乎族黨 而抑卑其後世(족당을 모욕하고 형벌을 주며 그 후세의 지위를 깎아내렸다.)"라 하였으니, '無'·'毋'·'毋'는 옛날에는 통했다. '無僇'과 '抑卑'는 글이 서로 짝을 이루니, 이곳의 '毋僇'과 뜻이 또한 똑같다. 楊倞의 注에서 "無刑戮之恥(형벌을 받는 치욕은 없으나)"라 해석했는데, 잘못이다.

36-4-20 天도 不亦棄縱而不葆라하니라

하늘 또한 그를 내쳐버리고 보우하지 않았다.'라고 한다.

吳鈔本에 作保라 畢云 文與上篇으로 小異라하다 王云 孟子滕文公篇注曰 不亦者는 亦也라한대 畢本에 不亦作亦不하니 非라

11) (民) : 저본에는 '民'이 있으나, 본서 〈非命 上〉 35-6-11에 의거하여 衍文으로 처리하였다.

〈'葆'는〉 吳鈔本에 '保'로 되어 있다.

畢沅 : 문장이 〈非命 上〉과 조금 다르다.

王念孫 : ≪孟子≫ 〈滕文公〉의 趙岐 注에 "'不亦'은 '亦'이다."라 하였는데, 畢沅本에는 '不亦'이 '亦不'로 되어 있으니 이는 틀린 것이다.

36-4-21 **此**는 **言紂之執有命也**에 **武王**이 **以太誓非之**라 **有於三代**(不)〔**百**〕**國**에 **有之**라 **曰**

이것은 紂가 命이 있다고 주장하는 데 대해 武王이 〈太誓〉로 비판한 것을 말한다. 또 ≪三代≫와 ≪百國≫에도 있다. 이르기를,

上有字는 當讀爲又라 蘇云 所引은 蓋古逸書니 不字疑誤라하다 詒讓案 不疑當作百이니 三代百國은 或皆古史記之名이라 隋書李德林傳引墨子云 吾見百國春秋라하니라

위의 '有'자는 응당 '又'로 읽어야 한다.

蘇時學 : 인용된 것은 아마도 옛날의 逸書일 것이다. '不'자는 아마도 誤字일 것이다.

詒讓案 : '不'은 아마도 응당 '百'이 되어야 할 것이니, ≪三代≫와 ≪百國≫은 아마도 모두 옛날 역사서의 이름일 것이다. ≪隋書≫ 〈李德林傳〉에 ≪墨子≫를 인용하여 "吾見百國春秋(내가 ≪百國春秋≫를 보았다.)"라고 하였다.

36-4-22 **女毋崇天之有命也**라하니 (命)〔**今**〕**三**〔**代**〕(不)〔**百**〕**國**도 **亦言命之無也**라

'너희들은 하늘이 정해준 命이 있다는 설을 숭상하지 말라.'고 했다. 지금 ≪三代≫와 ≪百國≫에도 명이 없다고 말한 것이다.

命三은 疑當爲今三이요 下當脫代字라

'命三'은 아마도 응당 '今三'이 되어야 하고, 아래에는 응당 '代'자가 빠졌을 것이다.

36-4-23 **於召公之**〔**非**〕**執**(令)〔**命**〕도 (於)〔**亦**〕**然**이라

召公이 命이 〈있다고〉 주장하는 사람을 비판한 것 역시 그러했다.

此有脫誤니 疑當作於召公之非執命亦然이라 召公은 蓋即召公奭(석)이니 亦周書佚篇之文이라 令은 與命字通이요 於는 亦字誤라 上篇云 此는 言湯之所以非桀之執有命也라하고 又云 此는 言武王所以非紂執有命也라하니 是其證이라

여기에는 脫字와 誤字가 있으니, 아마도 응당 "於召公之非執命亦然"이 되어야 한다. 召公은 아마도 곧 召公 奭일 것이고, 이 또한 ≪尙書≫ 〈周書〉의 일실된 글일 것이다. '令'은 '命'과 글자가 통하고, '於'는 '亦'의 誤字이다. 〈非命 上〉에 "此言湯之所以非桀之執有命也(이는 탕이 명이 있다고 주장하는 걸을 비판한 것을 말한다.)"라 하였고, 또 "此言武王所以非紂執有命也(이는 무왕이 명이 있다고 주장하는 주를 비판한 것을 말한다.)"라 하였으니, 이것이 그 증거이다.

36-4-24 (且)〔曰〕

〈거기에〉 이르기를

畢云 當爲曰이라하다

畢沅 : 〈'且'는〉 응당 '曰'이 되어야 한다.

36-4-25 敬哉라 無天命이라 惟予二人은 而無造言하니라

'근신할지어다. 天命은 없다. 오직 우리 두 사람만은 꾸민 말이 없다.

周禮大司徒에 有造言之刑한대 鄭注云 造言은 譌言惑衆이라

≪周禮≫ 〈大司徒〉에 '造言之刑'이 있는데, 鄭玄의 注에 "'造言'은 거짓말로 대중을 현혹하는 것이다."라 하였다.

36-4-26 不自(降)天〔降〕하고 (之)〔自〕(哉)〔我〕得之라하니라

〈天命은〉 하늘에서 내려지지 않고 나로부터 얻어지는 것이다.'라고 했다.

疑當作不自天降自我得之라

아마도 응당 "不自天降 自我得之"로 되어야 할 것이다.

36-4-27 在於商夏之詩書에 **曰 命者**는 **暴王作之**라하니라 **且今天下之士君子**가 **將欲辯是非利害之故**면

商나라와 夏나라 때의 ≪詩≫와 ≪書≫에 이르기를 '命이란 것은 포악한 왕이 만들어낸 것이다.'라 하였다. 또한 지금 천하의 士君子가 장차 是非와 利害의 근거를 가리고자 한다면

吳鈔本에 **辯作辨**이라

吳鈔本에 '辯'이 '辨'으로 되어 있다.

36-4-28 當(天)〔夫〕有命者를

命이 있다고 〈주장하는〉 저 사람들을

畢云 天當爲夫라하다

畢沅 : '天'은 응당 '夫'가 되어야 한다.

36-4-29 不可不疾非也라

힘써 비판하지 않을 수 없다."

王云 呂氏春秋尊師篇注云 疾은 **力也**라하다

王念孫 : ≪呂氏春秋≫ 〈尊師〉의 注에 "'疾'은 '力(힘쓰다)'이다."라 하였다.

36-4-30 執有命者는 **此天下之厚害也**라 **是故**로 **子墨子非〔之〕也**라

명이 있다고 주장하는 자는 천하의 커다란 해악이다. 이 때문에 子墨子께서 그들을 비판하셨다.

非下에 **當有之字**라

'非' 아래에 응당 '之'자가 있어야 한다.

非命 下 第三十七* 제37편 宿命論을 비판함 하

*이 편 또한 上·中편을 이어 숙명론을 비판하고 인간의 노력을 권한다. 그 설득 대상은 王公 大人과 卿大夫뿐만 아니라 농부나 부녀자 계층에 걸쳐 광범위하다. 논증에 필요한 선왕의 글도 더 많이 인용하였고 철저한 賞罰을 기하는 등 한층 정비되어 있다. 세 편 가운데 성립 시기가 가장 늦은 것으로 보인다.

37-1-1 **子墨子言曰 凡出言談**엔 **則(必)〔不〕可而不先立儀而言**이라

子墨子께서 말씀하셨다. "무릇 談論을 펼칠 적엔 먼저 기준을 세우고 말하지 않을 수 없다.

畢云 一本作則必先立義而言이라하다 **蘇云 當作不可不先立儀而言**이니 **必字誤**요 **上而字衍**이라하다 **兪云 則必可**는 **當作則不可**라 **中篇曰 則不可而不先立義法**이라하니 **是其證也**라 **不可而者**가 **不可以也**는 **王氏念孫說**이라하다

畢沅 : 어떤 본에는 "則必先立義而言"으로 되어 있다.

蘇時學 : 응당 "不可不先立儀而言"이 되어야 한다. '必'자는 誤字이고, 위의 '而'자는 잘못 들어간 것이다.

兪樾 : '則必可'는 응당 '則不可'가 되어야 한다. 〈非命 中〉에 "則不可而不先立義法"이라 하였으니, 이것이 그 증거이다. '不可而'가 '不可以'라는 것은 王念孫의 說이다.

37-1-2 **若不先立儀而言**이면 **譬之**컨대 **猶運鈞之上而立朝夕焉也**니 **我以爲雖有朝夕之辯**이라도

만약 먼저 기준을 세우지 않고서 말을 한다면, 〈이는〉 비유하건대 마치 구르는 轆轤臺 위에 해시계를 세워 東西를 측량하는 것과 같으니, 내가 생각하기에는 비

록 동서의 구별이 있다 하더라도

吳鈔本作辨이라

吳鈔本에는 〈'辯'이〉 '辨'으로 되어 있다.

37-1-3 必將終未可得而從定也라 是故로 言有三法하니라 何謂三法고 曰 有考之者하고 有原之者하고

반드시 장차 끝내 그것을 따라 〈東西를〉 정할 수는 없을 것이다. 이런 까닭으로 말할 때에는 세 가지 법(기준)이 있는 것이다."

"무엇을 가리켜 세 가지 법(기준)이라 말하는가?"

말씀하셨다. "고찰하는 데가 있고 헤아리는 데가 있으며

畢云 舊脫有字하고 一本은 如此라

畢沅 : 舊本에는 '有'자가 빠져 있고, 어떤 본은 여기와 같다.

37-1-4 有用之者라 惡(오)乎考之오 考先聖大王之事라 惡(오)乎原之오 察衆之耳目之請이라

쓰는 데가 있다."

"무엇을 고찰하는가?"

"옛 성인과 위대한 왕이 한 일을 고찰한다."

"무엇을 헤아리는가?"

"많은 사람들이 보고 들은 실정을 헤아린다."

畢云 據前篇하면 當爲情이라 詒讓案 請情은 古通이니 不必改字라

畢沅 : 前篇에 근거하면 〈'請'은〉 응당 '情'이 되어야 한다.

詒讓案 : '請'과 '情'은 옛날에는 통했으니, 굳이 글자를 고칠 필요는 없다.

37-1-5 惡(오)乎用之오 發而爲政乎國하여 察萬民而觀之라 此謂三法也라하니라

"어디에 쓰는가?"

"나라에 〈법령을〉 공포하여 刑政을 실시하여 만민을 살펴서 본다. 이것을 가리켜 세 가지 법(기준)이라 한다.

37-2-1 **故**로 **昔者**에 **三代聖王禹湯文武**가 **方爲政乎天下之時**에 **曰 必務擧孝子而勸之事親**하고 **尊賢良之人而敎之爲善**이라하니라 **是故**로 **出政施敎**하고 **賞善罰暴**라 **且以爲若此**면 **則天下之亂也**를 **將屬可得而治也**하고

그래서 옛날 三代의 聖王인 禹·湯·文王·武王은 천하에 정사를 펼 때에 즈음하여 이르기를 '반드시 힘써 효자를 등용하여 부모 모시는 일을 권장하고, 현량한 사람을 높여 선을 행하기를 가르치게 하겠다.'라고 하였다. 이런 까닭에 政令을 내어 교화를 펼치고 선한 이에게 상을 주고 포악한 자를 처벌하였다. 또 이와 같이 한다면 천하의 어지러움을 장차 틀림없이 다스릴 수 있고,

國語魯語韋注云 屬은 **適也**라하다

≪國語≫ 〈魯語〉의 韋昭의 注에 "'屬'은 '適(틀림없이)'이다."라 하였다.

37-2-2 **社稷之危也**를 **將屬可得而定也**라 **若以爲不然**이면 **昔桀之所亂**을 **湯治之**하고 **紂之所亂**을 **武王治之**리오 **當此之時**하여 **世不渝而民不易**(역)이로되

社稷의 위기를 장차 틀림없이 안정시킬 수 있으리라 여겼다. 만약 그렇지 않다면 옛날 桀이 어지럽힌 것을 湯이 다스리고 紂가 어지럽힌 것을 武王이 다스렸겠는가? 그때에 세대가 아직 변하지 않았고 인민이 바뀌지 않았는데도

畢云 文選注引此한대 **治作理**하고 **世作時**하고 **民作人**하니 **皆唐人避諱改**[1]라

畢沅 : ≪文選≫의 注에서 이 부분을 인용했는데, '治'가 '理'로, '世'가 '時'로, '民'이 '人'으로 되어 있으니, 모두 唐나라 사람들이 避諱하여 고친 것이다.

---

1) 治作理……皆唐人避諱改 : 唐 高宗 李治와 唐 太宗 李世民의 이름을 피휘한 것이다.

37-2-3 上變政而民改俗이라 存乎桀紂而天下亂하고 存乎湯武而天下治니 天下之治也는 湯武之力也요 天下之亂也는 桀紂之罪也라 若以此觀之면 夫安危治亂은 存乎上之爲政也니 則夫豈可謂有命哉아 故로 昔者에 禹湯文武方爲政乎天下之時에 曰 必使飢者得食하고 寒者得衣하고 勞者得息하고 亂者得治라하여 遂得光譽令問於天下니

윗사람들이 정사를 고쳐서 인민이 풍속을 고쳤다. 桀과 紂에 있어서는 천하가 어지러워지고 湯王과 武王에 있어서는 천하가 다스려진 것이니, 천하가 다스려진 것은 탕왕과 무왕의 힘이고 천하가 어지러웠던 것은 걸과 주의 죄이다. 만약 이것으로 본다면 저 安危와 治亂이란 것은 윗사람이 정치하는 데에 달려 있으니, 그 어찌 命이 있다고 할 수 있겠는가?

그러므로 옛날 禹王·湯王·文王·武王은 천하에 정사를 펼칠 때에 이르기를 '반드시 굶주린 자가 먹을 수 있고 추운 자가 옷 입을 수 있으며 일에 지친 자가 쉴 수 있고 어지러운 자가 다스려질 수 있도록 하라.'고 하여 마침내 천하에 빛나는 명성을 얻었던 것이니,

群書治要에 問作聞하고 尙同下篇에 亦云 光譽令聞이라하다 問聞通이라

≪群書治要≫에 '問'이 '聞'으로 되어 있고, 〈尙同 下〉에도 "光譽令聞"이라 하였다. '問'과 '聞'은 통용된다.

37-2-4 夫豈可以爲〔其〕命哉아

〈이것이〉 어찌 그의 命 때문이겠는가.

據下文하면 命上當有其字라

아래 글에 의거하면 '命' 위에 응당 '其'자가 있어야 한다.

37-2-5 故以爲其力也라

본래 그의 힘 때문인 것이다.

故는 固通이라

'故'는 '固'와 통용된다.

37-2-6 今賢良之人은 尊賢而好功道術이라

지금 賢良한 사람은 현능한 이를 높이고 道術을 배우기를 좋아한다.

治要에 功作蓄이라 畢云 一本에 無功字라하다

≪群書治要≫에 '功'이 '蓄'으로 되어 있다.
畢沅 : 어떤 본에는 '功'자가 없다.

37-2-7 故로 上得其王公大人之賞하고 下得其萬民之譽하여 遂得光譽令問於天下하니 亦豈以爲其命哉아 又以爲〔其〕力也라

그러므로 위로는 王公 大人의 상을 받고 아래로는 만민의 칭찬을 받아 마침내 천하에 빛나는 명성을 얻을 수 있는 것이니, 〈이〉 또한 어찌 그의 命 때문이겠는가. 또한 그의 힘 때문인 것이다."

力上에 亦當有其字라

'力' 위에도 응당 '其'자가 있어야 한다.

37-2-8 然이면 今夫有命者는 不識昔也三代之聖善人與아 意亡(억무)昔三代之暴不肖人與아

"그렇다면 지금 저 命이 있다고 〈주장하는〉 자는 옛날 三代의 聖人과 善人이었는가, 아니면 옛날 삼대의 포악하고 모자란 사람이었는가?"

意亡는 詳非攻下篇이라 蘇云 也字衍이라 意은 讀如抑하고 亡은 當作亦이라 案컨대 蘇說非라

'意亡'에 〈대한 설명은〉 〈非攻 下〉에 상세하다.
蘇時學 : '也'자는 잘못 들어간 것이다. '意'은 '抑'과 같이 읽어야 하고, '亡'은 응당 '亦'이

되어야 한다.

案：蘇時學의 說은 틀렸다.

37-2-9 (若)以〔若〕說觀之면 則必非昔三代聖善人也요

"이 말로 본다면 〈이 말을 한 사람은〉 반드시 옛 三代의 聖人과 善人이 아니라

若以說은 疑當作以若說이라

'若以說'은 아마도 응당 '以若說'이 되어야 할 것이다.

37-2-10 必暴不肖人也니

필시 포악하고 모자란 사람이니,

37-3-1 然이면 今以命爲有者는 昔三代暴王桀紂幽厲니 貴爲天子요 富有天下나 於此乎에 不而(능)矯其耳目之欲하고

그렇다면 지금 命이 있다고 〈주장하는〉 자는 옛 三代의 포악한 桀王·紂王·幽王·厲王인 것이다. 〈그들은〉 귀하기로는 천자가 되었고 부유하기로는 천하를 소유했지만, 이에 그 눈과 귀의 욕망을 바로잡지 못하고

畢云 而은 讀如能이라 一本에 無此字나 非라 案컨대 畢讀이 是也라 陳壽祺[2)]說同이라

畢沅：'而'은 '能'과 같이 읽어야 한다. 어떤 本에는 이 글자(而)가 없는데 틀렸다.
案：畢沅이 읽은 것이 옳다. 陳壽祺의 說도 같다.

37-3-2 而從其心意之辟하여

그 치우친 마음을 따라서

2) 陳壽祺：1771～1834. 淸代의 儒學者로, 字는 恭甫·介祥·葦仁이며, 號는 左海·梅修·隱屛山人이다. 經學 연구에 몰두하였으며, 저서에 ≪五經異義疏証≫, ≪今文尙書經說考≫, ≪齊魯韓三家詩遺說考≫, ≪說文經詁≫ 등이 있다.

王據中篇하여 以心意爲心志之譌(와)라하나 今案컨대 志意義同하니 似非譌字라

王念孫이 〈非命 中〉에 의거하여 '心意'를 '心志'가 잘못된 것이라 하였는데, 지금 살피건대 '志'와 '意'는 같은 뜻이니, 誤字는 아닌 것 같다.

37-3-3 外之敺騁田獵畢弋하고 內湛於酒樂하여

밖으로 말을 몰아 사냥하고 그물을 놓고 활을 쏘며 안으로 술과 음악에 빠져

畢云 中篇에 湛作沈이라하다

畢沅 : 〈非命 中〉에 '湛'이 '沈'으로 되어 있다.

37-3-4 而不顧其國家百姓之政하고 繁爲無用하고 暴逆百姓하여 遂失其宗廟나

자신의 국가 백성에 대한 정사를 돌보지 않고서 빈번하게 쓸데없는 짓만 하며 백성을 잔혹하게 대하여 마침내는 그 宗廟를 잃었지만,

遂는 與隊(추)通이라 法儀篇云 遂失其國家라하니라

'遂'는 '隊'와 통용된다. 〈法儀〉에 "遂失其國家"라 하였다.

37-3-5 其言에 不曰 吾罷不肖하여 吾聽治不强이라하고 必曰 吾命固將失之라하니라 雖昔也三代罷不肖之民이라도 亦猶此也니 不能善事親戚君長하고 甚惡(오)恭儉而好簡易(이)하고 貪飮食而惰從事하여 衣食之財不足이라 是以로 身有陷乎飢寒凍餒(뇌)之憂어늘 其言에 不曰 吾罷不肖하여 吾從事不强이라하고 (又)〔必〕曰 吾命固將窮이라하니라

그 말이 '내가 몸이 약하여 내가 정사 보는 데 힘을 쓰지 않았다.'라 하지 않고, 반드시 '내 운명은 본래 장차 잃게 되어 있었다.'라고 말한다. 비록 옛날 三代의 몸이 약한 인민들일지라도 역시 이와 같았다. 그러니 부모나 君長을 잘 모실 수 없고 공손하기를 매우 싫어하며 방만하게 굴기 좋아하고 음식을 탐내면서 일은

게을리 하여 먹고 입을 재물이 부족하였다. 이런 까닭에 스스로 굶어죽고 얼어 죽을 걱정을 할 지경에 빠졌는데도 그 말이 '내가 몸이 약하여 내가 일하는 데 힘을 쓰지 않았다.'라 하지 않고, 반드시 '내 운명은 본래 장차 궁하게 되어 있었다.'라고 말한다.

戴云 叉는 當依上文改作必이라

戴望 : '叉'는 응당 위 글에 의거하여 '必'로 고쳐야 한다.

37-3-6 昔三代僞民도 亦猶此也라

옛날 三代의 무도한 인민들 또한 이와 같았다.

37-4-1 昔者에 暴王作之하고 窮人術之하니

옛날에 포악한 왕이 이 〈命이 있다는 설을〉 지어내고 궁핍한 인민들이 이를 따라 말하니,

畢云 舊脫人字하고 一本有라 術同述이라 詒讓案 樂記에 知禮樂之情者能作하고 識禮樂之文者能述이라한대 述은 史記樂書作術이라

畢沅 : 舊本에는 '人'자가 빠져 있고, 어떤 본에는 있다. '術'은 '述'과 같다.

詒讓案 : ≪禮記≫ 〈樂記〉에 "예악의 情을 아는 사람은 作할 수 있고, 예악의 文을 아는 사람은 述할 수 있다.〔知禮樂之情者能作 識禮樂之文者能述〕"라 하였는데, '述'은 ≪史記≫ 〈樂書〉에 '術'로 되어 있다.

37-4-2 此는 皆疑衆遲樸이라

이는 모두 대중을 헷갈리게 만들고 순박한 이들에게 뻐기는 것이다.

畢云 言沮樸實之人이라하다 王引之云 遲字義不可通하니 遲當爲遇字之誤也라 遇與愚同이라 晏子春秋外篇에 盛爲聲樂以淫愚民이라한대 墨子非儒篇에 愚作遇하고 莊子則陽篇에 匿爲物而愚不識이라한대 釋文에 愚는 一本作遇라하고 韓子南面篇에 愚贛窳(장유)惰

之民이라한대 宋乾道本에 愚作遇라 秦策에 今愚惑與罪人同心이라한대 姚本에 愚作遇라 言此有命之說을 或作之하고 或述之는 皆足以疑衆愚樸이라 樸은 謂質樸之人也라 中篇에 作教衆愚樸하니 是其證이니 畢說은 非라 案컨대 遲疑當爲穉라 管子重令篇云 菽粟不足하니 末生不禁이면 民必有飢餓之色이로대 而工以彫文刻鏤相穉也를 謂之逆이라한대 尹注云 穉는 驕也라 莊子列御寇篇云 人有見宋王者한대 錫車十乘하니 以其十乘으로 驕穉莊子라한대 釋文引李頤云 自驕而穉莊子也라하다 案컨대 莊子穉與管子同하고 李說未塙(확)이라 此遲樸은 似亦卽驕穉愿樸之意하니 與中篇文自不同이라 不必改爲愚也라

畢沅 : 순박한 사람을 방해한다는 말이다.

王引之 : '遲'자는 뜻이 통할 수 없으니, '遲'는 응당 '遇'자의 誤字일 것이다. '遇'는 '愚'와 같은 뜻이다. ≪晏子春秋≫ 〈外篇〉에 "盛爲聲樂 以淫愚民(음악을 성대하게 베풀어 어리석은 인민들을 음탕하게 만든다.)"이라 하였는데 〈非儒〉에는 '愚'가 '遇'로 되어 있으며, ≪莊子≫ 〈則陽〉에 "匿爲物而愚不識(번거롭게 번쇄한 일을 꾸며 만들고서 그것을 알지 못하는 백성을 어리석다 업신여기고)"이라 하였는데 ≪經典釋文≫에 "'愚'는 어떤 본에는 '遇'로 되어 있다."고 하였고, ≪韓非子≫ 〈南面〉에 "愚贛窳惰之民(어리석고 나태한 인민)"이라 하였는데 宋나라 乾道本에는 '愚'가 '遇'로 되어 있으며, ≪戰國策≫ 〈秦策〉에 "今愚惑與罪人同心(지금 모함에 빠졌는데 죄인과 같은 마음을 가지고 있다면)"이라 했는데 姚本에는 '愚'가 '遇'로 되어 있다. 이 命이 있다는 설을 주장하거나 따라 말하는 것은 모두 순박한 대중을 어리석고 헷갈리게 만들 수 있는 것이라는 말이다. '樸'은 질박한 사람을 이르는 것이다. 〈非命 中〉에 '教衆愚樸(순박한 대중을 어리석게 만든다.)'으로 되어 있으니 이것이 그 증거이다. 畢沅의 說은 틀렸다.

案 : '遲'는 아마도 응당 '穉'가 되어야 할 것이다. ≪管子≫ 〈重令〉에 "菽粟不足 末生不禁 民必有飢餓之色 而工以彫文刻鏤相穉也 謂之逆(콩과 조가 부족하니 상공업을 금하지 않으면 인민들에게는 필시 배고픈 기색이 있을 것인데도, 장인들은 문자와 문양을 새기는 것으로 서로 뻐기니, 이를 일러 '逆'이라 한다.)"이라 하였는데 尹知章의 注에 "'穉'는 '驕'이다."라고 하였고, ≪莊子≫ 〈列御寇〉에 "人有見宋王者 錫車十乘 以其十乘 驕穉莊子(어떤 사람이 송나라 왕을 알현했는데, 수레 10대를 하사하니 그 수레 10대를 가지고 장자에게 뻐겼다.)"라 하였는데 ≪經典釋文≫에서 李頤의 설을 인용하여 "自驕而穉莊子也(스스로 뻐기면서 장자를 업신여겼다.)"라 하였다.

案 : ≪莊子≫의 '穉'는 ≪管子≫와 같으니, 李頤의 說은 온당치 않다. 이 '遲樸'은 또한

곧 '驕穉愿樸(순박한 이들에게 뻐긴다.)'의 뜻인 것 같으니, 〈非命 中〉의 글과 원래 같지 않으므로 굳이 '愚'로 고칠 필요는 없다.

37-4-3 **先聖王之患之也**는 **固在前矣**라 **是以**로 **書之竹帛**하고 **鏤之金石**하고 **琢之盤盂**하여 **傳遺後世子孫**이라

〈이렇게 대중을 헷갈리게 만드는 것을〉 옛 聖王이 걱정한 것은 본래 예전에 있었던 일이다. 이런 까닭에 대나무와 비단에 적고 쇠와 돌에 새기며 쟁반과 그릇에 쪼아 넣어 후세 자손에게 전하여 남겼다."

遺는 **吳鈔本**에 **作示**라 **案**컨대 **此文**은 **亦見兼愛下天志中貴義魯問諸篇**한대 **竝作遺**하니 **則吳本非是**라

'遺'는 吳鈔本에는 '示'로 되어 있다. 생각건대 이 글은 〈兼愛 下〉·〈天志 中〉·〈貴義〉·〈魯問〉 등 여러 편에 보이는데, 모두 '遺'로 되어 있으니, 吳鈔本이 틀렸다.

37-4-4 **曰 何書焉存**고

"어떤 책에 있는가?"

王云 焉은 **猶於也**라하다 **案**컨대 **王說**이 **是也**라 **此倒句**니 **猶云存於何書**라

王念孫 : '焉'은 '於'와 같다.
案 : 王念孫의 說이 옳다. 이는 도치된 구절이니 〈'何書焉存'은〉 '存於何書'라 한 것과 같다.

37-4-5 **禹之總德**에 **有之曰**

"禹임금의 〈總德〉에 이르기를

蘇云 總德은 **蓋逸書篇名**이라

蘇時學 : '總德'은 아마도 逸書의 篇名일 것이다.

37-4-6 **允不著**오

'참으로 밝지 않은가.

著는 **疑當爲若**이니 **允不若**은 **信不順也**라

'著'는 아마도 '若'이 되어야 할 것 같으니, '允不若'은 〈글이〉 정말로 순조롭지 않다.

37-4-7 **惟天**아 **民不而**(능)**葆**라

하늘이여. 〈이러한 하늘을 속이면〉 인민은 〈자기 몸을〉 지킬 수 없다.

吳鈔本에 **惟作唯**라 **畢云 而同能**이요 **葆同保**라

吳鈔本에 '惟'는 '唯'로 되어 있다.
畢沅 : '而'은 '能'과 같고, '葆'는 '保'와 같다.

37-4-8 **旣防**[3]**凶心**이면 **天加之咎**하니 **不愼厥德**이면 **天命焉葆**아하니라 **仲虺之告**에 **曰我聞**컨대 **有夏人**이 **矯天命**하여

나쁜 마음에 편을 들면 하늘이 벌을 내릴 것이니, 자신의 덕을 삼가지 않는다면 하늘의 명이 어찌 보호하겠는가.'라고 했다. 〈仲虺之誥〉에도 이르기를 '제가 듣건대 夏나라 사람 〈桀이〉 천명이라 속여

當依上中二篇하여 **補布命二字**라

응당 〈非命 上〉과 〈非命 中〉에 의거하여 '布命' 두 글자를 보태넣어야 한다.

37-4-9 〔**布命**〕**于下**하니 **帝式是增**하여

아래 〈백성들에게〉 명이 있다는 설을 퍼뜨리니, 上帝가 이에 그것을 미워하시어

---

3) 防 : ≪新釋漢文大系≫의 ≪墨子 上≫의 해석에 따르면, '防'은 '方'과 통용되고, '方'은 '比'의 뜻, 즉 '친하게 지내다', '편들다'의 의미라 한다. 대개 이 책의 해석에 따라 〈總德〉 부분을 번역했다.

畢云 當作惡(오)或憎字라하다 江聲云 式은 用也라 增은 讀當爲憎하니 說文에 憎은 惡也라하다 或作帝式是惡하고 或作帝伐之惡한대 伐之는 字誤니 當从式是라 孟子盡心下篇云 士憎玆多口라한대 趙岐注에 解憎爲增多之增하니 則增憎은 字通이라하다 顧云 增은 卽憎字라 明道本晉語에 懼子之應且增也라한대 今本作憎하고 易林[4]渙之蠱에 獨宿增夜하고 道藏本韓非子에 論其所增이라하다

畢沅 : 〈'增'은〉 응당 '惡', 혹은 '憎'자가 되어야 한다.

江聲 : '式'은 '用'이다. '增'은 응당 '憎'으로 읽어야 하니, ≪說文解字≫에 "'憎'은 '惡'이다."라 하였고, 어떤 본에는 '帝式是惡'로 되어 있고, 어떤 본에는 '帝伐之惡'로 되어 있는데 '伐之'는 誤字이니 응당 '式是'라고 한 본을 따라야 한다. ≪孟子≫ 〈盡心 下〉에 "士憎玆多口(선비는 더욱 구설수가 많은 법이다.)"라 하였는데, 趙岐의 注에서 '憎'을 해석하여 '增多'의 '增'이라 하였으니, '增'과 '憎'은 통용하는 글자이다.

顧廣圻 : '增'은 곧 '憎'자이다. 明道本 ≪國語≫ 〈晉語〉에 "懼子之應且增也(당신이 〈겉으로는〉 호응하면서도 또한 〈속마음으로는〉 미워할까 두렵습니다.)"라 하였는데, 今本에는 〈'增'이〉 '憎'으로 되어 있고, ≪易林≫ 〈渙之蠱〉에 "獨宿增夜(홀로 잠드니 밤을 미워한다.)"라 하였고, 道藏本 ≪韓非子≫에 "論其所增(그 미워하는 바를 논한다.)"이라 하였다.

37-4-10 用爽厥師라하니라

〈湯王에게〉 그 백성을 밝히게 하셨습니다.'라고 하였다.

爽은 上篇作喪이라 惠棟[5]云 周語에 單襄公曰 晉侯爽二이라한대 韋昭曰 爽은 當爲喪하니 字之誤也라하다

'爽'은 〈非命 上〉에 '喪'으로 되어 있다.

---

4) 易林 : ≪焦氏易林≫ 16卷을 일컫는 것으로, 前漢의 焦贛이 편찬한 것으로 알려져 있다. ≪周易≫에는 모두 450개의 卦爻辭가 있는데, ≪易林≫에는 64개의 卦 각각의 變卦에 대한 辭, 즉 4,096개의 卦爻辭가 四言韻語로 실려 있다.

5) 惠棟 : 1697~1758. 淸代의 漢學家로 漢學中吳派(蘇州學派)의 대표 인물이다. 字는 定宇이고 號는 松崖이며 小紅豆先生이라 불리기도 하며, 江蘇 元和(지금의 江蘇省 吳縣) 사람이다. 저서로 ≪古文尙書考≫, ≪後漢書補註≫, ≪九經古義≫, ≪明堂大道錄≫, ≪松文鈔≫ 등이 있다.

惠棟：≪國語≫〈周語〉에 "單襄公曰 晉侯爽二(단양공이 말하기를 '진후는 둘을 잃을 것이다.'라 하였다.)"라 했는데, 韋昭가 〈注에서〉 "'爽'은 응당 '喪'이 되어야 하니, 誤字이다."라 하였다.

37-4-11 **彼用無爲有**라 **故謂矯**니

그(桀)는 없는 것을 있다 하였으므로 속였다고 한 것이니

公羊僖三十三年의 何注云 詐稱曰矯라하다

≪春秋公羊傳≫ 僖公 33年의 何休의 注에 "속여 말하는 것을 '矯'라 한다."고 하였다.

37-4-12 **若有而謂有**면 **夫豈爲矯哉**아

만약 있어서 있다 했다면 어찌 속였다고 하겠는가?

爲는 吳鈔本作謂라

'爲'는 吳鈔本에 '謂'로 되어 있다.

37-4-13 **昔者**에 **桀執有命而行**하니 **湯爲仲虺之告以非之**라 **太誓之言也**인 **於(去)〔太子〕發**에

옛날 桀이 命이 있다고 주장하며 실행하니, 湯이 〈仲虺之誥〉를 지어 이를 비판한 것이다. 〈太誓〉의 말인 〈太子發〉에

孫星衍云 或太子發三字之誤라하다 莊述祖[6]云 去發은 當爲太子發이라 武王受文王之事라 故自稱太子라 述文王伐功하여 告諸侯하고 且言紂未可伐하여 爲太誓上篇이라하다 兪云 古人作書에 或合二字爲一하니 如石鼓文[7]에 小魚作𩵖하고 散氏銅盤銘[8]에 小子

---

6) 莊述祖：1751～1816. 淸나라 江蘇 武進 사람이다. 字는 葆琛, 號는 珍藝이다. 백부 莊存與에게 金文經學을 수학하였다. 舛句와 訛字, 佚文, 脫簡 등을 교정하여 ≪尙書大傳≫, ≪逸周書≫, ≪白虎通義≫ 등을 바로잡았으며, 문자학에 조예가 깊어 古籒文字, 轉注諧聲, 偏旁體例 등을 고증하였으며, ≪爾雅≫와 ≪廣韻≫을 고증하여 ≪說文諧聲≫을 편찬하였다.

作〓이 是也라 此文大子字는 或合書作〓어늘 其下闕壞면 則似厺(거)字라 因誤爲去耳라 詩思文篇의 正義引大誓曰 惟四月에 太子發上祭於畢하고 下至於孟津之上이라하고 又云 太子發升舟어늘 中流白魚入於王舟하니 王跪取하여 出涘(사)以燎之라한대 注曰 得白魚之瑞하니 卽變稱王하고 應天命定號也라하니 疑古大誓三篇에 其上篇以太子發上祭於畢發端하고 至中下兩篇하면 則作於得魚瑞之後에 無不稱王矣라 故學者相承하여 稱大誓上篇爲太子發하여 以別於中下兩篇하니 亦猶古詩以篇首字命名之例也라하다 案컨대 孫莊兪說이 近是라 陳喬樅[9]云 去字疑是告之譌라한대 非라

孫星衍 : 어떤 이는 〈'去發'이〉 '太子發' 세 字의 誤字라고 한다.

莊述祖 : '去發'은 응당 '太子發'이 되어야 한다. 武王이 文王의 일을 이어받았기 때문에 스스로 '太子'라고 칭하고 文王이 정벌한 功을 祖述하여 제후들에게 알리는 한편 紂가 아직 정벌할 만하지 않다고 말하여 ≪尙書≫ 〈太誓 上〉을 지었다.

兪樾 : 옛사람들이 글을 쓸 때 두 글자를 합하여 한 글자로 만들기도 하였으니, 예컨대 〈石鼓文〉에서 '小魚'를 '𩵋'로 썼고, 〈散氏銅盤銘〉에 '小子'를 '〓'로 썼으니 그것이 이 사례이다. 이 글에서 '大子'자는 합쳐서 '〓'로 쓰기도 했는데, 그 아래가 훼손되면 '厺'자와 비슷하므로 이로 인해 잘못 '去'가 되었을 뿐이다. ≪詩經≫ 〈思文〉의 孔穎達의 正義에서는 〈大誓〉를 인용하여 "4월, 태자 發이 畢에서 제사를 올리고, 내려와 孟津 가에 이르렀다.〔惟四月 太子發上祭於畢 下至於孟津之上〕"라 하였고, 또 "태자 발이 배를 탔는데, 중간에 흰 물고기가 왕의 배에 들어오니, 왕이 무릎 꿇고 받아 물가로 나와 제사를 지냈다.〔太子發升舟 中流白魚入於王舟 王跪取 出涘以燎之〕"라 하였는데, 注에서 "상서로운 흰 물고기를 얻고는 바로 왕이라 바꿔 칭하였으니, 천명에 응하여 칭호를 정한 것이다.〔得白魚之瑞, 卽變稱王, 應天命定號也〕"라 하였다. 고문 〈太誓〉 세 편에서 상편은 太子 發이 畢에서 제사를

7) 石鼓文 : 東周 初의 秦國에서 비석에 새긴 문자이다. 10개의 북 모양의 돌에 籒文으로 10首 4言의 韻文을 나누어 새겨 秦國 군주의 사냥 정황을 기술하여 후세에는 '獵碣'이라 부르기도 했다. 唐나라 초에 天興(지금의 陝西省 寶雞市)의 三畤原에서 출토되어 많은 시인들의 창작 소재가 되기도 하였고, 서법의 모범이 되기도 하였다.

8) 散氏銅盤銘 : 淸 乾隆 중엽에 출토된 西周 후기 청동기에 새겨진 銘으로, 357字의 金文이 새겨져 있다.

9) 陳喬樅 : 1809~1869. 字는 朴園, 혹은 樹滋이고 福建省 閩縣(지금의 福州市) 사람으로, 陳壽祺의 아들이다. ≪今文尙書經說考≫ ≪齊魯韓三家詩遺說考≫ 등의 저술이 있다.

올린 것을 발단으로 삼았고 중·하편 두 편에 이르면 물고기의 상서로움을 얻은 후에는 '王'으로 칭하지 않은 적이 없는 듯하다. 이러한 까닭에 학자들이 서로 이어 〈太誓 上〉을 '太子發'이라 칭하여 中·下 두 편과 구별하니 이는 또한 古詩에서 각 편의 첫 글자로 편명을 지은 사례와 같다.

案 : 孫星衍, 莊逵祖, 兪樾의 說이 옳은 것 같다. 陳喬樅이 "'去'자는 아마도 '告'의 誤字인 것 같다."고 했는데 틀렸다.

37-4-14 曰 (惡)〔於〕乎라 君子여

이르기를, '아. 군자들이여.

惡(오)는 莊校改於(오)라

'惡'는 莊逵祖가 교감하여 '於'로 고쳤다.

37-4-15 天(有)〔右〕顯德하니 其行甚章이라

하늘은 밝은 덕이 있는 사람을 도우니 그 행적은 매우 분명히 드러난다.

莊云 有는 當爲右니 助也라 言天之助明德하여 其行事甚章著라하다 蘇云 書泰誓曰 嗚呼라 我西土君子여 天有顯道하여 厥類惟彰이라하다

莊逵祖 : '有'는 응당 '右'가 되어야 하니, '助(돕다)'의 뜻이다. 하늘이 明德을 도와 그의 일이 매우 밝게 드러났다는 말이다.

蘇時學 : ≪尙書≫ 〈泰誓〉에 "嗚呼 我西土君子 天有顯道 厥類惟彰(아, 우리 西土의 군자들이여. 하늘에 드러난 도가 있어 그 類가 밝으니)"이라 하였다.

37-4-16 爲鑑不遠하니

경계로 삼을 것은 멀지 않으니

鑑은 吳鈔本作監이라 莊云 鑑은 當爲監이라하다

'鑑'은 吳鈔本에 '監'으로 되어 있다.

莊述祖 : '鑑'은 응당 '監'이 되어야 한다.

37-4-17 **在彼殷王**이라

저 殷王 〈紂에게〉 있다.

蘇云 殷은 **宜作夏**라 **泰誓曰 厥鑑惟不遠**하니 **在彼夏王**이라하다 **案**컨대 **僞古文不足據**하니 **蘇說非也**라 **詩大雅蕩云 殷鑒不遠**하니 **在夏后之世**라한대 **鄭箋云 此言殷之明鏡不遠也**니 **近在夏后之世**라 **謂湯誅桀也**하고 **後武王誅紂**하니 **今之王者**가 **何以不用爲戒**오하니 **此詩與彼詩**는 **文異而意則同**이라

蘇時學 : '殷'은 마땅히 '夏'가 되어야 한다. ≪尙書≫ 〈泰誓〉에 "厥鑑惟不遠 在彼夏王(그 거울은 멀지 않으니, 저 하나라 왕에게 있다.)"이라 하였다.

案 : ≪僞古文尙書≫는 근거로 삼기에 부족하니, 蘇時學의 說은 틀렸다. ≪詩經≫ 〈大雅 蕩〉에 "殷鑒不遠 在夏后之世(은나라의 거울은 멀지 않으니 夏后의 시대에 있다.)"라고 하였는데, 鄭玄의 箋에 "이는 '殷나라의 明鏡이 멀지 않으니 가까이 夏后의 시대에 있다는 말이다. 이는 湯이 桀을 주벌하였고 그 뒤에 武王이 紂를 주벌하였으니 지금의 왕이 어찌 그로써 경계로 삼지 않겠느냐는 것이다."라 하였으니, 이 시와 저 시는 글은 다르지만 뜻은 같다.

37-4-18 **謂人有命**하고 **謂敬不可行**하고 **謂祭無益**하고 **謂暴無傷**하니

〈그는〉 사람에게는 命이 있다 하고, 공경은 행할 만하지 못하다 하며, 제사는 이득이 없다 하고, 포악하더라도 손해가 없다고 하니

蘇云 此四句는 **今書泰誓**에 **在厥鑑惟不遠之上**하고 **上二句**는 **作謂已有天命謂敬不足行**하니 **下同**이라

蘇時學 : 이 네 구는 지금 ≪尙書≫ 〈泰誓〉에 "厥鑑惟不遠"의 위에 있고, 위 두 구는 "謂已有天命 謂敬不足行(나에게 천명이 있다고 하고, 공경은 행할 만하지 않다고 하다.)"으로 되어 있으니, 아래도 같다.

37-4-19 上帝不常하여 九有以亡하고

上帝가 돕지 않아서 九州가 망하였고

蘇云 二語今泰誓無之나 上句見伊訓하고 下句見咸有一德이라 詒讓案 常은 當讀爲尙하니 尙은 右也라 詳非樂上篇이라 僞古文書咸有一德云 厥德匪常이라 九有以亾이라한대 僞孔傳云 人能常其德하면 則安其位하고 九有諸侯라 桀不能常其德하니 湯伐而兼之라하다 竝襲此文이나 而失其恉라

蘇時學 : 두 말은 지금의 ≪尙書≫ 〈泰誓〉에는 없으나, 위 구절은 〈伊訓〉에 보이고, 아래 구절은 〈咸有一德〉에 보인다.

詒讓案 : '常'은 응당 '尙'으로 읽어야 하니, '尙'은 '右(돕다)'이다. 〈그에 대한 설명은〉 〈非樂 上〉에 자세하다. ≪僞古文尙書≫ 〈咸有一德〉에 "厥德匪常 九有以亾(그 덕은 항상 유지되지 않으니 九州가 망했다.)"이라 했는데, 孔安國의 傳에 "사람이 그 덕을 항상 유지할 수 있으면 그 지위가 편안하고 구주의 제후를 〈아우를〉 수 있다. 桀은 그 덕을 항상 유지할 수 없었으니 湯이 그를 주벌하고 〈나라를〉 겸병했다."고 하였다. 모두 이 글을 답습했지만 그 원래 뜻을 잃었다.

37-4-20 上帝不順하여 祝降其喪하니

上帝가 도리를 어기는 〈紂를 미워하여 그를〉 끊어버리고 멸망의 〈주벌을〉 내렸으니

蘇云 今泰誓弗作不하고 其作時라하다 莊云 祝은 斷也라 言天將斷棄其身이라하다 詒讓案컨대 泰誓僞孔傳云 祝은 斷也라 天惡(오)紂逆道하여 斷絶其命이라 故下是喪亡之誅라 非樂上篇에 引湯官刑에 亦有此四語한대 末句作降之百殃이라

蘇時學 : 지금의 ≪尙書≫ 〈泰誓〉에 '弗'은 '不'로 되어 있고, '其'는 '時'로 되어 있다.

莊述祖 : '祝'은 '斷'이다. 하늘이 장차 그 몸을 끊어버릴 것이라는 말이다.

詒讓案 : ≪僞古文尙書≫ 〈泰誓〉의 孔安國의 傳에 "'祝'은 '斷'이다. 하늘이 紂의 逆道함을 미워하여 그의 수명을 끊었기 때문에 이 喪亡의 誅罰을 내린 것이다."라고 하였다. 〈非樂 上〉에서 湯의 〈官刑〉을 인용한 곳에도 이 네 말이 있는데 마지막 구가 "降之百殃(온갖 재앙을 내린다.)"으로 되어 있다.

37-4-21 **惟我有周**가 **受之大(帝)〔商〕**이라하니라

우리 周 왕조가 크게 商(殷)의 〈天命을〉 이어받았다.'고 했다.

畢云 文略見孔書泰誓라 **蘇云 今泰誓**에 **下句作誕受多方**이라 **莊校改帝爲商云 言天改殷之命而周受之**라하다 **陳喬樅校同 云 商字作帝**하니 **非是**라 **此節皆有韻之文**이니 **作商**이면 **則與上文叶**하니 **今訂正之**라하다 **案**컨대 **莊陳校**가 **是也**라

畢沅 : 글이 대략 ≪僞古文尙書≫ 〈泰誓〉에 보인다.

蘇時學 : 지금의 〈泰誓〉에는 아래 구가 "誕受多方(크게 여러 지방을 받으리라)"으로 되어 있다.

莊述祖가 교감하여 '帝'를 '商'으로 고치면서 "하늘이 殷의 천명을 고쳐서 周가 이를 받은 것을 말한다."고 하였다. 陳喬樅의 교감도 같은데, "'商'자가 '帝'로 되어 있는데, 이는 옳지 않다. 이 절은 모두 韻이 있는 문장인데, '商'이 되면 위 글과 운이 맞으니 지금 고쳐 바로잡는다."고 하였다.

案 : 莊述祖와 陳喬樅의 교감이 옳다.

37-4-22 **昔紂執有命而行**을

〈이는〉 옛날 紂가 天命이 있다고 주장하여 행한 일에 대해

昔下에 **吳鈔本有者字**라

'昔' 아래에 吳鈔本에 '者'자가 있다.

37-4-23 **武王**이 **爲太誓(去)〔太子〕發以非之**라

武王이 〈太誓〉의 〈太子發〉을 지어 비판한 것이다.

去發은 **亦當爲太子發**이라 **陳喬樅謂當云周公旦告發以非之**라한대 **肊**(억)**說不足據**라

'去發'은 또한 응당 '太子發'이 되어야 한다. 陳喬樅이 "응당 '周公 旦이 發에게 고하여 비판한 것이다.'라 해야 한다."고 말했는데, 억설이라 근거로 삼을 만하지 못하다.

37-4-24 曰 子胡不尙考之乎商周虞夏之記아 從十簡之篇以尙[10)]에 皆無之니

이르기를 '너희들은 어찌 위로 商·周·虞·夏의 기록을 고찰하지 않는가? 10편 이상으로 된 기록에 따르면 모두 〈命이 있다는 기록이〉 없으니,

蘇云 尙은 當作上하니 古字通用也라 兪說同이라하다 詒讓案 皆無之는 謂皆以命爲無也라

蘇時學 : 〈'以尙'의〉 '尙'은 응당 '上'이 되어야 하니, 古字에서는 通用된다.

兪樾의 說도 같다.

詒讓案 : '皆無之'는 모두 명이 없다고 여기는 것이다.

37-4-25 將何若者也오하니라

장차 어떻게 하려는 것인가?'라고 하였다."

37-5-1 是故로 子墨子曰 今天下之君子之爲文學出言談也는

이런 까닭으로 子墨子께서 말씀하셨다. "지금 천하의 군자가 학문을 하고 담론을 펼치는 것은

吳鈔本에 天下下無之字라

吳鈔本에 '天下' 아래에 '之'자가 없다.

37-5-2 非將勤勞其(惟)〔喉〕舌하여

장차 그 목구멍과 혀를 부지런히 움직여서

畢云 惟는 一本作頰(협)이라하다 王云 惟與頰은 形聲俱不相近이라 若本是頰字면 無緣誤而爲惟하니 一本作頰者는 後人以意改之耳라 惟舌은 當爲喉舌이라 喉誤爲唯하여 因

10) 十簡之篇以尙 : 尹桐陽이 말하기를, "'十'은 '什'의 뜻이다. ≪詩經≫ 〈鹿鳴之什〉에 대한 ≪經典釋文≫에 '편수가 이미 많기 때문에 10편을 엮어서 1권으로 만들고 什이라고 명하였다.' 하였다. '尙'은 '上'의 뜻이다. '皆無之'는 모두 명을 없다고 여긴 것을 말한다."라고 하였다.

誤爲惟耳라 潛夫論[11]斷訟篇에 愼己喉舌하여 以示下民이라한대 今本喉作唯하니 其誤正與此同이라 凡從侯從隹(추)之字는 隸書往往譌溷하니 隸書侯字作𥎦하고 隹字作隹하여 二形相似라 海內東經에 少室在雍氏南하니 一曰緱氏라한대 緱與雍은 形相近이라 晏子諫篇에 昔夏之衰也에 有推侈大戲라한대 韓子說疑篇에 推侈作侯侈하고 淮南兵略篇에 疾如鍭矢라하고 高注曰 鍭는 金鏃翦羽之矢也라한대 今本鍭作錐라 後漢書臧宮傳에 妖巫維汜이라한대 維或作緱하고 方言雞雛는 徐魯之閒에 謂之𪈿(추)子라한대 今本作秋侯子는 皆以字形相似而誤라하다

畢沅 : '惟'는 어떤 본에는 '頪(빠)'으로 되어 있다.

王念孫 : '惟'와 '頪'은 모양과 聲이 모두 서로 비슷하지 않은데, 만약 원래 '頪'자로 되어 있었다면 이유 없이 '惟'로 잘못 쓰인 것이니, 어떤 本에 '頪'으로 되어 있는 것은 後人이 임의로 고친 것일 따름이다. '惟舌'은 응당 '喉舌'이 되어야 한다. '喉'가 '唯'로 잘못 되었고 이로 인해 '惟'로 잘못 되었을 따름이다. ≪潛夫論≫ 〈斷訟〉에 "愼己喉舌 以示下民(자신의 목구멍과 혀를 조심하여 인민들에게 보여준다.)"이라고 하였는데, 今本에는 '喉'가 '唯'로 되어 있으니, 그 올바른 것을 잘못되게 만든 것이 이와 같다. 대저 '侯'와 '隹'에 속하는 글자는 隸書에서 왕왕 잘못되고 뒤섞이니 隸書에서 '侯'자는 '𥎦'로 되어 있고 '隹'자는 '隹'로 되어 있어 두 모양이 서로 비슷하다. ≪山海經≫ 〈海內東經〉에 "少室在雍氏南 一曰緱氏(少室은 雍氏의 남쪽에 있는데 어떤 경우에는 〈'雍氏'를〉 '緱氏'라 한다.)"라고 하였으니, '緱'와 '雍'은 모양이 서로 비슷하기 때문이다. ≪晏子春秋≫ 〈諫〉에 "昔夏之衰也 有推侈大戲(옛날 夏나라의 말세에 推侈와 大戲가 있었다.)"라고 하였는데 ≪韓非子≫ 〈說疑〉에 '推侈'가 '侯侈'로 되어 있고, ≪淮南子≫ 〈兵略〉에 "疾如鍭矢(빠르기가 鍭矢와 같다.)"라 하였고 高誘의 注에 "'鍭'는 쇠 화살촉에 깃을 붙인 화살이다."라고 하였는데 今本에는 '鍭'가 '錐'로 되어 있다. ≪後漢書≫ 〈臧宮傳〉에 "妖巫維汜(요상한 무당 維汜)"이라 하였는데 '維'는 혹 '緱'로 되어 있고, ≪方言≫에 "'雞雛(병아리)'는 徐·魯 사이에서는 '𪈿子'라고 한다."고 하였는데 今本에는 '秋侯子'로 되어 있으니, 모두 글자의 모양이 비슷하여 잘못된 것이다.

37-5-3 而利其脣呡(순문)也요

11) 潛夫論 : 後漢의 王符(85~163)가 지은 治國安民의 방법에 대한 논문으로 모두 10卷 36편이다.

그 입술 언저리를 이롭게 하려는 것이 아니고,

畢云 吻은 脣字省文이라 說文云 吻은 口邊也라하고 又有脣字한대 云 或从月从昏이라하니 此省日耳라하다

畢沅 : '吻'은 '脣'자의 생략형이다. ≪說文解字≫에 "'吻'은 '口邊(입 가장자리)'이다."라 하였고, 또 '脣'자가 있는데 〈이에 대해서는〉 "혹 月을 부수로 삼기도 하고 昏을 부수로 삼기도 한다."라 하니, 여기에서는 '日'이 생략되었을 따름이다.

37-5-4 **中實將欲〔爲〕其國家邑里萬民刑政者也**라

진실로 장차 그 국가·邑里·만민을 위해 刑政을 하고자 하는 것이다.

此句有脫字하니 吳鈔本에 欲下有爲字라

이 구절에 빠진 글자가 있으니, 吳鈔本에 '欲' 아래에 '爲'자가 있다.

37-5-5 **今也**에 **王公大人之所以蚤朝晏退**하며

지금 王公 大人이 조정에 아침 일찍 등청하고 저녁 늦게 퇴청하면서

蚤는 舊本作早한대 今據吳鈔本改라

'蚤'는 舊本에 '早'로 되어 있는데, 지금 吳鈔本에 의거하여 고친다.

37-5-6 **聽獄治政**하되 **終朝均分而不敢怠倦者**는 **何也**오

獄訟을 듣고 정무를 처리하되 하루 종일 똑같이 하면서 감히 게을리 하지 않는 까닭은 무엇인가?

舊本에 敢下有息字하니 卽怠之衍文이라 畢云 一本無此字하니 是라하다 今據刪이라

舊本에는 '敢' 아래에 '息'자가 있으니 '怠'가 잘못 들어간 것이다.
畢沅 : 어떤 本에는 이 글자가 없으니, 옳다.
지금 이에 의거하여 삭제한다.

37-5-7 曰 彼以爲强必治하고 不强必亂하고 强必寧하고 不强必危하니 故로 不敢怠倦이라 今也에 卿大夫之所以竭股肱之力하고 殫其思慮之知하여

말하자면 그가 힘쓰면 반드시 다스려지고 힘쓰지 않으면 반드시 어지러워지며, 힘쓰면 반드시 편안해지고 힘쓰지 않으면 반드시 위태로워지리라 여기기 때문에 감히 게을리 하지 않는 것이다.

지금 卿大夫가 팔과 다리 힘을 다하고 생각하는 지혜를 다 짜내어

吳鈔本作智라

〈'知'는〉 吳鈔本에 '智'로 되어 있다.

37-5-8 內治官府하고 外斂關市山林澤梁之利하여 以實官府而不敢怠倦者는 何也오 曰 彼以爲强必貴하고 不强必賤하며 强必榮하고 不强必辱하니 故로 不敢怠倦이라 今也에 農夫之所以蚤出暮入하여 强乎耕稼樹藝하여 多聚叔粟하며

안으로 관청의 창고 일을 처리하고 밖으로 관문, 시장, 산림, 연못의 이득을 거두어 관청의 창고를 가득 채우면서 감히 게을리 하지 않는 까닭은 무엇인가? 말하자면 그가 힘쓰면 반드시 귀해지고 힘쓰지 않으면 반드시 천해지며, 힘쓰면 반드시 영화롭게 되고 힘쓰지 않으면 반드시 모욕을 당한다고 여기기 때문에 감히 게을리 하지 않는 것이다.

지금 농부가 아침 일찍 나가고 저녁 늦게 돌아와 힘들여 밭 갈아 씨 뿌리고 재배하여 곡식을 많이 거두며

叔은 舊本誤升한대 今據王校正이라

'叔'은 舊本에 '升'으로 잘못되어 있는데, 지금 王念孫의 교감에 의거하여 고친다.

37-5-9 而不敢怠倦者는 何也오 曰 彼以爲强必富하고 不强必貧하며 强必飽하고 不强必飢하니 故로 不敢怠倦이라 今也에 婦人之所以夙興夜寐하여

감히 게을리 하지 않는 까닭은 무엇인가? 말하자면 그가 힘쓰면 반드시 부유해

지고 힘쓰지 않으면 반드시 가난해지며, 힘쓰면 반드시 배부르고 힘쓰지 않으면 반드시 굶주리게 된다고 여기기 때문에 감히 게을리 하지 않는 것이다.

지금 아낙네가 일찍 일어나고 밤늦게 자며

畢云 舊脫以字하니 據上文增이라하다 案컨대 吳鈔本不脫이라

畢沅 : 舊本에 '以'자가 빠져있으니 위 글에 의거하여 더해 넣었다.

案 : 吳鈔本에는 빠져있지 않다.

37-5-10 **强乎紡績織紝**하고 **多治麻(統(류))〔絲〕葛緖**하고

힘들여 실을 잣고 비단을 짜며 베와 모시실을 많이 다듬고

畢校 統作絖(황)하고 云 說文云 絖은 絲曼延也라하고 緖는 紵字假音이라하다 王云 畢說은 非也라 統는 當爲絲라 非樂篇에 作多治麻絲葛緖하니 是其證이라 墨子書에 言麻絲者多矣나 未有作麻統者라 且麻絲爲古今之通稱이니 若統爲絲曼延이면 則不得與麻竝擧矣라 蓋俗書絖[12]字作綜하니 與絲相似라 故絲譌爲統니 非說文之絖字也라하다 蘇云 統絲는 蓋形近而誤라 緖는 蓋與絮通이라하다 案 王說이 是也라 緖는 當依畢讀作紵라 說文糸部云 緖는 絲耑(단)也라하고 紵는 檾(경)屬이라 細者爲絟하니 布白而細曰紵라하고 重文[13]䊶(저)에 云 紵或从緖省이라하니 此與說文或體聲同이라 蘇謂絮通은 非是라

畢沅의 교감본에서는 '統'가 '絖'으로 되어 있고 "≪說文解字≫에 '絖은 실이 끊어지지 않고 길게 이어진 것이다.'라 하였으며, '緖'는 '紵(저)'자의 音借이다."라 하였다.

王念孫 : 畢沅의 說은 틀렸다. '統'는 응당 '絲'가 되어야 한다. 〈非樂〉에 "多治麻絲葛緖(베와 모시실을 많이 다듬는다.)"라 하였으니, 이것이 그 증거이다. ≪墨子≫에 '麻絲'를 말

12) 絖 : 저본의 원주에 "살펴보건대, 위 아래 글의 뜻에 의거해볼 때 絖는 마땅히 統가 되어야 한다. 王念孫의 注에서 '統'자는 속자로 '綜'으로 쓰며 그 字形이 '絲'와 비슷하기 때문에 이 편의 正文에서 '麻絲'를 '麻統'로 잘못 쓴 것이라 하였다.〔按 依上下文意絖當作統. 王注謂統字俗寫作綜 其形與絲相近 故本篇正文 麻絲誤作麻統.〕"고 하였다.

13) 重文 : 음과 뜻이 같은 이체자를 가리킨다. ≪四庫全書總目≫ 〈小學 二 說文解字〉에 "540部로 나누되 9,353자는 통용하는 글로, 1,136자는 이체자를 싣고, 주는 3만 3,440자이다."라고 하였다.

하는 경우는 많지만, '麻統'로 되어 있는 경우는 없다. 또한 '麻'와 '絲'는 古今의 通稱인데, 만약 '統'가 '絲曼延'이 되면 '麻'와 함께 거론할 수 없다. 아마도 俗字에서 '絖'자는 '絲'으로 되어 있는데 '絲'와 서로 비슷하기 때문에 '絲'가 잘못되어 '統'가 된 것이니, ≪설문해자≫의 '絖'자가 아니다.

蘇時學 : '統'와 '絲'는 아마도 모양이 비슷하여 잘못된 것이다. '緖'는 아마도 '絮(솜)'와 통할 것이다.

案 : 王念孫의 說이 옳다. '緖'는 응당 필원이 읽은 것에 의거하여 '紵(저)'가 되어야 한다. ≪설문해자≫ 糸部에 "'緖'는 실의 끄트머리다."라 하였고, "'紵'는 䊵에 속하는 것이다. 가는 것이 '銓'이 되니 베가 희고 가는 것을 '紵'라 한다."라고 하였고, 重文인 '縍'에 대해서는 "'紵'는 혹 '緖'의 생략형(䋑)을 따른다."라 하였으니, 이(紵)는 ≪설문해자≫의 或體(縍)와 聲이 같다. 蘇時學이 "'絮'와 통한다."라 한 것은 옳지 않다.

37-5-11 捆布(縿)〔繰〕하며

명주실을 두드리며

畢云 說文云 稛은 絭(권)束也라하니 此는 俗寫라 案컨대 孟子滕文公篇云 捆屨織席이라한대 趙注云 捆은 猶叩椓也라 織屨欲使堅이라 故叩之也라하고 孫氏音義[14)]云 案許叔重云 捆은 織也라 从木者는 誤也라하고 淮南子脩務訓云 捆纂組라한대 高注云 捆은 叩椓이라하니라 此文은 本書凡三見하니 辭過篇에 作梱하고 非樂上篇에 作綑한대 惟此作捆하니 與孟子淮南書字同이라 然梱綑捆三字는 說文竝無之하고 惟禾部有稛字라 故畢以爲卽稛之俗이라 蓋从囷从困은 聲形竝相近이라 故展轉譌變하여 錯異如是니 要皆稛之俗別矣라 縿은 當依王校作繰니 詳非樂上篇이라

畢沅 : ≪說文解字≫에 "'稛'은 '絭束(끈으로 묶는 것)'이다."라 하였으니, 이 〈'捆'은〉 俗字이다.

案 : ≪孟子≫ 〈滕文公〉에 "捆屨織席(신을 두드려 만들거나 자리를 짰다.)"이라 했는데 趙岐의 注에 "'捆'은 '叩椓'과 같은 뜻이다. 신발 짜는 이는 〈신발을〉 견고하게 만들고자 하기 때문에 두드리는 것이다."라 하였고, 孫氏의 ≪孟子音義≫에 "살펴보건대 許叔重(許

14) 孫氏音義 : 北宋의 孫奭(962~1033)이 편찬한 ≪孟子音義≫ 2卷을 이른다.

愼)은 "'捆'은 '織'이다. 木을 부수로 한다는 것은 틀렸다.'라고 하였다."라고 하였고, ≪淮南子≫ 〈脩務訓〉에 "捆纂組(찬조를 두드린다)"라 했는데 高誘의 注에 "'捆'은 '叩椓'이다."라 하였다. 이 글은 本書에 모두 세 번 나오는데 〈辭過〉에는 '梱'으로 되어 있고, 〈非樂 上〉에는 '綑'으로 되어 있는데, 오직 여기에서만 '捆'으로 되어 있으니 ≪맹자≫, ≪회남자≫와 글자가 같다. 그러나 '梱', '綑', '捆' 세 字는 ≪설문해자≫에는 모두 없고 오직 禾部에 '稇'자가 있으니, 그런 까닭에 畢沅이 이것이 바로 '稇'의 俗字라고 한 것이다. 아마도 '困'을 부수로 하는 것과 '囷'을 부수로 하는 것은 聲과 모양이 모두 서로 비슷한 까닭에 거듭 잘못 변하여 이와 같이 달라진 것이니, 요약하자면 모두 '稇'의 별도 俗字이다. '縿'은 응당 王念孫의 교감에 의거하여 '縹(비단)'가 되어야 하니, 〈그에 대한 설명은〉 〈非樂 上〉에 자세하다.

37-5-12 **而不敢怠倦者**는 **何也**오 **曰 彼以爲强必富**하고 **不强必貧**하며 **强必煖**하고 **不强必寒**하니 **故**로 **不敢怠倦**이라 **今雖毋在乎王公大人**하여 **(蕡)〔藉〕若信有命而致行之**면

감히 게을리 하지 않는 까닭은 무엇인가? 말하자면 그녀가 힘쓰면 반드시 부유해지고 힘쓰지 않으면 반드시 가난해지며, 힘쓰면 반드시 따뜻이 지내고 힘쓰지 않으면 반드시 춥게 지낸다고 여기기 때문에 감히 게을리 하지 않는 것이다.

지금 王公 大人에 있어 만약 命이 있다 믿어 이를 실행한다면

畢讀(두)**蕡字句斷**하고 **云 此貴字假音**이라 **兪云 蕡字乃藉字之誤**라 **藉若**은 **猶言假如也**니 **本書屢見**이라 **案**컨대 **兪說**이 **近是**오 **畢讀非**라

畢沅은 '蕡'자에서 구두를 끊으면서 "이는 '貴'자의 音借字이다."라 하였다.

兪樾 : '蕡'자는 '藉'자의 誤字이다. '藉若'은 '假如'라 하는 것과 비슷하니, 本書에 자주 보인다.

案 : 兪樾의 說이 옳은 것 같고, 畢沅의 구두는 틀렸다.

37-5-13 **則必怠乎聽獄治政矣**요 **卿大夫**는 **必怠乎治官府矣**요 **農夫**는 **必怠乎耕稼樹藝矣**요 **婦人**은 **必怠乎紡績織紝矣**리니 **王公大人怠乎聽獄治政**하고 **卿大夫怠乎**

治官府면 則我以爲天下必亂矣요 農夫怠乎耕稼樹藝하고 婦人怠乎紡(織績)〔績織〕[15]紝이면 則我以爲天下衣食之財將必不足矣라 若以爲政乎天下면 上以事天鬼라도 天鬼不使하고

반드시 獄訟을 듣는 것과 정사 다스리기를 게을리 할 것이고, 卿大夫는 반드시 관청의 창고 다스리기를 게을리 할 것이며, 농부는 반드시 밭 갈고 씨 뿌려 재배하는 것을 게을리 할 것이고, 아낙네는 반드시 실 뽑고 베 짜는 것을 게을리 할 것이다.

王公 大人이 옥송을 듣는 것과 정사 다스리기를 게을리 하고, 경대부가 관청의 창고 다스리기를 게을리 한다면, 나는 천하가 반드시 어지러워질 것이라고 생각한다. 농부가 밭 갈고 씨 뿌려 재배하기를 게을리 하고, 아낙네가 실 뽑고 베 짜기를 게을리 한다면, 나는 천하의 먹고 입을 재화가 장차 반드시 부족할 것이라 생각한다.

만약 이렇게 천하에 정사를 펼친다면 위로 天鬼를 섬기더라도 천귀가 〈말을〉 따라주지 않고

畢云 當爲便字라 王云 爾雅에 使는 從也라하다 天鬼不從은 猶上文言上帝不順耳라 小雅雨無正篇云 不可使得罪于天子라한대 鄭箋에 訓使爲從이라하고 管子小匡篇에 魯請爲關內之侯로되 而桓公不使하고 邢請爲關內之侯로되 而桓公不使라한대 不使는 謂不從也라 使는 非便字之誤라 案컨대 王說이 是也라

畢沅 : 〈'使'는〉 응당 '便'자가 되어야 한다.

王念孫 : ≪爾雅≫에 "'使'는 '從(따르다)'이다."라 하였다. 天鬼가 따르지 않는다는 것은 위 글에서 말한 '上帝不順'과 같은 뜻이다. ≪詩經≫ 〈小雅 雨無正〉에 "不可使 得罪于天子(따를 수 없는 것은 천자에게 죄를 얻는 것이고)"라 했는데, 鄭玄의 箋에서 '使'를 '從'으로 해석했고, ≪管子≫ 〈小匡〉에 "魯請爲關內之侯 而桓公不使 邢請爲關內之侯 而桓公不使(魯가 관내의 제후가 되기를 청하였지만 환공은 따르지 않고, 邢이 관내의 제후가 되기를 청하였지만 환

15) (織績)〔績織〕 : 저본에는 '織績'으로 되어 있으나, 續修四庫全書本 ≪墨子閒詁≫에 의거하여 '績織'으로 바로잡았다.

공은 따르지 않았다.)"라 하였으니, '不使'는 '不從'을 이른다. '使'는 '便'자의 誤字가 아니다.

案 : 王念孫의 說이 옳다.

37-5-14 **下以持養百姓**이라도

아래로 백성을 부양하더라도

持는 **舊本作待**라 **王云 待字**는 **義不可通**이라 **待養**은 **當爲持養**하니 **字之誤也**라 **周官服不氏**의 **以旌居乏而待獲注**에 **待當爲持**라하고 **天志篇曰 食飢息勞**하여 **持養其萬民**이라하고 **荀子勸學篇曰 除其害者以持養之**라하고 **榮辱篇曰 以相群居**하고 **以相持養**이라한대 **楊倞注**에 **持養**은 **保養也**라하다 **分言之**면 **則曰持**요 **曰養**이라하니 **管子明法篇曰 小臣持祿養交**라하고 **晏子春秋問篇曰 士者持祿**하고 **游者養交**라하니 **是也**라 **案**컨대 **王說是也**라 **蘇校同**이니 **今據正**이라

'持'는 舊本에 '待'로 되어 있다.

王念孫 : '待'자는 뜻이 통할 수 없다. '待養'은 응당 '持養'이 되어야 하니 誤字이다. ≪周禮≫ 〈服不氏〉의 "以旌居乏而待獲(旌을 가지고 乏에 있으면서 화살이 명중하면 〈旌을 들고〉 명중이라고 외치길 기다린다.)"의 注에 "'待'는 응당 '持'가 되어야 한다."고 하였고, 〈天志〉에 "食飢息勞 持養其萬民(배고픈 자를 먹이고 수고로운 자는 쉬게 하여 그 만민을 持養한다.)"이라 하였고, ≪荀子≫ 〈勸學〉에 "除其害者以持養之(그 해로운 것을 없애서 持養한다.)"라고 하였고, ≪순자≫ 〈榮辱〉에 "以相群居 以相持養(서로 모여 살고 서로 기른다.)"이라고 하였는데 楊倞의 注에 "'持養'은 '保養'이다."라 하였다. 나누어 말하면 '持'라 하고 '養'이라 하니, ≪管子≫ 〈明法〉에 "小臣持祿養交(소신들은 봉록이나 지키면서 사적으로 교류하여 붕당을 형성한다.)"라 하였고, ≪晏子春秋≫ 〈問〉에 "士者持祿 游者養交(벼슬해서는 봉록이나 지키고 놀 때에는 사적으로 교류하여 붕당을 형성하니)"라 하니 이것이다.

案 : 王念孫의 說이 옳다. 蘇時學의 교감도 같으니, 지금 이에 의거하여 바로잡는다.

37-5-15 **百姓不利**하여 **必離散不可得用也**라 **是以**로 **入守則不固**하고 **出誅則不勝**이라 **故**로 **雖昔者三代暴王桀紂幽厲之所以(共)〔失〕抎**(운)**其國家**하고

백성은 이롭지 않아 반드시 흩어져서 쓸 수 없게 된다. 이런 까닭에 들어가 지

키더라도 굳건하지 못하고 나가 정벌하더라도 이기지 못한다. 그러므로 옛날 三代의 포악한 왕인 桀・紂・幽王・厲王이 그 국가를 잃고

畢云 抎은 失이라 王云 共字는 義不可通하니 當是失字之誤라 隸書失字或作失하니 與共相似라 說文에 抎은 有所失也라하고 尙賢篇云 失損其國家하고 傾覆其社稷이라하니 抎損은 古字通이라 天志篇云 國家滅亡하고 抎失社稷이라하고 齊策云 守齊國에 唯恐失抎之라하니 皆其證이라

畢沅 : '抎'은 '失(잃다)'이다.

王念孫 : '共'자는 뜻이 통하지 않으니, 응당 '失'자의 誤字일 것이다. 隸書에서 '失'자는 혹 '失'이 되니 '共'과 서로 비슷하다. ≪說文解字≫에 "'抎'은 '잃은 바가 있는 것이다.'"라 하고, 〈尙賢〉에 "失損其國家 傾覆其社稷(그 국가를 잃고 그 사직을 뒤엎었다)."이라 하였으니, '抎'과 '損'은 古字에서 통용된다. 〈天志〉에 "國家滅亡 抎失社稷(국가가 멸망하고 사직을 잃었다)."이라 하였고, ≪戰國策≫ 〈齊策〉에 "守齊國 唯恐失抎之(제나라를 지키면서 오직 그 것을 잃을까 두려워했다)."라 하였으니, 이것이 모두 그 증거이다.

37-5-16 **傾覆其社稷者**가 **此也**라

그 社稷을 뒤엎은 이유가 바로 이것이다."

37-6-1 **是故**로 **子墨子言曰 今天下之士君子**가 **中實將欲求興天下之利**하고 **除天下之害**면 **當若有命者之言**을 **不可不強非也**라

이런 까닭에 子墨子께서 말씀하셨다. "지금 천하의 士君子가 진실로 장차 천하의 이익을 일으키고 천하의 해로움을 물리치고자 한다면 命이 있다고 하는 자의 주장을 힘써 비판하지 않을 수 없다.

舊本에 此十三字脫落不完하니 作當若有命者言也七字라 王云 此本作當若有命者之言은 不可不強非也라 淮南脩務篇注曰 強은 力也라하니 言有命之言을 士君子不可不力非之也라 中篇에 作不可不疾非니 疾亦力也라 下文曰 將不可不察而強非者此也라하니 是其證이라 今本에 言上脫之字요 也上脫不可不強非五字니 則義不可通이라 案 王校가

是也라 **今據補**라

舊本에는 〈'當若有命者之言 不可不强非也'〉 이 열세 字는 글자가 빠져 완전하지 않으니 응당 "當若有命者言也" 일곱 字가 되어야 한다.

王念孫 : 이 本에는 "當若有命者之言 不可不强非也"라 되어 있는데, ≪淮南子≫ 〈脩務〉의 注에 "'强'은 '力'이다."라고 하였으니, 命이 있다는 주장을 士君子가 힘써 비판하지 않으면 안 된다는 말이다. 〈非命 中〉에 "不可不疾非"라 하니 '疾'도 '力'이다. 아래 글에 "將不可不察而强非者此也"라 하니 이것이 그 증거이다. 今本에서 '言' 위에 '之'자가 빠져 있고, '也' 위에 '不可不强非' 다섯 자가 빠져 있으니 뜻이 통할 수 없다.

案 : 王念孫의 교감이 옳으니, 지금 이에 의거하여 보태 넣는다.

37-6-2 **曰命者**는 **暴王所作**하고 **窮人所術**이요

'命'이란 것은 포악한 왕이 날조하고 궁핍한 인민이 따라 말한 것이지

術은 **與述通**하니 **見上**이라

'術'은 '述'과 통용되니 위에 〈그 설명이〉 보인다.

37-6-3 **非仁者之言也**니

어진 이가 한 말이 아니니

舊本仁作人하니 **誤**라 **今據道藏本吳鈔本正**이라

舊本에 '仁'이 '人'으로 되어 있으니 誤字이다. 지금 道藏本과 吳鈔本에 의거하여 바로잡는다.

37-6-4 **今之爲仁義者**가 **將不可不察而强非者**가 **此也**라

오늘의 仁義를 행하는 자가 장차 살펴서 힘써 비판하지 않을 수 없는 것이 바로 이 〈명이 있다는 주장이다.〉"

非儒 上 第三十八 闕 　 제38편 유가를 비판함 상 결락

非儒 下 第三十九* 제39편 儒家를 비판함 하

*이 편은 儒家에 대한 墨家의 비판을 담고 있는 것으로, 〈兼愛〉와 더불어 후대 사상사에서 가장 논란이 되었던 부분인데, 上篇은 전하지 않고 下篇만 남아 있다. 묵가는 유가의 禮樂이 잡박하여 민중의 정서와는 크게 어긋나 이 사회를 도리어 혼란에 빠뜨린다고 비난하는 한편, 孔子의 언행을 거론하며 그의 이중성을 비꼬기도 한다.

구체적으로 들면, 전반부에서는 장기간 服喪하며 장사 지내지 않는 것, 天命을 믿는 것, 古言과 古服을 제창하는 것, 傳述하기만 하고 創作하지 않는 것, 戰場에서 仁義를 강조하는 것, 적극적으로 정치에 개입하지 않는 것 등을 비판하였는데, 이는 대부분 小人의 儒者들에게 해당되는 지적이지 君子의 儒者들을 가리킨 것은 아니다.

후반부에서는 공자를 집중적으로 비평하였다. 두 차례 晏子의 말을 인용하였는데 열거한 것들은 근거가 매우 부족하다. 또 공자가 위급하였을 때 굶주려 음식을 가려 먹을 처지가 아니었고 곤궁해서 머무를 집의 주인을 가려 택하지 못한 것을 거론하였는데 모두 공정한 말들은 아니고 罪名을 날조하여 인신공격하는 데 가깝다.

이 편은 후대의 묵가가 지은 것으로 여겨지고 있는데, 墨子 본인은 儒者를 비난하였지 孔子를 비난하지는 않았다.

畢云 孔叢詰墨篇多引此詞라 此述墨氏之學者設師言以折儒也라 故親士諸篇無子墨子言曰者는 翟自著也요 此無子墨子言曰者는 門人小子臆說之詞니 幷不敢以誣翟也라 例雖同而異事니 後人以此病翟은 非也라 說文云 儒는 柔也니 術士之稱이라하다 案 荀子儒效篇에 云 逢衣淺帶에 解果其冠하고 略法先王而足亂世術하며 繆學雜擧하여 不知法後王而一制度하며 不知隆禮義而殺(쇄)詩書라 其衣冠行僞已同於世俗矣로되 然而不知惡(오)者하고 其言議談說已無以異於墨子矣로되 然而明不能分別하며 呼先王以欺愚者而求衣食焉하고 得委積足以揜其口하면 則揚揚如也하며 隨其長子하고 事其便辟(폐)하며 擧其上客하여 億(억)然若終身之虜而不敢有他志라 是俗儒者也라하니 是周季俗儒信有如此所非者로되 但幷以此非孔子하니 則大氐誣詆增加之辭라 儒墨不同術하니 亦不足異也어늘 畢氏强爲之辯하니 理不可通이라

畢沅 : ≪孔叢子≫ 〈詰墨〉편에 이 편의 말을 많이 인용하였다. 이 편은 墨氏의 학문을 하는 자가 스승의 말을 가설하여 儒者를 비판하는 내용을 서술하였다. 그러므로 〈親士〉를 위시한 여러 편들에 '子墨子言曰'이라는 말이 없는 것은 墨翟이 직접 저술한 것이고, 이 편에 '子墨子言曰'이라는 말이 없는 것은 門人 小子의 자기 주장을 담은 말이니 모두 이를 가지고 감히 묵적을 무함할 수는 없다. 사례가 비록 같지만 경우가 다르니 후인들이 이를 가지고 묵적을 문제로 삼는 것은 잘못이다. ≪說文解字≫에 "'儒'는 柔(부드러움)이니, '術士'의 칭호이다."라고 하였다.

案 : ≪荀子≫ 〈儒效〉편에 "헐렁한 옷과 느슨한 띠에 그 갓은 높다랗게 쓰고 옛 聖王을 대략 본받았으나 세상의 법을 어지럽힐 만하며, 잘못 배우고 난잡하게 행동하여 후대의 왕(周 文王・武王)을 본받아 制度를 통일할 줄 모르며, 禮義를 중시하고 ≪詩經≫, ≪書經≫을 버금으로 여길 줄 모른다. 자기의 衣冠이나 行爲가 이미 세속과 같은데도 스스로 싫어할 줄 모르고 그 論議나 談說이 이미 墨子와 다를 것이 없는데도 그 지혜가 〈잘못을〉 분별하지 못하며, 옛 聖王을 떠벌여 어리석은 자들을 속여서 그들에게 衣食을 구하고 재물을 비축하여 족히 입에 풀칠할 수 있으면 곧 득의양양해하며, 존귀한 자를 따르고 그의 총애하는 측근을 섬기며 그의 귀한 손님과 어울리면서 편안하게 종신토록 노예로 살 것처럼 하고 감히 다른 뜻을 갖지 못한다. 이것이 俗儒이다."라고 하였다. 이는 周나라 말엽 俗儒들 중에 참으로 이처럼 비난할 만한 자가 있었던 것이지만, 단지 뭉뚱그려 이를 가지고 孔子를 비난하였으니 대체로 더 가열차게 무함하고 비난하는 말들이다. 儒家와 墨家는 學術이 같지 않으니 역시 족히 이상하게 여길 것이 없다. 그런데 畢沅이 억지로 〈묵적을〉 위해 변론하였으니 이치가 통하지 못한다.

39-1-1 儒者曰 親親有術하고 尊賢有等이라하니

儒者들은 "親族을 친히 하는 데 차등이 있고 賢人을 높이는 데 등급이 있다."고 하니

王引之云 此卽中庸所謂親親之殺(쇄)와 尊賢之等[1]이라 今云親親有術者는 殺與術聲近而字通也라 說文殺字從殳(수)하고 杀聲이어늘 而無杀字라 五經文字에 曰 杀은 古殺字라하다

1) 中庸所謂親親之殺 尊賢之等 : ≪中庸章句≫ 제20장에 나오는 말이다.

今案杀字蓋從乂하고 朮聲이라 說文에 乂는 芟(삼)艸也라 從丿乀相交라하고 或從刀作刈라 廣雅에 刈는 殺也라하고 哀元年左傳에 艾殺其民이라하니 艾與乂刈同하니 是乂卽殺也라 故杀字從乂하고 而以朮爲聲이라 乂字篆文作乂하니 今在朮字之上이라 故變曲爲直而作乂하니 其實一字也라 說文無乂部라 故杀字無所附而不收라 杀與術竝從朮聲이라 故聲相近이라 轉去聲이면 則殺音色介反이요 術音遂니 聲亦相近이라 故墨子書以術爲殺라하다

王引之 : 이 조문은 바로 ≪中庸≫의 이른바 '親親之殺 尊賢之等(친척을 친히 하는 차등과 현인을 높이는 등급)'이라는 것이다. 지금 '親親有術'이라고 한 것은 '殺'와 '術'이 소리가 비슷하여 글자를 통용한 것이다. ≪說文解字≫에 '殺'자는 '殳'을 부수로 하고 '杀'이 소리인데 '杀'자는 없다. ≪五經文字≫에 "'杀'은 옛 '殺'자이다."라고 하였다. 지금 살펴보건대, '杀'자는 대체로 '乂'를 부수로 하고 '朮'이 소리이다. ≪설문해자≫에 "'乂'는 芟艸(풀을 벰)이다. '丿'과 '乀'이 서로 교차되는 모양을 따른다."라고 하였다. 혹은 '刀'를 부수로 하여 '刈'자로 쓴다. ≪廣雅≫에 "'刈'는 殺(죽임)이다."라고 하고, ≪春秋左氏傳≫ 哀公 元年에 "艾殺其民(그 백성을 베어 죽였다.)"이라고 하였으니, '艾'는 '乂', '刈'와 같은 뜻으로 '乂'가 바로 '殺'이다. 그래서 '杀'자가 '乂'를 부수로 하고 '朮(출)'을 소리로 한 것이다. '乂'자의 篆文은 '乂'로 쓰는데 지금 '朮'자의 위에 있으므로 곡선을 변화시켜 직선으로 만들어서 '乂'로 쓴 것이니 실제로는 같은 글자이다. ≪설문해자≫에는 乂部가 없으므로 '杀'자가 소속될 곳이 없어 수록하지 않았다. '杀'과 '術'은 모두 '朮'을 소리로 하므로 소리가 서로 비슷하다. 去聲으로 바뀌면 '殺'의 音은 '色'과 '介'의 反切이고 '術'의 음은 '遂(수)'이니 소리가 역시 서로 비슷하므로 ≪墨子≫에서는 '術'을 '殺'로 간주하였다.

39-1-2 言親疏尊卑之異也라

가깝고 멀며 높고 낮음의 차이를 말하는 것이다.

孔穎達禮記正義云 五服[2]之節은 降殺(쇄)不同하니 是親親之衰殺라 公卿大夫其爵各

2) 五服 : 喪服을 입음에 있어서 다섯 가지로 차등을 두는 제도를 말한다. 이는 가족과 친척 사이에 親疏와 遠近이 있기 때문에 차등을 두는 것으로, 상을 당한 사람이 죽은 사람과 어떠한 관계인가에 따라 상복의 경중을 나타내고 喪期의 장단을 결정하는 것이다. 그 종류에는 斬衰(참최), 齊衰(자최), 大功, 小功, 緦麻(시마)가 있는데, 대공 이상은 親, 소공 이하는 疏가 된다. 친소에 따라 오복을 입는 기간이 각각 다르며, 상복의 재료도 다르다.

異하니 是尊賢之等이라하다 案 墨子下文에 亦專擧喪服言하니 蓋欲破親親有殺하여 以佐其兼愛節葬之說也라

孔穎達의 ≪禮記正義≫에 "五服의 禮節은 낮춰가는 것이 같지 않으니 이것이 親族을 친히 하는 차등이고, 公卿大夫는 그 官爵이 각기 다르니 이는 賢人을 높이는 등급이다." 라고 하였다.

案 : ≪墨子≫의 아래 글에 역시 喪服만 들어서 말하였으니 대체로 '親族을 친히 하는 데 차등이 있다.'는 명제를 論破하여 그 兼愛와 節葬의 說을 강화하려고 한 것이다.

39-1-3 其禮에 曰 喪父母三年이요

그 禮에 이르기를 "居喪 기간은 부모는 3년이고,

舊本下有其字라 畢云 其與期同하니 言父在爲母期也라하다 王云 其字涉下文伯父叔父弟兄庶子其而衍이라 節葬篇父母死喪之三年下無其字하니 是其證이라 畢讀其爲朞하고 而以喪父母三年其爲句하니 大誤라하다 案 王說是也니 今據刪이라 禮는 蓋卽指喪服經이라

舊本에는 〈'年'〉 뒤에 '其'자가 있다

畢沅 : '其'는 '期'와 같으니 부친이 살아 계실 때 모친을 위해 期年服을 입는다는 말이다.

王念孫 : '其'자는 아래 글의 '伯父叔父弟兄庶子其'와 관련하여 잘못 들어간 것이다. 〈節葬〉편에 '父母死喪之三年(父母가 죽으면 居喪 기간이 3年이다.)'의 뒤에 '其'자가 없으니 이것이 그 증거이다. 畢沅은 '其'를 '期'로 읽고 '喪父母三年其'로 句를 삼았으니 매우 잘못 본 것이다.

案 : 王念孫의 說이 맞으니 지금 이에 의거하여 삭제한다. ≪禮≫는 바로 ≪儀禮≫ 〈喪服〉 經文을 가리키는 듯하다.

39-1-4 妻

처와

畢云 : 舊脫此字하니 據下文增이라하다

畢沅 : 옛 本에는 이 글자가 빠져 있는데, 아래 글에 의거하여 보충한다.

39-1-5 **後子三年**이요

長子는 3년이고,

後子는 **詳節葬篇**[3]이라

後子는 〈節葬〉편에 자세히 설명하였다.

39-1-6 **伯父叔父弟兄庶子其**요

백부와 숙부, 형제와 다른 아들들은 1년이고,

畢云 : 與期同이라하다 **詒讓案 公孟篇正作期**라

畢沅 : 〈'其'는〉 '期'자와 같다.

詒讓案 : 〈公孟〉편에는 '期'로 바로 되어 있다.

39-1-7 **戚族人五月**이라하니라

친척은 5개월이다."라고 하였다.

以上述喪服하니 **竝詳節葬篇**이라

이상의 내용은 喪服을 서술하였으니 모두 〈節葬〉편에 자세히 설명하였다.

39-1-8 **若以親疏爲歲月之數**면 **則親者多而疏者少矣**니 **是妻後子與父同也**라 **若以尊卑爲歲月數**하면 **則是尊其妻子與父母同**하고 **而**(親)〔**視**〕**伯父宗兄而卑子也**라

만약 가깝고 먼 관계를 가지고 〈居喪하는〉 기간을 정한다면 가까운 자는 오래 〈居喪하고〉 먼 자는 짧게 〈居喪하는〉 것인데, 이는 妻·長子에 대한 〈居喪 기간이〉 父親의 경우와 같아지는 것이다. 만약 높고 낮음을 가지고 〈居喪하는〉 기간을

---

3) 後子 詳節葬篇 : 본서 2책 〈節葬 下〉 25-4-3의 주에 보인다.

정한다면 이는 그 처자식을 높여 부모와 똑같이 〈居喪하고〉 백부나 종손 형을 庶子처럼 보는 것이다.

宗兄은 見曾子問하니 言適長爲宗子者라 故下文云 其宗兄守其先宗廟數十年이라 盧云 似當云而卑與子同也라하다 王引之云 而卑子也當作卑而庶子也요 而讀爲如니 言卑其伯父宗兄如庶子也라 上文云 伯父叔父弟兄庶子其라 今本卑而二字倒轉하고 又脫庶字라하다 王念孫云 親伯父宗兄의 親當爲視니 言視伯父宗兄如庶子之卑也라 視親字相似하고 又涉上下文親字而誤라 淮南兵略篇上視下如弟는 今本視譌作親이라하다 兪云 王氏引之謂而讀爲如라하니 當從之라 惟謂當作卑如庶子는 則以意增益이니 未爲可據라 今按視伯父宗兄如卑子者의 卑子卽庶子니 乃取卑小之義라 僖二十二年左傳公卑邾에 杜[4]注曰 卑는 小也라하니 故凡從卑得聲者는 竝有小義라 漢書衛青傳得右賢裨王十餘人에 師古曰 裨王은 小王也니 若言裨將也라하니 然則卑子之稱은 正與裨王裨將一律矣라하다 案 兪說近是라 卑子疑當爲婢子니 見左文元年傳[5]이라 卑卽婢之省이라

宗兄은 ≪禮記≫ 〈曾子問〉에 보이니, 適長子로 宗子가 된 자를 말한다. 그래서 아래 글에 "其宗兄守其先宗廟數十年(그 종손 형은 수십 년이나 그 先祖의 사당을 지켜도)"이라고 하였다.

盧文弨 : 〈'而卑子也'는〉 '而卑與子同也'라고 해야 할 듯하다.

王引之 : '而卑子也'는 '卑而庶子也'가 되어야 하고 '而'는 '如'로 읽으니, '그 백부와 종손 형을 다른 아들들처럼 낮춘다.〔卑其伯父宗兄如庶子〕'는 말이다. 위의 글에 '伯父叔父弟兄庶子其'라고 하였다. 지금 本에는 '卑而' 2자가 순서가 뒤바뀌었고 또 '庶'자가 빠졌다.

王念孫 : '親伯父宗兄'의 '親'은 마땅히 '視'가 되어야 하니, 伯父와 宗兄을 다른 아들들처럼 낮추어 본다는 말이다. '視'와 '親'자는 서로 비슷한 데다 위아래의 글의 '親'자와 연관

---

4) 杜 : 222~284. 杜預로, 西晉의 京兆 杜陵 사람이고 字는 元凱이다. 저서에 ≪春秋左氏傳集解≫가 있다.

5) 卑子疑當爲婢子 見左文元年傳 : ≪春秋左氏傳≫ 文公 元年의 傳에는 '卑子' 또는 '婢子'가 보이지 않고, 僖公 15년과 22년에 보인다. 僖公 22년의 "寡君之使婢子侍執巾櫛(우리 임금님께서 婢子에게 수건과 빗을 들고서 公子를 모시게 한 것은)"에 대한 杜預의 주에 "婢子는 婦人이 자신을 낮추어 일컫는 말이다.〔婢子 婦人之卑稱〕"라고 하였다. 孫詒讓의 설은 근거가 불분명하므로 번역은 兪樾의 설을 따랐다.

되어 잘못된 것이다. ≪淮南子≫ 〈兵略〉편에 '上視下如弟(윗사람이 아랫사람을 아우처럼 본다.)'라는 말은 지금 本에 '視'가 '親'으로 잘못되어 있다.

兪樾 : 王引之가 '而는 如로 읽어야 한다.'라고 하였는데 마땅히 이를 따라야 한다. 다만 '卑如庶子(다른 아들들처럼 낮춘다.)'가 되어야 한다고 한 말은 자기 의견으로 덧붙인 것이니 근거할 만하지 않다. 지금 살펴보건대, '視伯父宗兄如卑子'의 卑子는 庶子이니 바로 卑小하다는 뜻을 취한 것이다. ≪春秋左氏傳≫ 僖公 22년에 나오는 '公卑邾(公이 邾를 얕잡아 보다.)'에 대해, 杜預의 注에 "'卑'는 小(작음)이다."라고 하였다. 그러므로 무릇 字形에 '卑'가 붙어 '卑'의 音이 나는 글자는 모두 작다는 뜻이 있다. ≪漢書≫ 〈衛靑傳〉에 나오는 '得右賢裨王十餘人(右賢王의 裨王 10여 인을 잡았다.)'에 대해, 顔師古가 "裨王은 小王(작은 왕)이니 裨將이라 말하는 것과 같다."라고 하였으니, 그렇다면 卑子라는 명칭은 裨王, 裨將과 정확히 같은 경우이다."

案 : 兪樾의 說이 近理하다. '卑子'는 마땅히 '婢子'가 되어야 할 듯하니, ≪춘추좌씨전≫ 文公 元年의 傳에 보인다. '卑'는 바로 '婢'자의 생략형이다.

39-1-9 逆孰大焉이리오

어긋남이 이보다 더 큰 게 무엇이겠는가?

吳鈔本逆孰到라

吳鈔本에는 '逆孰'이 〈'孰逆'으로〉 거꾸로 되어 있다.

39-1-10 其親死에 列尸弗斂[6]하고

그 어버이가 죽으면 시신을 그대로 둔 채 염하지 않고는

小爾雅廣言에 云 列은 陳也라하다 舊本脫斂字라 畢云 弗與祓(불)同이라하다 王云 喪禮無祓尸之事하니 畢說非也라 此本作列尸弗斂이어늘 今本脫斂字耳라 死三日而後斂하니 則前二日猶未斂也라 故曰 列尸弗斂이라하니라 列者는 陳也라 鈔本北堂書鈔[7]地部二

---

6) 斂 : 尸身에 수의를 입히고 묶는 일을 가리킨다.

7) 北堂書鈔 : 唐나라 虞世南이 편저한 중국 최초의 類書이다. 여러 책의 文句를 摘錄하여 19部

引此正作列尸弗斂이라하다 案 王校是也니 今據補라

≪小爾雅≫ 〈廣言〉에 "'列'은 늘어놓음〔陳〕이다."라고 하였다. 舊本에는 '斂'이 빠져 있다.

畢沅 : '弗'은 '祓'과 같다.

王念孫 : 喪禮에 尸身을 祓除하는 일은 없으니 畢沅의 說은 잘못이다. 이 조문은 본래 '列尸弗斂'으로 되어 있었는데 지금 本에는 '斂'자가 빠져 있을 뿐이다. 죽은 지 사흘 뒤에 염하니 이틀 전에는 아직 염하지 않은 것이다. 그래서 '列尸弗斂'이라고 한 것이다. '列'은 늘어놓음이다. 鈔本 ≪北堂書鈔≫ 〈地部 2〉에 이 조문을 인용하면서 정확히 '列尸弗斂'이라 하였다.

案 : 王念孫의 校勘이 맞으니 지금 이에 의거하여 보충한다.

39-1-11 登屋窺井하고 挑鼠穴하고 探滌器하여 而求其人焉[8)]하니

지붕에 올라가고 우물을 들여다보며 쥐구멍을 들쑤시고 세숫대야를 더듬어가며 거기에서 돌아가신 분을 찾으니

此非喪禮之復[9)]也라 士喪經에 云 復者는 升自前東榮中屋하여 北面招以衣하여 曰皐某復[10)]이라하니 是登屋也라 說文水部에 云 滌은 洒(세)也라하다 滌器는 洒濯之器니 若槃匜(반이)[11)]之屬이라 窺井以下는 竝喪禮所無니 蓋謾語也라

801類로 類別하였다. 총 160권이다.

8) 焉 : 저본의 傍注에 "'焉'은 원래 '矣'로 되어 있으나, 畢沅의 刻本에 의거하여 고친다. 살펴보건대, ≪墨子≫ 각종 판본에 모두 '焉'이라 되어 있으니, 本書에 '矣'로 되어 있는 것은 誤字이다.〔焉 原作矣 據畢沅刻本改 按墨子刻本均作焉 本書作矣係誤字〕"라고 하였다.

9) 此非喪禮之復 : 復은 사람이 막 죽었을 때 떠나가는 魂을 불러 魄으로 돌아오게 하는 의식으로, 그 절차는 ≪儀禮≫ 〈士喪禮〉에 나오는 바, 본문에서 말한 '登屋'을 제외한 다른 행위들은 復의 절차가 아니라는 말이다.

10) 士喪經……曰皐某復 : ≪儀禮≫ 〈士喪禮〉에 "復을 부르는 한 사람이 爵弁服의 치마를 윗옷에 연결해서 왼쪽 어깨에 메고, 작변복의 옷깃을 자신의 허리띠 사이에 꽂는다. 동쪽 추녀의 앞에서 사다리를 타고 지붕에 올라가 중앙까지 가서 북향하여 옷을 흔들며 招魂하여 '아무개는 돌아오라.'라고 세 번 외친 다음 옷을 앞으로 내려보낸다.〔復者一人 以爵弁服 簪裳于衣 左何之 扱領于帶 升自前東榮中屋 北面招以衣曰 皐某復 三 降衣于前〕"라고 하였다.

11) 槃匜(반이) : 盥洗할 때 쓰는 용기로, 물을 받는 데 쓰는 용기가 槃이고, 물을 따르는 데 쓰

이 조문은 喪禮의 復이 아니다. ≪儀禮≫ 〈士喪禮〉 經文에 "復을 부르는 자가 동쪽 추녀의 앞에서 사다리를 타고 지붕에 올라가 중앙까지 가서 북향하여 옷을 흔들며 招魂하여 '아무개는 돌아오라'라고 한다."라고 하였으니, 이것이 登屋이다. ≪說文解字≫ 水部에 "'滌'은 洒(씻음)이다."라고 하였다. '滌器'는 씻는 그릇이니 槃匜 같은 등속이다. '窺井' 이하는 모두 喪禮에 없으니 근거 없는 말인 듯하다.

39-1-12 **以爲實在**면 **則贛**(장)**愚甚矣**요

〈돌아가신 분이〉 거기에 실재로 있다고 여긴 것이라면 대단히 어리석은 일이고

書鈔地部引實作誠이라 **畢云 說文云 贛**은 **愚也**라하고 **愚**는 **贛也**라하며 **玉篇**[12)]에 **贛**은 **陟絳切**이라하고 **顔師古注漢書**에 **古音下紺反**이러니 **今則竹巷反**이라하다

≪北堂書鈔≫ 〈地部〉에 '實'을 '誠'으로 써서 인용하였다.

畢沅 : ≪說文解字≫에 "'贛'은 愚(어리석음)이다."라고 하고, "愚는 贛이다."라고 하며, ≪玉篇≫에 "'贛'은 '陟'과 '絳'의 反切이다."라고 하고, 顔師古가 ≪漢書≫에 注하면서 "옛 音은 '下'와 '紺'의 反切이었는데, 지금은 '竹'과 '巷'의 反切이다."라고 하였다.

39-1-13 (如)〔知〕**其亡也**호되 **必求焉**이면 **僞亦大矣**라

그분이 세상에 없음을 알면서도 반드시 그분을 찾으려 한다면 거짓이 또한 크다.

王引之云 如其亡也二句[13)]는 **與僞字義不相屬**이라 **如當爲知**니 **言旣知其亡**호되 **而必求之**면 **則僞而已矣**라하다 **蘇說同**이라

王引之 : '如其亡也' 2句는 '僞'자와 뜻이 서로 이어지지 않는다. '如'는 마땅히 '知'가 되어야 하니, 이미 그분이 세상에 없음을 알면서도 반드시 그분을 찾으려 한다면 거짓일

는 용기가 匜이다.

12) 玉篇 : 六朝時代 梁나라 顧野王(519~581)의 저술이다. ≪說文解字≫ 계통의 字書이다. 총 30권이며, 문자마다 反切音을 달았다. 經傳史子의 訓注와 音義를 취하여 類書 형식의 상세한 解說을 한 것이 특징이다.

13) 如其亡也二句 : '如其亡也 必求焉' 2구를 가리킨다.

뿐이라는 말이다.

蘇時學의 說도 같다.

39-1-14 **取妻**하여 **身迎**에 (祗)〔袨〕褍[14)]**爲僕**하여

신부를 맞이하러 親迎할 때 玄端을 입고 마부가 되어

畢云 說文云 祗는 敬也라하고 褍은 衣正幅이라하니 則褍亦正意니 與端同이라하다 王校作祗[15)]하여 云 畢說非也라 祗當爲袨이니 隸書祗字作袛하여 與袨相似라 故袨誤爲祗라 袨褍卽玄端也라 周官司服에 其齊服有玄端素端이라한대 鄭注曰 端者는 取其正也라하다 服虔[16)]注昭元年左傳曰 禮衣端正無殺(쇄)[17)]라 故曰端이라하다 端與褍同이라 故說文以褍爲衣正幅也라 玉篇에 袨은 黑衣也라하고 淮南齊俗篇에 尸祝袀袨[18)]하고 大夫端冕[19)]이라한대 高注曰 袀은 純服이라 袨은 黑齋

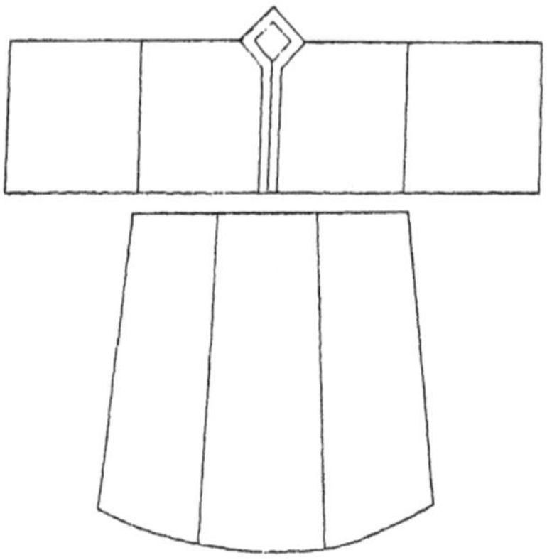

玄端

14) (祗)〔袨〕褍 : '袨褍'은 '玄端'과 같으며 玄端은 흑색의 베로 만든 상의로, 재계와 제사를 지낼 때 天子, 諸侯, 大夫, 士가 공통으로 입는 예복이다.

15) 祗 : 저본의 傍注에 "살펴보건대, 본문에 '祗'로 되어 있어 '示'를 부수로 한다. 王念孫이 ≪讀書雜志≫에서 의미에 따라 '祗'를 '祗'로 고쳤으나 '祗'를 '袨'으로 교정해야 하는 것을 잘못한 것이다. 孫詒讓이 '王念孫이 '祗'로 교정하였다.'라고 하였는데 확실하지 않다.〔按 正文作祗 從示 王念孫讀書雜志意改祗爲祗 而校祗爲袨之誤 孫云王校作祗 未確〕"라고 하였다.

16) 服虔 : 생몰년 미상. 後漢 河南 滎陽 사람으로, 字는 子愼이다. 九江太守를 역임하였다. ≪漢書≫ 등을 주석하고, ≪春秋左氏傳解≫를 찬술하였으며, 古文의 經學에 밝았다.

17) 禮衣端正無殺(쇄) : '殺'는 '殺縫'과 같은 말로, 正幅(온폭)의 옷감을 잘라 줄이며 꿰매는 것을 말한다. ≪論語≫ 〈鄕黨〉에 "유상이 아니면 반드시 줄여서 꿰매셨다.〔非帷裳 必殺之〕"라고 하였는데, 이에 대한 朱熹의 集注에 "〈朝服과 禮服은 치마에 正幅을 사용하여 휘장과 같이 해서〉 허리에 주름이 있고 옆에 줄여서 꿰매는 것이 없다. 그 나머지 深衣 같은 것은 허리폭이 아랫단의 반절쯤 되고 아랫단이 허리폭의 배가 되니, 주름은 없고, 줄여서 꿰맨 것이 있다.〔要有襞積 而旁無殺縫 其餘若深衣 要半下 齊倍要 則無襞積而有殺縫矣〕"라고 하였다.

18) 尸祝袀袨 : 尸祝은 神主를 마주하여 축문을 읽는 祝官으로, 흔히 제사를 주관하는 사람이고, 袀袨은 上下가 똑같이 純一한 흑색의 예복을 가리킨다.

衣也라하니 即周官所云 齊服玄端也라 莊子達生篇에 祝宗人玄端이라하니 即淮南所云 尸祝袀袨也라하다 詒讓案 士昏禮에 親迎에 主人爵弁纁裳緇袘(치이)[20]라하고 郊特牲에 說諸侯則玄冕이라하니 此云玄端者는 蓋據庶人攝盛[21]之服言之라

畢沅 : ≪說文解字≫에 "'袛'는 敬(공경)이다."라고 하고, "'褍'은 옷의 正幅(온폭)이다."라고 하였으니, 褍 역시 正(바름)의 뜻으로 '端'과 같다.

王念孫이 〈'袛'를〉 '袛'로 校勘하고서 "畢沅의 說은 잘못되었다. '袛'는 마땅히 '袨'이 되어야 하니 隸書에 '袛'자는 '袨'로 되어 있어 '袨'과 서로 비슷하므로 '袨'이 잘못되어 '袛'가 된 것이다. 袨褍은 바로 玄端이다. ≪周禮≫ 〈春官 司服〉에 '그 齊服은 玄端·素端이 있다.'라고 하였는데, 鄭玄의 注에 '端은 그 正(바름)의 뜻을 취한 것이다.'라고 하였다. 服虔이 ≪春秋左氏傳≫ 昭公 元年에 注를 내어 '禮服은 端正하여 줄여 꿰맴이 없다. 그래서 端이라고 한다.'라고 하였다. '端'과 '褍'은 같다. 그래서 ≪說文解字≫에서 '褍'을 옷의 正幅이라고 풀이한 것이다. ≪玉篇≫에 '「袨」은 黑衣(검은 옷)이다.'라고 하고, ≪淮南子≫ 〈齊俗〉편에 '尸祝은 袀袨이고 大夫는 端冕이다.'라고 하였는데, 高誘의 注에 '袀은 純服이다. 袨은 흑색의 齋戒하는 의복이다.'라고 하였으니 바로 ≪주례≫에서 말한 '齊服玄端'이다. ≪莊子≫ 〈達生〉편에 '祝宗人은 玄端을 〈착용하고〉'라고 하였으니 바로 ≪회남자≫에서 말한 '尸祝袀袨'이다."라고 하였다.

詒讓案 : ≪儀禮≫ 〈士昏禮〉에 "親迎할 때 主人은 爵弁을 쓰고 纁裳과 緇袘를 착용한다."라고 하고, ≪禮記≫ 〈郊特牲〉에 諸侯는 玄冕이라고 설명하였으니, 이 조문에서 玄端이라고 한 것은 대체로 庶人이 攝盛하는 의복에 의거하여 말한 듯하다.

39-1-15 秉轡(비)授綏를

말고삐를 잡고 수레 손잡이 줄을 내려주기를

---

19) 端冕 : 端은 玄端 즉 검은 예복이고 冕은 大冠으로, 고대에 帝王이나 貴族의 예복을 가리킨다.

20) 士昏禮……主人爵弁纁裳緇袘(치이) : 〈士昏禮〉는 ≪儀禮≫의 편명이다. 主人은 신부의 주인이라는 뜻으로, 신랑을 가리킨다. 爵弁은 冕冠과 모양이 비슷한데 끈이 없으며, 그 색깔은 붉으면서 약간 검다. 纁裳은 옅은 홍색의 下衣이다. 緇袘는 검은 가선을 두른 上衣이다.

21) 攝盛 : 고대에 혼례를 치를 때에 사용하는 수레나 복식의 등급을 평소보다 한 등급 올려서 성대한 예식임을 보이던 일을 이른다.

士昏禮云 壻御婦車하고 授綏라한대 鄭注云 壻御者는 親而下之라 綏는 所以引升車者라 僕人必授人綏라하다 此上云爲僕이라하니 卽指親御之事라

≪儀禮≫ 〈士昏禮〉에 "신랑은 신부가 탈 수레를 직접 몰고서 수레 손잡이 줄을 내려준다.〔壻御婦車授綏〕"라고 하였는데, 鄭玄의 注에 "'壻御'라는 것은 친히 몰고 가서 내림이다. '綏'는 잡아당겨 수레에 오르기 위한 것이다. 僕人(마부)이 반드시 사람에게 수레 손잡이 줄을 내려준다."라고 하였다. 이 조문 앞에서 '爲僕'이라고 하였으니 바로 직접 수레를 모는 일을 가리킨다.

39-1-16 如(仰)〔御〕嚴親이라

마치 부모를 수레로 모시듯이 한다.

兪云 仰當作御니 字之誤也라 天志下篇에 以御其溝池라한대 王氏引之謂御當爲抑이라하다 隷書抑御兩形相似而誤니 正可與此互證이라하다 詒讓案 此非昏禮之親迎也니 若然이면 墨氏之昏禮無親迎이라

兪樾 : '仰'은 마땅히 '御'가 되어야 하니, 글자가 잘못된 것이다. 〈天志 下〉편에 "그 도랑과 못을 막는다.〔以御其溝池〕"라고 하였는데, 王引之가 "'御'는 마땅히 '抑'이 되어야 한다"라고 하였다. 隷書에서 '抑'과 '御' 둘의 字形이 서로 비슷하여 잘못된 것이니 바로 이것과 함께 상호 증거가 될 만하다.

詒讓案 : 이것은 昏禮의 親迎이 아니니, 만약 그렇다면 墨氏의 昏禮에는 親迎이 없다.

39-1-17 昏禮威儀가 如承祭祀라 顚覆上下하고 悖逆父母하여 〔父母〕下則[22]妻子하고

혼례의 의식이 마치 제사를 받드는 듯하다. 이는 上下의 〈位階를〉 뒤집고 부모를 거스르게 되어 부모가 아래로 妻와 長子의 지위로 내려가고

畢云 言爲妻子法則이라하다 案 此疑當重父母二字라 父母下則妻子는 言喪父母下同妻子也라 今本涉上文脫父母二字하여 遂與下句文例不合이니 畢說失之라

---

22) 則 : ≪墨子≫에서 '則'은 '卽'과 통용되어 '나아간다'는 뜻으로 사용된다.

畢沅 : 妻와 長子에게 法則이 된다는 말이다.

案 : 이 조문은 마땅히 '父母' 2자가 중복되어야 할 듯하다. '父母下則妻子'는 父母의 喪을 치르는 기간이 아래로 妻, 長子와 같아지는 것을 말한다. 지금 本은 위의 글에 간섭되어 '父母' 2자를 빠뜨려버려 마침내 아래 句의 문투와 부합하지 않게 되었으니 畢沅의 說은 잘못된 것이다.

39-1-18 **妻子上侵**이니 **事親若此**면 **可謂孝乎**아 **儒者〔曰〕**

처와 장자가 위로 부모의 〈지위로〉 오르는 것이니 이런 식으로 부모를 섬긴다면 孝라고 할 수 있겠는가? 儒者들은 이르기를,

畢云 儒는 **舊作傳**하니 **據下文**[23]**改**라 **當云 儒者曰**이라하다 **王云 晏子春秋外篇**에 **行之難者在內**요 **而儒者無其外**라한대 **儒亦誤作傳**이라하다

畢沅 : '儒'는 舊本에 '傳'으로 되어 있는데, 아래 글에 의거하여 고친다. '儒者曰'이라고 해야 한다.

王念孫 : ≪晏子春秋≫ 〈外篇〉에 "실천하기 어려운 것은 내면에 있고, 儒者는 그 밖이 없다.〔行之難者在內 而儒者無其外〕"라고 하였는데, '儒'자가 역시 '傳'으로 잘못되어 있다.

39-1-19 **迎妻**하여 **(妻)〔與〕之奉祭祀**하고

"처를 맞아들여 함께 제사를 받들고

吳鈔本妻不重하니 **疑當作迎妻與之奉祭祀**라 **說文舁(여)部**에 **與**는 **古文作𦦔**라한대 **與妻篆文形近**하고 **又涉上而誤**라 **禮記哀公問**에 **公曰 冕而親迎**이면 **不已重乎**아한대 **孔子對曰 合二姓之好**하여 **以繼先聖之後**하고 **以爲天地宗廟社稷之主**니 **君何謂已重乎**잇고하다 **墨子所非**는 **與哀公言相類**라

吳鈔本에 '妻'자가 중복되어 있지 않으니 마땅히 '迎妻與之奉祭祀'가 되어야 할 듯하다. ≪說文解字≫ 舁部에 "'與'는 古文에 '𦦔'로 되어 있다."라고 하였는데, '妻'자와 篆文의 모

23) 下文 : 39-6-8의 '用儒術令士卒'에 대한 王念孫의 주에 나온다.

양이 비슷한 데다 앞 글자에 간섭되어 잘못된 것이다. ≪禮記≫ 〈哀公問〉에 "哀公이 이르기를 '면류관을 쓰고 親迎하는 것은 너무 嚴重하지 않습니까?'라고 하자, 孔子가 대답하시기를 '두 姓氏의 가문이 우호로 결합하여 옛 聖人의 후사를 잇고, 天地와 宗廟와 社稷의 주인이 되니, 임금께서는 어찌 너무 엄중하다고 하십니까.'라고 하였다."라고 하였다. 墨子가 비판한 것은 哀公의 말과 서로 비슷하다.

39-1-20 **子將守宗廟**라 **故重之**라하니라

〈처가 낳은〉 長子가 장차 사당을 지키기 때문에 이를 중시한다."라고 한다.

哀公問에 **孔子曰 妻也者**는 **親之主也**니 **敢不敬與**아 **子也者**는 **親之後也**니 **敢不敬與**아하다

≪禮記≫ 〈哀公問〉에 "孔子께서 말씀하시기를, '妻는 어버이의 주인이니 감히 공경하지 않겠습니까? 長子는 어버이의 후사이니 감히 공경하지 않겠습니까.'라고 하였다."라고 하였다.

39-1-21 **應之曰 此**는 **誣言也**라 **其宗兄**은 **守其先宗廟數十年**이라도 **死喪之其**하고

우리들이 이에 대답하자면 "이것은 거짓말이다. 그 종손 형은 수십 년이나 그 先祖의 사당을 지켜도 죽으면 그를 위한 居喪 기간이 1년이고

畢云 同期라

畢沅 : 〈'其'는〉 '期'자와 같다.

39-1-22 **兄弟之妻奉其先之祭祀**라도 **弗(散)〔服〕**하니

형제의 처가 先祖의 제사를 받들었더라도 〈死後에 그들을 위해〉 服喪하지 않으니

盧云 當爲服이라

盧文弨 : 〈'散'은〉 마땅히 '服'이 되어야 한다.

39-1-23 **則喪妻子三年**은 **必非以守〔宗廟〕奉祭祀也**라

妻와 長子에 대해 3년 동안 居喪하는 것은 반드시 사당을 지키고 제사를 받들기 때문이 아니다.

守下據上文當有宗廟二字라

'守'자 뒤에 위의 글에 의거하면 마땅히 '宗廟' 2자가 있어야 한다.

39-1-24 夫憂妻子以大負絫(루)로되

대저 妻와 長子를 厚待함이 이미 크게 잘못을 짓는 것인데도

憂妻子는 謂憂厚於妻子니 猶下文云 厚所至私也라 國策趙策에 云 夫人優愛孺子라하고 說文夊(쇠)部에 云 憂는 和之行也라하여 引詩曰 布政憂憂라한대 今詩商頌長發作優라 案 古無優字하여 優厚字止作憂어늘 今別作優하고 而以憂爲㥑(우)愁字라 墨子書多古字하니 此亦其一也라 以與已同하니 言偏厚妻子已爲大負愆絫어늘 乃又飾辭文過하여 託之奉祭祀守宗廟라 故下云 又曰所以重親也라하니라

'憂妻子'는 妻와 長子에게 후대함을 이르니 아래 글에 "厚所至私(지극히 사사로운 〈妻와 長子를〉 후대하다)"라고 한 말과 같다. ≪戰國策≫ 〈趙策〉에 "夫人과 후하게 사랑하는 妾〔夫人優愛孺子〕"이라고 하고, ≪說文解字≫ 夊部에 "'憂'는 寬和한 행동이다."라고 하면서 ≪詩經≫을 인용하여 "정사를 온화하게 펴다.〔布政憂憂〕"라고 하였는데, 지금의 ≪詩經≫ 〈商頌 長發〉에는 〈'憂'가〉 '優'로 되어 있다.

案 : 옛날에는 '優'자가 없어 '優厚(후대하다)'의 의미를 가진 글자를 단지 '憂'자로만 썼는데 지금은 별도로 '優'자를 쓰고, '憂'자는 '㥑愁(근심)'의 의미를 가진 글자로 삼았다. ≪墨子≫에는 古字가 많은데 이것 역시 그중 하나이다. '以'는 '已'와 같으니, 妻와 長子를 편애하는 것이 이미 크게 잘못을 저지르는 것인데 도리어 다시 변명을 하고 잘못을 둘러대어 제사를 받든다느니, 종묘를 지킨다느니 핑계를 대므로 아래에서 "또 이르기를 '어버이를 중히 여기기 때문이다.'라고 한다."라고 말한 것이다.

39-1-25 有曰

또 이르기를,

有는 當讀爲又라

'有'는 마땅히 '又'로 읽어야 한다.

39-1-26 所以重親也라하니라 爲欲厚所至私하여

'어버이를 중히 여기기 때문이다.'라고 한다. 지극히 사사로운 〈妻와 長子를〉 후대하고자 하여

畢云 舊作和한대 以意改라하다

畢沅 : 舊本에 〈'私'는〉 '和'로 되어 있는데, 뜻으로 판단하여 고친다.

39-1-27 輕所至重하니 豈非大姦也哉아

지극히 소중한 〈어버이를〉 가볍게 여기니, 어찌 커다란 간악함이 아니겠는가."

39-2-1 有强執有命以說議曰

또 命이 있다는 주장을 힘써 견지하면서 논의하기를,

上有字亦讀爲又라

앞의 '有'자 역시 '又'로 읽어야 한다.

39-2-2 壽夭貧富와 安危治亂은 固有天命하니 不可損益이라

"長壽와 夭折, 빈곤과 부유, 安危와 治亂은 본래 天命이란 것이 있으니 덜거나 보탤 수가 없다.

莊子至樂篇에 孔子曰 命有所成而形有所適也라 夫不可損益이라

≪莊子≫ 〈至樂〉편에 "孔子가 이르기를 '命은 결정된 바가 있고, 형체는 꼭 맞는 것이 있다. 덜거나 보탤 수 없는 것이다.'라고 하였다."라고 하였다.

39-2-3 **窮達賞罰**과 **幸否**는

곤궁과 영달, 상과 벌, 幸과 不幸은

畢云 說文云 幸은 **吉而免凶也**라 从屰(역)하고 **从夭**라 **夭死之事**라 **故死謂之不幸**이라하다

畢沅 : ≪說文解字≫에 "'幸'은 吉하여 凶을 벗어남이다. 字形이 '屰'과 '夭'로 구성된다. 夭는 죽음에 관한 일이므로 죽음을 不幸이라고 한다."라고 하였다.

39-2-4 **有極**이라

中正함이 있는 것이라

廣雅釋詁에 **云 極**은 **中也**라하다 **逸周書命訓篇**에 **云 天生民而成大命**하여 **命司德正之以**[24] **禍福**하고 **立明王以順之**하여 **日 大命有常**하고 **小命日成**이니 **成則敬**하고 **有常則廣**이라 **廣以敬命**이면 **則度至于極**이라하니 **此古說有命之遺言也**라

≪廣雅≫ 〈釋詁〉에 "'極'은 中이다."라고 하였다. ≪逸周書≫ 〈命訓〉편에 "하늘이 백성을 내면서 大命(性命)을 이루고서 司德을 명하여 禍와 福으로 바로잡게 하고 明王을 세워 따르게 하면서, '大命은 떳떳함이 있고 小命은 날로 이루어지니 이루어지면 공경하고 떳떳함이 있으면 넓어진다. 넓어져서 命을 공경하면 法度가 中正함에 이르게 된다.'라고 하였다."라고 하였으니, 이는 옛날에 命이 있음을 논설하여 지금까지 전해 오는 말이다.

39-2-5 **人之知力**으로

사람의 지혜와 역량으로

吳鈔本知作智라

吳鈔本에는 '知'가 '智'로 되어 있다.

---

24) 以 : 저본의 傍注에 "'以'자는 원래 빠져 있으나, ≪逸周書≫ 〈命訓〉에 의거하여 보태 넣었다.〔以字原脫 據逸周書命訓篇補〕"라고 하였다.

39-2-6 **不能爲焉**이라하다 **群吏信之**면 **則怠於分職**하고 **庶人信之**면 **則怠於從事**라 **吏不治則亂**하고

어찌할 수 없는 것이다."라고 한다. 뭇 관리들이 이런 주장을 믿으면 職分을 게을리하고, 일반 서민이 이런 주장을 믿으면 일에 종사하기를 게을리한다. 관리가 다스리지 않으면 〈사회가〉 어지러워지고,

舊本脫吏字한대 **王據上文補**라

舊本에 〈뒤의〉 '吏'자가 빠져 있는데, 王念孫이 위의 글(群吏信之)에 의거하여 보충하였다.

39-2-7 **農事緩則貧**이라 **貧且亂〔倍〕政之本**이어늘

농사일이 지체되면 〈국가가〉 가난해진다. 가난해지고 어지러워짐은 정사의 근본을 어기는 일이다.

王云 此句有脫文이라하다 **詒讓案 疑當作倍政之本**이니 **下文云 倍本棄事而安怠傲**라하다

王念孫 : 이 句(貧且亂政之本)에는 빠진 글자가 있다.

詒讓案 : '倍政之本'이라고 해야 할 듯하니 아래 글(39-3-4)에 "倍本棄事而安怠傲(〈정사의〉 근본을 어기고 할 일을 팽개치고서 태만함에 안주한다.)"라고 하였다.

39-2-8 **而儒者以爲道教**하니 **是賊天下之人者也**라

그런데도 儒者들은 이를 道德 教化라고 여기니 이는 천하 사람을 해치는 것이다.

賊은 **舊本譌作賤**한대 **今依王蘇校正**이라 **詳尙賢中篇**[25)]이라

'賊'은 舊本에 '賤'으로 잘못되어 있는데, 지금 王念孫·蘇時學의 교감에 의거하여 바로잡는다. 〈尙賢 中〉편에 자세히 설명하였다.

39-3-1 **且夫繁飾禮樂以淫人**하고

25) 詳尙賢中篇 : 본서 1책 〈尙賢 中〉 9-8-1의 주에 보인다.

게다가 그들은 禮樂 제도를 번쇄하게 만들어서 사람을 어지럽히고,

舊本無樂字하고 **吳鈔本有**어늘 **以下句文例校之**컨대 **有者是也**라 **下文**의 **晏子曰 好樂而淫人**이 **可證**하니 **今據補**라

舊本에는 '樂'자가 없고 吳鈔本에는 있는데, 아래 句의 문투로 교감해보건대 있는 것이 맞다. 아래 글(39-9-4)의 "晏子가 '음악을 좋아하면서 사람들을 어지럽힌다〔好樂而淫人〕' 라고 하였다."라고 한 것이 증거로 삼을 만하니, 지금 이에 의거하여 보충한다.

39-3-2 久喪僞哀以謾親하고

오랜 服喪과 슬퍼하는 겉치레로 부모를 속이며,

畢云 說文云 謾은 **欺也**라하다 **玉篇云 莫般馬諫二反**이라하다 **陸德明周禮音義云 徐望(仙)〔山〕[26]反**이라하다

畢沅 : ≪說文解字≫에 "'謾'은 欺(속임)이다."라고 하였다. ≪玉篇≫에 "'莫'과 '般', '馬'와 '諫'의 두 反切音이다."라고 하였다. 陸德明의 ≪經典釋文≫ 〈周禮音義〉에 "徐邈에 따르면 '望'과 '山'의 反切이다."라고 하였다.

39-3-3 立命緩貧而高浩居하고

天命을 만들어내어 가난을 편히 여기면서 고상한 척 오만하고

畢云 同傲倨니 **說文云 居**는 **蹲**(준)**也**라하다 **案 畢據史記孔子世家**하니 **義亦見後**[27]라

畢沅 : 〈'浩居'는〉 '傲倨'와 같으니, ≪說文解字≫에 "'居'는 蹲(쭈그려 앉음)이다."라고 하였다.

案 : 畢沅은 ≪史記≫ 〈孔子世家〉에 의거하였는데 뜻은 또한 뒤에 보인다.

39-3-4 倍本棄事而安怠傲라

---

26) (仙)〔山〕 : 저본에는 '仙'으로 되어 있으나, ≪經典釋文≫에 의거하여 '山'으로 바로잡았다.
27) 義亦見後 : 39-9-3에 나온다. 畢沅은 ≪史記≫에 '倨傲自順'으로 되어 있다고 하였다.

〈정사의〉 근본을 어기고 할 일을 팽개치고서 태만함에 안주한다.

畢云 舊作徹한대 以意改라

畢沅 : 〈'傲'는〉 舊本에 '徹'로 되어 있는데, 뜻으로 판단하여 고친다.

39-3-5 貪於飮食하고

마시고 먹는 것만 탐하고

舊本作酒한대 今據吳鈔本校改라 下亦云 得饜飮食[28)]이라하다

〈'食'은〉 舊本에 '酒'로 되어 있는데 지금 吳鈔本의 교감에 의거하여 고친다. 아래에도 '得饜飮食'이라고 하였다.

39-3-6 惰於作務하여

노동하기를 게을리하여

荀子非十二子篇에 云 偸儒憚事하고 無廉恥而耆飮食하여 必曰君子固不用力이라하니 是子游氏之賤儒也라하니 此所非與彼相類라

≪荀子≫ 〈非十二子〉편에 "게을리 굴며 일을 꺼리고 염치없이 마시고 먹는 것만 즐기면서 반드시 말하기를 '군자는 본디 힘든 일을 하지 않는다.'라고 하는 것은 바로 子游氏 일파의 賤儒들이다."라고 하였는데, 이 조문에서 비난하고 있는 것은 저것과 서로 비슷하다.

39-3-7 陷於飢寒하여 危於凍餒라도 無以違之라

굶주림과 추위에 빠져서 얼어 죽거나 굶어 죽을 위험에 이르더라도 그것을 피하지 않는다.

禮記緇衣鄭注에 云 違는 猶辟(피)也라하다

---

28) 下亦云 得饜飮食 : 39-3-16에 나오는데, '饜'자가 통용되는 글자인 '厭'자로 되어 있다.

≪禮記≫ 〈緇衣〉 鄭玄의 注에 "違는 辟(피함)와 같다."라고 하였다.

39-3-8 **是若(人氣)〔乞人〕**하니

이는 마치 거지와 같으니

若은 **道藏本作苦**하고 **吳鈔本同**이라 **案 人氣疑當作乞人**이니 **此(冢)〔豕(몽)〕**[29]**上飢寒凍餒而言**이라 **氣與乞通**하니 **古乞作气**하니 **卽雲气字**[30]라 **下文云 夏乞麥禾**가 **是其證**이라

'若'은 道藏本에 '苦'로 되어 있고, 吳鈔本은 같다.

案 : '人氣'는 아마도 '乞人'이 되어야 할 듯하다. 이 조문은 위에 나온 飢寒과 凍餒를 이어받아서 말한 것이다. '氣'와 '乞'은 통용하니 옛날에 '乞'은 '气'로 썼는데 바로 雲气(雲氣)를 뜻하는 글자이다. 아래 글(39-3-13)에 "여름에 보리와 쌀이나 빌어먹다가〔夏乞麥禾〕" 라고 한 것이 그 증거이다.

39-3-9 **鼸(겸)鼠藏**하고

두더지처럼 〈먹이를〉 감추고

畢云 爾雅有鼸鼠하고 **陸德明音義**에 **云 孫炎云 鼸者**는 **頰裏(협과)也**라하고 **郭云 以頰內藏食也**라하고 **字林云 卽鼢(분)鼠也**라하다 **說文云 鼸**은 **䶃(함)也**라하다 **玉篇云 鼸**은 **胡簟(점)切**이니 **田鼠也**라하다 **鼸舊作鼰**하니 **誤**라하다 **詒讓案 夏小正**[31]에 **云 正月**에 **田鼠出**이라 **田**

---

29) (冢)〔豕(몽)〕 : 저본에는 '冢'으로 되어 있으나, 續修四庫全書本 ≪墨子閒詁≫에 의거하여 '豕'으로 바로잡았다. '豕'은 '蒙'과 통용한다.

30) 雲气字 : ≪說文解字≫에 "气는 雲气이다.〔气 雲气也〕"라고 하였다.

31) 夏小正 : ≪大戴禮記≫의 篇名으로, 계절에 따른 동식물의 습성과 활동을 기록한 책이다. 역대 학자들의 고증을 통하여 夏나라의 자료가 보존되어 있다고 알려졌으며, 혹자는 夏나라의 曆法이라고 주장하기도 한다. 그러나 그 내용에 기재된 천문현상에 근거해볼 때 B.C. 350년경, 즉 戰國時代 중기에 지어진 것으로 추정된다. 원문은 唐·宋 시기에 일실되었고 현존하는 〈夏小正〉은 宋나라 傅嵩卿이 지은 ≪夏小正傳≫에서 당시에 소장한 두 개 판본의 ≪하소정≫을 합하여 완성한 것이다. 그러나 경문과 전문이 편장 내에 뒤섞여 있어서 ≪하소정전≫ 내용은 본래 ≪하소정≫의 온전한 면모가 아니다.

鼠者는 嗛鼠也라하다 嗛鼸字通이라 謂儒者得食則藏之를 若鼸鼠裏藏食物矣라

畢沅 : ≪爾雅≫에 鼸鼠가 있고, 陸德明의 ≪經典釋文≫ 〈爾雅音義〉에 "孫炎은 '鼸은 뺨에 싸넣는 것이다.'라고 하고, 郭璞은 '뺨속에다 먹이를 보관하는 것이다.'라고 하고, ≪字林≫에 '바로 鼢鼠이다.'라고 하였다."라고 하였다. ≪說文解字≫에 "'鼸'은 䶄이다."라고 하였다. ≪玉篇≫에 "'鼸'은 '胡'와 '簟'의 反切이니 田鼠이다."라고 하였다. '鼸'은 舊本에 '䚡'으로 되어 있는데, 잘못이다.

詒讓案 : ≪大戴禮記≫ 〈夏小正〉에 "正月에 田鼠가 나온다. 田鼠는 嗛鼠이다."라고 하였다. '嗛'과 '鼸'은 글자가 통한다. 儒者가 음식을 얻으면 보관하기를 마치 두더지가 음식물을 싸서 보관하듯이 한다는 말이다.

39-3-10 而羝(저)羊視하고

숫양처럼 〈먹이를 찾아〉 살피고

畢云 爾雅云 羊은 牡羒(분)이라한대 注羝라하다 廣雅云 三歲[32]曰羝라하다 說文云 羝는 牡羊也라하다 陸德明音義에 云 字林云 牂(장)羊也라하다 然則羝羒牂은 皆牡羊이라하다

畢沅 : ≪爾雅≫에 "羊은 숫양이 羒이다."라고 하였는데 그 注에 "羝이다."라고 하였다. ≪廣雅≫에 "3살인 양이 羝이다."라고 하였다. ≪說文解字≫에 "'羝'는 숫양이다."라고 하였다. 陸德明의 ≪經典釋文≫ 〈爾雅音義〉에 "≪字林≫에 '牂羊이다.'라고 하였다."라고 하였다. 그렇다면 '羝', '羒', '牂'은 모두 숫양이다.

39-3-11 賁彘(분체)起라

거세한 돼지처럼 튀어나온다.

畢云 易大畜에 云 豶豕(분시)之牙라한대 崔憬[33]曰 說文에 豶은 劇豕라하니 今俗猶呼劇豬

32) 三歲 : 저본의 傍注에 "'三歲'는 원래 '二歲'로 잘못되어 있었는데, ≪廣雅≫ 〈釋獸〉에 의거하여 고쳤다.〔三歲 原誤二歲 據廣雅釋獸改〕"라고 하였다.

33) 崔憬 : 생몰년 미상. 唐代의 易學家로 史傳이 전해오지 않는데 孔穎達의 뒤에 활동하였다. 그의 易學은 易象과 易數를 중시하고 王弼의 ≪周易注≫를 묵수하지 않았다. 玄理를 중시하

是也라하다 案 說文作豷(이)豕한대 崔以意改之라 豷與犗(개)義同이라 劇者는 犗假音이라 玉篇云 豶은 扶云切이니 犗也라하다

畢沅 : ≪周易≫ 大畜卦에 '豶豕之牙(거세한 돼지의 어금니)'라고 하였는데, 崔憬이 "≪說文解字≫에 '豶은 劇豕(거세한 돼지)이다.'라고 하였으니, 지금 세속에서 아직도 劇豬라고 부르는 것이 이것이다."라고 하였다. 살펴보건대, ≪說文解字≫에 '豷豕'로 되어 있는데 崔憬이 자기 뜻으로 판단하여 글자를 고친 것이다. '豷'와 '犗'는 뜻이 같다. '劇'은 '犗'의 假借音이다. ≪玉篇≫에 "'豶'은 '扶'와 '云'의 反切이니 犗(불깐)이다."라고 하였다.

39-3-12 君子笑之하면 怒曰 散人아 焉知良儒리오

君子가 이를 비웃으면 노하여 이르기를 "너희 쓸모없는 자들아, 어찌 고상한 儒者를 알겠는가."라고 한다.

畢云 漢書云 宂食이라한대 注曰 文穎[34]曰 宂은 散也라하고 說文云 宂은 椒(산)也라 从宀(면)[35]하니 儿(인)在屋下하여 無田事라하고 玉篇云 如勇切이라하니 則此云散人은 猶宂人이라하다 案 莊子人閒世篇에 匠石夢櫟(력)社하여 曰 而幾死之散人이라하다 此述儒者詬君子之語어늘 畢氏讀散人句斷하니 誤라

畢沅 : ≪漢書≫ 〈成帝紀〉에 '宂食(무위도식)'이라 하였는데, 顔師古의 注에 "文穎이 '宂은 散이다.'라고 하였다."라고 하고, ≪說文解字≫에 "'宂'은 椒이다. 宀이 부수로 되어 있으니 사람〔儿〕이 지붕 아래 있으면서 농사일이 없는 것이다."라고 하고, ≪玉篇≫에 "'如'와 '勇'의 反切이다."라고 하였으니, 여기서 '散人'이라고 한 것은 '宂人'과 같다.

案 : ≪莊子≫ 〈人閒世〉편에 "匠石의 꿈에 社의 상수리나무가 나타나 이르기를 '그대도 거의 죽어가는 쓸모없는 사람이다.'라고 하였다."라고 하였다. 이 조문은 儒者가 君子를 꾸짖는 말인데 畢沅은 '散人'에서 句를 끊어 읽었으니 잘못 본 것이다.

는 동시에 象數도 아울러 채택하였다.

34) 文穎 : 생몰년 미상. 자는 叔長이다. 後漢 말 南陽 사람으로, 建安 연간(196 ~ 219)에 甘陵府丞을 지냈다.

35) 宀(면) : 저본의 傍注에 "'宀'은 원래 '冖'으로 잘못되어 있으나, 畢沅의 刻本에 의거하여 고쳤다.〔宀 原誤冖 據畢沅刻本改〕"라고 하였다.

39-3-13 **夫夏乞麥禾**라가

여름에 보리와 쌀이나 빌어먹다가

疑脫春乞云云이라 **夫似卽春字上半缺剝僅存者**라

아마도 '春乞' 운운하는 내용이 빠진 듯하다. '夫'는 바로 '春'자가 결락되고 위의 반만 겨우 남은 글자인 듯하다.

39-3-14 **五穀旣收**에 **大喪是隨**하고

오곡을 다 수확하고 나면 대갓집의 초상 일을 좇아 〈돕고〉

言秋冬無可乞이면 **則爲人治喪以得食也**라

가을과 겨울에 빌어먹을 만한 것이 없으면 남을 위해 초상 일을 도와 먹을 것을 얻는다는 말이다.

39-3-15 **子姓皆從**하여

그 자손들이 모두 따라가서

特牲饋食(사)**禮**에 **云 子姓兄弟**가 **如主人之服**이라한대 **鄭注云 所祭者之子孫**이니 **言子姓者**는 **子之所生**이라하다 **喪大記**에 **云 卿大夫父兄子姓立于東方**이라한대 **注云 子姓**은 **謂衆子孫也**라 **姓之言生也**라하다 **國語楚語**에 **帥**(솔)**其子姓**이라한대 **韋**[36]**注云 衆子姓**은 **同姓也**라하다 **列子說符篇張**[37]**注云 種姓也**라하다

≪儀禮≫ 〈特牲饋食禮〉에 "子姓(자손)과 형제는 주인과 같은 복장을 한다."라고 하였는데, 鄭玄의 注에 "제사 받는 자의 자손이니 '子姓'이라고 말한 것은 아들이 낳은 바이다."

36) 韋 : 韋昭로, 三國시대 吳나라의 학자이다. 字는 弘嗣이다. 258년 孫休가 즉위하여 五經博士와 國學을 설립하자 博士祭酒가 되어 서적 편찬 및 侍講을 담당하였다. 주요 저서에 ≪漢書音義≫·≪國語注≫·≪官職訓≫·≪三吳郡國志≫ 등이 있다.

37) 張 : 張湛(생몰년 미상)이다. 東晉시대 사람으로, 字는 處度이다. 저서에 ≪列子注≫, ≪衝虛至德眞經注≫ 등이 있다.

라고 하였다. ≪禮記≫ 〈喪大記〉에 "卿大夫의 父兄과 子姓은 東方에 선다."라고 하였는데, 그 注에 "子姓은 뭇 자손을 이른다. '姓'이라는 말은 生(낳음)이다."라고 하였다. ≪國語≫ 〈楚語〉에 "그 子姓을 거느린다."라고 하였는데, 韋昭의 注에 "뭇 子姓은 同姓이다."라고 하였다. ≪列子≫ 〈說符〉편의 張湛 注에 "種姓(宗族)이다."라고 하였다.

39-3-16 **得厭飮食**이라 **畢治數喪**하면 **足以至矣**라

음식을 실컷 먹을 수 있다. 초상 일만 몇 차례 도와주고 나면 잘 살아갈 수 있다.

至下疑有脫文이라

'至' 뒤에 빠진 글자가 있는 듯하다.

39-3-17 **因人之家(翠)**하고

남의 집에 의지하여

畢云 廣雅에 **膵**(취)는 **肥也**라하니 **此古字**라하다 **王引之云 因人之家肥**는 **文不成義**라 **翠當讀爲睟**(수)니 **玉篇**에 **睟**(수)는 **思醉切**이라하고 **廣韻云 貨也**라하니 **謂因人之家財也**라 **韓子說疑篇破家殘睟是也**라 **古無睟字**라 **故借翠爲之**라하다

畢沅 : ≪廣雅≫에 "'膵'는 肥(살찜)이다.'라고 하였으니, 이는 古字이다.

王引之 : '因人之家肥'라는 문장은 뜻이 되지 않는다. '翠'는 마땅히 '睟'로 읽어야 하니, ≪玉篇≫에 "'睟'는 '思'와 '醉'의 反切이다."라고 하고, ≪廣韻≫에 "貨(재물)이다."라고 하였으니, "남의 집의 재물에 의지한다.〔因人之家財〕"는 말이다. ≪韓非子≫ 〈說疑〉편의 "집을 헐고 재물을 소진하다.〔破家殘睟〕"라는 말이 이것이다. 옛날에 '睟'자가 없었으므로 '翠'자를 假借하여 썼다.

39-3-18 **以爲〔翠〕**하고

〈배를〉 살찌우고

畢云 疑有脫字라하다 **案 以文例校之**컨대 **因人之家與下恃人之野文正相對**하니 **疑當作**

因人之家以爲翠라 翠當依畢訓爲肥니 此特文誤倒耳요 無脫字也라

畢沅 : 빠진 글자가 있는 듯하다.

案 : 문투로 교감해보건대 '因人之家'는 아래의 '恃人之野'와 문장이 정확히 서로 對가 되니 '因人之家以爲翠'가 되어야 할 듯하다. '翠'는 마땅히 畢沅의 訓詁에 의거하여 '肥'가 되어야 하니 이 조문은 단지 문장이 잘못 뒤집힌 것일 뿐이고 빠진 글자는 없다.

39-3-19 恃人之野以爲尊이라

남의 田畓에 기대어 잘난 척한다.

畢云 言禾麥在野라하다

畢沅 : 벼와 보리가 들판에 있음을 말한다.

39-3-20 富人有喪이어든 乃大說(열)喜曰 此衣食之端也라하니라

부잣집에 초상이 나면 도리어 크게 기뻐하면서 이르기를 "이것이 입고 먹을 것을 얻는 바탕이다."라고 한다.

此與荀子所謂得委積足以揜其口하면 則揚揚如也者相類라

이 조문은 ≪荀子≫ 〈儒效〉에 이른바 "재물을 비축하여 족히 입에 풀칠할 수 있으면 곧 득의양양해하다."라고 한 말과 서로 비슷하다.

39-4-1 儒者曰 君子必(服古言)〔古言服〕然後仁이라하니

儒者들은 이르기를 "군자는 반드시 옛날의 말을 하고 옛날의 옷을 입은 뒤에야 어질다."라고 하는데,

王云 服古言三字文義不順하니 當依公孟篇作必古言服然後仁이라하다 兪云 此本作君子必古服古言然後仁이어늘 脫上古字라 公孟篇作必古言服然後仁한대 亦當作必古言古服이니 脫下古字라하다 案 王說是也라

王念孫 : '服古言' 3자는 글 뜻이 순하지 않으니 마땅히 〈公孟〉편에 의거하여 '必古言服然後仁'이 되어야 한다.

兪樾 : 이 조문은 본래 '君子必古服古言然後仁'으로 되어 있었는데, 위의 '古'자가 빠진 것이다. 〈公孟〉편에 '必古言服然後仁'으로 되어 있는데, 역시 마땅히 '必古言古服'이 되어야 하니 아래의 '古'자가 빠진 것이다.

案 : 王念孫의 說이 맞다.

39-4-2 **應之曰 所謂古之言服者**는 **皆嘗新矣**라

〈우리들이〉 이에 대답하자면, "이른바 옛날의 말과 옷이라 하는 것은 모두 일찍이 새것이었다.

舊本脫言服二字한대 **今依王引之校增**이라 **謂古言服其始制之時**엔 **皆爲新**이라가 **積久乃成古也**라

舊本에 '言服' 2자가 빠져 있는데, 지금 王引之의 校勘에 의거하여 보충한다. 옛날의 말과 옷은 그 처음 만들어질 때에는 모두 새것이었다가 오랜 세월이 쌓인 뒤에야 비로소 옛것이 된다는 말이다.

39-4-3 **而古人言之服之**면 **則非君子也**라 **然則必服非君子之服**하고 **言非君子之言而後仁乎**아하노라

그래서 옛사람이 그 말을 하고 그 옷을 입었다면 군자가 아닐 것이다. 그렇다면 반드시 군자의 옷이 아닌 옷을 입고 군자의 말이 아닌 말을 한 뒤에야 어진 것인가?"라고 한다.

舊本古人言之服之는 **脫言之二字**하고 **則非君子也**는 **脫非字**하고 **服非君子之服**은 **上服字譌作法**하니 **竝依王引之校增**이라

舊本에 '古人言之服之'는 '言之' 2자가 빠져 있고, '則非君子也'는 '非'자가 빠져 있고, '服非君子之服'은 위의 '服'자가 '法'자로 잘못되어 있는데, 모두 王引之의 校勘에 의거하여 보충한다.

39-5-1 又曰 君子循而不作이라하니

또 이르기를 "군자는 〈옛 법도를〉 따르기만 할 뿐 창작하지 않는다."라고 하는데,

顧云 廣雅釋言에 循은 述也라하다 論語曰 君子述而不作이라하다

顧廣圻 : ≪廣雅≫ 〈釋言〉에 "'循'은 述(傳述함)이다."라고 하였다. ≪論語≫ 〈述而〉에 "君子는 祖述하기만 할 뿐 創作하지 않는다."라고 하였다.

39-5-2 應之曰 古者羿(예)作弓하고

〈우리들이〉 이에 대답하자면 "옛날에 羿는 활을 만들고,

呂氏春秋勿躬篇에 云 夷羿作弓이라 畢云 羿는 羿(예)省文이라 說文云 羿는 古諸侯也니 一曰射師라하다 詒讓案 說文弓部에 云 芎(예)는 帝嚳(곡)射官이니 夏少康滅之라하다 羿芎音義同이라 作弓者自是古射官이요 非夏少康所滅者라

≪呂氏春秋≫ 〈勿躬〉편에 "夷羿가 활을 만들었다."라고 하였다.

畢沅 : '羿'는 '羿'를 생략한 글자이다. ≪說文解字≫에 "'羿'는 옛날의 諸侯이니 射師라고도 한다."라고 하였다.

詒讓案 : ≪說文解字≫ 弓部에 "芎는 帝嚳의 射官인데 夏나라 少康이 그를 멸망시켰다."라고 하였다. '羿'와 '芎'는 음과 뜻이 같다. 활을 만든 자는 본래 옛 射官이지 夏나라 少康이 멸망시킨 자가 아니다.

39-5-3 伃作甲하고

伃는 갑옷을 만들고,

史記夏本紀에 帝少康崩하니 子帝予(저)立이라한대 索隱云 予는 音宁라 系本云 季杼作甲者也라하다 國語魯語에 云 杼能帥禹者也니 夏后氏報焉이라한대 韋注云 杼는 禹後七世少康之子季杼也라하다 畢云 伃卽杼니 少康子라하다 盧云 世本作輿라하다 詒讓案 史記索隱及費誓正義[38]引世本竝作杼하니 盧據玉海[39]所引은 未塙(확)이라

≪史記≫ 〈夏本紀〉에 "帝 少康이 崩御하자 아들 帝 予가 즉위하였다."라고 하였는데,

≪史記索隱≫에 "'予'는 音이 宁(저)이다. ≪系本≫에 '季杼는 갑옷을 만든 자이다.'라고 하였다."라고 하였다. ≪國語≫ 〈魯語〉에 "杼는 禹를 잘 따른 자이니 夏后氏가 報祭를 지낸다."라고 하였는데, 韋昭의 注에 "杼는 禹임금의 뒤 7대 少康의 아들 季杼이다."라고 하였다.

畢沅 : 仔는 바로 杼니 少康의 아들이다.

盧文弨 : 〈'甲'은〉 ≪世本≫에 '輿'로 되어 있다.

詒讓案 : ≪사기색은≫ 및 ≪尚書正義≫ 〈費誓〉에 ≪世本≫을 인용하여 모두 '杼'로 썼으니, 盧文弨가 ≪玉海≫에서 인용한 내용에 근거한 것은 확실하지 않다.

39-5-4 奚仲作車하고

奚仲은 수레를 만들고,

呂氏春秋君守篇同한대 高注云 奚仲은 黃帝之後니 任姓也라하다 傳曰 爲夏車正하여 封于薛[40]이라하다 說文車部에 云 車는 夏后時奚仲所造라하다 山海經海內經에 云 奚仲生吉光하니 吉光是始以木爲車라한대 郭注云 世本云奚仲作車라하니 此言吉光은 明其父子共創作意라 是以[41]互稱之라하다 續漢書[42]輿服志劉[43]注引古史考[44]云 黃帝作車하여

---

38) 費誓正義 : 〈費誓〉는 〈秦誓〉와 함께 ≪書經≫의 마지막에 나오는 〈周書〉의 편명으로, 徐州의 戎族과 淮浦의 夷族이 연합하여 魯나라를 공격하자, 魯侯 伯禽이 이를 토벌하기에 앞서 費땅에서 군사들을 경계하며 맹서한 내용이다. 正義는 ≪尚書正義≫를 말한다.

39) 玉海 : 南宋 때 王應麟이 지은 類書로 모두 204권이다. 天文, 地理, 官制, 食貨 등 21門으로 구성되어 있다.

40) 傳曰……封于薛 : 이 내용은 출전이 정확하지 않은데 ≪春秋左氏傳≫에 "薛나라의 皇祖 奚仲께서 薛에 살면서 夏나라의 車正이 되었다.〔薛之皇祖奚仲居薛 以爲夏車正〕"라는 말이 있다.

41) 是以 : 저본의 傍注에 "'是以' 두 자는 원래 잘못 도치되어 있으나, ≪山海經≫ 〈海內經〉의 郭璞의 주에 의거하여 바로잡았다.〔是以二字原誤倒 據山海經內經郭璞注乙正〕"라고 하였다.

42) 續漢書 : 晉나라 司馬彪(?~306?)가 지은 것으로 모두 18편이었으나 전해지지 않는다. 현존 ≪後漢書≫의 八志는 이를 취해서 보충한 것이라 한다. 司馬彪는 西晉 河內 사람으로 자는 紹統이고, 서진의 宗室인 司馬睦의 아들이다. 젊어서부터 학문에 매진하여 많은 책을 널리 읽었다. ≪莊子≫에 주를 달았고, 후한 말기 군벌들의 혼전 양상을 기술한 ≪九州春秋≫를 지었다.

43) 劉 : 劉昭로, 南朝 梁나라 平原 高唐 사람이다. 字는 宣卿이다. 晉나라 太尉 劉寔의 9世孫이

引重致遠이러니 其後少昊時駕牛하고 禹時奚仲駕馬라하다 依譙周說컨대 奚仲駕馬요 車非其所作이라 司馬彪劉昭竝從之하니 於義爲長이라

≪呂氏春秋≫ 〈君守〉편이 같은 내용인데, 高誘의 注에 "奚仲은 黃帝의 후손으로, 任姓이다."라고 하였다. 전하는 기록에 "夏나라의 車正이 되어 薛에 봉해졌다."라고 하였다. ≪說文解字≫ 車部에 "車(수레)는 夏后 때 奚仲이 만든 것이다."라고 하였다. ≪山海經≫ 〈海內經〉에 "奚仲이 吉光을 낳으니 吉光이 비로소 나무로 수레를 만들었다."라고 하였는데, 郭璞의 注에 "≪世本≫에는 '奚仲이 수레를 만들었다.'고 하였으니 여기서 吉光을 말한 것은 그들 父子가 함께 창작하였다는 뜻을 밝힌 것이다. 이 때문에 상호 일컬은 것이다."라고 하였다. ≪續漢書≫ 〈輿服志〉의 劉昭의 注에 ≪古史考≫를 인용하여 "黃帝가 수레를 만들어 무거운 짐을 끌고 멀리까지 갔는데 그 뒤 少昊 때 소에 멍에를 뗐고 禹임금 때 奚仲이 말에 멍에를 뗐다."라고 하였다. 譙周의 說에 의거하면 奚仲은 말에 멍에를 멘 것이지 수레는 그가 제작한 것이 아니다. 司馬彪와 劉昭 모두 이를 따랐는데 이 뜻이 더 낫다.

39-5-5 巧垂作舟라

巧垂는 배를 만들었다.

畢云 北堂書鈔引作倕(수)하고 太平御覽作錘하고 事類賦[45]引作工倕라 太平御覽引有云禹造粉이라하니 疑在此[46]라하다 兪云 巧垂當作功垂니 字之誤也라 周官肆師職注曰

다. 老莊의 의리에 통달하였고 뒤에 문장을 잘 지었다. ≪續漢書≫에 주를 달았다.

44) 古史考 : 魏晉시대 史學家 譙周(201~270)가 지은 책으로, 본래 25권이었는데 宋元시대에 散佚되었다. 司馬遷의 ≪史記≫에 수록된 周秦 이상 史實의 오류를 바로잡기 위해 지은 책이다. 이 책이 만들어진 뒤 司馬彪가 이 책의 考訂이 완벽하지 못하다고 여겨 ≪汲冢紀年≫의 기록에 근거하여 122조에 달하는 잘못된 설명을 바로잡았다. 사마표의 考訂 역시 전하지 않는다. 譙周는 巴西 西充國 사람으로, 자는 允南이다. 三國시대 蜀漢의 학자이자 관원이다.

45) 事類賦 : 宋나라 吳淑(947~1002)이 찬술한 책으로 모두 30권이다. 吳淑은 字가 正儀로 丹陽人이다. 송나라 때 起居舍人과 職方員外郎을 지냈다. 한 글자의 제목으로 賦를 지어 百首에 이르는 巨篇을 만들고 주석을 더하였다.

46) 太平御覽引有云禹造粉 疑在此 : ≪太平御覽≫ 卷709 〈服用〉에 '墨子曰禹造粉'이라는 말이 있는데 '禹造粉'이 바로 이 조문에 수록되어야 할 듯하다는 말이다. 현존 ≪墨子≫에는 이 말이 없고, 저본의 〈墨子附錄 墨子佚文〉에 수록되어 있다.

古者工與功同字라하다 然則功垂卽工垂也라 莊子胠篋(거협)篇에 攦(려)工倕之指라한대 釋文曰 倕音垂니 堯時巧者也라하다 堯典에 咨아 垂아 女共工이라하니 是稱工垂者는 工其官이요 垂其名이라하다 案 山海經海內經에 云 義均是始爲巧倕하여 是始作下民百巧라하고 楚辭九章에 亦云巧倕라하고 又見七諫이라 兪說未塙이라

畢沅 : ≪北堂書鈔≫에는 ≪墨子≫를 인용하면서 '倕'로 쓰고 있고, ≪太平御覽≫에는 '錘'로 되어 있고, ≪事類賦≫에는 '工倕'로 인용되어 있다. ≪太平御覽≫에서 ≪묵자≫를 인용한 말에 "우임금이 가루를 만들었다.〔禹造粉〕"라고 한 것이 있는데 아마도 이 조문에 있어야 할 듯하다.

兪樾 : '巧垂'는 마땅히 '功垂'가 되어야 하니, 글자가 잘못된 것이다. ≪周禮≫ 〈春官 肆師職〉의 注에 "옛날에 '工'과 '功'은 같은 글자였다."라고 하였다. 그렇다면 '功垂'는 바로 '工垂'이다. ≪莊子≫ 〈胠篋〉편에 "공수의 손가락을 부러뜨린다.〔攦工倕之指〕"라고 하였는데, ≪經典釋文≫에 "'倕'는 音이 垂이니 堯임금 때 기교가 있던 자이다."라고 하였다. ≪書經≫ 〈堯典〉에 "아, 垂야! 네가 共工이 될지어다."라고 하였으니 여기서 '工垂'라고 일컬은 것은, '工'은 그 관직이고, '垂'는 그 이름이다.

案 : ≪山海經≫ 〈海內經〉에 "義均이 처음으로 巧倕가 되어 비로소 下民에게 갖가지 기구를 만들어 주었다."라고 하고, ≪楚辭≫ 〈九章〉에도 '巧倕'라고 하고, 또 〈七諫〉에도 보인다. 兪樾의 說은 확실하지 않다.

39-5-6 然則今之鮑函車匠은

그렇다면 오늘날 가죽 장인, 갑옷 장인, 수레 장인, 건축 장인은

畢云 考工記有函(함)鮑한대 鄭君注云 鮑讀爲鮑魚之鮑니 書或爲鞄라 蒼頡篇[47]有鞄甕(준)이라하다 陸德明音義에 云 劉音僕[48]이라하다 說文云 鞄는 柔革工也라 从革하고 包

---

47) 蒼頡篇 : 漢나라 초기의 字書를 가리킨다. 〈蒼詁篇〉・〈爰歷篇〉・〈博學篇〉으로 구성되어 있으며, 이 3편을 총칭하여 '창힐편'이라고 하였다. ≪三蒼≫ 또는 ≪三倉≫이라고도 한다. ≪說文解字≫・≪爾雅≫ 등과 함께 주요 字書로 꼽힌다.

48) 陸德明音義……劉音僕 : ≪經典釋文≫ 卷9 〈周禮音義 上 夏官司馬〉에 수록된 '鞄'에 대한 주석이다.

聲이니 讀若朴이라 周禮曰 柔皮之工鮑氏[49]라 鞄卽鮑也라하다

畢沅 : ≪周禮≫ 〈考工記〉에 '函', '鮑'가 있는데, 鄭玄의 注에 "'鮑'는 鮑魚(절인 생선)의 鮑로 읽는데 더러 鞄로도 쓴다. ≪蒼頡篇≫에 '鞄甍'이 있다."라고 하였다. 陸德明의 ≪經典釋文≫ 〈周禮音義〉에 "劉歆은 音이 僕이라고 하였다."라고 하였다. ≪說文解字≫에 "'鞄'는 柔革工(가죽 다루는 공인)이다. '革'을 부수로 하고 '包'가 소리이니 '朴(박)'처럼 읽는다. ≪周禮≫에 '가죽을 다루는 공인이 鮑氏이다.〔柔皮之工鮑氏〕'라고 하였다. '鞄'는 바로 鮑이다."라고 하였다.

39-5-7 皆君子也요 而羿伃奚仲巧垂皆小人邪(야)아 且其所循은 人必或作之리니

모두 군자이고 羿・伃・奚仲・巧垂는 모두 소인이란 말인가? 또한 그들이 따르는 것은 어떤 사람이 반드시 만들었을 것이니

言所述之事는 其始必有作之之人也라

傳述하는 일들은 처음에 반드시 그것을 만든 사람이 있었을 것이라는 말이다.

39-5-8 然則其所循이 皆小人道也아하노라

그렇다면 그들이 따르는 것들이 모두 소인의 도이겠는가?"라고 하였다.

也邪(야)古通이라 吳鈔本作耶라

'也'와 '邪'는 옛날에 통용하였다. 吳鈔本에는 '耶'로 되어 있다.

39-6-1 又曰

〈그들은〉 또 이르기를

畢云 又舊作人한대 以意改라하다

---

49) 周禮曰 柔皮之工鮑氏 : ≪周禮≫ 〈冬官 考工記〉에는 "攻皮之工 函鮑韗(운)韋裘"라고 하여, '柔'자가 '攻'자로 되어 있다.

畢沅：'又'는 舊本에 '人'으로 되어 있는데, 뜻으로 판단하여 고친다.

39-6-2 **君子勝不逐奔**하고

"군자는 이기더라도 달아나는 적을 뒤쫓지 않고,

穀梁隱五年傳에 云 伐不踰時하고 戰不逐奔이라하다 司馬法仁本篇에 云 古者逐奔不過百(里)〔步〕[50]라하고 又天子之義篇에 云 古者逐奔不遠이라한대 墨子所述儒者之言은 與穀梁同이라 荀子議兵篇에 亦云 服者不禽하고 犇(분)命者不獲이라하다

≪春秋穀梁傳≫ 隱公 5년에 "정벌함에 때를 넘기지 않고 전쟁함에 달아나는 자를 뒤쫓지 않는다.〔伐不踰時 戰不逐奔〕"라고 하였다. ≪司馬法≫ 〈仁本〉편에 "옛날에 달아나는 자를 뒤쫓을 때 백 보를 넘지 않는다.〔古者逐奔 不過百步〕"라고 하고, 또 〈天子之義〉편에 "옛날에 달아나는 자를 뒤쫓을 때 멀리 가지 않는다.〔古者逐奔不遠〕"라고 하였는데, ≪墨子≫에서 서술한 儒者의 말은 ≪춘추곡량전≫과 같다. ≪荀子≫ 〈議兵〉편에서도 "복종하는 자는 囚擒하지 않고 命을 따르는 자는 포로로 삼지 않는다."라고 하였다.

39-6-3 **揜(函)〔亟〕弗射**하고

궁지에 몰린 자는 쏘지 않고

揜은 吳鈔本作掩이라 禮記表記鄭注에 云 揜은 猶困迫也라 案 函疑亟之形誤니 下同이라 詳魯問篇이라 儀禮聘禮鄭注에 云 賓之意不欲奄卒主人也라한대 此揜亟亦奄卒之意니 謂敵困急이면 則不忍射之也라 韓非子外儲說左上에 云 宋襄公曰 寡人聞君子曰 不推人於險하고 不迫人於阸이라하니 即此義라 又疑函當爲臽之誤니 說文臼部에 云 臽은 小阱也라하다 今經典通作陷하니 漢書司馬遷傳에 函糞土之中而不辭라한대 漢紀函作陷이라 於義亦通이라

'揜'은 吳鈔本에 '掩'으로 되어 있다. ≪禮記≫ 〈表記〉 鄭玄의 注에 "揜은 困迫(군박함)이다."라고 하였다.

---

50) (里)〔步〕: 저본에는 '里'로 되어 있으나, ≪司馬法≫ 〈仁本〉에 의거하여 '步'로 바로잡았다.

案 : '㴠'은 '亟'의 字形의 착오인 듯하니 아랫부분이 같다. 〈魯問〉편에 자세히 설명하였다. ≪儀禮≫ 〈聘禮〉 鄭玄의 注에 "손님의 뜻은 主人에게 급박하게 하지 않으려는 것이다.〔賓之意不欲奄卒主人也〕"라고 하였는데, 이 조문의 '揜亟' 역시 '奄卒'의 뜻이니 敵이 곤란하고 급박한 처지에 몰리면 차마 그들을 쏘지 못함을 이른다. ≪韓非子≫ 〈外儲說 左上〉에 "宋 襄公이 이르기를 '寡人이 君子에게 들으니 험한 지경에 남을 밀어넣지 않고 곤란한 처지로 남을 겁박하지 않는다고 하였다.'라고 하였다." 하였으니 바로 이 뜻이다. 또 '㴠'은 마땅히 '臽'의 誤字가 되어야 할 듯도 하니 ≪說文解字≫ 臼部에 "臽은 小阱(작은 함정)이다."라고 하였다. 지금 經典에서는 '陷'으로 통용하여 쓰니 ≪漢書≫ 〈司馬遷傳〉에 "㴠糞土之中而不辭(똥밭에 빠지는 것도 사양하지 않는다.)"라고 하였는데, ≪漢紀≫에는 '㴠'이 '陷'으로 되어 있으니 의미에 있어 역시 통한다.

39-6-4 施則助之胥車[51]라하니

적이 敗走하면 그들이 짐수레를 〈가지고 돌아가는〉 일을 도와준다."라고 하는데,

畢云 施舊作强한대 **據下文[52]改**라하다 **案 畢因下文施字兩見**이라 **故據改**나 **然施强義竝未詳**이라 **似言軍敗而走**하면 **則助之挽重車**로되 **而文有脫誤**라

畢沅 : '施'는 舊本에 '强'으로 되어 있는데, 아래 글에 의거하여 고친다.

案 : 畢沅은 아래 글에 '施'자가 두 번 나왔다는 까닭으로 그에 의거해 고쳤지만 '施'와 '强'의 뜻은 모두 알 수 없다. 군대가 패하여 달아나면 그들이 重車를 끌어 〈돌아가는 일을〉 도와준다는 말인 듯하지만 문장에 빠지거나 잘못된 부분이 있다.

39-6-5 應之曰 若皆仁人也면 則無說而相與라

〈우리들이〉 이에 대답하자면, "만약 모두가 어진 사람이라면 〈맞설 이유가 없으

---

51) 施則助之胥車 : ≪墨子集詁≫에서 王煥鑣는 '施則'을 '弛敗'와 모양이 비슷해 잘못된 것으로 '殘敗'와 같고, '胥'는 '旨'와 모양이 비슷해 잘못된 것으로 '脂'와 같다고 보았다. 이에 의거해 보면, "〈전투에 져서〉 殘敗한 적들이 수레에 기름을 쳐 도망가는 것을 돕는다."라는 정도의 뜻이다. 여기서는 일단 孫詒讓의 按說을 따랐다.

52) 下文 : 39-6-7과 39-6-9에 이 句가 다시 나온다.

므로〉 서로 맞서는 것을 설명할 수 없다.

句라

여기에서 句를 뗀다.

39-6-6 仁人以其取舍是非之理相告하여 無故從有故也하고 弗知從有知也하고 無辭必服하고 見善必遷하나니 何故相〔與〕리오

어진 사람은 그 옳고 그름을 取捨하는 도리를 서로 알려주어 이유가 없는 쪽은 이유가 있는 쪽을 따르고 알지 못하는 쪽은 아는 쪽을 따르며 명분이 없으면 반드시 승복하고 선행을 보면 반드시 고치나니 무슨 이유로 서로 맞서겠는가.

王云 何故相下當有與字어늘 而今本脫之하니 則義不可通이라 相與는 謂相敵也니 古謂相敵爲相與라 襄二十五年左傳에 一與一이니 誰能懼我리오하고 哀九年傳에 宋方吉하니 不可與也라하고 越語에 彼來從我어든 固守勿與라하니 與字竝與敵同義라 言旣爲仁人이면 則無辭必服하고 見善必遷하나니 何故兩相敵也라 上文曰 若皆仁人也면 則無說而相與라하니 是其明證矣라하다

王念孫 : '何故相' 뒤에는 마땅히 '與'자가 있어야 하는데 지금 本에 빠져 있으니 의미가 통하지 못한다. '相與'는 相敵(서로 대적함)이니 옛날에는 '相敵'을 '相與'라고 말하였다. ≪春秋左氏傳≫ 襄公 25년에 "一對一로 싸우게 되니 누가 우리를 두렵게 할 수 있겠는가.〔一與一 誰能懼我〕"라고 하고, ≪춘추좌씨전≫ 哀公 9년에 "宋나라는 바야흐로 吉하니 대적해서는 안 된다.〔宋方吉 不可與也〕"라고 하고, ≪國語≫ 〈越語〉에 "敵軍이 와서 우리를 공격하면 굳게 지키고 대적하지 말아야 한다.〔彼來從我 固守勿與〕"라고 하였는데, '與'자가 모두 '敵'과 같은 뜻이다. 이미 인자한 사람이라면 명분이 없으면 반드시 승복하고 선행을 보면 반드시 고치나니 무슨 까닭으로 둘이 서로 맞서겠느냐는 말이다. 위의 글에서 "若皆仁人也 則無說而相與"라고 하였으니 이것이 그 분명한 증거이다.

39-6-7 若兩暴交爭이면 其勝者欲不逐奔하고 掩(函)〔亟〕弗射하고 施則助之胥車하여 雖盡能이라도 猶且不得爲君子也라 意暴殘之國也에 聖〔人〕將爲世除害하여

만약 두 포악한 자가 서로 다툰다면 그중에 이긴 자가 달아나는 적을 뒤쫓지 않고 궁지에 몰린 자는 쏘지 않고 적이 敗走하면 그들이 짐수레를 가지고 돌아가는 일을 도와주고자 하여 비록 이 모든 일을 다 해내더라도 오히려 장차 군자가 되지 못할 것이다. 생각건대 포악하고 잔인한 나라에 대해 聖人이 장차 세상을 위해 해악을 제거하고자

聖下疑脫人字라

'聖' 뒤에 '人'자가 빠진 듯하다.

39-6-8 興師誅罰에 勝將因用儒術令士卒曰

군사를 일으켜 주벌하는 경우에 승리한 장수가 儒術을 써서 사졸에게 명령하여 이르기를

舊本儒作傳이라 王云 傳術二字는 義不可通하니 傳術當爲儒術이라 毋逐奔云云은 皆儒者之言也라 故曰 用儒術令士卒이라하다 隸書儒或作傿하고 傳或作傅하니 二形相似而誤라 上文儒者迎妻에 儒誤作傳이라하다 案 王說是也니 今據正이라

舊本에 '儒'는 '傳'으로 되어 있다.

王念孫 : '傳術' 2자는 뜻이 통하지 못하니 '傳術'은 마땅히 '儒術'이 되어야 한다. '毋逐奔' 운운한 부분은 모두 儒者의 말이다. 그래서 "儒術을 써서 사졸에게 명령하며"라고 한 것이다. 隸書에 '儒'는 간혹 '傿'로 되어 있기도 하고 '傳'은 간혹 '傅'로 되어 있기도 하니, 둘의 字形이 서로 비슷하여 잘못된 것이다. 위의 글(39-1-19) '儒者迎妻'에서 '儒'자가 '傳'으로 잘못되어 있다.

案 : 王念孫의 說이 맞으니 지금 이에 의거하여 바로잡는다.

39-6-9 毋逐奔하고 揜(函)〔亟〕勿射하고 施則助之胥車하라하면 暴亂之人(也)得活하여 天下害不除리니

'달아나는 적을 뒤쫓지 말고, 궁지에 몰린 자는 쏘지 말고, 적이 敗走하면 그들이 짐수레를 〈가지고 돌아가는〉 일을 도와주라.'라고 한다면 포악한 사람이 살아

날 수 있어 천하의 해악이 제거되지 않을 것이다.

王云 也字涉上下文而衍이라 此言暴亂之人爲天下害에 聖人興師誅罰하여 將以除害也에 若用儒術令士卒曰 毋逐奔云云이면 則暴亂之人得活하여 而天下之害不除矣라 是暴亂之人下本無也字라하다

王念孫 : '也'자는 위아래의 글과 연계되어 잘못 들어간 것이다. 이 조문은, 포악한 사람이 천하의 해악이 될 때 聖人이 군사를 일으켜 주벌하여 장차 해악을 제거하는 경우에 만약 儒術을 써서 사졸에게 명령하여 이르기를 "달아나는 적을 뒤쫓지 말고……."라고 한다면 포악한 사람이 살아날 수 있어 천하의 해악이 제거되지 않을 것이라는 말이다. 이는 '暴亂之人'의 뒤에 본래 '也'자가 없는 것이다.

39-6-10 是爲羣殘父母하고 而深(賤)〔賊〕世也니

이는 부모를 많이 해치고 世人들을 심하게 손상시키는 짓이니

戴云 賤乃賊字之誤라하다

戴望 : '賤'은 바로 '賊'자의 잘못이다.

39-6-11 不義莫大焉이라하노라

이보다 더 큰 不義는 없다."라고 한다.

39-7-1 又曰 君子若鍾하여

〈儒者들은〉 또 이르기를 "군자는 마치 종과 같아

畢云 君舊作吾한대 據上文改라하다

畢沅 : '君'은 舊本에 '吾'로 되어 있는데, 위의 글에 의거하여 고친다.

39-7-2 擊之則鳴하고 弗擊不鳴이라하니

치면 울리고 치지 않으면 울리지 않는다."라고 하는데,

此亦見公孟篇公孟子告墨子語라 學記云 善待問者如撞(당)鍾하여 叩之以小者則小鳴하고 叩之以大者則大鳴이라 畢云 此出說苑하니 云 趙襄子謂子路曰 吾嘗問孔子曰 先生事七十君하니 無明君乎아한대 孔子不對하니 何謂賢邪(야)오하니 子路曰 建天下之鳴鍾하고 撞之以筳(정)이면 豈能發其音聲哉[53]리오하다 案 說苑所云與此文義絶不相應하니 畢援證未當이라

이 조문 역시 〈公孟〉편에서 公孟子가 墨子에게 고하는 말에 보인다. 《禮記》 〈學記〉에 "질문에 잘 대답해주는 자는 마치 종을 치는 것과 같아 작은 것으로 치면 작게 울리고 큰 것으로 치면 크게 울린다."라고 하였다.

畢沅 : 이 조문은 《說苑》에 나오니, "趙襄子가 子路에게 이르기를 '내가 일찍이 孔子에게 「선생은 일흔 명의 임금을 섬겼는데 밝은 임금이 없었습니까?」라고 묻자 공자가 대답하지 않았으니 어찌 賢者라고 하겠는가.'라고 하자, 자로가 '천하의 큰 종을 세워놓고 작은 막대기로 치면 어찌 그 소리를 내게 할 수 있겠습니까.'라고 말하였다."라고 하였다.

案 : 《설원》에서 말한 것은 이 조문의 文義와 전혀 상응하지 않으니 畢沅이 증거로 댄 것은 타당하지 않다.

39-7-3 應之曰 夫仁人事上竭忠하고 事親(得)〔務〕孝하며 (務)〔得〕善則美하고 有過則諫하니

〈우리들이〉 이에 대답하자면, "대저 어진 사람은 윗사람을 섬길 때 충성을 다하고 어버이를 섬길 때 효도를 힘쓰며, 선행을 이루면 칭찬하고 과실을 저지르면 간언하니,

兪云 得字務字傳寫互易이라 事親務孝는 言事親者務爲孝也니 與事上竭忠相對라 得善則美는 言有善則美之也니 與有過則諫相對라하다

---

53) 此出說苑……豈能發其音聲哉 : 《說苑》 〈善說〉에 유사한 내용이 보이지만 여기와 다소 차이가 있다. 이 내용은 《文選》 〈答客難〉의 李善 注에서 인용한 《설원》과 동일하다.

兪樾 : '得'자와 '務'자는 옮겨 적는 과정에서 서로 바뀐 것이다. '事親務孝'는 어버이를 섬기는 자는 효도하는 데 힘쓴다는 말이니 '事上竭忠'과 서로 對가 된다. '得善則美'는 선행이 있으면 칭찬한다는 말이니 '有過則諫'과 서로 對가 된다.

39-7-4 **此爲人臣之道也**라 **今擊之則鳴**하고 **弗擊不鳴**하여 **隱知豫力**하고

이것이 남의 신하가 된 도리이다. 그런데 지금 치면 울리고 치지 않으면 울리지 않아 지식을 감추고 능력을 버려두고서

畢云 言隱其先知豫事之識이라하다 兪云 豫는 猶儲也라 荀子儒效篇에 仲尼將爲司寇에 魯之鬻牛馬者不豫賈라하고 家語相魯篇에 孔子爲政三月에 則鬻牛馬者不儲賈라하니 是豫與儲義通이라 隱知豫力은 兩文相對하니 言隱藏其知하고 儲蓄其力也라 畢失其義하고 幷失其讀(두)[54]라하다 案 畢讀固誤나 兪釋豫爲儲亦非라 豫當爲舍之叚字니 豫从予聲하고 古音與舍同部라 節葬下篇에 云 無敢舍餘力하고 隱謀遺利하여 而不爲親爲之者矣[55]라하니 隱知는 猶彼云隱謀요 豫力은 卽彼云舍餘力也라 號令篇에 云 舍事後就라하니 亦與此義同이라 豫古無儲訓하니 荀子不豫賈의 豫는 當如周禮司市注 誑豫之義라 家語改豫作儲는 乃王肅私定이요 非古訓也라

畢沅 : 〈'隱知豫'는〉 먼저 알고 미리 일을 계획하는 지식을 숨긴다는 말이다.

兪樾 : '豫'는 '儲'와 같다. ≪荀子≫ 〈儒效〉편에 "仲尼가 장차 司寇가 되려 할 때 魯나라의 소나 말을 파는 자들은 값을 높이지 않았다.〔不豫賈〕"라고 하고, ≪孔子家語≫ 〈相魯〉편에 "孔子께서 정사를 하신 지 3개월이 지나자 소나 말을 파는 자들이 값을 높이지 않았다.〔不儲賈〕"라고 하였으니, 여기서 '豫'와 '儲'는 뜻이 통한다. '隱知', '豫力'은 두 단어가 서로 대가 되니 자신의 지식을 감추고 자신의 힘을 쌓아둔다는 말이다. 畢沅은 그 뜻을 잘못 안 데다 아울러 그 구두도 잘못되었다.

案 : 畢沅의 구두는 참으로 잘못되었지만 兪樾이 '豫'를 '儲'로 풀이한 것 역시 잘못이다. '豫'는 마땅히 '舍'의 假借字가 되어야 하니 '豫'는 발음이 '予'이고 古音은 '舍'와 같은 部이다. 〈節葬 下〉편에 "감히 남는 힘을 버려두고〔舍餘力〕 智謀를 숨기거나〔隱謀〕 이로움

---

54) 幷失其讀(두) : 畢沅은 '隱知豫'까지 구두를 끊고, '力'은 뒤로 붙였다.

55) 節葬下篇……而不爲親爲之者矣 : 본서 2책 〈節葬〉 25-1-3에 보인다.

을 남겨두어 어버이를 위하는 것이 아닌 일을 하지 않는다."라고 하였으니, '隱知'는 저 〈절장 하〉편에서 '隱謀(智謀를 숨기다)'라고 한 말과 같고, '豫力'은 바로 저 〈절장 하〉편에서 '남는 힘을 버려두다.〔舍餘力〕'라고 한 말이다. 〈號令〉편에 "일을 버리고 뒤늦게 이르다.〔舍事後就〕"라고 하였는데, 역시 이 뜻과 같다. '豫'는 옛날에 '儲'의 뜻이 없었으니 ≪순자≫의 '不豫賈'의 '豫'는 마땅히 ≪周禮≫ 〈司市〉의 注에 나오는 '誑豫(속임)'의 뜻과 같아야 한다. ≪공자가어≫에서 '豫'를 고쳐 '儲'로 쓴 것은 바로 王肅이 임의로 정한 것이지 古訓이 아니다.

39-7-5 恬(념)漠待問而後對면

조용하고 담박하게 지내며 물어오기를 기다린 뒤에야 대답한다면

爾雅釋言에 云 漠은 淸也라하다 漢書賈誼傳顏注에 云 漠은 靜也라하다 淮南子詮言訓에 云 故中心常恬憺이라하고 泰族訓에 云 靜莫恬淡이라한대 宋本莫作漠이라 漠憺莫竝通이라

≪爾雅≫ 〈釋言〉에 "'漠'은 淸(맑음)이다."라고 하였다. ≪漢書≫ 〈賈誼傳〉 顏師古의 注에 "'漠'은 靜(고요함)이다."라고 하였다. ≪淮南子≫ 〈詮言訓〉에 "그러므로 마음속이 늘 편안하고 淡泊하다.〔中心常恬憺〕"라고 하고, 〈泰族訓〉에 "淸靜하고 淡泊하다〔靜莫恬淡〕"라고 하였는데, 宋本에는 '莫'이 '漠'으로 되어 있다. '漠', '憺', '莫'은 모두 통용한다.

39-7-6 雖有君親之大利라도 弗問不言이라 若將有大寇亂하고 盜賊將作하여 若機辟(벽)將發也에

비록 임금이나 어버이에게 커다란 이로움이 있더라도 물어오지 않으면 말하지 않을 것이다. 장차 큰 外侵과 반란이 일어나고 도적이 막 일어나려 하여 마치 활시위에 화살이 걸려 일촉즉발인 듯한 상황일 때

畢云 辟同闢이라하다 案 畢說非也니 莊子逍遙遊篇에 云 中於機辟하고 死於罔罟(고)라한대 釋文引司馬彪云 辟은 罔也라하다 又山木篇에 云 然且不免於罔羅機辟之患이라하고 鹽鐵論刑德篇에 云 罻羅張而縣其谷하고 辟陷設而當其蹊라하니 則機辟蓋掩取鳥獸之物이라 辟字又作臂하니 楚辭哀時命에 云 外迫脅於機臂兮여 上牽聯於矰惟(증익)이라한대 王注云

機臂는 **弩身也**라하다 **案 爾雅釋器**에 **云 繴**(벽)**謂之罿**(동)이라하다 **司馬彪釋辟爲罔**하니 **蓋卽以爲繴之借字**라 **王說與司馬義異**하니 **未知孰是**라

畢沅 : '辟'은 '闢'과 같다.

案 : 畢沅의 說은 잘못 본 것이다. ≪莊子≫ 〈逍遙遊〉편에 "中於機辟 死於罔罟(덫에 걸리기도 하고 그물에 걸려 죽기도 한다.)"라고 하였는데, ≪經典釋文≫에 司馬彪를 인용하여 "'辟'은 '罔(그물)'이다."라고 하였다. 또 ≪莊子≫ 〈山木〉편에 "그런데도 그물이나 덫에 걸려 죽는 걱정을 면치 못한다.〔然且不免於罔羅機辟之患〕"라고 하고, ≪鹽鐵論≫ 〈刑德〉편에 "罻羅張而縣其谷 辟陷設而當其蹊(그물을 펴서 그 골짝에 걸어 놓고 덫을 만들어 그 오솔길에 둔다.)"라고 하였으니, 機辟은 대체로 鳥獸가 방심하는 틈에 잡는 기물인 듯하다. '辟'자는 또 '臂'로도 쓰니 ≪楚辭≫ 〈哀時命〉에 "밖으로 활에 위협을 당하고 위로 주살에 끌려 당겨지네.〔外迫脅於機臂兮 上牽聯於矰隿〕"라고 하였는데 王逸의 注에 "機臂는 弩身(활)이다."라고 하였다. 살펴보건대, ≪爾雅≫ 〈釋器〉에 "'繴'을 '罿(그물)'이라고 한다."라고 하였다. 司馬彪는 '辟'을 罔(그물)이라고 풀이하였으니 바로 '繴'의 假借字로 여긴 듯하다. 王逸의 說은 司馬彪와 뜻이 다르니 누가 맞는지는 알 수 없다.

39-7-7 **他人不知**요 **己獨知之**라 **雖其君親皆在**라도 **不問不言**이면 **是夫大亂之賊也**라 **以是爲人臣不忠**하고 **爲子不孝**하고 **事兄不弟**(交)〔**友**〕하고

남들이 알지 못하고 나만 혼자 그것을 알고 있다고 하자. 이런 상황에서 비록 그 임금이나 어버이가 모두 있더라도 묻지 않는다고 말하지 않는다면 이는 크나큰 亂賊이다. 이런 자세를 지니고 있다면 남의 신하가 되어서는 불충하게 되고, 자식이 되어서는 불효하게 되며, 형을 섬김에 공손하고 우애롭지 못하게 되고,

疑友之誤라

〈'交'는〉 '友'의 잘못인 듯하다.

39-7-8 **遇人不貞良**이라 **夫執後不言**이라가 **之**[56]**朝物**에

---

56) 之 : '之'에는 '於'의 뜻이 있다.

남과 교제함에 忠良하지 못하게 될 것이다. 대저 뒤로 물러나 있는 태도를 견지하며 말하지 않다가 조정에서

執後不言은 謂拘執居後하여 不肯先言이라 之朝物은 疑有脫誤라

'執後不言'은 뒷전에 물러나 있는 태도를 견지하며 기꺼이 먼저 말하려 하지 않음을 이른다. '之朝物'은 빠지거나 잘못된 것이 있는 듯하다.

39-7-9 見利(使)〔便〕己하면 雖恐後言이라

자기에게 유리한 것을 보고 나면 오직 뒤늦게 말할까 염려한다.

蘇云 使當作便이요 雖當作唯라하다 兪云 雖當作唯니 古字通也라 蓋言利之所在엔 唯恐後言也라 下文云 君若言而未有利焉이면 則高拱下視하고 會噎(쾌열)爲深하여 曰 惟其未之學也가 正與此文反復相明이라 言苟無利면 則君雖言之라도 而己亦以未學謝也니 正所以破儒者擊之則鳴弗擊不鳴之說이라하다

蘇時學 : '使'는 마땅히 '便'이 되어야 하고, '雖'는 마땅히 '唯'가 되어야 한다.

兪樾 : '雖'는 마땅히 '唯'가 되어야 하니, 古字는 通用한다. 대체로 이익이 있는 곳에서는 오직 뒤늦게 말할까 염려한다는 말이다. 아래 글에 "君若言而未有利焉 則高拱下視 會噎爲深 曰 惟其未之學也"라고 한 것이 바로 이 문장과 함께 반복하여 서로 설명하고 있다. 만약 이익이 없다면 임금이 비록 그에게 말하더라도 자신은 역시 아직 배우지 못했다는 구실로 사절할 것이라고 말한 것이니, 바로 儒者들의 '치면 울리고 치지 않으면 울리지 않는다.'고 하는 說을 깨뜨리기 위한 것이다.

39-7-10 君若言而未有利焉이면 則高拱下視하고

임금이 만약 물어보아도 거기에 이익이 있지 않다면 거만하게 팔짱을 끼고 내려다보며

說文手部에 云 拱은 斂手也라

≪說文解字≫ 手部에 "'拱'은 斂手(손을 모음)이다."라고 하였다.

39-7-11 **會噎**(쾌열)**爲深**하여

심하게 목이 메인 듯 말을 삼키면서

畢云 說文云 噲는 **咽也**니 **讀若快**라하고 **噎**은 **飯窒也**라하다 **會**는 **與噲同**하니 **不言之意**라하다

畢沅 : ≪說文解字≫에 "'噲'는 咽(목구멍)이니 '快(쾌)'처럼 읽는다."라고 하고, "'噎'은 밥이 걸린 것이다."라고 하였다. '會'는 '噲'와 같으니 말하지 않는다는 뜻이다.

39-7-12 **曰 唯**(其)〔**某**〕**未之學也**라하니

'저는 아직 배우지 못했습니다.'라고 하니

唯는 **舊本作惟**한대 **據吳鈔本改**라 **其**는 **當爲某**라

'唯'는 舊本에 '惟'로 되어 있는데 吳鈔本에 의거하여 고친다. '其'는 마땅히 '某'가 되어야 한다.

39-7-13 **用**(誰)〔**雖**〕**急**이라도

일이 비록 긴급하더라도

句라

여기에서 句를 뗀다.

39-7-14 **遺行遠矣**라하노라

물러나 피하여 멀리 가버린다."라고 한다.

誰當作雖라 **蓋言事急則退避而遠行**이라 **荀子非十二子篇**에 **云 正其衣冠**하고 **齊其顔色**하여 **嗛然而終日不言**은 **是子夏氏之賤儒也**라하니 **此所非與彼相類**라

'誰'는 마땅히 '雖'가 되어야 한다. 대체로 일이 급박해지면 물러나 피하여 멀리 가버린다는 말이다. ≪荀子≫ 〈非十二子〉편에 "그 衣冠을 바르게 하고 그 얼굴 표정을 엄숙하게 지으면서 겸허하게 종일토록 말을 하지 않는 것은 바로 子夏氏 일파의 賤儒들이다."라고

하였으니, 여기서 비판한 말은 저것(子夏氏 일파의 賤儒)과 서로 비슷하다.

39-8-1 夫一道術學業仁義也[57]는 皆大以治人하고 小以任官하며 遠施周偏하고

무릇 道術과 學業을 통일하는 것과 仁義는 모두 크게는 사람을 다스리고 작게는 관직을 맡으며, 멀게는 〈백성에게〉 은덕을 두루 베풀고

舊本皆譌昔하고 周譌用하니 竝從王校正이라 偏은 吳鈔本作徧하고 畢本同이라 王云 與徧同하니 畢本改爲徧은 非라 詳非攻下篇[58]이라

舊本에 '皆'는 '昔'으로 잘못되어 있고 '周'는 '用'으로 잘못되어 있는데, 모두 王念孫의 校勘을 따라 바로잡는다. '偏'은 吳鈔本에 '徧'으로 되어 있고 畢沅의 本은 같다.

王念孫 : 〈'偏'은〉 '徧'과 같으니 畢沅의 本에서 '徧'으로 고친 것은 잘못이다. 〈非攻 下〉 편에 자세히 설명하였다.

39-8-2 近以脩身하며

가깝게는 자기 몸을 닦으며,

舊本脩作循이라 王云 此文本作皆大以治人하고 小以任官하며 遠施周偏하고 近以脩身하니 言君子之行仁義는 皆大以治人하고 小以任官하며 遠則所施周徧하고 近則以脩其身也라 今本皆作昔하고 周作用하고 脩作循하니 則義不可通이라 隷書脩循相亂이라하다 案 王說是也니 今竝據正이라

舊本에 '脩'는 '循'으로 되어 있다.

王念孫 : 이 문장은 본래 '皆大以治人 小以任官 遠施周偏 近以脩身'으로 되어있으니, 君子가 仁義를 행하는 것은 모두 크게는 사람을 다스리고 작게는 관직을 맡으며 멀게는

---

57) 也 : 저본의 傍注에 "'也'는 원래 '者'로 잘못 되어 있었는데, 畢沅의 刻本에 의거하여 고친다. 살펴보건대, 각 本에 모두 '也'로 되어 있고 '者'로 되어 있는 것은 없으니, 이는 孫詒讓의 本을 판각하면서 생긴 오류이다.〔也 原誤者 據畢沅刻本改 按各本均作也 無作者者 此孫本梓誤〕"라고 하였다.

58) 詳非攻下篇 : 본서 2책 〈非攻 下〉 19-3-5의 주에 보인다.

〈백성에게〉 은덕을 두루 베풀고 가깝게는 자기 몸을 닦는다는 말이다. 지금 本에 '皆'는 '昔'으로 되어 있고 '周'는 '用'으로 되어 있고 '脩'는 '循'으로 되어 있는데 뜻이 통하지 못한다. 隸書에서 '脩'와 '循'은 서로 뒤섞여 있다.

案 : 王念孫의 說이 맞으니 지금 모두 이에 의거하여 바로잡는다.

39-8-3 **不義不處**하고 **非理不行**하며 **務興天下之利**하고 **曲直周旋**호되 **〔不〕利則止**하나니

의롭지 않으면 처하지 않고 도리가 아니면 행하지 않으며, 천하의 이익이 되는 일을 일으키는 데 힘쓰고 曲直을 헤아리며 노력을 다하되 이롭지 않으면 그만두나니,

俞云 利則止는 當作不利則止니 傳寫脫不字也라 非樂上篇에 曰 必務求興天下之利하고 除天下之害하여 將以爲法乎天下하여 利人乎卽爲하고 不利人乎卽止라하니 與此文有詳略而義正同이라하다

俞樾 : '利則止'는 마땅히 '不利則止'가 되어야 하니, 옮겨 쓰다가 '不'자를 빠뜨린 것이다. 〈非樂 上〉편에 "반드시 천하의 이익이 되는 일을 일으키기를 구하고 천하의 손해가 되는 일을 없애는 데 힘써서, 장차 천하 사람들에게 모범이 되어 남을 이롭게 하는 일이라면 곧장 실행하고 남을 이롭지 않게 하는 일이라면 곧장 그만둔다.〔必務求興天下之利 除天下之害 將以爲法乎天下 利人乎卽爲 不利人乎卽止〕"라고 하였는데, 이 문장과 자세하고 소략한 차이는 있지만 뜻은 똑같다.

39-8-4 **此君子之道也**라 **以所聞孔某之行**컨대

이것이 군자의 도이다. 그런데 내가 들은 孔某(孔子)의 행동으로 본다면

畢云 某字舊作孔子諱한대 今改라 下放此라하다

畢沅 : '某'자는 舊本에 孔子의 諱(丘)로 되어 있었는데, 지금 고친다. 아래도 이와 같다.

孔子

39-8-5 **則本與此相反謬也**라

근본적으로 이것과 서로 어긋난다.

謬는 **吳鈔本作繆**라

'謬'는 吳鈔本에 '繆'로 되어 있다.

39-8-6 **齊景公問晏子曰 孔子爲人何如**오한대 **晏子不對**라 **公又復**(부)**問**한대 **不對**라

齊 景公이 晏子에게 묻기를 "孔子는 사람됨이 어떠한가?"라고 하였는데 안자가 대답하지 않았다. 경공이 또다시 물었는데 〈안자가〉 대답하지 않았다.

吳鈔本無復字라

吳鈔本에는 '復'자가 없다.

39-8-7 **景公曰 以孔某語寡人者衆矣**어늘 **俱以〔爲〕賢人也**라

景公이 이르기를 "孔某에 관해 과인에게 말하는 자가 많은데 다들 그가 賢人이라고 한다.

以下當據孔叢子詰墨篇增爲字라

'以' 뒤에 마땅히 ≪孔叢子≫ 〈詰墨〉편에 의거하여 '爲'자를 보충해야 한다.

39-8-8 **今寡人問之**어늘 **而子不對**는 **何也**오한대 **晏子對曰 嬰**[59]**不肖**라 **不足以知賢人**이라 **雖然**이나 **嬰聞所謂賢人者**는 **入人之國**하여 **必務合其君臣之親**하고 **而弭**(미) **其上下之怨**이라 **孔某之荊**하여

지금 과인이 묻는데도 그대가 대답하지 않는 것은 어째서인가?"라고 하자, 晏子가 대답하기를 "저는 변변치 못해 현인을 알아보기에 부족합니다. 그렇지만 제가

59) 嬰 : 晏子의 이름이 嬰이다.

듣기로는 이른바 현인이라는 자는 남의 나라에 들어가서는 반드시 그 君臣 간의 친밀한 관계를 촉진시키고 그 上下 간의 원한을 풀어주는 데 힘쓴다고 합니다. 그런데 孔某는 荊(楚)에 가서

史記孔子世家에 楚昭王迎孔子至楚는 事在哀公六年이라

≪史記≫ 〈孔子世家〉에 楚 昭王이 孔子를 불러 楚나라에 이른 것은 魯 哀公 6년에 있었던 일이다.

39-8-9 知白公之謀로되 而奉之以石乞하여

白公의 謀反 계획을 알았으면서도 石乞이 〈백공을〉 받들게 하여

白公은 楚平王孫이니 名勝이라 其與石乞作亂事는 見哀十六年左傳이라 此事不可信이라 列子說符篇과 呂氏春秋精通篇과 淮南子道應訓에 竝載白公與孔子問答한대 或因彼而誤傳與아

白公은 楚 平王의 손자이니 이름은 勝이다. 그가 石乞과 반란을 일으킨 일은 ≪春秋左氏傳≫ 哀公 16년에 보인다. 이 일은 신빙할 수 없다. ≪列子≫ 〈說符〉, ≪呂氏春秋≫ 〈精通〉, ≪淮南子≫ 〈道應訓〉에 모두 白公과 孔子의 問答을 수록하고 있는데, 어쩌면 그것들로 인해 잘못 전해진 것인 듯하다.

39-8-10 君身幾滅하고 而白公僇이라

楚君 자신이 거의 멸망할 뻔하였고 白公은 죽임을 당하였습니다.

畢云 孔叢詰墨에 云 白公亂在哀公十六年秋也니 孔子已卒十旬이라하다 蘇云 此誣罔之辭니 殊不足辨이라 唯據白公之亂在景公卒後十二年하고 而晏子之卒更在景公之先컨대 又安能預知後事하고 而先與景公言之리오하다

畢沅 : ≪孔叢子≫ 〈詰墨〉에 "白公의 反亂은 魯 哀公 16년 가을에 있었는데, 孔子가 卒한 지 이미 10旬(100일)이 지난 때이다."라고 하였다.

蘇時學 : 이 조문은 무함하고 헐뜯는 말이니 전혀 변론할 것도 없다. 다만 백공의 반란

은 景公이 卒하고 12년 뒤에 있었고 晏子는 다시 경공보다 앞서 졸하였다는 사실에 의거해보건대, 또 어찌 뒤에 일어날 일을 미리 알고서 먼저 경공과 대화할 수 있었겠는가.

39-8-11 **嬰聞賢人得上不虛**하고 **得下不危**하며 **言聽於君必利人**하고 **教行〔於〕下必(於)〔利〕上**이라

제가 듣기로는 賢人이 임금의 〈신임을〉 얻으면 〈수립하는〉 일이 없지 않고 백성의 〈신뢰를〉 얻으면 위태롭지 않으며, 諫言이 임금에게 받아들여지면 반드시 인민에게 이롭고 教化가 백성에게 행해지면 반드시 임금에게 이롭다 합니다.

兪云 此本作教行於下必利上하니 與上句言聽於君必利人相對爲文이라 教行下脫於字하고 而利字又誤作於하여 義不可通矣라하다

兪樾 : 이 조문은 본래 '教行於下必利上'이 되니, 위의 句 '言聽於君必利人'과 서로 對를 이루는 문장이다. '教行' 뒤에 '於'자가 빠지고, '利'자가 다시 '於'로 잘못되어 뜻이 통하지 못하게 된 것이다.

39-8-12 **是以言明而易(이)知也**하고 **行明而易從也**하여

이런 까닭에 말은 분명하여 이해하기 쉽고 행동은 분명하여 따르기 쉬워

舊本作行易而從也라 王云 行易而從은 文不成義라 當作行明而易從이니 與上句文同一例라 下文曰 行義可明乎民이라하고 又曰 行義不可明於民이라하니 皆其證이라하다 案王說是也니 今據正이라

舊本에 〈'行明而易從也'가〉 '行易而從也'로 되어 있다.

王念孫 : '行易而從'은 문장이 뜻을 이루지 않는다. 마땅히 '行明而易從'이 되어야 하니 위의 句의 글과 동일한 예이다. 아래 글에서 "行義可明乎民"이라 하고, 또 "行義不可明於民"이라 한 것이 모두 그 증거이다.

案 : 王念孫의 說이 맞으니 지금 이에 의거하여 바로잡는다.

39-8-13 **行義可明乎民**하고 **謀慮可通乎君臣**이라 **今孔某深慮(同)〔周〕謀以奉賊**하고

그의 行義는 인민에게 잘 밝혀질 수 있고 그의 謀慮는 군신 간에 잘 통해질 수 있습니다. 그런데 지금 孔某는 깊이 사려하고 주밀하게 계획하여 역적을 받들고

兪云 同乃周字之誤라 深慮周謀相對爲文하니 言其慮深沈하고 其謀周密也라하다

兪樾 : '同'은 바로 '周'자의 잘못이다. '深慮'와 '周謀'는 서로 對를 이루는 문구이니, 그 사려가 깊고 그 계획이 주밀하다는 말이다.

39-8-14 勞思盡知以行邪하여 勸下亂上하고 教臣殺(시)君하니

힘써 생각하고 지혜를 다하여 邪惡을 행하면서 백성에게 권하여 임금을 배반하게 하고 신하에게 教唆하여 임금을 시해하게 하였으니

畢云 孔叢引殺作弑라하다

畢沅 : ≪孔叢子≫에는 ≪墨子≫를 인용하면서 '殺'를 '弑'로 썼다.

39-8-15 非賢人之行也요 入人之國而與人之賊하니 非義之類也요 知人不忠하고 趣(촉)之爲亂하니

賢人의 행동이 아니고, 남의 나라에 들어가서 그 나라의 역적과 결탁하였으니 의로운 무리가 아니고, 남의 불충함을 알았으면서도 이를 재촉하여 난을 일으켰으니

畢云 趣讀促이라하다

畢沅 : '趣'은 '促(촉)'으로 읽는다.

39-8-16 非仁(義之)〔之義〕[60]也라

仁의 태도가 아닙니다.

畢云 脫字라하다

60) (義之)〔之義〕 : 저본에는 '義之'로 되어 있으나, 張純一의 ≪墨子集解≫에서 曹耀湘 본에 '之儀'로 되어 있다는 것과 '義'는 '儀'와 같다고 한 것에 의거하여 '之義'로 바로잡았다.

畢沅 : 빠진 글자가 있다.

39-8-17 **逃人而後謀**하고 **避人而後言**하여

남에게서 달아난 뒤에야 계획하고 남에게서 피한 뒤에야 말하여

言上後字舊本作后한대 今據吳鈔本改라

'言' 앞의 '後'자는 舊本에 '后'로 되어 있었는데, 지금 吳鈔本에 의거하여 고친다.

39-8-18 **行義不可明於民**하고

그의 行義는 인민에게 잘 밝혀지지 못하고

明은 吳鈔本作謀한대 誤라

'明'은 吳鈔本에 '謀'로 되어 있는데, 잘못이다.

39-8-19 **謀慮不可通於君臣**하니 **嬰不知孔某之有異於白公也**라 **是以不對**라하다 **景公曰 嗚乎**라

그의 謀慮는 군신 간에 잘 통해지지 못하니 저는 孔某가 白公과 다른 점이 있는지 모르겠습니다. 이런 까닭에 대답하지 않은 것입니다."라고 하였다. 경공이 이르기를 "오호라!

道藏本吳鈔本作呼라

〈'乎'는〉 道藏本, 吳鈔本에 '呼'로 되어 있다.

39-8-20 **貺**(황)**寡人者衆矣**로되

과인에게 아뢰는 자들이 많지만

儀禮士昏禮記에 云 吾子有貺命이라한대 鄭注云 貺은 賜也라하니 此貺與貺命義同이라 畢云 貺當爲況이니 此俗寫라하다

≪儀禮≫ 〈士昏禮〉의 記에 "그대가 딸의 이름을 알려주다.〔吾子有貺命〕"라고 하였는데, 鄭玄의 注에 "'貺'은 賜(주다)이다."라고 하였으니 이 조문의 '貺'은 '貺命'과 뜻이 같다.

畢沅 : '貺'은 마땅히 '況(비교하다)'이 되어야 하니 여기서는 俗字로 쓴 것이다.

39-8-21 **非夫子**면 **則吾終身不知孔某之與白公同也**라하다

선생이 아니었다면 나는 종신토록 孔某가 白公과 같음을 알지 못하였을 것이다."라고 하였다.

39-9-1 **孔某之齊**하여 **見景公**이라

孔某가 齊나라로 가서 景公을 알현하였다.

晏嬰沮封圖

史記孔子世家에 **以此爲昭公二十五年魯亂**하여 **孔子適齊以後事**라

≪史記≫ 〈孔子世家〉에서는 이 조문의 내용을 昭公 25년에 魯나라에 난리가 일어나 孔子가 齊나라로 간 이후의 일이라고 하였다.

39-9-2 **景公說**(열)하여 **欲封之以尼谿**하여

경공이 기뻐하여 그를 尼谿로 封해 주려고 하여

史記孔子世家同하고 晏子春秋外篇作爾稽라 孫星衍云 尼爾와 稽谿는 聲皆相近이라하다 詒讓案 尼谿地無攷한대 呂氏春秋高義篇에 又作景公致廩丘以爲養이라

〈'尼谿'는〉 ≪史記≫ 〈孔子世家〉에는 같고, ≪晏子春秋≫ 〈外篇〉에는 '爾稽'로 되어 있다.
孫星衍 : '尼'와 '爾', '稽'와 '谿'는 소리가 모두 서로 비슷하다.
詒讓案 : 尼谿라는 지명은 상고할 길이 없는데, ≪呂氏春秋≫ 〈高義〉편에는 또 "景公致廩丘以爲養(경공이 늠구를 주어 생활할 수 있게 하다.)"으로 되어 있다.

39-9-3 以告晏子라 晏子曰 不可라 夫儒는 浩居而自順者也니

晏子에게 알렸다. 안자가 아뢰기를 "안 됩니다. 대저 儒者는 오만하여 자기 마음대로 행동하는 자들이니

盧云 晏子外篇與此多同호되 浩居作浩裾라하다 畢云 案 史記作倨傲自順이라하다 顧云 漢書酷吏郅都傳에 丞相條侯至貴居也라한대 讀作倨라하다 詒讓案 王制云 喪祭에 用不足曰暴요 有餘曰浩라한대 鄭注云 浩는 猶饒也라하다 居裾竝倨之叚字라 家語三恕篇에 云 浩裾者則不親이라한대 王肅注云 浩裾는 簡略不恭之貌라하다 大戴禮記文王官人篇에 云 自順而不讓이라하고 又云 有道而自順이라한대 孔廣森云 自順은 謂順非也라하다

盧文弨 : ≪晏子春秋≫ 〈外篇〉은 이 조문과 대부분 같지만 '浩居'는 '浩裾'로 되어 있다.
畢沅 : 살펴보건대, ≪史記≫ 〈孔子世家〉에는 '倨傲自順'으로 되어 있다.
顧廣圻 : ≪漢書≫ 〈酷吏 郅都傳〉에 "丞相條侯至貴居也(승상 조후는 지극히 존귀하고 거만하였다.)"라고 하였는데, 〈'居'는〉 '倨'로 읽는다고 하였다.
詒讓案 : ≪禮記≫ 〈王制〉에 "초상과 제사에 비용이 부족한 것을 暴라 하고, 너무 남는 것을 浩라 한다.〔喪祭 用不足曰暴 有餘曰浩〕"라고 하였는데, 鄭玄의 注에 "'浩'는 饒(넉넉함)와 같다."라고 하였다. '居'와 '裾'는 모두 '倨'의 假借字이다. ≪孔子家語≫ 〈三恕〉편에 "오만한 자는 친해지지 않는다.〔浩裾者則不親〕"라고 하였는데, 王肅의 注에 "'浩裾'는 간략하여 공손하지 않은 모습이다."라고 하였다. ≪大戴禮記≫ 〈文王官人〉편에 "자기 마음대로 하면서 사양하지 않다.〔自順而不讓〕"라고 하고, 또 "도가 있으면서 자기 마음대로 하다.〔有道而自順〕"라고 하였는데, 孔廣森이 "'自順'은 잘못하는 대로 놓아둠을 이른다."라고 하였다.

39-9-4 不可以教下요 好樂(악)而淫人하니

백성들을 교화할 수 없고, 음악을 좋아하여 사람을 어지럽히니

晏子作好樂緩於民이라

≪晏子春秋≫에는 '好樂緩於民(음악을 좋아하여 백성들을 풀어지게 하다.)'으로 되어 있다.

39-9-5 不可使親治요 立命而怠事하니 不可使守職이요 宗喪循哀하니

직접 정사를 다스리게 할 수 없고, 天命을 만들어내어 일을 게을리하니 직분을 맡게 할 수 없고, 喪禮를 중시하여 슬픔을 끝없이 펴니

畢云 孔叢史記宗作崇이라하다 詒讓案 宗崇字通이라 詩周頌烈文鄭箋에 云 崇은 厚也라하다 書盤庚僞孔傳에 云 崇은 重也라하다 循은 史記孔叢作遂라 晏子作久喪道哀라 王云 循遂一聲之轉이라 遂哀는 謂哀而不止也라 三年問曰 三年之喪은 二十五月而畢하니 若駟之過隙이라 然而遂之면 則是無窮也라하다

畢沅 : ≪孔叢子≫, ≪史記≫에 '宗'은 '崇'으로 되어 있다.

詒讓案 : '宗'과 '崇'은 글자를 통용한다. ≪詩經≫ 〈周頌 烈文〉의 鄭玄의 箋에 "'崇'은 厚(두터이 함)이다."라고 하였다. ≪書經≫ 〈盤庚〉의 僞孔傳에 "'崇'은 重(중시함)이다."라고 하였다. '循'은 ≪사기≫와 ≪공총자≫에 '遂'로 되어 있다. ≪晏子春秋≫에는 '久喪道哀(장기간 服喪하며 끝없이 슬퍼하다.)'로 되어 있다.

王念孫 : '循'과 '遂'는 같은 소리가 바뀐 것이다. '遂哀'는 슬퍼하며 그치지 않음을 이른다. ≪禮記≫ 〈三年問〉에 "삼년상은 스물다섯 달이면 끝나니, 그 기간은 마치 네 필의 말이 끄는 수레가 좁은 틈새를 지나는 것처럼 빠르다. 그렇지만 그 뜻을 따라주면 끝날 때가 없다.〔三年之喪二十五月而畢 若駟之過隙 然而遂之 則是無窮也〕"라고 하였다.

39-9-6 不可使慈民이요

인민을 자애로이 돌보게 할 수 없고,

晏子作子民한대 慈子字通이라 禮記緇衣에 云 故君民者子以愛之면 則民親之라하고 又云

故長民者章志貞教尊仁하여 **以子愛百姓**이라하다 **國語周語**에 **云 慈保庶民**이 **親也**라하다

〈'慈民'은〉 ≪晏子春秋≫에 '子民'으로 되어 있는데, '慈'와 '子'는 글자가 통용된다. ≪禮記≫ 〈緇衣〉에 "그러므로 백성의 임금 노릇 하는 자가 자식처럼 여겨 사랑하면 백성들이 그를 친하게 여긴다.〔故君民者子以愛之 則民親之〕"라고 하고, 또 "그러므로 백성의 윗사람 된 자가 자신의 뜻을 밝혀 가르침을 올곧게 펴고 仁道를 숭상하여 백성들을 자식처럼 여겨 사랑한다〔故長民者章志貞教尊仁 以子愛百姓〕"라고 하였다. ≪國語≫ 〈周語〉에 "백성을 자애로운 마음으로 보호하는 것이 親이다.〔慈保庶民 親也〕"라고 하였다.

39-9-7 **機服勉容**하니

높은 冠을 쓰고서 용모를 구부리니

盧云 晏子作異于服하고 **勉于容**이라하다 **詒讓案 大戴禮記本命篇盧**[61]**注**에 **云 機**는 **危也**라하다 **危服**은 **蓋猶言危冠**이라 **勉**은 **俛之借字**라 **考工記矢人**에 **前弱則俛**이라한대 **唐石經**에 **俛作勉**하니 **是其證也**라 **機服勉容**은 **言其冠高而容俛也**라

盧文弨 : ≪晏子春秋≫에는 '異于服 勉于容(복장을 기이하게 하고 용모에 힘쓰다.)'으로 되어 있다.

詒讓案 : ≪大戴禮記≫ 〈本命〉편 盧辯의 注에 "機는 危(높음)이다."라고 하였다. 危服은 대체로 危冠이라고 말하는 것과 같다. '勉'은 '俛'의 假借字이다. ≪周禮≫ 〈考工記 矢人〉에 "앞이 약하면 낮아진다.〔前弱則俛〕"라고 하였는데, 唐 石經에 '俛'이 '勉'으로 되어 있으니 이것이 그 증거이다. '機服勉容'은 그 갓이 높아 용모가 구부러짐을 말한다.

39-9-8 **不可使導衆**이라 **孔某盛容脩飾以蠱**(고)**世**하고

群衆을 인도하게 할 수 없습니다. 孔某는 용모를 성대하게 꾸며 世人을 현혹시키고

吳鈔本脩作修하고 **晏子作盛聲樂以侈世**라 **文選西京賦薛綜注**에 **云 蠱**는 **惑也**라하다

---

61) 盧 : 盧辯(?~557)으로, 字는 景宣이다. 北周의 名臣으로, 저서에 ≪大戴禮記解詁≫와 ≪墳典≫이 있다.

吳鈔本에는 '脩'가 '修'로 되어 있고, ≪晏子春秋≫에는 〈'盛容脩飾以蠱世'가〉 '盛聲樂以侈世(성악을 성대히 하여 世人들을 방종하게 하다.)'로 되어 있다. ≪文選≫ 〈西京賦〉 薛綜의 注에 "'蠱'는 惑(미혹)이다."라고 하였다.

39-9-9 **弦歌鼓舞以聚徒**하며 **繁登降之禮以示儀**하고 **務趨翔之節以觀衆**하며

연주하고 노래하며 북치고 춤추면서 무리를 모으며 계단을 오르내리는 예를 번거로이 행하여 威儀를 보이고 절도 있는 걸음걸이에 힘써서 대중이 보게 합니다.

趨는 **吳鈔本作趍**라 **觀**은 **舊本作勸**하고 **吳鈔本作觀**한대 **與晏子外篇合**하니 **今據正**이라

'趨'는 吳鈔本에 '趍'로 되어 있다. '觀'은 舊本에 '勸'으로 되어 있고, 吳鈔本에 '觀'으로 되어 있는데 ≪晏子春秋≫ 〈外篇〉과 부합하니 지금 이에 의거하여 바로잡는다.

39-9-10 **博學不可使議世**요

박학하더라도 세상에 모범이 되게 할 수 없고,

博은 **舊本作儒**라 **畢云 晏子儒作博**하고 **議作儀**라하다 **王云 作博者是**니 **此言孔子博學而不可以爲法於世**요 **非譏其儒學也**라 **今本作儒學者**는 **博誤爲傳**하고 **又誤爲儒耳**라 **隷書傳儒相似**하니 **說見上文**이라 **儀議古字通**이라하다 **案 王說是也**니 **今據正**이라

'博'은 舊本에 '儒'로 되어 있다.

畢沅 : ≪晏子春秋≫에 '儒'는 '博'으로 되어 있고, '議'는 '儀'로 되어 있다.

王念孫 : '博'으로 된 것이 맞으니, 이 조문은 孔子가 博學하더라도 세상에 모범이 될 수 없음을 말한 것이지 그 儒學을 비판한 것이 아니다. 지금 本에서 '儒學'으로 되어 있는 것은 '博'이 잘못되어 '傳'이 되고 다시 잘못되어 '儒'가 된 것일 뿐이다. 隷書에 '傳'과 '儒'는 서로 비슷하니 그 說은 위의 글(39-6-8)에 보인다. '儀'와 '議'는 古字가 통용된다.

案 : 王念孫의 說이 맞으니 지금 이에 의거하여 바로잡는다.

39-9-11 **勞思不可以補民**이요

정신을 다 쏟더라도 인민을 도울 수가 없으며,

畢云 三字舊脫한대 盧據晏子增이라

畢沅 : 세 글자(以補民)가 舊本에 빠져 있는데, 盧文弨가 ≪晏子春秋≫에 의거하여 보충하였다.

39-9-12 絫(루)壽不能盡其學하고 當年不能行其禮하고

거듭해 늘인 수명으로도 그 학문을 다 배우지 못하고, 장성한 나이가 되어서도 그 예절을 행하지 못하며,

當年은 壯年也니 詳非樂上篇이라 抱朴子外篇省煩引墨子作累世不能究其學하고 當年不能究其事한대 與史記略同이라

'當年'은 壯年(장성한 나이)이니, 〈非樂 上〉편에 자세히 설명하였다. ≪抱朴子≫ 〈外篇 省煩〉에 ≪墨子≫를 인용하여 "여러 세대를 보내도 그 학문을 궁구할 수 없고, 장성한 나이가 되어서도 그 일을 궁구할 수 없다.〔累世不能究其學 當年不能究其事〕"라고 하였는데, ≪史記≫와 대략 같다.

39-9-13 積財不能贍(섬)其樂이라 繁飾邪術以營世君하고

쌓아놓은 재물로도 그 음악을 〈연주하는 데〉 넉넉하지 못합니다. 삿된 術數를 극도로 미화하여 當世의 임금들을 미혹시키고,

畢云 說文云 嫈(영)은 惑也라하다 家語云 營惑諸侯[62]라한대 高誘注淮南子에 曰 營은 惑也라하다 營同嫈하니 嫈與眴(현)音相近이라하다

畢沅 : ≪說文解字≫에 "'嫈'은 惑(미혹)이다."라고 하였다. ≪孔子家語≫에 "제후를 미혹시킨다.〔營惑諸侯〕"라고 하였는데, 高誘가 淮南子에 注를 내어 "'營'은 惑(미혹)이다."라고 하였다. '營'은 '嫈'과 같으니 '嫈'은 '眴'과 音이 서로 가깝다.

---

62) 家語云 營惑諸侯 : ≪孔子家語≫ 〈相魯〉에는 '熒侮諸侯'로 되어 있고, ≪史記≫ 〈孔子世家〉에 '營惑諸侯'로 되어 있으므로, 여기서 ≪家語≫라 한 것은 ≪史記≫의 오류인 듯하다.

39-9-14 **盛爲聲樂以淫遇民**이라

聲樂을 성대하게 베풀어 백성을 어지럽히고 우매하게 하고 있습니다.

晏子作以淫愚其民이라 案 遇與愚通하니 詳非命下篇이라 畢云 當爲愚民이라하다

≪晏子春秋≫에 '以淫愚其民(그 백성을 어지럽히고 우매하게 하다.)'으로 되어 있다.
案 : '遇'는 '愚'와 통용되니, 〈非命 下〉편에 자세히 설명하였다.
畢沅 : 마땅히 '愚民'이 되어야 한다.

39-9-15 **其道不可以(期)〔示〕世**요

그 道는 世人들에게 보여줄 수 없고

兪云 晏子春秋雜篇作其道也不可以示世[63]하니 此文期字亦示字之誤라 古文其字作亓하니 見集韻이라 示誤爲亓하여 因誤爲期矣라

兪樾 : ≪晏子春秋≫ 〈雜篇〉에 '其道也不可以示世(그 도는 世人들에게 보여줄 수 없다.)'로 되어 있으니, 이 문장의 '期'자 또한 '示'자의 誤字이다. 古文에서 '其'자는 '亓'로 되어 있으니, ≪集韻≫에 보인다. '示'가 잘못되어 '亓'가 되고, 오류를 답습하여 '期'가 된 것이다.

39-9-16 **其學不可以導衆**이라

그 학설은 대중을 敎導할 수 없습니다.

畢云 孔叢作家한대 非라하다

畢沅 : 〈'衆'은〉 ≪孔叢子≫ 〈詰墨〉에는 '家'로 되어 있는데, 잘못이다.

39-9-17 **今君封之**하여 **以(利)〔移〕齊俗**이나

지금 임금께서 그를 봉하여 齊나라의 풍속을 바꾸려고 하시지만,

---

63) 晏子春秋雜篇作其道也不可以示世 : 이 내용은 〈雜篇〉이 아니라 〈外篇〉 제8 '仲尼之齊見景公' 조에 수록되어 있는데, '其道也'가 빠진 판본(四庫全書本)도 있다.

晏子作今欲封之하여 以移齊國之俗이라 畢云 史記云 君欲用之하여 以移齊俗이라하니 作移是라하다

≪晏子春秋≫에는 '今欲封之 以移齊國之俗(지금 그를 봉하여 제나라의 풍속을 바꾸려고 하다.)'으로 되어 있다.

畢沅 : ≪史記≫에 "임금께서 그를 등용하여 제나라의 풍속을 바꾸려고 한다.〔君欲用之 以移齊俗〕"라고 하였으니, 〈'利'는〉 '移'로 쓰는 것이 맞다.

39-9-18 非所以導國先衆이라한대 公曰

그것은 국가를 다스리고 대중에게 솔선하는 방법이 아닙니다."라고 하자, 공이 이르기를

畢云 二字舊脫한대 據孔叢增이라하다

畢沅 : 두 글자(公曰)가 舊本에 빠져 있는데, ≪孔叢子≫에 의거하여 보충한다.

39-9-19 善타하다

"좋다."라고 하였다.

吳鈔本又無此字라

吳鈔本에는 이 글자(善)도 없다.

39-9-20 於是厚其禮호되

이에 그에 대한 예우는 후하게 하면서도

畢云 厚其二字舊脫한대 盧據晏子增이라하다

畢沅 : '厚其' 2자는 舊本에 빠져 있는데, 盧文弨가 ≪晏子春秋≫에 의거하여 보충하였다.

39-9-21 留其封하고 敬見而不問其道라

그 봉하려던 것을 유보하였고 공경히 만나주면서도 그 도를 묻지는 않았다.

問은 **吳鈔本作利**한대 **誤**라

'問'은 吳鈔本에 '利'로 되어 있는데, 잘못이다.

39-9-22 **孔某乃恚**(에)하고

孔某는 이에 怨恨을 품고

舊本作孔乃志라 **道藏本孔下又空一字**하고 **季本吳鈔本竝作孔子諱**하니 **今據增某 字**라 **晏子作仲尼迺**(내)**行**이라 **畢本志改恚**하고 **云 恚舊作志**한대 **盧改**라하다

舊本에는 '孔乃志'로 되어 있다. 道藏本에는 '孔' 뒤에 또 한 글자가 비어 있고, 季本·吳鈔本에는 모두 孔子의 諱로 되어 있으니, 지금 이에 의거하여 '某'자를 보충한다. ≪晏子春秋≫에는 '仲尼迺行(중니가 이에 떠났다.)'으로 되어 있다. 畢沅의 本에는 '志'를 '恚'로 고치고 "'恚'는 舊本에 '志'로 되어 있는데, 盧文弨가 고쳤다."라고 하였다.

39-9-23 **怒於景公與晏子**하여 **乃樹鴟**(치)**夷子皮**

景公과 晏子에게 노하여 이에 鴟夷子皮를

畢云 卽范蠡也라 **韓非子云 鴟夷子皮事田成子**라 **成子去齊**하여 **走而之燕**할새 **鴟夷子皮負傳**[64]**而從**이라하다 **按史記貨殖傳**에 **云 范蠡變名易姓**하고 **適齊**하여 **爲鴟夷子皮**라하다 **蘇云 據史記**컨대 **范蠡亡吳後**에 **乃變易姓名適齊**하여 **爲鴟夷子皮**라 **然亡吳之歲乃孔子卒後六年**이요 **景公卒後十七年**이니 **又安知蠡之適齊而樹之田氏之門乎**리오 **此與莊周所言孔子見盜跖無異**하니 **眞齊東野人之語也**[65]라하다 **詒讓案 淮南子氾論訓**에 **云**

---

64) 傳 : 고대에 關津을 통과하거나 驛站에서 숙박하거나 역참의 車馬를 사용할 때 보여주는 증빙용 符節로, 節傳이라고도 한다. 나무로 만드는데 길이가 5치이고 겉면에 符信을 쓴 뒤 나무판에 넣고 御使의 印章으로 봉하여 신원을 확인할 수 있게 하였다.

65) 齊東野人之語也 : ≪孟子≫ 〈萬章 上〉에 "이는 군자의 말이 아니다. 제나라 동쪽에 사는 시골 사람의 말이다.〔此非君子之言 齊東野人之語也〕"라고 한 데서 나온 말로, 근거가 없는 황당한 이야기를 뜻한다.

昔者齊簡公釋其國家之柄하고 **而專任大臣**이라 **故使陳成田常**[66]**鴟夷子皮得成其難**이라하고 **說苑指武篇**에 **又云 田成子常與宰我爭**할새 **宰我夜伏卒**이라가 **將以攻田成子**어늘 **鴟夷子皮聞之**하고 **告田成子**라하니 **卽此**라

畢沅 : 〈鴟夷子皮는〉 바로 范蠡이다. ≪韓非子≫ 〈說林 上〉에 "鴟夷子皮는 田成子를 섬겼다. 전성자가 齊나라를 떠나 燕나라로 도망갈 때 치이자피가 傳을 등에 지고 수행하였다."라고 하였다. 살펴보건대, ≪史記≫ 〈貨殖列傳〉에 "범려는 姓名을 바꾸고 齊나라로 가서 치이자피가 되었다."라고 하였다.

蘇時學 : ≪사기≫에 의거하건대, 범려는 吳나라를 멸망시킨 뒤에 비로소 성명을 바꾸고 齊나라로 가서 치이자피가 되었다. 그러나 吳나라를 멸망시킨 해는 바로 孔子가 卒한 지 6년 뒤이고 景公이 卒한 지 17년 뒤이니 범려가 齊나라에 가서 그를 田氏의 門下에 세울 줄 또 어찌 알았겠는가. 이 조문은 공자가 盜跖을 만났다고 한 莊周의 말과 다름이 없으니, 참으로 齊나라 동쪽에 사는 시골 사람의 말이다.

詒讓案 : ≪淮南子≫ 〈氾論訓〉에 "옛날 齊 簡公이 자기 나라의 權柄을 내려놓고 大臣에게 전적으로 위임하였다. 그래서 陳成子 田常과 치이자피가 난을 일으켜 성공할 수 있었다."라고 하고, ≪說苑≫ 〈指武〉편에 또 "전성자 常이 宰我와 다툴 때에 재아가 밤에 군졸을 매복시켜 두었다가 전성자를 공격하려 하였는데 치이자피가 이 사실을 듣고 전성자에게 알렸다."라고 한 것이 바로 이 내용이다.

39-9-24 於田常之門하고

田常의 門下에 세우고

田常은 **卽陳恒**이니 **見春秋哀十四年經**이라 **公羊恒作常**이라 **莊子盜跖篇**에 **云 田成子常殺君竊國**이로되 **而孔子受幣**라하니 **蓋戰國時有此誣妄之語**라 **錢大昕**[67]**云 田常弑君之**

66) 陳成田常 : 齊나라의 대부 陳恒이다. 恒은 이름이고, 常은 자이고, 成은 시호이다. '陳'과 '田'은 옛날에 통용된 글자로 모두 성을 가리킨다. 陳成子 또는 田成子라고도 한다. 선조인 陳厲公의 아들 田完이 齊 桓公 때 제나라로 망명하여 처음으로 벼슬하게 되었는데, 陳恒 때에 이르러 齊 簡公을 시해하고 정권을 장악하였고, 이후 그의 증손 田和 때에 이르러 천자의 승인을 받아 정식으로 제후가 되었다.(≪春秋左氏傳≫ 莊公 22年)

67) 錢大昕 : 1728~1804. 字는 曉徵, 號는 辛楣·潛研老人·竹汀이며, 江蘇 嘉定(지금의 上海)

年에 **越未滅吳**하니 **范蠡何由入齊**리오 **此淮南之誤也**라하다

田常은 바로 陳恒이니, ≪春秋≫ 哀公 14년의 經文에 보인다. ≪春秋公羊傳≫에는 '恒'이 '常'으로 되어 있다. ≪莊子≫ 〈盜跖〉편에 "田成子 常이 임금을 시해하고 나라를 찬탈하였는데도 孔子가 그에게서 幣帛을 받았다."라고 하였으니, 대체로 戰國시대에 이렇게 무함하는 말이 있었던 듯하다.

錢大昕 : 田常이 임금을 시해한 해에 越나라는 아직 吳나라를 멸망시키지 않았으니 范蠡가 어떻게 齊나라에 들어올 수 있겠는가. 이것은 ≪淮南子≫의 오류이다.

39-9-25 告南郭惠子以所欲爲하고

南郭惠子에게 자신이 하려고 하는 계획을 알려주고

荀子法行篇有南郭惠子問於子貢한대 **楊注云 未詳其姓名**이라 **蓋居南郭**하여 **因以爲號**라 **莊子有南郭子綦**라하다 **案 見齊物論篇**이라 **南郭惠子**는 **尙書大傳略說作東郭子思**하고 **說苑襍**(잡)**言篇作東郭子惠**라 **史記索隱引世本**[68]**陳成子弟有惠子得**한대 **或卽此人**이라 **朱彝尊孔子弟子攷**[69]**謂卽衛惠叔蘭**이라한대 **謬**라

≪荀子≫ 〈法行〉편에 南郭惠子가 子貢에게 물었다는 말이 있는데, 楊倞의 注에 "그 姓名은 알 수 없다. 대체로 南郭에 살고 있어 인하여 號로 삼은 듯하다. ≪莊子≫에 南郭子綦가 있다."라고 하였다.

案 : ≪장자≫ 〈齊物論〉편에 보인다. 南郭惠子는 ≪尙書大傳≫ 〈略說〉에 '東郭子思'로 되어 있고, ≪說苑≫ 〈雜言〉편에 '東郭子惠'로 되어 있다. ≪史記索隱≫에 陳成子의 아우

사람이다. 淸나라 학자로 음운학과 훈고학, 역사학 등에서 뛰어난 업적을 남겼다고 평가받는다. 저서로 ≪二十二史考異≫, ≪恒言錄≫, ≪十駕齋養新錄≫, ≪潛研堂文集≫ 등이 있다.

68) 世本 : 世는 世系이고, 本은 기원이라는 뜻으로, 上古의 帝王과 諸侯, 卿大夫의 世系를 적은 책이다. 先秦時代 史官이 편찬한 것으로 〈帝系〉, 〈王侯世〉, 〈卿大夫世〉, 〈氏族〉, 〈作篇〉, 〈居篇〉, 〈謚法〉 등 15편으로 구성되어 있다.

69) 朱彝尊孔子弟子攷 : 朱彝尊(1629~1709)은 淸代의 학자로, 자는 錫鬯, 호는 竹垞이다. 시문과 고증학에 능통하였으며 浙西詞派의 창시자이기도 하다. 저서로 ≪經義考≫, ≪日下舊聞≫, ≪曝書亭集≫ 등이 있다. 〈孔子弟子攷〉는 ≪曝書亭集≫ 권56에 실려 있는 편명으로, 孔子의 弟子들에 대해 고증해 놓은 것이다.

에 惠子得이 있다고 하는 ≪世本≫의 내용을 인용하였는데, 어쩌면 바로 이 사람일 것이다. 朱彝尊은 ≪孔子弟子攷≫에서 바로 衛惠叔蘭이라고 하였는데, 잘못 본 것이다.

39-9-26 歸於魯라 **有頃**에 **閒齊將伐魯**하고

魯나라로 돌아갔다. 얼마 있다가 齊나라가 장차 魯나라를 치려는 틈을 엿보고

畢云 言伺其閒이라하다 蘇云 閒當作聞[70]이라하다 案 蘇校亦通이라

畢沅 : 그 틈을 엿본다는 말이다.
蘇時學 : '閒'은 마땅히 '聞'이 되어야 한다.
案 : 蘇時學의 校勘 역시 뜻이 통한다.

39-9-27 告子貢曰 賜乎아 **擧大事於今之時矣**라하고 **乃遣子貢之齊**하여 **因南郭惠子以見田常**하여 **勸之伐吳**하고 **以敎高國鮑晏**하여 **使毋得害田常之亂**하고 **勸越伐吳**라 **三年之內**에 **齊吳破國之難**하여

子貢에게 이르기를, "賜야, 지금이 바로 큰 일을 일으킬 때다."라고 하고, 이에 자공을 보내 齊나라로 가게 하여 南郭惠子를 통해 田常을 만나 吳나라를 치도록 권하고 高氏, 國氏, 鮑氏, 晏氏에게 일러 전상의 난을 방해하지 말게 하고 越나라가 오나라를 치도록 권하였다. 3년 동안에 제나라와 오나라는 국가가 무너지는 어려움을 겪어

史記孔子弟子列傳載田常欲作亂於齊러니 憚高國鮑晏이라 故移其兵欲以伐魯라 孔子聞之하고 使子貢至齊하여 說(세)田常伐吳하고 又說(세)吳救魯伐齊하여 與齊人戰於艾陵하여 大破齊師라 越王聞之하고 襲破吳라 越絶書陳成恒內傳所載尤詳하니

子貢

70) 閒當作聞 : 이 설을 따를 경우에는 '閒齊將伐魯'를 '聞齊將伐魯'로 교감하고, '齊나라가 장차 魯나라를 치려 한다는 말을 듣고'로 번역해야 한다.

云 子貢一出에 存魯亂齊破吳彊晉霸越이라하니 卽其事라

≪史記≫ 〈孔子弟子列傳〉에 다음과 같은 내용이 실려 있다. 田常이 齊나라에서 난을 일으키려고 하였는데 高氏, 國氏, 鮑氏, 晏氏를 걸끄럽게 여겼다. 그래서 그들의 군대를 옮겨 魯나라를 치려고 하였다. 孔子가 이 소식을 듣고 子貢으로 하여금 齊나라에 이르러 田常에게 吳나라를 치도록 유세하고, 다시 吳나라에 魯나라를 구원하여 齊나라를 치도록 유세하게 하여, 齊人과 艾陵에서 전투하여 齊나라 군대를 크게 무너뜨렸다. 越王이 이 소식을 듣고 吳나라를 습격하여 무너뜨렸다.

≪越絶書≫ 〈陳成恒內傳〉에 실린 내용은 이보다 더 상세한데, "子貢이 한번 나가자, 魯나라를 보존하고 齊나라를 어지럽히고 吳나라를 무너뜨리고 晉나라를 강성하게 하고 越나라를 霸者로 만들었다."라고 하였으니, 바로 이 일이다.

39-9-28 伏尸以(言)〔意(억)〕術數는

나뒹구는 시체를 10만으로 수를 헤아리게 된 것은

吳鈔本無言字라 蘇云 當云不可以言計數也니 尸下脫不可二字라하다 案 蘇校未塙(확)이라 依吳本則術當讀爲遂니 月令審端徑術에 鄭注云 術은 周禮作遂라하다 此當爲隧之叚字니 謂伏尸之多以隧數計라 猶言以澤量也라 或云 當作以意術數라한대 意言篆文相近하니 卽億之省이라 術率通하니 詳明鬼下篇이라 廣雅釋言云 率計는 校也라하니 猶言以十萬計라 亦通이라

吳鈔本에는 '言'자가 없다.

蘇時學 : 마땅히 "숫자를 계산해 말할 수가 없다.〔不可以言計數〕"라고 해야 하니 '尸' 뒤에 '不可' 2자가 빠졌다.

案 : 蘇時學의 校勘은 확실하지 않다. 吳鈔本에 의거하면 '術'은 마땅히 '遂'로 읽어야 한다. ≪禮記≫ 〈月令〉의 '審端徑術(徑(보도)과 遂(도랑)를 살피고 단정하게 하다.)'에 대해 鄭玄의 注에 "'術'은 ≪周禮≫에 '遂'로 되어 있다."라고 하였다. 여기서는 마땅히 '隧'의 假借字가 되어야 하니 나뒹구는 시체가 隧道의 수로 계산해야 할 정도로 많다는 말이다. 〈시체를 채운〉 沼澤의 수로 헤아린다는 말과 같다. 어떤 이는 "마땅히 '以意術數'로 써야 한다."라고도 하는데, '意'과 '言'은 篆文이 서로 비슷하니 바로 '億'을 생략한 형태이다. '術'

과 '率'은 통용하니 〈明鬼 下〉편에 자세히 설명하였다. ≪廣雅≫ 〈釋言〉에 "'率'과 '計'는 校(비교함)이다."라고 하였으니, 〈'以意術數'는〉 10만으로 헤아린다는 말과 같다. 이 역시 뜻이 통한다.

39-9-29 **孔某之(誅)〔謀〕也**라

孔某의 모략이다.

畢云 言孔子之責也라하다 **蘇云 誅當作**[71]**謀**라하다

畢沅 : 孔子의 책임이라는 말이다.

蘇時學 : '誅'는 마땅히 '謀'가 되어야 한다.

39-10-1 **孔某爲魯司寇**하여

孔某가 魯나라 司寇가 되어

史記孔子世家云 定公九年由司空하여 **爲大司寇**라하다

≪史記≫ 〈孔子世家〉에 "定公 9년에 司空을 거쳐 大司寇가 되었다."라고 하였다.

39-10-2 **舍公家而奉季孫**이라

魯나라 公室을 버리고 季孫氏를 받들었다.

畢云 奉舊作於한대 **據孔叢改**라하다

畢沅 : '奉'은 舊本에 '於'로 되어 있는데, ≪孔叢子≫에 의거하여 고친다.

39-10-3 **季孫相魯君而走**어늘

季孫氏가 魯나라 임금의 재상을 지내다 달아났는데

---

71) 作 : 저본의 傍注에 "'作'은 원래 '讀'으로 잘못되어 있으나, 蘇時學의 ≪墨子刊誤≫ 권1에 의거하여 고쳤다.〔作 原誤讀 據蘇時學墨子刊誤卷一改〕"라고 하였다.

經傳無此事하니 亦謾語也라

經傳에 이 사실이 없으니 역시 근거 없는 말이다.

39-10-4 季孫與邑人爭門關할새

季孫氏가 마을 사람들과 관문의 빗장을 두고 다툴 때

說文門部云 關은 以木橫持門戶也라하다

≪說文解字≫ 門部에 "'關'은 나무로 門戶에 가로로 거는 것이다."라고 하였다.

39-10-5 決植이라

문을 건 기둥을 떠받쳐 들었다.

決植上疑有脫文이라 爾雅釋宮에 云 植을 謂之傳이라한대 郭注云 戶持鎖植也라하다 一切經音義引三蒼云 戶旁(방)柱曰植이라하다 畢云 列子云 孔子勁能(招)〔拓〕[72]國門之關이로되 而不肎(긍)以力聞이라하고 呂氏春秋愼大에 云 孔子之勁은 擧國門之關이로되 而不肎以力聞이라하니 云決植은 卽其事也라 說文云 植은 戶植也라하니 似言季氏爭關而出할새 孔子決門植以縱之라하다 詒讓案 左傳襄十年에 偪(복)陽人啓門이어늘 諸侯之士門焉한대 縣門發이어늘 郰(추)人紇(흘)[73]抉之하여 以出門者라한대 孔疏에 服虔云 抉은 撅也니 謂以木橛抉縣門하여 使擧하여 令下容人出也라하다 決疑抉之借字요 又疑流俗傳譌하여 以鄹大夫事爲孔子也라 淮南子道應訓에 云 孔子勁杓國門之關이라하고 又主術訓에 孔子力招(교)城關이라한대 高注云 招는 擧也라 以一手招城門關端하여 能擧之라하다

'決植' 앞에 빠진 글자가 있는 듯하다. ≪爾雅≫ 〈釋宮〉에 "'植'을 傳(符信)이라고 한다."라고 하였는데, 郭璞의 注에 "문을 거는 鎖植이다."라고 하였다. ≪一切經音義≫에서

72) (招)〔拓〕 : 저본에는 '招'로 되어 있으나, ≪列子≫ 〈說符〉에 의거하여 '拓(탁)'으로 바로잡았다. 張湛의 注에 "拓은 擧(들다)이다."라고 하였다.

73) 郰人紇 : 孔子의 부친 叔梁紇로, 아래 나오는 鄹大夫도 그를 가리킨다.

≪三蒼≫을 인용하여 "문의 옆 기둥을 植이라고 한다."라고 하였다.

畢沅 : ≪列子≫ 〈說符〉에 "孔子는 힘이 능히 國門의 빗장을 들어올릴 수 있었지만 힘이 센 것으로 알려지려 하지 않았다."라고 하고, ≪呂氏春秋≫ 〈愼大〉에 "孔子의 힘은 능히 國門의 빗장을 들어올릴 수 있었지만 힘이 센 것으로 알려지려 하지 않았다."라고 하였으니, '決植'이라고 한 것은 바로 그 일이다. ≪說文解字≫에 "'植'은 문을 거는 기둥이다."라고 하였으니, 季氏가 빗장을 두고 다투며 나갈 때 孔子가 문을 건 기둥을 들어올려 그를 통과하도록 한 것을 말한 듯하다.

詒讓案 : ≪春秋左氏傳≫ 襄公 10年에 "偪陽人이 城門을 열자 諸侯軍이 城門을 攻擊하니 偪陽人이 機關을 發動하여 縣門을 내렸다. 그러자 郰人 叔梁紇이 縣門을 떠받쳐 들고서〔郰人紇抉之〕 성안으로 들어갔던 군사들을 脫出시켰다."라고 하였는데, 孔穎達의 疏에 "服虔이 '抉은 撅이니 나무 말뚝으로 縣門을 떠받쳐 들어 올려 아래로 사람들이 나갈 수 있게 함을 이른다.'라고 하였다."라고 하였다. 아마도 '決'은 '抉'의 假借字인 듯하고, 또 아마도 세속에서 잘못 전하여 郰大夫의 일을 孔子의 일로 여긴 듯하다. ≪淮南子≫ 〈道應訓〉에 "孔子는 힘이 國門의 빗장을 들어올린다.〔孔子勁杓國門之關〕"라고 하고, 또 〈主術訓〉에 "孔子는 힘이 城門의 빗장을 들어올린다.〔孔子力招城關〕"라고 하였는데, 高誘의 注에 "'招'는 擧(들다)이다. 한 손으로 城門의 빗장 끝을 떠받쳐 능히 들 수 있는 것이다."라고 하였다.

39-11-1 孔某窮於蔡陳之閒하여

孔某가 蔡나라와 陳나라 국경 사이에서 곤궁에 빠져

畢云 孔叢窮作戹(액)이라하다

畢沅 : ≪孔叢子≫에는 '窮'이 '戹'으로 되어 있다.

39-11-2 藜羹不粸(삼)이라가

명아주 국에 쌀가루를 타 먹지

在陳絕糧圖

못하다가

內則鄭注에 云 凡羹齊宜五味之和와 米屑之糝이라하다 畢云 藝文類聚引作藜蒸不糂하고 北堂書鈔作不糝하고 太平御覽作糂하고 一作糝이라 荀子云 七日不火食하고 藜羹不糂이라한대 楊倞云 糂與糝同하니 蘇覽反이라하다 說文云 糂은 以米和羹也니 一曰粒也라 古文糂從參이라하니 則糂糝古今字라하다

≪禮記≫ 〈內則〉의 鄭玄의 注에 "무릇 국을 잘 배합해 만들려면 五味의 調味와 쌀가루의 비율〔米屑之糝〕이 알맞아야 한다."라고 하였다.

畢沅 : ≪藝文類聚≫에는 ≪墨子≫를 인용하면서 '藜蒸不糂'으로 되어 있고, ≪北堂書鈔≫에는 '不糝'으로 되어 있고, ≪太平御覽≫에는 '糂'으로 되어 있고, 어느 本에는 '糝'으로 되어 있다. ≪荀子≫ 〈宥坐〉에 "이레 동안 밥을 지어 먹지 못하고 명아주 국에 쌀가루를 타지 못했다.〔藜羹不糂〕"라고 하였는데, 楊倞은 "'糂'은 '糝'과 같으니 '蘇'와 '覽'의 反切이다."라고 하였다. ≪說文解字≫에 "'糂'은 쌀을 국에 타는 것이니 '粒'이라고도 한다. 古文에서 '糂'은 '參'으로 구성되어(糝) 있으니 '糂'과 '糝'은 각각 今字와 古字이다.

39-11-3 十日에 子路(爲)享(팽)豚이어늘

열흘 만에 子路가 돼지를 삶아주었는데

享은 吳鈔本作亨이라 畢云 孔叢太平御覽引享作烹한대 俗寫耳라 享卽烹字라하다 王云 爲字後人所加라 享卽今之烹字也니 經典省作亨(팽)이어늘 後人誤讀爲燕享(향)之享이라 故又加爲字耳라 孔叢子詰墨篇藝文類聚獸部中太平御覽人事部百二十七飮食部十一獸部十五引此皆作子路烹豚하고 無爲字라하다

子路

'享'은 吳鈔本에 '亨'으로 되어 있다.

畢沅 : ≪孔叢子≫, ≪太平御覽≫에는 ≪墨子≫를 인용하면서 '享'을 '烹'으로 쓰고 있는데, 俗字로 쓴 것일 뿐이다. '享'은 바로 '烹'자이다.

王念孫 : '爲'자는 後人이 덧붙인 것이다. '享'은

바로 지금의 '烹'자이니 經典에는 '亨'으로 생략해 쓰는데, 後人이 '燕享'의 '享'으로 잘못 읽었기 때문에 다시 '爲'자를 덧붙였을 뿐이다. ≪孔叢子≫〈詰墨〉, ≪藝文類聚≫〈獸部 中〉, ≪太平御覽≫〈人事部 127〉·〈飮食部 11〉·〈獸部 15〉에는 ≪墨子≫를 인용하면서 모두 '子路烹豚'으로 되어 있고 '爲'자가 없다.

39-11-4 **孔某不問肉之所由來而食**하고

孔某는 고기가 어디서 났는지 묻지도 않고 먹고,

畢云 藝文類聚引作不問肉所從來卽食之라하다

畢沅 : ≪藝文類聚≫에는 ≪墨子≫를 인용하면서 '不問肉所從來卽食之(고기가 어디서 났는지 묻지도 않고 바로 먹었다.)'로 되어 있다.

39-11-5 **(號)〔褫(치)〕人衣**하여

남의 옷을 빼앗아

畢云 號는 **褫字之誤**니 **孔叢作剝**이라하다 **詒讓案 說文衣部**에 **云 褫**는 **奪衣也**라하다 **非攻上篇**에 **云 扡其衣裘**[74)]라하니 **扡褫字同**이라

畢沅 : '號'는 '褫'자의 誤字이니, ≪孔叢子≫에는 '剝'으로 되어 있다.

詒讓案 : ≪說文解字≫ 衣部에 "'褫'는 奪衣(옷을 빼앗음)이다."라고 하였다. 〈非攻 上〉편에 "그의 衣服과 갖옷을 빼앗다.〔扡其衣裘〕"라고 하였는데, '扡'와 '褫'는 글자가 같다.

39-11-6 **以酤酒**어늘

술을 사다 주었는데

酤는 **吳鈔本作沽**라 **畢云 孔叢酤作沽**한대 **同**이라하다

'酤'는 吳鈔本에 '沽'로 되어 있다.

---

74) 非攻上篇云 扡其衣裘 : 본서 2책 〈非攻 上〉 17-1-7에 나온다.

畢沅 : ≪孔叢子≫에는 '酤'가 '沽'로 되어 있는데, 같다.

39-11-7 **孔某不問酒之所由來而飮**이라 **哀公迎孔某**[75)]에

孔某는 술이 어디서 났는지 묻지도 않고 먹었다. 哀公이 孔某를 맞이하였을 때

孔子窮於陳蔡之閒은 **在哀公六年**이라 **十一年**에 **季康子迎孔子**하여 **自衛反魯**하니 **卽其時也**라

孔子가 陳나라와 蔡나라 국경 사이에서 곤궁에 빠진 일은 哀公 6년에 있었다. 哀公 11년에 季康子가 孔子를 맞이하여 衛나라에서 魯나라로 돌아온 것은 바로 이때이다.

39-11-8 **席不端弗坐**하고

자리가 단정하지 않으면 앉지 않고

弗은 **吳鈔本作不**호되 **下句仍作弗**이라 **論語鄕黨篇**에 **云 席不正不坐**라한대 **皇侃**[76)]**義疏云 舊說云 鋪之不周正則不坐之也**라 **故范甯云 正席所以恭敬也**라하다

'弗'은 吳鈔本에 '不'로 되어 있는데 아래 구에서는 그대로 '弗'로 되어 있다. ≪論語≫ 〈鄕黨〉편에 "자리가 바르지 않으면 앉지 않는다.〔席不正不坐〕"라고 하였는데, 皇侃의 ≪論語義疏≫에 "舊說에 '자리를 편 것이 단정하지 않으면 앉지 않은 것이다.'라고 하였다. 그래서 范甯이 '자리를 바르게 하는 것은 공경을 표하는 방법이다.'라고 한 것이다."라고 하였다.

---

75) 孔某 : 저본의 傍注에 "'孔某'가 원래는 '孔子'로 되어 있었는데, 畢沅의 刻本에 의거하여 고쳤다. 살펴보건대, ≪墨子≫의 舊本에는 모두 '孔丘'로 되어 있는데, 畢沅의 刻本에서는 避諱해서 모두 '孔某'로 고쳤으니, 본서에서는 畢沅의 刻本에 의거하여 위아래 문장에 모두 '孔某'로 썼다. 이곳에서 '孔子'로 되어 있는 것은 참으로 필사 과정의 잘못이고 각 본들에 '孔子'로 되어 있는 것이 없으니 지금 畢沅의 刻本과 같이 고친다.〔孔某 原作孔子 據畢沅刻本改 按墨子舊本竝作孔丘 畢刻避諱悉改作孔某 本書依畢刻 上下文均作孔某 此據作孔子實筆誤 各本無作孔子者 今改同畢刻〕"라고 하였다.

76) 皇侃 : 488~545. '皇偘'이라 부르기도 한다. 南朝 梁나라의 유학자이자 경학자로, 특히 三禮, ≪孝經≫, ≪論語≫에 정통하였다. ≪論語義疏≫를 저술하였다.

39-11-9 **割不正弗食**이라

썬 고기가 바르게 잘리지 않았으면 먹지 않았다.

文選王昭君詞李注引兩弗字竝作不이라 論語鄕黨篇文同한대 皇疏云 古人割肉必方正하니 若不方正割之라 故不食也라하다 江熙[77]云 殺不以道爲不正也라하다 案 此當從皇說이니 江說非라

≪文選≫ 〈王昭君詞〉의 李善 注에서 ≪墨子≫를 인용한 곳에는 두 '弗'자가 모두 '不'로 되어 있다. ≪論語≫ 〈鄕黨〉편의 문장은 같은데, 皇侃의 ≪論語義疏≫에 "옛사람은 고기를 썰 때 반드시 方正하게 하였는데 방정하지 않게 썬 듯하므로 먹지 않은 것이다."라고 하였다. 江熙는 "올바른 방법으로 죽이지 않은 것이 '不正'이다."라고 하였다.

案 : 이 조문은 마땅히 皇侃의 說을 따라야 하니, 江熙의 說은 잘못 본 것이다.

39-11-10 **子路進**하여 **請曰 何其與陳蔡反也**잇고한대

子路가 나아가 뵙고 말하기를 "어째면 그리도 陳나라 蔡나라 국경 사이에서 있을 때와 상반되십니까?"라고 하자,

畢云 文選注引反作異라하다

畢沅 : ≪文選≫의 注에서는 ≪墨子≫를 인용하면서 '反'을 '異'로 쓰고 있다.

39-11-11 **孔某曰 來**하라 **吾語女**호리라

孔某가 이르기를 "이리 오게. 내가 그대에게 말해주겠네.

舊本作與女라 畢云當爲語女라하다 案 道藏本季本竝作語女하고 吳鈔本作語汝하니 今據正이라

〈'語女'가〉 舊本에 '與女'로 되어 있다.

---

77) 江熙 : 자는 太和로, 濟陽 사람이다. 東晉 때 博士를 지냈다. ≪毛詩≫와 ≪春秋穀梁傳≫에 주를 달았다.

畢沅 : 마땅히 '語女'가 되어야 한다.

案 : 道藏本, 季本에는 모두 '語女'로 되어 있고, 吳鈔本에는 '語汝'로 되어 있으니, 지금 이에 의거하여 바로잡는다.

39-11-12 曩與女爲苟[78]生하고

그때는 자네와 함께 살아남는 데 다급하였고

畢云 苟且라하다 王云 畢說非也라 茍(극)讀爲亟其乘屋[79]之亟이라 亟은 急也라 說文에 茍은 自急敕也라 從羊省하고 從勹(포)口라 勹口猶愼言也라하니 與苟且之苟從艸者不同[80]이라 曩與女爲茍生이요 今與女爲茍義者는 曩謂在陳蔡時也요 今謂哀公賜食時也라 茍(극)은 急也니 言曩時則以生爲急하고 今時則以義爲急也라 若以茍爲苟且之苟(구)면 則茍義二字義不可通矣라 文選石崇王昭君辭注引此亦誤以爲苟且之苟라하다 案 茍(극)字不見經典이요 唯爾雅에 亟은 速也라한대 釋文曰 亟字又作茍(극)하니 同居力反이라하다 此釋文中僅見之字라 釋文而外엔 則唯墨子書有之한대 亦古文之僅存者니 良可貴也라하다 兪云 王氏以茍爲說文自急敕之茍(극)이라 然求之文義하면 亦似未合이라 本文言爲苟生爲苟義요 不言以生爲急以義爲急也라 此字仍當爲苟且之苟라 苟生者는 苟可以得生而止也요 苟義者는 苟可以得義而止也라 儀禮燕禮聘禮記竝有賓爲苟敬之文한대 鄭注聘禮曰 燕은 私樂之禮니 崇恩殺(쇄)敬也라하고 又曰 苟敬(也)〔者〕[81]는 主人所以小敬也라하니 然則苟敬之義는 亦謂苟可以致敬而止라 此言爲苟生爲苟義는 正與爲苟敬一

---

78) 苟 : 畢沅은 '구차하다'로, 王念孫은 '다급하다'로, 兪樾은 다시 '구차하다'가 맞다고 하면서 ≪儀禮≫를 비롯한 선진 문헌의 사례를 끌어와 '정도가 지극하지 않다'는 뜻으로 보았는데, 孫詒讓은 兪樾의 뜻도 통한다고 보았다. 하지만 이후 劉昶과 Ian Johnston의 경우 다시 '다급하다'로 보았는데, 여기서는 이를 따랐다.

79) 亟其乘屋 : ≪詩經≫ 〈豳風 七月〉에 나온다.

80) 與苟且之苟從艸者不同 : 저본의 傍注에 "살펴보건대, ≪說文解字≫에서 '自急敕'이라고 풀이한 '茍'은 '羊'의 생략한 字形을 부수로 하여 본래 '茍'이라고 쓰니, '艹'頭를 부수로 하는 '苟且'의 '苟'와는 다른 글자이다. 지금 쓸 때에는 구별이 없다."라고 하였다.

81) (也)〔者〕 : 저본에는 '也'로 되어 있으나, 兪樾의 ≪諸子平議≫와 ≪儀禮≫ 〈聘禮〉의 鄭玄 注에 의거하여 '者'로 바로잡았다.

律이라 蓋古語有然하니 未可臆改也라 淮南子繆稱篇에 云 小人之從事也는 曰苟得이요 君子之從事也는 曰苟義라하니 文義正與此相近이라하다 案 兪說亦通이라

畢沅 : 〈'苟'는〉 苟且의 뜻이다.

王念孫 : 畢沅의 說은 잘못 본 것이다. '苟'은 '亟其乘屋(급히 그 지붕을 올리다.)'의 '亟'으로 읽는다. '亟'은 急(급함)이다. ≪說文解字≫에 "'苟'은 스스로 급히 경계함〔自急敕〕이다. '羊'의 생략한 字形〔卝〕을 부수로 하고 '勹'와 '口'로 구성되어 있다. '勹口'는 말을 삼간다는 것과 같다."라고 하였으니, '艸'를 부수로 하는 '苟且'의 '苟'와는 같지 않다. '曩與女爲苟生 今與女爲苟義'라고 한 말에서 '曩'(그때)은 陳나라와 蔡나라 국경 사이에 있던 때를 이르고, '今'(지금)은 哀公이 음식을 하사한 때를 이른다. '苟'은 急(급함)이니, 그때에는 사는 문제를 급박하게 여겼고〔以生爲急〕 지금에는 의리를 급박하게 여긴다〔以義爲急〕는 말이다. 만약 '苟'을 '苟且'의 '苟'로 보면 '苟義' 2자는 뜻이 통하지 못한다. ≪文選≫의 石崇의 〈王昭君辭〉의 注에 ≪墨子≫의 이 조문을 인용하면서 역시 '苟且'의 '苟'로 잘못 보았다. 살펴보건대, '苟'자는 經典에 보이지 않고 오직 ≪爾雅≫에 "'亟'은 速(빠름)이다."라고 하였는데, ≪經典釋文≫에 "'亟'자는 또 '苟'으로도 쓰니 똑같이 '居'와 '力'의 反切이다."라고 하였다. 이는 ≪경전석문≫에만 보이는 글자이다. ≪경전석문≫ 이외에는 오직 ≪묵자≫에만 있는데 또한 古文 가운데 간신히 보존된 것이니 참으로 귀히 여길 만하다.

兪樾 : 王念孫은 '苟'를 ≪說文解字≫의 '自急敕'의 '苟'으로 보았지만 글뜻으로 생각해 보면 또한 부합하지는 않는 듯하다. 本文에서는 '爲苟生', '爲苟義'를 말하였지, '以生爲急', '以義爲急'을 말하지 않았다. 이 글자는 그대로 마땅히 '苟且'의 '苟'가 되어야 한다. '苟生'이라는 것은 그런대로 목숨을 버틸 수 있는 수준에서 그치는 것이고, '苟義'라는 것은 그런대로 의리를 지킬 수 있는 수준에서 그치는 것이다. ≪儀禮≫ 〈燕禮〉와 〈聘禮〉의 記에 모두 '賓爲苟敬(賓은 苟敬하는 대상이 된다.)'이라는 글이 있는데, 鄭玄이 〈聘禮〉에 注를 내어 "燕禮는 사적으로 즐기는 禮이니 친밀함을 높이고 공경함을 줄인다."라고 하고, 또 "'苟敬'이라는 것은 主人이 공경함을 작게 하는 방법이다."라고 하였으니, 그렇다면 '苟敬'의 뜻은 역시 그런대로 공경을 표할 수 있는 수준에서 그침을 이른다. 여기서 '爲苟生', '爲苟義'라고 말한 것은 정확히 '爲苟敬'과 똑같은 표현이다. 대체로 古語에 그런 어법이 있으니 억측으로 고쳐서는 안 된다. ≪淮南子≫ 〈繆稱〉편에 "小人이 從事하는 것은 苟得이라 하고, 君子가 從事하는 것은 苟義라고 한다."라고 하였는데, 글뜻이 정확히 이 조문과 서로 비슷하다.

案 : 兪樾의 說 역시 뜻이 통한다.

39-11-13 今與女爲苟義라하니라

지금은 자네와 함께 의리를 행하는 데 다급하다."라고 하였다.

畢云 舊云 曩與女爲苟義라하니 脫五字[82]라 據文選注增이라하다

畢沅 : 舊本에 '曩與女爲苟義'라고 하였으니, 5자가 빠진 것이다. ≪文選注≫에 의거하여 보충한다.

39-11-14 夫飢約則不辭妄取以活身이라가

대저 굶주리고 곤궁하면 마음대로 가져다 자기 육신 살리기를 마다하지 않다가

舊本辭下有忘字라 畢云 此字衍이라하다 案 道藏本吳鈔本季本竝無하니 今據刪이라

舊本에는 '辭' 뒤에 '忘'자가 있다.
畢沅 : 이 글자(忘)는 잘못 들어간 것이다.
案 : 道藏本, 吳鈔本, 季本에는 모두 〈'忘'이〉 없으니 지금 이에 의거하여 삭제한다.

39-11-15 贏(영)飽則僞行以自飾하니

배가 부르고 나면 거짓된 행동으로 자신을 꾸미려 하니

舊本贏作羸(리)하고 又脫則字라 王云 贏飽僞行以自飾은 本作贏飽則僞行以自飾하니 贏之言盈也라 僖二十八年左傳에 我曲楚直이요 其衆素飽라한대 杜注曰 直하여 氣盈飽라하다 盈飽卽贏飽니 正對上文飢約而言이라 今本飽下脫則字하고 贏飽又(僞)〔譌〕[83]作羸飽하니 則義不可通이라하다 案 吳鈔本正作贏이라 今據補正이라

---

82) 脫五字 : '曩與女爲苟生 今與女爲苟義'에서 '生今與女爲苟'의 6자가 빠진 것인데 '苟'자가 겹치므로 5자라고 한 것인 듯하다. 아니면 '脫五字'의 '五'가 '六'의 오자인 듯하다.

83) (僞)〔譌〕: 저본에는 '僞'로 되어 있으나, 王念孫의 ≪讀書雜志≫에 의거하여 '譌'로 바로잡았다.

舊本에는 '羸'이 '嬴'로 되어 있고, 또 '則'자가 빠져 있다.

王念孫 : '嬴飽僞行以自飾'은 본래 '羸飽則僞行以自飾'으로 되어 있으니 '羸'이라는 말은 '盈(가득함)'이다. 《春秋左氏傳》 僖公 28년에 "우리는 바르지 못하고 楚나라는 바르며 楚軍은 평소 사기가 充滿하다.〔我曲楚直 其衆素飽〕"라고 하였는데, 杜預의 注에 "〈名分이〉 곧아 士氣가 充滿하다는 말이다.〔直 氣盈飽〕"라고 하였다. '盈飽'는 바로 '羸飽'이니, 바로 위의 글에 나오는 '飢約'에 상대하여 말한 것이다. 지금 本에는 '飽' 뒤에 '則'자가 빠져 있고, '羸飽'는 또 '嬴飽'로 잘못되어 있으니, 뜻이 통하지 못한다.

案 : 吳鈔本에는 바로 '羸'으로 되어 있다. 지금 이에 의거하여 〈'則'을〉 보충하고 바로잡는다.

39-11-16 汙邪詐僞가

간사하고 거짓됨이

吳鈔本汙邪倒라

吳鈔本에는 '汙邪'가 〈'邪汙'로〉 뒤바뀌어 있다.

39-11-17 孰大於此리오

이보다 더 큰 것이 무엇이겠는가?

39-12-1 孔某與其門弟子閒坐하여 曰 夫舜見瞽叟(고수)就[84]然하니

孔某가 문하의 제자들과 한가로이 앉아 있으면서 말하기를, "대저 舜임금이 瞽叟를 보고 위축되어 불안하였으니

畢云 舊作然就한대 孫以意改라 孟子云 舜見瞽叟하시고 其容有蹙(축)이라하고 韓非子忠孝에 云 記曰 舜見瞽叟하시고 其容造焉이라 孔子曰 當是時也하여 危哉라 天下岌岌이라하고 荀子亦同作造라 案 就蹙造三音皆相近이라하다 詒讓案 禮記曲禮足蹙은 釋文云 蹙은

---

84) 就 : 저본의 傍注에 "'就'는 원래 '孰'으로 잘못 되어 있으나, 畢沅의 刻本에 의거하여 고쳤다.〔就 原誤孰 據畢沅刻本改〕"라고 하였다.

本又作蹴이라 大戴禮保傅篇에 靈公造然失容이라하고 賈子胎敎篇作戚然易(역)容하고 新序襍(잡)事篇作靈公蹴然易容이라 此書以就爲蹵爲造는 猶新序以蹴爲戚爲造也라 孟子趙注에 云 其容有蹵踖(적)不自安也라하고 又公孫丑篇에 曾西蹵然이라한대 注云 蹵然은 猶蹵踖也라

畢沅 : 〈'就然'은〉 舊本에 '然就'로 되어 있는데, 孫星衍이 뜻으로 판단하여 고쳤다. ≪孟子≫ 〈萬章 上〉에 "순임금이 고수를 보고 그 표정이 위축되어 불안함이 있었다.〔舜見瞽叟其容有蹵〕"라고 하고, ≪韓非子≫ 〈忠孝〉에 "문헌의 기록에 '순임금이 고수를 보고 그 표정이 두려워 불안하였다.〔其容造焉〕 공자가 「이때에 위태로웠으니 천하가 불안하였다.」라고 하였다.'라고 하였다." 하였고, ≪荀子≫에도 똑같이 '造'로 되어 있다. 살펴보건대, '就'·'蹵'·'造'는 세 音이 모두 서로 비슷하다.

詒讓案 : ≪禮記≫ 〈曲禮〉의 '足蹵'에 대해 ≪經典釋文≫에 "'蹵'은 본래 또 '蹴'으로도 쓴다."라고 하였다. ≪大戴禮記≫ 〈保傅〉편에 "靈公造然失容(영공이 불안하게 표정을 바꾸었다.)"이라고 하고, ≪賈子(新書)≫ 〈胎敎〉편에 '戚然易容(불안하게 표정을 바꾸었다.)'으로 되어 있고, ≪新序≫ 〈雜事〉편에 '靈公蹴然易容(영공이 불안하게 표정을 바꾸었다.)'으로 되어 있다. 이 책에서 '就'자를 '蹵'·'造'로 본 것은 ≪신서≫에서 '蹴'을 '戚'·'造'로 본 것과 같다. ≪孟子≫ 趙技의 注에 "그 표정이 위축되어 스스로 편치 못함이 있다.〔其容有蹵踖不自安也〕"라고 하고, 또 〈公孫丑〉편에 "증서가 위축되어 불안하였다.〔曾西蹵然〕"라고 하였는데, 그 注에 "'蹵然'은 蹵踖(위축되어 불안함)과 같다."라고 하였다.

39-12-2 此時天下圾乎인저

이때에 천하가 위태로웠다.

畢云 圾舊作坡한대 以意改라 孟子韓非子作岌岌이라하다 詒讓案 孟子萬章篇에 云 孔子曰 於斯時也에 天下殆哉岌岌乎인저한대 趙注云 孔子以爲君父爲臣이라 岌岌乎는 不安貌也라 故曰 殆哉라하다 莊子天地篇에 云 殆哉라 圾乎天下라한대 郭注云 圾은 危也라하다 管子小問篇에 云 桓公言欲勝民한대 管仲曰 危哉라 君之國岌乎인저하니 義竝同이라

畢沅 : '圾'은 舊本에 '坡'로 되어 있는데, 뜻으로 판단하여 고친다. ≪孟子≫, ≪韓非子≫에는 '岌岌'으로 되어 있다.

詒讓案 : 《孟子》 〈萬章〉편에 "孔子께서 '이때에 천하가 매우 위태로웠다.〔天下殆哉岌岌乎〕'라고 하셨다."라고 하였는데, 趙技의 注에 "공자는 君父가 신하가 되었다고 말씀하신 것이다. '岌岌乎'는 불안한 모습이다. 그래서 '殆哉'라고 한 것이다."라고 하였다. 《莊子》 〈天地〉편에 "천하를 매우 위태롭게 할 것이다.〔殆哉 圾乎天下〕"라고 하였는데, 郭璞의 注에 "'圾'은 危(위태로움)이다."라고 하였다. 《管子》 〈小問〉편에 "桓公이 백성을 이기고 싶다고 말하자, 管仲이 아뢰기를 '위험합니다. 임금의 나라가 위태로울 것입니다.〔危哉 君之國岌乎〕'라고 하였다."라고 하였다. 이상 뜻이 모두 같다.

39-12-3 周公旦(非其)〔其非〕人也邪(야)인저

周公 旦은 어질지 않을 것이다.

非其人은 疑當作其非人이라 人與仁字通이라 言周公不足爲仁이니 卽指下舍其家室而言이라 三國志魏志裴松之注及長短經懼誡篇에 竝引尸子云 昔周公反政이러니 孔子非之曰 周公其不聖乎인저 以天下讓하니 不爲兆民也라하다 非仁與不聖之論略同하니 蓋戰國時流傳有是語라 又案 詩小雅四月에 云 先祖匪人가 胡寧忍予오하니 人亦卽仁字니 言先祖於我其不仁乎라 彼匪人與此非人은 文意字例竝同이라 鄭詩箋云 我先祖非人乎아하니 則詁人如字[85]하니 失其恉趣라 此可以證其誤라

'非其人'은 아마도 '其非人'이 되어야 할 듯하다. '人'과 '仁'은 글자가 통용된다. 周公은 족히 仁이 되지 못한다는 말이니, 바로 아래의 '舍其家室'을 가리켜 말한 것이다. 《三國志》 〈魏志〉 裴松之의 注 및 《長短經》 〈懼誡〉편에는 모두 《尸子》를 인용하여 "옛날 周公이 정권을 돌려주었는데 孔子가 이를 비판하여 '周公은 聖人이 아닐 것이다.〔其不聖乎〕 천하를 가지고 양보하였으니 백성들을 위하지 않았다.'라고 하였다."라고 하였다. '非仁'

周公

85) 如字 : 한 글자에 두 가지 이상의 뜻이나 음이 있을 경우 기본 뜻이나 음대로 읽는 것을 말한다. 如字는 통상 제시하는 것이 아니고 같은 문장에 두 자 이상 음이 다르게 쓰일 경우나 또는 뜻이 특이한 경우에 제시한다.

과 '不聖'의 논의가 대략 같으니 戰國시대에 流傳한 말 가운데 이 말이 있었던 듯하다.

又案 : ≪詩經≫ 〈小雅 四月〉에 "先祖는 어질지 않은가. 어찌하여 나를 차마 이렇게 하시는고.〔先祖匪人 胡寧忍予〕"라고 하였는데, 여기서 '人'이 또한 바로 '仁'자이니 先祖가 나에게 仁하지 않는가라는 말이다. ≪시경≫의 '匪人'과 이 조문의 '非人'은 문장의 뜻과 글자의 용례가 모두 같다. 鄭玄의 ≪시경≫의 箋에 "우리 선조가 사람이 아닌가."라고 하였으니, 이는 '人'을 본뜻으로 풀이한 것이니 그 의미를 잘못 파악한 것이다. 이 조문을 통해 그 잘못을 증명할 수 있다.

39-12-4 **何爲舍亓**(기)**家室而託寓也**오하니

무엇 때문에 그 가족을 버려두고 〈다른 데 가서〉 부쳐 산단 말인가?"라고 하였으니,

舍亓는 舊本作舍亦한대 盧校改爲亦舍하니 畢本從之라 王云 亦字義不可通하니 亦當爲亓라 亓는 古其字也라 墨子書其字多作亓하니 說見公孟篇이라 耕柱篇曰 周公旦辭三公하고 東處於商奄이라하니 蓋卽此所謂舍其家室而託寓者라 盧改舍亦爲亦舍는 非是라하다 案 王說是也니 今據正이라 以上竝謂孔子誣舜與周公也라

'舍亓'는 舊本에 '舍亦'으로 되어 있는데, 盧文弨의 校勘에 '亦舍'로 고쳤으니 畢沅의 本은 이를 따랐다.

王念孫 : '亦'자는 뜻이 통하지 못하니 '亦'은 마땅히 '亓'가 되어야 한다. '亓'는 옛 '其'자이다. ≪墨子≫에서 '其'자는 '亓'로 쓰는 경우가 많으니 〈公孟〉편에 이에 대한 설명이 보인다. 〈耕柱〉편에 "周公 旦은 三公을 사양하고 동쪽으로 商奄에서 살았다."라고 하였으니, 바로 여기서 이른바 '舍其家室而託寓'라고 한 것인 듯하다. 盧文弨가 '舍亦'을 '亦舍'로 고친 것은 맞지 않다.

案 : 王念孫의 說이 맞으니, 지금 이에 의거하여 바로잡는다. 이상은 모두 孔子가 舜임금과 周公을 무함하였다고 말한 것이다.

39-12-5 **孔某所行**은 **心術所至也**라 **其徒屬弟子皆效孔某**하니

孔某의 소행은 그의 心術이 〈不正하였던〉 소치다. 그 무리의 제자들이 모두 孔

某를 본받았으니,

徒屬猶言黨友라 故後兼擧陽貨佛肸(필힐)言之라 呂氏春秋有度篇에 云 孔墨之弟子徒屬이 充滿天下라하다

'徒屬'은 黨友(朋黨)라는 말과 같다. 그래서 뒤에 陽貨, 佛肸을 아울러 들어 말한 것이다. ≪呂氏春秋≫ 〈有度〉편에 "孔子, 墨子의 弟子 무리들이〔孔墨之弟子徒屬〕 천하에 충만하다."라고 하였다.

39-12-6 子貢季路輔孔悝(회)亂乎衛하고

子貢, 季路는 孔悝를 도와서 衛나라에서 난을 일으키고

畢云 舊脫亂字한대 據孔叢云 以亂衛增이라하다 詒讓案 莊子盜跖篇에 跖曰 子路欲殺衛君而事不成하여 身菹(저)於衛東門之上하니 是子教之不至也라하다 案 子貢未聞與孔悝之難하니 亦謏語也라 鹽鐵論殊路篇에 云 子路仕衛에 孔悝作亂이어늘 不能救君하고 出亡이라가 身菹於衛라 子貢子皐遁逃하여 不能死其難이라하니 然則時子貢或適在衛與아

畢沅 : 舊本에 '亂'자가 빠져 있는데, ≪孔叢子≫에 '以亂衛'라고 한 말에 의거하여 보충한다.

詒讓案 : ≪莊子≫ 〈盜跖〉편에 "盜跖이 '子路는 衛나라 임금을 죽이려다가 일이 이루어지지 않아 衛나라 東門에서 몸이 젓갈로 담궈졌으니 이는 그대의 가르침이 지극하지 못해서이다.'라고 하였다."라고 하였다. 살펴보건대, 子貢이 孔悝의 반란에 참여하였다는 말을 들어보지 못했으니 역시 근거 없는 말이다. ≪鹽鐵論≫ 〈殊路〉편에 "子路가 衛나라에서 벼슬할 때 孔悝가 난을 일으켰는데 임금을 구해내지 못하고 달아나다가 위나라에서 몸이 젓갈로 담궈졌다. 子貢, 子皐는 도망하여 그 난리에서 殉節하지 못하였다."라고 하였으니, 그렇다면 당시 子貢은 어쩌면 衛나라에 가 있었던 것인가?

39-12-7 陽貨亂乎(齊)〔魯〕하고

陽貨는 魯나라에서 난을 일으켰으며,

畢云 孔叢作魯라하다 詒讓案 此當從孔叢作魯라 左傳定九年에 陽貨奔齊라가 又奔晉이요 無亂齊之事라 論語皇疏引古史考하여 謂陽貨亦孔子弟子라하니 蓋即本此書而誤也라

畢沅 : 〈'齊'는〉 ≪孔叢子≫에 '魯'로 되어 있다.

詒讓案 : 이 조문은 마땅히 ≪공총자≫를 따라 '魯'가 되어야 한다. ≪春秋左氏傳≫ 定公 9년에 의하면 陽貨는 齊나라로 달아났다가 다시 晉나라로 달아났고, 齊나라에서 난을 일으킨 일은 없다. 皇侃의 ≪論語義疏≫에 ≪古史考≫를 인용하여 陽貨 또한 孔子의 弟子라고 하였으니, 바로 이 책에 근거하여 잘못된 듯하다.

39-12-8 佛肹(필힐)以中牟叛하고

佛肹은 中牟 읍을 가지고 모반하였고

論語陽貨篇云 佛肹召어늘 子欲往이러시니 子路曰 佛肹以中牟畔이어늘 子之往也는 如之何잇고한대 集解에 孔安國云 晉大夫趙簡子之邑宰라하다 史記孔子世家에 佛肹爲中牟宰러니 趙簡子攻范中行하고 伐中牟라 佛肹畔하여 使人召孔子라하다 左傳哀五年에 夏에 趙鞅伐衛하니 范氏之故也라 遂圍中牟라하니 即其時也라 肹蓋范中行之黨이니 孔安國以爲趙氏邑宰는 誤也라

≪論語≫ 〈陽貨〉편에 "佛肹이 〈孔子를〉 부르자 공자께서 가려고 하셨는데, 子路가 '필힐이 中牟를 가지고 배반하였는데 선생께서 가려고 하심은 어째서입니까?'라고 하였다."라고 하였는데, ≪論語集解≫에 "孔安國은 '〈필힐은〉 晉나라 大夫 趙簡子의 邑宰이다.'라고 하였다."라고 하였다. ≪史記≫ 〈孔子世家〉에 "필힐이 中牟의 宰가 되었는데, 조간자가 范氏와 中行氏를 공격하고 中牟를 쳤다. 필힐이 배반하고서 사람을 보내 공자를 불렀다."라고 하였다. ≪春秋左氏傳≫ 哀公 5년에 "여름에 趙鞅이 衛나라를 토벌하였으니, 이는 范氏 때문이었다. 드디어 中牟를 포위하였다."라고 하였는데, 바로 이 당시이다. 필힐은 아마도 范氏와 中行氏의 黨與인 듯하니 공안국이 趙氏의 邑宰라고 한 것은 잘못 본 것이다.

39-12-9 桼雕刑殘이라

桼雕는 처형당하여 죽었다.

桼正字어늘 經典多叚漆爲之라 刑은 吳鈔本校改形이라 畢云 孔叢作漆雕開形殘이라 詰曰 非行已之致라하다 詒讓案 孔子弟子列傳尙有漆雕哆漆雕徒父二人하니 此所云或非開也라 韓非子顯學篇에 說孔子卒後에 儒分爲八한대 有漆雕氏之儒라하고 又云 漆雕之議는 不色撓하고 不目逃하며 行曲則違於臧獲하고 行直則怒於諸侯라하니 此亦非漆雕開明甚이어니와 孔叢僞託이니 不足據也라 兪正燮[86]謂卽漆雕凭이라 攷漆雕凭見家語好生篇하고 說苑權謀篇又作漆雕馬人한대 二書無形殘之文이라 兪說亦不足據라 刑形字通하니 淮南子墬(지)形訓에 西方有形殘之尸라한대 宋本形亦作刑이라

'桼'이 本字인데 經典에서 '漆'을 가차하여 쓰는 경우가 많다. '刑'은 吳鈔本에 校勘하여 '形'으로 고쳤다.

畢沅 : ≪孔叢子≫에 '漆雕開形殘'으로 되어 있는데, 이에 대해 〈孔鮒가〉 "행실이 초래한 문제가 아니다."라고 논박하였다.

詒讓案 : ≪史記≫ 〈孔子弟子列傳(仲尼弟子列傳)〉에 漆雕開 외에 '漆雕哆', '漆雕徒父' 두 사람이 있으니 여기서 말한 것은 어쩌면 칠조개가 아닐 수도 있다. ≪韓非子≫ 〈顯學〉편에 孔子가 卒한 뒤에 儒家가 여덟 학파로 나뉘었는데 〈그중에〉 漆雕氏의 유가가 있었다고 설명하고, 또 "칠조씨의 주장은 〈위협을 당했을 때〉 굴복하는 낯빛을 드러내지 않고 달아나려는 눈빛을 띠지 않으며 자신의 행동이 잘못되었다면 천한 노비들에게도 물러나고 자신의 행동이 바르다면 존귀한 제후에게 질책한다."라고 하였으니, 이것이 또한 칠조개가 아님이 매우 분명하거니와 ≪공총자≫는 후대에 〈저자를〉 假託한 글이니 족히 근거할 만하지 않다. 兪正燮은 바로 漆雕凭이라고 하였다. 살펴보건대, 漆雕凭은 ≪孔子家語≫ 〈好生〉편에 보이고, ≪說苑≫ 〈權謀〉편에 또 '漆雕馬人'으로 되어 있는데, 두 책에 '形殘'이라는 말은 없다. 兪正燮의 說은 역시 족히 근거할 만하지 않다. '刑', '形'은 글자가 통용되니 ≪淮南子≫ 〈墬形訓〉에 "서방에는 잔혹한 형체의 시체가 있다.〔西方有形殘之尸〕"라고 하였는데, 宋本에는 '形'이 역시 '刑'으로 되어 있다.

---

86) 兪正燮 : 1775~1840. 淸代의 學者로, 자는 理初이고 安徽省 黃山 사람이다. 孫星衍을 스승으로 모셨다. 저서에 ≪癸巳類稿≫, ≪癸巳存稿≫, ≪說文部緯校補≫, ≪海國紀聞≫ 등이 있다.

39-12-10 **莫大焉**이라

〈죄악이〉 이보다 더 큰 것은 없다.

畢云 莫上當脫一字라하다

畢沅 : '莫' 앞에 분명히 한 글자가 빠져 있다.

39-12-11 **夫爲弟子後生**하여

대저 문인 제자가 되어

後生亦弟子也니 耕柱篇에 耕柱子遺十金於墨子하고 曰 後生不敢死라하고 又云 後生有反子墨子而反者라하니 竝弟子之稱이라

'後生' 또한 弟子이니 〈耕柱〉편에 "耕柱子가 墨子에게 10金을 주고, '後生이 감히 죽지 못합니다.'라고 하였다."라고 하고, 또 "後生 가운데 子墨子를 배반하고 돌아간 자가 있었다."라고 하였으니 모두 弟子의 칭호이다.

39-12-12 **其師**하여

그 스승을 〈모범으로 삼아〉

其上有脫字라

'其' 앞에 빠진 글자가 있다.

39-12-13 **必脩其言**하고

반드시 그 言論을 배우고

脩는 吳鈔本作修라

'脩'는 吳鈔本에 '修'로 되어 있다.

39-12-14 法其行하여 力不足知弗及而後已라 今孔某之行如此하니 儒士則可以疑矣라

그 行實을 본받아 역량이 모자라고 지혜가 미치지 못한 뒤에야 그만둔다. 지금 孔某의 행실이 이와 같으니 儒者들은 의심스러울 만하다.

經 上 第四十* 제40편 經 상

*이 편은 뒤에 나오는 〈經 下〉, 〈經說 上〉, 〈經說 下〉 등 4편과 합쳐 협의의 ≪墨經≫이라 하고, 여기에 〈大取〉, 〈小取〉 등을 더해 도합 6편을 광의의 ≪묵경≫이라 한다. 孫詒讓은 〈墨子後語 上〉에서 "≪묵경≫은 바로 ≪墨辯≫이니, 〈經〉과 〈經說〉 4편 및 〈大取〉, 〈小取〉 2편인 바, 대개 相里氏, 鄧陵子의 무리들이 傳誦하면서 論說한 것들이다."라고 하였다.

≪묵경≫은 극도로 簡易하고 精鍊된 文字로 古代의 과학과 논리학의 내용을 서술하여 학술적으로 가치 있는 저작이다. 이는 墨家가 인류에 남긴 귀중한 지식 유산이다. ≪묵경≫은 秦漢에서 淸代까지 2천여 년 동안 매몰되어 연구하는 사람이 없어 학자들의 계통적인 인용이나 해석, 유기적인 설명이나 논증이 이루어지지 않았다. 晉代 魯勝이 ≪묵경≫에 注를 내어 ≪墨辯注≫라는 책을 지었다고는 하나, 안타깝게 전해지지 않고 단지 그 책에 지은 서문 3백여 자만 남아 ≪晉書≫ 〈隱逸傳〉에 인용되어 전한다.

淸代에 畢沅과 손이양 등이 ≪墨子≫에 注를 내면서 ≪묵경≫의 뛰어난 학술적 가치가 점점 世人들에게 알려지게 되었다. 특히 이후 청대의 張惠言으로부터 近代의 高亨 등에 이르기까지 ≪묵경≫을 정리하고 校注 작업을 진행하였는데 탁월한 성과가 있다. 沈有鼎은 ≪묵경≫의 논리학을 해석하고 方孝博은 ≪묵경≫의 자연과학을 해석하여 각각 성과가 있다. 이후 청대와 근대의 학자들의 校注와 義理에 대한 연구에 힘입어 그 안에 포함되어 있는 논리학과 과학의 내용들을 대체로 이해할 수 있게 되었다. ≪묵경≫은 體裁가 특이하고 語法과 문장 구조가 매우 간략하며 글자가 응축되고 정련되어 있는데 오랜 세월 전해지는 과정 중에 오류나 착간, 혼동이 많이 일어나 지금까지 공인된 표준 판본이 없어 精妙한 義理에 대해 아직 이해하지 못할 부분들이 있다.

≪묵경≫의 〈經〉과 〈經說〉은 상호 밀접한 관계로, 〈經說〉이 해당 〈經〉의 내용을 부연 설명하는 형식이다. 그래서 중국과 우리나라를 비롯한 각국의 譯註本들은 각 〈經〉을 설명하는 〈經說〉을 해당 〈經〉 아래에 오려붙여 독자들이 한눈에 내용을 파

악할 수 있도록 체제를 바꾸어 譯註하였다. 이에 반해 필원과 손이양은 본래 체제를 수정하지 않고 〈經〉과 〈經說〉을 분리한 채로 수록하였는바, 내용 이해에 장애를 초래하는 손실을 감안하면서도 본 역주본은 底本의 체제를 그대로 따른다.

≪묵경≫의 〈經〉의 특징을 하나 더 들자면, 1行이 상단과 하단으로 나누어져 있다는 것이다. 필원과 손이양은 위에서 아래로 읽어나가는 한문 서적의 전통 讀法대로 순서를 매기고 주를 달았는데, 이렇게 읽어나가면 상단과 하단의 내용이 문맥상 이어지지 않는 부분이 많다. 이에 반해 상단은 상단대로, 하단은 하단대로 옆으로 읽어나가는 방식을 취하면 내용이 어느 정도 유기적으로 이어져서 주제별로 묶을 수가 있다. 이를 旁行句讀(두)라고 하는데, 필원과 손이양은 旁行句讀의 체재를 채택하지 않으면서도 참고를 위해 〈經說 下〉 뒷부분에 〈經〉의 각 조문들을 旁行句讀로 읽을 수 있도록 수록하였다.

旁行句讀로 읽는 형식 역시 중국과 한국을 비롯한 각국의 역주본들이 채택하여 孫詒讓本의 체재를 바꾸어놓았다. 하지만 본 역주본에서는 저본을 존중하여 원 체재대로 번역하였다. 다만 독자들의 열람상의 편의를 위해 저본의 순서, 旁行句讀의 순서 및 譯註의 연번 그리고 원문을 표로 수록하였다.

참고로 아래 표에서 '孫本'은 저본인 손이양본을, '畢本'은 필원본을 가리키고, '連番'은 '編의 차례-각 조문의 차례-孫詒讓 주석으로 인해 분리된 句讀 번호'를 가리킨다. 예를 들어 '止 以久也'는 40-2-1과 40-2-2라는 연번을 쓰고 있는데, 그 의미는 ≪墨子≫ 전체에서 40번째 편인 〈經 上〉이고, 〈經 上〉의 두 번째 조문이며 손이양이 '止' 아래에 주를 달아 '以久也'와 분리되므로 한 조문을 둘로 분리하여 각각의 원문과 주석을 묶어 번역하면서 1, 2로 순서를 매긴 것이다. 표를 보면, 손이양본의 조문 분류는 필원본의 조문 분류와 차이가 있음을 알 수 있는데 이밖에도 후대 학자들이 자신들의 연구 경향에 따라 손이양본에 계발받아 조금씩 조문 분류에 차이를 두기도 하였다.

孫本	畢本	旁行句讀	連番	條文	備考
1	1	1	40-1-1	故는 所得而後成也라	
2	2	50	40-2-1~2	止는 以久也라	
3	3	2	40-3-1	體는 分於兼也라	
4	4	51	40-4-1~2	必은 不已也라	

孫本	畢本	旁行句讀	連番	條文	備考
5	5	3	40-5-1	知는 材也라	
6	6	52	40-6-1	平은 同高也라	
7	7	4	40-7-1~2	慮는 求也라	
8	8	53	40-8-1	同은 長以岳相盡也라	
9	9	5	40-9-1	知는 接也라	
10	10	54	40-10-1	中은 同長也라	
11	11	6	40-11-1	恕는 明也라	
12	12	55	40-12-1	厚는 有所大也라	
13	13	7	40-13-1	仁은 體愛也라	
14	14	56	40-14-1~2	日中은 岳南也라	
15	15	8	40-15-1	義는 利也라	
16	16	57	40-16-1	直은 參也라	
17	17	9	40-17-1	禮는 敬也라	
18	18	58	40-18-1~2	圜은 一中同長也라	
19	19	10	40-19-1	行은 爲也라	
20	20	59	40-20-1~2	方은 柱隅四讙也라	
21	21	11	40-21-1	實은 榮也라	
22	22	60	40-22-1	倍는 爲二也라	
23	23	12	40-23-1	忠은 以爲利而(低)〔君〕也라	
24	24	61	40-24-1	端은 體之無序而最前者也라	
25	25	13	40-25-1	孝는 利親也라	
26	26	62	40-26-1	有閒은 中也라	
27	27	14	40-27-1	信은 言合於意也라	
28	28	63	40-28-1	閒은 不及旁也라	
29	29	15	40-29-1	佴는 自(作)〔仳〕也라	
30	30	64	40-30-1	纑는 閒虛也라	
31	31	16	40-31-1~2	誚은 作嗛也라	
32	32	65	40-32-1	盈은 莫不有也라	
33	33	17	40-33-1	(廉)〔慊〕은 作非也라	
34	34	66	40-34-1	堅白은 不相外也라	
35	35	18	40-35-1	令은 不爲所作也라	
36	36	67	40-36-1	攖은 相得也라	
37	37	19	40-37-1	任은 士損己而益所爲也라	

孫本	畢本	旁行句讀	連番	條文	備考
38	38	68	40-38-1	(似)〔仳〕는 有以相攖하고 有不相攖也라	
39	39	20	40-39-1	勇은 志之所以敢也라	
40	40	69	40-40-1	次는 無閒而不(攖)〔相〕攖也라	
41	41	21	40-41-1	力은 刑之所以奮也라	
42	42	70	40-42-1	法은 所若而然也라	
43	43	22	40-43-1	生은 刑與知處也라	
44	44	71	40-44-1	佴는 所然也라	
45	45	23	40-45-1	臥는 知無知也라	
46	46	72	40-46-1	說은 所以明也라	
47	47	24	40-47-1	夢은 臥而以爲然也라	
48	48	73	40-48-1～2	(攸)〔彼〕不可는 兩不可也라	
49	49	25	40-49-1～2	平은 知無欲惡也라	
50	50	74	40-50-1～3	辯은 爭彼也라 辯勝은 當也라	
51	51	26	40-51-1	利는 所得而喜也라	
52	52	75	40-52-1～2	爲는 窮知而縣於欲也라	
53	53	27	40-53-1	害는 所得而惡也라	
54	54	76	40-54-1～2	已는 成亡이라	
55	55	28	40-55-1	治는 求得也라	
56	56	77	40-56-1～2	使는 謂故라	
57	57	29	40-57-1	譽는 明美也라	
58	58	78	40-58-1～2	名은 達類私라	
59	59	30	40-59-1	誹는 明惡也라	
60	60	79	40-60-1～2	謂는 移擧加라	
61	61	31	40-61-1	擧는 擬實也라	
62	62	80	40-62-1	知는 聞說親이라	
63		81	40-63-1	名實合爲라	
64	63	32	40-64-1	言은 出擧也라	
65	64	82	40-65-1～2	聞은 傳親이라	
66	65	33	40-66-1～2	且는 言然也라	
67	66	83	40-67-1	見은 體盡이라	
68	67	34	40-68-1～2	君臣萌은 通約也라	
69	68	84	40-69-1～2	合은 岳宜必이라	

孫本	畢本	旁行句讀	連番	條文	備考
70	69	35	40-70-1	功은 利民也라	
71	70	85	40-71-1	欲𤰞權利요 且惡𤰞權害라	
72	71	36	40-72-1	賞은 上報下之功也라	
73	72	86	40-73-1~2	爲는 存亡易蕩治化라	
74	73	37	40-74-1	罪는 犯禁也라	
75	74	87	40-75-1~2	同은 重體合類라	
76	75	38	40-76-1	罰은 上報下之罪也라	
77	76	88	40-77-1~2	異는 二不體不合不類라	
78		39	40-78-1~2	同은 異而俱於之一也라	
79		89	40-79-1~2	同異交得이라야 (放)〔知〕有無라	
80	79	40	40-80-1~4	久는 彌異時也라 宇는 彌異所也라	《墨子今注今譯》：2조로 구분
81	80	90	40-81-1	聞은 耳之聰也라	
82	81	41	40-82-1~2	窮은 或有前이라도 不容尺也라	
83	82	91	40-83-1~2	循所聞而得其意는 心之察也라	
84	83	42	40-84-1~2	盡은 莫不然也라	
85	84	92	40-85-1	言은 口之利也라	
86	85	43	40-86-1	始는 當時也라	
87	86	93	40-87-1	執所言而意得見은 心之辯也라	
88	87	44	40-88-1~2	化는 徵易也라	
89	88	94	40-89-1	諾은 不一이니 利用이라	
90	89	45	40-90-1~2	損은 偏去也라	
91	90	95	40-91-1	服執說는 〔言利〕라	
92		96	40-92-1	巧轉則求其故라	
93		46	40-93-1	大益이라	
94	91	47	40-94-1	(儇)〔環〕은 (稘秪)〔俱柢〕라	
95	92	97	40-95-1	法同則觀其同이라	
96	93	48	40-96-1~2	(庫)〔摩〕은 易也라	
97	94	98	40-97-1	法異則觀其宜라	
98	95	49	40-98-1~2	動은 或(從)〔徙〕也라	
99	96	99	40-99-1~2	止는 因以別道라	
100	97	100	40-100-1	讀此書旁行이라	校勘語(非經)
101		101	40-101-1	(𤰞)〔壄〕無非라	

畢云 此翟自著라 故號曰經이요 中亦無子墨子曰云云이라 按宋潛谿[1]云 上卷七篇은 號曰經이요 中卷下卷六篇은 號曰論이라하니 上卷七篇은 則自親士至三辯也요 此經似反不在其數라 然本書固稱經하고 詞亦最古하니 豈後人移其篇第與아 唐宋傳注에도 亦無引此라 故譌錯獨多하여 不可句讀(두)也라하다 案 以下四篇은 皆名家言이요 又有算術及光學重學之說하여 精眇簡奥하여 未易(이)宣究라 其堅白異同之辯은 則與公孫龍書及莊子天下篇所述惠施之言相出入이라 莊子又云 相里勤之弟子五侯之徒와 南方之墨者苦獲已齒鄧陵子之屬이 俱誦墨經而倍譎(휼)不同하여 相謂別墨하여 以堅白同異之辯相訾(자)하고 以觭偶不仵之辭相應이라하니 莊子所言은 卽指此經이라 晉書魯勝傳에 注墨辯敍云 墨辯有上下經하고 經各有說하여 凡四篇이니 與其書衆篇連第라 故獨存이라하니 亦卽此四篇也라 莊子駢拇(변무)篇에 又云 駢於辯者는 纍瓦하며 結繩하며 竄句하여 遊心於堅白同異之間하여 而敝跬(규)譽無用之言하나니 非乎아 而楊墨是已라하니 據莊子所言하면 則似戰國之時墨家別傳之學이요 不盡墨子之本(从)〔恉〕[2]라 畢謂翟所自著는 攷之未審이라 凡經與說이 舊并旁行하여 兩截(절)分讀이러니 今本誤合并寫之하여 遂掍淆譌脫하여 益不可通이라 今別攷定하여 附著於後하고 而篇中則仍其舊라

畢沅 : 이 편은 墨翟이 직접 지었다. 그래서 經이라고 한 것이고 중간에 또한 '子墨子曰' 운운한 것이 없다. 살펴보건대, 宋潛谿(宋濂)는 "上卷 7편은 經이라고 하고, 中卷과 下卷 6편은 論이라고 한다."라고 하였는데, 上卷 7편은 〈親士〉(제1)에서 〈三辯〉(제7)까지이고, 이 〈經〉은 도리어 그 숫자에 들어 있지 않다. 그렇지만 本書는 본래 經이라고 칭하였고 文詞 역시 가장 고풍스러우니 어쩌면 후인들이 그 편의 차례를 옮긴 것인가. 唐代와 宋代의 傳注에도 이 〈經〉을 인용한 일이 없다. 그래서 오류와 착간이 유독 많아 句讀를 뗄 수가 없다.

案 : 〈經 上〉 이하 4편은 모두 名家의 말이고 또 算術 및 光學, 力學의 說이 있어 精眇하

---

1) 宋潛谿 : 1310~1380. 宋濂으로, 潛溪는 그의 호이다. 元末明初의 문인・정치가로 자는 景濂이다. 元나라 말기 전란을 피해 龍門山에 은거하면서 저작에 종사하여, ≪宋學士全集≫(42권)과 ≪篇學類纂≫, ≪龍門子≫ 등의 저서를 남겼다. 明 太祖가 일어날 때 부름을 받고 南京에 가서 왕세자의 스승이 되고, 이후 태조의 고문으로 두터운 신임을 받았다. 71세 때 그의 손자의 죄에 연좌되어 사천성으로 귀양 가서 그곳에서 병사했다. ≪宋文憲公全集≫(53권) 등이 있다.(≪明史≫ 卷128)

2) (从)〔恉〕: 저본에는 '从'으로 되어 있으나, 續修四庫全書本 ≪墨子閒詁≫에 의거하여 '恉'로 바로잡았다.

고 簡奧하여 궁구하기가 쉽지 않다. 그 堅白과 異同의 論辯은 ≪公孫龍子≫ 및 ≪莊子≫ 〈天下〉편에서 서술하고 있는 惠施의 말과 서로 차이가 있다. ≪장자≫에 또 "相里勤의 제자, 五侯의 무리와 南方의 墨家인 苦獲, 已齒, 鄧陵子의 부류들이 모두 墨經을 외면서 그 해석이 서로 등지고 대립하여 같지 않아서, 서로 상대방을 別墨이라 하여 堅白과 異同의 論辯으로 서로 비난하고 奇數와 偶數처럼 짝이 맞지 않고 어긋나는 말로 서로 응수하였다." 라고 하였으니, 莊子가 말한 것은 바로 이 〈經〉을 가리킨다. ≪晉書≫ 〈魯勝傳〉에 "≪墨辯≫에 注를 낸 책의 서문에 '≪묵변≫은 上經과 下經이 있고 經에는 각각 說이 있어 모두 4篇이니 그 책의 여러 편들과 이어서 차례지었다. 그래서 홀로 남았다."라고 하였으니 역시 바로 이 4편이다. ≪장자≫ 〈騈拇〉편에 또 "辯論을 지나치게 일삼는 자는 쓸데없는 技巧를 부리고 노끈을 묶고 문구를 어렵게 꾸며서 堅白과 同異의 논변 따위에 마음이 빠져서 하찮은 명예와 쓸모없는 말에 피폐해지니 〈바로 이런 것이 변론을 지나치게 하는 행위가〉 아니겠는가. 楊朱와 묵적 같은 이가 바로 이런 걸 추구한 사람이다."라고 하였으니, 莊子가 말한 것에 의거하면 戰國시대에 묵가 가운데 별도로 전해진 학문이고 墨子의 本旨 그대로는 아닌 듯하다. 필원이 묵적이 직접 지었다고 말한 것은 자세하게 살피지 못한 것이다. 무릇 〈經〉과 〈經說〉이 예전에 모두 옆으로 배열하여 〈1행을〉 둘로 나누어 읽었는데 지금 本은 잘못 합쳐 필사하여 마침내 뒤섞이고 잘못되고 빠져서 더욱 뜻이 통하지 못하였다. 지금 별도로 원문을 攷定하여 뒤에 덧붙이고 편 안에서는 옛날 체제대로 쓴다.

40-1-1 **故**는 **所得而後成也**라

故(원인, 까닭)는 얻는 것이 있은 후에야 이루어지는 것이다.

畢云 說文에 **云 故**는 **使爲之也**라하니 **或與固同**하니 **事之固然**은 **言已得成也**라하다 **案 此言故之爲辭**하니 **凡事因得此而成彼之謂**라 **墨子說與許義正同**이라 **畢疑或與固同**한대 **失之**라 **張惠言云 故者**는 **非性所生**이요 **得人爲乃成**이라하니 **尤誤**라

畢沅 : ≪說文解字≫에 "故는 그렇게 되게 한 것이다."라고 하였는데, 어쩌면 固와 같을 수도 있으니 일이 본래 그러함은 전부터 이미 그렇게 이루어질 수 있었다는 말이다.

案 : 여기서는 故라는 글자의 뜻을 말하였으니 모든 일에 이것을 얻음으로 인하여 저것을 이루게 된다(원인-결과)는 말이다. 墨子의 說은 許愼의 訓義와 똑같다. 畢沅은 어쩌

면 固와 같을 수도 있다고 의심하였는데 잘못 본 것이다. 張惠言은 "故라는 것은 本性에서 생겨나는 것이 아니라 사람의 행위를 거쳐야 비로소 이루어지는 것이다."라고 하였는데 더욱 잘못 본 것이다.

40-2-1 止는

止(靜止)는

謂事歷久則止라

〈止는〉 일이 오래 지나게 되면 정지한다는 말이다.

40-2-2 以久也[3)]라

이미 오래된 것이다.

畢云 以同已라하다 張云 止以久生이라하다 案 畢說是也라

畢沅 : '以'는 '已'와 같다.
張惠言 : 정지는 오랜 지속으로부터 생겨난다.
案 : 畢沅의 說이 옳다.

40-3-1 體는 分於兼也라

體(부분)는 兼(전체)에서 나누어진 것이다

周禮天官敍官의 鄭注에 云 體는 猶分也라하고 說文秝(력)部에 云 兼은 幷也라하니 蓋幷衆體則爲兼이요 分之則爲體라 畢云 孟子云 有聖人之一體라하다

≪周禮≫ 〈天官 敍官〉의 鄭玄의 注에 "體는 分(분리)과 같다."라 하고, ≪說文解字≫ 秝部에 "兼은 幷(병합)이다."라고 하였다. 대개 여러 體를 병합하면 兼이 되고, 분리하면 體가 된다.
畢沅 : ≪孟子≫ 〈公孫丑 上〉에 "聖人의 한 肢體(부분)를 가졌다."라고 하였다.

---

3) 止 以久也 : ≪墨子今注今譯≫에서는 "일정한 시간의 지속을 필요로 한다."라고 하였다.

40-4-1 **必**은

必(必然)은

說文八部에 **云 必**은 **分極也**라하다

≪說文解字≫ 八部에 "必은 分極(구분하는 기준)이다."라고 하였다.

40-4-2 **不已也**라

〈어떤 상태가〉 停止하지 않는 것이다.

畢云 言事必行이라하다

畢沅 : 〈이 조문은〉 일이 반드시 행해짐을 말한 것이다.

40-5-1 **知**는 **材也**라

知(인식능력)는 재능이다.

此言智之體也라 **畢云 言材知**라하다 **張云 知讀智**라하다 **兪云 經說上**에 **曰 知也者**는 **所以知也**라하니 **所以知者**는 **卽智也**라 **淮南子主術篇**에 **任人之才**는 **難以至治**라하니 **高誘注曰 才**는 **智也**라하다 **才與材通**하니 **才訓智**라 **故智亦訓材**라하다

여기서는 智의 體를 말하였다.

畢沅 : 〈이 조문은〉 材知를 말하였다.

張惠言 : '知'는 '智'로 읽는다.

兪樾 : 〈經說 上〉에 "知라는 것은 인식하는 능력이다."라고 하였는데, 인식하는 능력이 바로 智이다. ≪淮南子≫ 〈主術〉편에 "사람의 才智에 맡겨두면 다스림을 이루기 어렵다."라고 하였는데, 高誘의 注에 "才는 智이다."라고 하였다. '才'는 '材'와 통용하고 '才'는 '智'로 풀이하므로 '智' 역시 '材'로 풀이한다.

40-6-1 **平**은 **同高也**라

平(평행)은 높이가 같은 것이다.

詩小雅伐木鄭箋에 云 平은 齊等也라하다 畢云 言上平이라하다 陳澧云 此卽海島算經[4] 所謂兩表齊高也라 又幾何原本[5]에 云 兩平行綫內에 有兩平行方形하고 有兩三角形하니 若底等이면 則形亦等이라하니 其理亦賅於此라하다 案 陳說是也라 洪頤(이)煊謂高當是亭之譌라하니 非라

≪詩經≫ 〈小雅 伐木〉 鄭玄의 箋에 "'平'은 '齊等(고르고 같다)'이다."라고 하였다.

畢沅 : 위가 평행함을 말한 것이다.

陳澧 : 이는 바로 ≪海島算經≫에서 이른바 '두 푯대의 높이가 같다.'는 것이다. 또 ≪幾何原本≫에 "두 平行線 내에 두 개의 平行하는 사각형이 있고 두 개의 삼각형이 있는데 만약 이것들의 밑변이 같으면 이것들의 모양 역시 같다."라고 하였는데 그 이치가 이와 잘 들어맞는다.

案 : 陳澧의 說이 맞다. 洪頤煊이 '高'는 의당 '亭'의 誤字라고 하였는데 잘못 본 것이다.

40-7-1 慮는

慮(思慮)는

說文心部에 云 慮는 謀思也[6]라하다

≪說文解字≫ 心部에 "慮는 謀思(꾀하려고 생각함)이다."라고 하였다.

40-7-2 求也라

앎을 구하는 활동이다.

畢云 謀慮有求라하다

---

4) 海島算經 : 중국 魏晉時代 수학자로 漢代의 수학서 ≪九章算術≫에 주석을 달기도 한 劉徽가 지은 수학책이다.

5) 幾何原本 : 原書는 클라비우스(C. Clavius)의 주석본 ≪Euclidis elementorum libri≫(15권)로, 이탈리아의 선교사 마테오 리치(利瑪竇, 1552~1610)가 明나라 徐光啓(1562~1633)와 함께 1603년부터 1607년까지 그 가운데서 6권을 漢譯하여 北京에서 출판한 책이다.

6) 說文心部……謀思也 : 이 내용은 心部가 아니라 ≪說文解字≫ 第10下 思部에 나온다.

畢沅 : 謀慮함은 구함이 있는 것이다.

40-8-1 同은 長以㱏(정)相盡也[7]라

同(동일함)은 길이가 바르게 서로 꼭 들어맞는 것이다.

盧文弨云 㱏(정)은 古文正이요 亦作㱏이라하다 畢云 㱏卽正字라 唐大周[8]石刻에 投心㱏覺이 如此라하다 詒讓案 集韻四十五勁에 云 正은 唐武后作㱏이라하고 亦見唐岱岳觀碑라 張云 以는 與也라 長與正相盡은 是較之而同이라하다 陳云 按 幾何原本에 有兩直線이 一長一短에 求於長線減去短線之度라 其法以兩線同輳圜心하여 以短線爲界作圜하여 與長線相交하면 卽與短線等하니 此卽所謂以正相盡也라 云以正者는 圜線與兩直線相交하여 皆成十字也라하다

盧文弨 : '㱏'은 古文의 '正'자이고 '㱏'으로도 쓴다.

畢沅 : '㱏'은 바로 '正'자이다. 唐나라 大周 때의 石刻에 "마음을 던져 진정한 깨달음을 얻는다.〔投心㱏覺〕"라 한 것이 이 글자와 같다.

詒讓案 : ≪集韻≫ 45 勁韻에 "'正'자는 唐나라 則天武后가 '㱏'자로 썼다."라고 하였고, 唐나라 〈岱岳觀碑〉에도 보인다.

張惠言 : '以'는 '與(더불어, 함께)'의 뜻이다. '長與正相盡'은 비교하고서 동일하다는 것이다.

陳澧 : 살펴보건대, ≪幾何原本≫에 두 직선이 하나는 길고 하나는 짧을 때 긴 선에서 짧은 선의 길이만큼 줄여 자르는 것을 구하는 내용이 있다. 그 방법은 두 선으로 원의 중심에 같이 모이게 하여 짧은 선을 경계로 삼아 원을 그려 긴 선과 서로 만나면 바로

---

7) 同 長以㱏(정)相盡也 : ≪墨子今注今譯≫에서는 '同長'으로 구두를 끊고 "두 물체의 동일한 길이는 제3의 물체를 표준으로 삼아 이 두 물체와 비교하여 이 두 물체와 제3의 표준이 되는 물체가 완전히 꼭 들어맞는 것이다."라고 하였다.

8) 大周 : 則天武后(624~705)가 아들인 唐 睿宗을 폐위하고 자신이 직접 황제가 되어 세운 나라로, 武氏의 나라라는 의미에서 武周라고도 한다. 무후는 太宗 때 열 네 살의 나이에 후궁으로 들어와 태종의 총애를 받았으나, 태종 사후 출가하였다가 다시 高宗의 후궁으로 들어와 황후가 되었는데 고종이 병이 든 뒤부터 태자를 섭정을 하면서 태자를 마음대로 바꾸는 등 전권을 행사하다가 직접 황제가 되었다. 무후는 병이 든 뒤 재상 張柬之 등이 讓位하라고 압박을 가하자, 太上皇으로 물러나고 다시 中宗을 복위시켜 唐 왕조를 부활시키고 죽었다.

짧은 선과 같게 된다. 이것이 바로 이른바 '以正相盡'이다. '以正'이라고 한 것은 圓周와 두 직선이 서로 교차하여 모두 十字를 이룬다는 것이다.

40-9-1 知는 接也라

知(知覺, 感性 지식)는 〈外界의 사물과〉 接觸하여 생기는 것이다.

張云 知는 讀如字[9)]라하다 案 張說是也라 此言知覺之知라 淮南子原道訓에 云 感而後動은 性之害也요 物至而神應은 知之動也니 知與物接而好憎生焉이라하다 畢云 知以接物이라하다 楊葆彝(이)云 莊子庚桑楚篇[10)]에 知者는 接也라하다

張惠言 : 知는 본음대로 읽는다.

案 : 張惠言의 說이 맞다. 여기서는 知覺의 知를 말하였다. ≪淮南子≫ 〈原道訓〉에 "마음이 느낀 뒤에 움직이는 것은 본성의 해가 되고, 사물이 다가와서 정신이 응하는 것은 지각이 움직이는 것이니, 지각과 사물이 접하여 好惡가 생겨난다."라고 하였다.

畢沅 : 지각으로 사물을 접한다.

楊葆彝 : ≪莊子≫ 〈庚桑楚〉편에 "지각은 접하는 것이다."라고 하였다.

40-10-1 中은 同長也라

中(원의 中心)은 〈圓周까지 半徑의〉 길이가 모두 같다.

畢云 中孔四量如一이라하다 張云 從中央量四角에 長必如一이라하다 兪云 爾雅釋言에 齊는 中也라하니 是中與齊同義라 故以同長釋之라하다 陳云 說에 云 中은 自是往相若也라하다 按 幾何原本에 云 圜界至中心은 作直線俱等이라하다

畢沅 : 가운데 구멍에서 사방으로 잴 때 길이가 동일한 것이다.

張惠言 : 중앙에서 사방의 모퉁이를 잴 때 길이가 반드시 동일한 것이다.

---

9) 知 讀如字 : 知는 平聲일 때 '알다', '앎', '지각' 등의 뜻이며, 去聲일 때 '지혜'라는 뜻인데, 여기서는 知의 본음인 平聲으로 읽는다는 뜻이다.

10) 庚桑楚篇 : 저본의 傍注에 "'庚桑楚篇'은 원래 '庚桑篇'으로 잘못 되어 있으나, ≪莊子≫에 의거하여 '楚'자를 보충한다.〔庚桑楚篇 原誤庚桑篇 據莊子補楚字〕"라고 하였다.

兪樾：≪爾雅≫〈釋言〉에 "齊는 中이다."라고 하였으니, 이는 中과 齊가 같은 뜻이라는 것이다. 그러므로 '길이가 모두 같다〔同長〕'는 말로 풀이한 것이다.

陳澧：〈經說〉에 "中(원의 중심)은 그곳에서 〈원주까지〉 나가는 선들의 길이가 서로 같다."라고 하였다. 살펴보건대 ≪幾何原本≫에 "원의 둘레에서 中心까지 直線을 그으면 길이가 모두 같다."라고 하였다.

40-11-1 恕는 明也라

恕(理性 지식)는 명료한 인식이다.

恕는 舊本譌恕라 畢云 推己及人故曰明이라하고 張云 明於人己라하니 幷非是라 今從道藏本吳鈔本作恕라 顧云 恕는 卽智字라하다 案 顧說是也라 此言知之用[11)]이라 周禮大司徒鄭注에 云 知明於事라하다

'恕'는 舊本에 '恕'자로 잘못되어 있다. 畢沅은 "자신을 미루어 남을 헤아리므로 明이라고 한다."라고 하고, 張惠言은 "남과 자신에 대해 밝게 인식한다."라고 하였는데, 모두 맞지 않다. 지금 道藏本, 吳鈔本을 따라 '恕'로 쓴다. 顧廣圻는 "恕는 바로 '智'자이다."라고 하였다.

案：顧廣圻의 說이 맞다. 여기서는 知의 用을 말하였다. ≪周禮≫〈大司徒〉 鄭玄의 注에 "知는 일에 밝은 것이다."라고 하였다.

40-12-1 厚는 有所大也라

厚(부피)는 부풀리는 바가 있다.

張云 大乃厚라하다 陳云 說에 云 厚惟無所大라하다 按 幾何原本에 云 面者止有長有廣이라하다 蓋面無厚薄이니 言厚必先有面之長廣이라 故云有所大也라하다 其說에 云 無所大者는 謂但言厚則無以見其長廣也라하다 案 陳說非是라 此云 有所大者는 謂萬物始於有形하니 旣有而積之면 其厚不可極이라 說에 云 無所大者는 言無爲有之本하여 有因無生하니 則因無而積之면 其厚亦不可極이라 此皆比儗推極之語라 說與經辭若

11) 此言知之用：앞서 "知(인식능력)는 재능이다.〔知 材也〕"라고 한 부분에서 知의 體를 말한 것이라고 한 주석과 대비하여 말한 것이다.

相反이로되 而意實相成也라 莊子天下篇에 惠施曰 無厚면 不可積也니 其(有)〔大〕[12] 千里라하다 釋文에 引司馬彪하여 云 物言形爲有요 形之外爲無니 無形與有形相爲表裏라 故形物之厚가 盡於無厚니 無厚與有는 同一體也라 其有厚大者는 其無厚亦大라 高因廣立하고 有因無積이면 則其可積因不可積者니 苟其可積이면 何但千里乎리오하니 惠子語亦與此經略同이라

張惠言 : 크게 하는 것은 바로 부피이다.

陳澧 : 〈經說〉에 "厚(부피)는 오직 부풀리는 바가 없다."라고 하였다. 살펴보건대 ≪幾何原本≫에 "面이라는 것은 길이와 너비만 있을 뿐이다."라고 하였다. 대체로 面은 두께〔厚薄〕가 없으니 厚를 말하자면 반드시 먼저 面의 길이와 너비가 있어야 하므로 "부풀리는 바가 있다."고 말한 것이다. 〈經說〉에 "부풀리는 바가 없다."고 한 것은 단지 厚만 말하면 그 길이와 너비를 볼 수 없음을 이른 것이다.

案 : 陳澧의 說은 맞지 않다. 여기서 "부풀리는 바가 있다."라고 말한 것은, 萬物이 형체가 있는 데에서 비롯하는데 이미 그 있는 바탕에서 쌓아가면 그 厚(부피)를 이루 다할 수 없음을 이른 것이다. 〈經說〉에서 "부풀리는 바가 없다."고 한 것은, 無가 有의 근본이 되어 有가 無로 인해 생겨나니 無로 인해 쌓아가면 그 厚를 또한 이루 다할 수 없음을 말한 것이다. 이것들은 모두 비교하고 미루어 窮究하는 말이다. 〈經說〉과 〈經〉의 말이 상반되는 듯하지만 둘의 의미가 실제로는 상호 보완하고 있다. ≪莊子≫ 〈天下〉편에서 "惠施가 '厚(부피)가 없으면 쌓을 수가 없으니 그 크기가 천 리에 이른다.' 하였다."라고 하였다. ≪經典釋文≫에서 司馬彪의 말을 인용하여 "사물은 形을 말하면 有이고 形의 바깥은 無이니 無形과 有形은 서로 表裏가 된다. 그러므로 形인 物의 厚는 부피 없음〔無厚〕에서 끝나니 부피 없음과 부피 있음〔有厚〕은 동일한 體이다. 그 부피 있음이 큰 것은 그 부피 없음 또한 크다. 높이는 너비로 인해 세워지고 有는 無로 인해 쌓여가니 그렇다면 쌓을 수 있음은 쌓을 수 없는 것을 인한 것이다. 만일 쌓을 수 있다면 어찌 한갓 천 리일 뿐이겠는가."라고 하였다. 惠子(惠施)의 말 역시 이 〈經〉과 대략 같다.

40-13-1 仁은 體愛也라

12) (有)〔大〕 : 저본에는 '有'로 되어 있으나, ≪莊子≫에 의거하여 '大'로 바로잡았다.

仁은 사랑을 體로 삼는다.

國語周語에 云 **博愛於人爲仁**[13]이라하고 **說苑修文篇**에 云 **積愛爲仁**이라하다 **張云 以愛爲體**라하다

≪國語≫ 〈周語〉에 "남을 널리 사랑하는 것이 인이다."라고 하고, ≪說苑≫ 〈修文〉편에 "사랑을 쌓음이 인이다."라고 하였다.

張惠言 : 사랑을 體로 삼는다.

40-14-1 日中은

日中(해가 한낮인 때)은

句라

여기에서 句를 뗀다.

40-14-2 㽵南也라

〈해가〉 정남쪽에 있는 때이다.

經說上無說이라 **㽵亦正字**라 **中國處赤道北**이라 **故日中爲正南**이라 **張云 日中則景**(영) **正表南**이라하다

〈經說 上〉에는 이 조문의 說이 없다. '㽵'자는 역시 '正'자이다. 中國은 赤道의 북쪽에 위치하고 있으므로 日中이 되면 正南向이 된다.

張惠言 : 日中이 되면 그림자가 곧바로 남쪽을 가리킨다.

40-15-1 義는 利也라

義(의로움)는 이로움을 주는 것이다.

---

13) 博愛於人爲仁 : ≪國語≫ 〈周語〉에 晉나라 孫談의 아들 孫周가 周나라에 가서 單襄公을 섬길 때 "인을 말하면 반드시 남에게 미쳤다.〔言仁必及人〕"라고 한 부분에 대한 韋昭의 注에 나오는 말이다.

左昭十年傳에 云 義는 利之本也라하다 孝經唐明皇注에 云 利物爲義[14)]라하다 畢云 易曰 利者는 義之和[15)]라하다

≪春秋左氏傳≫ 昭公 10년에 "義는 이로움의 근본이다."라고 하였다. ≪孝經≫의 唐 明皇(玄宗)의 注에 "物을 이롭게 하는 것이 義이다."라고 하였다.

畢沅 : ≪周易≫에 "이로움은 義의 조화로움이다."라고 하였다.

40-16-1 直은 參也[16)]라

直(수직)은 나란히 세운 것이다.

亦無說이라 畢云 說文에 云 直은 正見也라하고 論語에 子曰 立則見其參于前이라하다 陳云 此卽海島算經所謂後表與前表參相直也라하다

역시 〈〈經說〉에 이 조문에 대한〉 說이 없다.

畢沅 : ≪說文解字≫에 "直은 正見(똑바로 봄)이다."라고 하고, ≪論語≫ 〈衛靈公〉에 "공자께서 말씀하셨다. '서 있을 때는 〈忠信과 篤敬이〉 눈앞에 나란히 있는 것을 본다.〔立則見其參于前〕'"라고 하였다.

陳澧 : 이 조문은 바로 ≪海島算經≫에서 이른바 '後表와 前表가 나란히 서로 곧게 한다.'라고 한 것이다.

40-17-1 禮는 敬也라

禮는 공경을 표하는 것이다.

樂記에 云 禮者殊事合敬者也라하다

---

14) 孝經唐明皇注云 利物爲義 : 唐 明皇은 玄宗으로, ≪孝經≫에 御注를 달았다. 인용한 구절은 ≪孝經注疏≫ 卷3 〈三才章〉의 御注에 나오는 말이다.

15) 易曰……義之和 : ≪周易≫ 乾卦 〈文言傳〉에 나오는 말이다.

16) 直 參也 : ≪墨子今注今譯≫에서는 "직선은 세 점에서 한 점이 다른 두 점의 사이에 걸쳐 있는 것이다."라고 하였다.

≪禮記≫ 〈樂記〉에 "禮는 尊卑의 구별에 따라 모두 禮를 행하는 것이다."라고 하였다.

40-18-1 **圜**은

圜(원)은

句라

여기에서 句를 뗀다.

40-18-2 **一中同長也**라

한 중심에서 〈半徑의〉 길이가 같은 것이다.

畢云 一中言孔也니 量之四面同長이라하다 張云 立一爲中이니 而量之四面同長이면 則圜矣라하다 鄒伯奇云 卽幾何言圜面惟一心이요 圜界距心皆等之意라하다 陳云 幾何原本에 云 圜之中處爲圜心이라하니 一圜惟一心이요 無二心이라 故云一中也라 同長은 義見前이라하다 劉嶽雲云 此謂圜體는 自中心出徑綫至周等長也라하다

畢沅 : 一中은 구멍을 말하는데 사방의 面을 잴 때 길이가 같다.

張惠言 : 한 점을 찍어 中으로 삼고 사방의 면을 잴 때 길이가 같으면 圜(원)이다.

鄒伯奇 : 이 조문은 바로 幾何學에서 말하는 원의 面이 오직 하나의 중심이고 원의 둘레가 중심에서 거리가 모두 같다는 뜻이다.

陳澧 : ≪幾何原本≫에 "원의 중앙이 圜心(원심)이다."라고 하였으니, 한 원은 오직 하나의 중심이 있고 두 중심이 없다. 그래서 '一中'이라고 한 것이다. '同長'은 뜻이 앞(40-10-1)에 보인다.

劉嶽雲 : 여기서는 원이라는 도형은 中心에서 圓周까지 직선을 그을 때 길이가 같다는 것을 말하였다.

40-19-1 **行**은 **爲也**라

行은 의식적으로 하는 것이다.

經說上에 云 志行은 爲也[17]라하다

〈經說 上〉에 "뜻을 두어 행하는 것이 爲이다."라고 하였다.

40-20-1 **方**은

方(사각형)은

句라

여기에서 句를 뗀다.

40-20-2 **杜隅四**(讙)〔**雜**〕**也**라

변과 모서리가 四面에 두르고 있는 것이다.

讙은 吳鈔本作驩하니 疑皆雜之誤라 呂氏春秋論人篇에 云 圜周復(부)雜[18]이라한대 高注云 雜은 猶匝(잡)이라하다 淮南子詮言訓에 云 以數雜之壽[19]라한대 高注云 雜은 帀(잡)也라하다 周髀算經에 云 圓出於方이라한대 趙爽注云 方은 周匝也라하다 周易乾鑿度鄭康成注云 方者는 徑一而匝四也라하다 此釋方形爲柱隅四雜者는 謂方柱隅角四出而方冪(멱)이면 則四圍周帀이니 亦卽算術方一周四之義라 方周謂之雜은 猶呂覽謂圜周爲雜矣라 雜守篇에 云 塹再雜이라하니 與此四雜義正同이라 說苑修文篇에 云 如矩之三雜과 規之三雜이니 周則又始요 窮則反本也라한대 彼云矩三雜은 疑當作矩四雜이라 古書에 三四字積畫하여 多互譌라 畢云 讙疑維字라하다 張云 讙亦合也라하다 劉嶽雲云

---

17) 經說上……爲也 : 뒤의 40-63-1에 대한 〈經說〉에 나온다.

18) 呂氏春秋論人篇云 圜周復雜 : 이 조문은 《呂氏春秋》 권3 〈季春紀 論人〉이 아니라 〈季春紀 圜道〉에 수록되어 있다.

19) 以數雜之壽 : 高誘의 注에 "雜은 匝이니 사람이 자식을 낳아 子부터 亥까지 흐르는 것이 1匝이다."라고 하였다. 따라서 數雜은 몇 地支를 돌았다는 뜻으로, 수십 년이란 말인데 사람의 길지 않은 수명을 가리켜 말한 것이다. 《淮南子》 본문에 "수십 년의 수명을 가지고 천하가 혼란함을 걱정하는 것은 황하의 강물이 적음을 근심하여 눈물을 흘려 황하에 보태는 짓과 같다.〔以數雜之壽 憂天下之亂 猶憂河水之少 泣而益之也〕"라고 하였다.

此謂方體四維皆有隅호되 等面等邊等角也라하다 案 畢張劉說似幷未塙이라 淮南子天文訓高注云 四角爲維라하니 若作維하면 則與柱隅義複일새 不若四雜之切也라

'讙'자는 吳鈔本에 '驩'자로 되어 있는데 다 '雜'의 誤字인 듯하다. ≪呂氏春秋≫ 〈論人〉편에 "원으로 돌고 다시 두른다.〔圜周復雜〕"라고 하였는데, 高誘의 注에 "雜은 두름〔帀〕과 같다."라고 하였다. ≪淮南子≫ 〈詮言訓〉에 "몇 地支 돌아가는 수명을 가지고〔以數雜之壽〕"라고 하였는데, 高誘의 注에 "雜은 두름〔帀〕이다"라고 하였다. ≪周髀算經≫에 "圓은 두르는 데서 나온다.〔圓出於方〕"라고 하였는데, 趙爽의 注에 "方은 돌고 두름(周匝)이다." 라고 하였다. ≪周易乾鑿度≫의 鄭康成(鄭玄)의 注에 "方이라는 것은 直徑 하나에 넷을 두른 것이다."라고 하였다. 여기서 方의 형태를 풀이하여 '변과 모서리가 사면에 두른 것'이라 한 것은 方의 변과 모서리와 각이 사면으로 나와 方의 둘레를 곱하면 사면의 둘레를 돌고 두른다는 말이니 또한 바로 算術에서 사각형 하나에 도는 변이 네 개라는 뜻이다. 方을 도는 것을 雜이라고 한 것은 ≪呂覽(呂氏春秋)≫에서 원으로 도는 것〔圜周〕을 일러 雜이라고 한 것과 같다. 〈雜守〉편에 "구덩이를 거듭 두른다.〔塹再雜〕"라고 하였는데, 여기서의 '四雜'의 뜻과 정확히 같다. ≪說苑≫ 〈修文篇〉에 "이를테면 곱자가 셋을 두르고〔矩之三雜〕 그림쇠가 셋을 두른 것〔規之三雜〕과 같으니 다 돌면 다시 시작하고 다 끝나면 본래 자리로 돌아간다."라고 하였는데, 거기서 '矩三雜'이라 한 것은 '矩四雜'이 되어야 할 듯하다. 古書에서 '三'자와 '四'자는 획을 중첩해 쓰면서 서로 잘못되는 경우가 많다.

畢沅 : '讙'자는 '維(모서리)'자인 듯하다.

張惠言 : '讙'은 또한 합한다〔合〕는 것이다.

劉嶽雲 : 여기서는 사각형〔方體〕의 네 방향에 모두 모서리가 있는데 면이 같고 변이 같고 각이 같음을 말하였다.

案 : 畢沅, 張惠言, 劉嶽雲의 說은 모두 아직 확실하지는 않은 듯하다. ≪淮南子≫ 〈天文訓〉의 高誘의 注에 "네 모서리의 각이 維이다"라고 하였으니, 만약 〈'讙'을〉 '維'로 쓰면 柱(변), 隅(모서리)의 뜻과 중복되기에 '四雜'이 문맥에 더 적절함만 못하다.

40-21-1 實은 榮也라

實(실질)은 밖으로 드러나는 것이다.

畢云 實至則名榮이라하다

畢沅 : 실질이 이르면 이름이 밖으로 드러난다.

40-22-1 倍는 爲二也라

倍(갑절)는 둘로 곱하는 것이다.

畢云 倍之是爲二라하다 楊云 卽加一倍算法[20)]이라하다

畢沅 : 배로 하는 것은 둘로 곱하는 것이다.
楊葆彝 : 바로 배를 더하는 算法이다.

40-23-1 忠은 以爲利而强(低)〔君〕也[21)]라

忠(충성)은 〈임금을〉 이롭게 하기 위하여 임금을 강하게 설득하는 것이다.

畢云 言以利人爲志而能自下라하다 張云 低當作氐니 氐는 根也라 詩曰 維周之氐라하다 案 畢張說幷非也라 低疑當爲君이니 君與氐篆書相似일새 因而致誤氐하고 復誤爲低耳라 忠爲利君은 與下文孝爲利親으로 文義正相對라 荀子臣道篇에 云 逆命而利君謂之忠이라하고 又云 有能比智同[22)]力하여 率群臣百吏而相與彊君撟君이어든 君雖不安이라도 不能不聽하여 遂以解國之大患하고 除國之大害하여 成於尊君安國을 謂之輔라하다 案此云 强君은 與荀子義同이라 以爲利는 卽解大患除大害尊君安國之事也라

畢沅 : 남을 이롭게 하는 일을 뜻으로 삼고서 능히 자신을 낮출 수 있음을 말하였다.
張惠言 : '低'자는 '氐'자가 되어야 하니 '氐'는 뿌리〔根〕이다. ≪詩經≫ 〈節南山〉에 "주나

20) 加一倍算法 : ≪周易≫ 〈繫辭傳〉에 "易에 太極이 있으니 이것이 兩儀를 낳고 양의가 四象을 낳고 사상이 八卦를 낳는다." 하였는데, 邵雍은 이것에 근본하여 "하나가 나뉘어 둘이 되고 둘이 나뉘어 넷이 되며, 넷이 나뉘어 8이 되고 8이 나뉘어 16이 되며, 16이 나뉘어 32가 되고 32가 나뉘어 64괘가 되었다."라는 말을 했다. 程顥는 이것을 加一倍法이라 하였다.(≪周易大全≫ 〈總論〉)

21) 忠 以爲利而强(低)〔君〕也 : ≪墨子今注今譯≫에서는 孫詒讓을 따라 "忠(國君을 향한 충성)은 국가에 이롭다 생각되면 임금을 강하게 설득하는 것이다."라고 하였다.

22) 同 : 저본의 傍注에 "同자는 원래 빠져 있으나, ≪荀子≫ 〈臣道〉에 의거하여 보충한다.〔同字原誤 據荀子臣道補〕"라고 하였다.

라의 뿌리이다.〔維周之氐〕"라고 하였다.

案 : 畢沅, 張惠言의 說은 모두 잘못이다. '低'자는 '君'자가 되어야 할 듯하니 '君'자와 '氐'자는 篆書에서 서로 비슷하기에 인하여 '氐'자로 잘못되어 버리고 다시 잘못되어 '低'자가 된 것일 뿐이다. 忠이 임금을 이롭게 함〔利君〕이라는 것은 아래 글에서 孝가 어버이를 이롭게 함〔利親〕이라는 말과 글 뜻이 정확히 서로 짝이 된다. ≪荀子≫ 〈臣道〉편에 "명을 거스르면서도 임금을 이롭게 하는 것을 忠이라 한다."라고 하였고, 또 같은 곳에서 "지혜와 힘을 모아 뭇 신하들을 거느리고서 함께 임금을 강하게 설득하고 임금을 바로잡게 되면 임금이 비록 마음이 편치 않더라도 듣지 않을 수 없어 마침내 국가의 큰 환난을 해소하고 국가의 큰 해악을 제거하여 임금을 높이고 국가를 편안하게 만들 수 있으니, 이를 일러 보좌한다〔輔〕고 한다."라고 하였다.

案 : 여기서 '强君'이라 한 것은 ≪순자≫의 뜻과 같다. 이롭게 하기 위한 것〔以爲利〕은 바로 큰 환난을 해소하고 큰 해악을 제거하고 임금을 높이고 국가를 편안하게 하는 일이다.

40-24-1 端은 體之無序而最前者也[23)]라

端(끝)은 體(형태) 가운데 序(순서)가 없이 맨 앞에 있는 것이다.

畢云 序는 言次序라 說文에 云 耑(단)은 物初生之題也라하다 張云 無序는 謂無與爲次序라하다 王引之云 序當爲厚니 經說上에 云 端이라 仳(비)는 兩有端而后可라 次는 無厚而后可라하니 是其證也라 無厚者는 不厚也라 訓端以無厚者는 凡物之見端에 其形皆甚微也라 厚與序는 隸書相似而誤니 說見非攻下篇[24)]이라하다 陳云 說云 端은 是無同也라한대 按 端卽西法所謂點也라 體之無序는 卽西法所謂線也라 序如東序西序之序니 猶言兩旁也라 幾何原本에 云 線有長無廣이라하니 無廣是無兩旁(방)也라 又云 線之界是點이라하니 點是線之盡處니 是最前也라 又云 直線止有兩端하고 兩端之間上下更無一點이라하니 是無同也라하다 案 諸說不同한대 王說義據最精이로되 而與說不甚相應이라 經說上[25)]에 仳兩有端而后可二句는 則非此經之說이어늘 無從質定이라 依畢張說이면

---

23) 端 體之無序而最前者也 : ≪墨子今注今譯≫에서는 王引之의 校勘에 의거하여 '序'를 '厚'로 고치고 "端(점)은 선을 구성하는 부분에서 가장 앞의 두께가 없는〔無厚〕 것이다."라고 하였다.

24) 說見非攻下篇 : 본서 2책 〈非攻 下〉 19-3-11의 주에 보인다.

則序當爲敍之叚字니 謂端最在前하여 無與相次敍者라 故說云 端是無同也라하니 似與說義尤合이라 魯勝墨辯敍에 云 名必有分明하니 分明莫如有無라 故有無序之辯이라한대 蓋卽指此文이라 是晉時所傳墨子亦作無序라 兩義未知孰是일새 姑幷存之하노라 陳以點釋端이 甚精이로되 而訓序爲旁은 則亦未得其義라

畢沅 : 序는 次序를 말한다. ≪說文解字≫에 "耑은 物이 처음 생겨날 때의 앞부분이다."라고 하였다.

張惠言 : 無序는 더불어 次序 지을 것이 없음을 말한다.

王引之 : '序'자는 '厚'자가 되어야 하니 〈經說 上〉에 "端이다. 仳는 양편에 端(끝)이 있어야 된다. 次는 厚(두께)가 없어야 된다."라고 하였으니 이것이 그 증거이다. 厚가 없다는 것〔無厚〕은 厚하지 않음이다. 端을 無厚로 풀이한 것은 모든 物이 端을 드러낼 때 그 형태가 모두 매우 작아서이다. '厚'와 '序'는 隸書에 서로 비슷하여 잘못된 것이니 그 說은 〈非攻 下〉편에 보인다.

陳澧 : 〈經說〉에 "端은 같음이 없는 것이다."라고 하였는데, 살펴보건대, 端은 바로 서양의 법에 이른바 點이다. '體 가운데 순서 없음〔體之無序〕'은 바로 서양의 법에 이른바 線이다. 序는 이를테면 東序, 西序의 序이니 양옆〔兩旁〕이라 말하는 것과 같다. ≪幾何原本≫에 "線은 길이만 있고 너비가 없다."고 하였으니, 너비가 없음은 바로 양옆이 없다는 것이다. 또 "線의 경계가 點이다."라고 하였으니, 點은 線이 끝나는 곳으로 이것이 맨 앞〔最前〕이다. 또 "直線은 단지 양끝〔兩端〕이 있을 뿐이고 양끝의 사이에 위아래로 다시 한 點도 없다."라고 하였으니, 이것이 같음이 없음〔無同〕이다.

案 : 각 說들이 같지 않은데 王引之의 說이 풀이와 근거가 가장 정밀하지만 〈經說〉과 그리 상응하지는 않는다. 〈經說 上〉의 '仳 兩有端而后可' 2句는 이 조문의 〈經〉에 대한 설명이 아닌데 물어서 확정할 길이 없다. 畢沅, 張惠言의 說에 의거하면 '序'자는 '敍'자의 假借字가 되어야 하니 端이 맨 앞에 있어서 더불어 서로 次敍 지을 것이 없음을 이른다. 그래서 〈經說〉에 "端은 같음이 없는 것이다."라고 하였으니 〈經說〉의 뜻과 더 부합하는 듯하다. 魯勝의 〈墨辯敍〉에 "名은 반드시 分明함이 있는데 分明한 것은 有無만한 것이 없다. 그래서 無序의 辯이 있다."라고 하였는데 아마도 바로 이 조문의 글을 가리키는 듯하

---

25) 上 : 저본의 傍注에 "'上'은 원래 下자로 잘못 되어 있으나, 本書에 의거하여 고친다.〔上 原誤據本書改〕"라고 하였다.

다. 이는 晉나라 때 전해온 ≪墨子≫에도 '無序'로 되어 있는 것이다. 두 가지 뜻 가운데 어느 것이 맞는지 모르겠기에 일단 아울러 수록해둔다. 陳澧가 點으로 端을 풀이한 것은 매우 정밀한 반면, 序를 旁으로 풀이한 것은 또한 본래의 뜻을 알지 못한 것이다.

40-25-1 **孝**는 **利親也**라

孝(효도)는 어버이를 이롭게 하는 것이다.

賈子道術篇에 **云 子愛利親謂之孝**라하다

≪賈子(新書)≫ 〈道術〉편에 "자식이 어버이를 사랑하여 이롭게 하는 것을 孝라고 한다."라고 하였다.

40-26-1 **有閒**은 **中也**[26)]라

閒隙이 있음은 〈둘의〉 가운데를 말한다.

畢云 閒隙是二者之中이라하다 **陳云 說云 有閒**은 **謂夾之者也**라하니 **閒**은 **謂夾者也**라 **按 幾何原本**에 **云 直線相遇作角**이면 **爲直線角**[27)]이라하고 **又云 在多界之閒爲形**[28)]이라하니 **皆是有閒也**니 **線與界夾之也**라

畢沅 : 閒隙은 둘의 가운데이다.

---

26) 有閒 中也 : ≪墨子今注今譯≫에서는 "두 물체에 간극이 있음은 두 물체 사이의 비어 있는 부분을 가리켜 말한다."라고 하였다.

27) 直線相遇作角 爲直線角 : ≪幾何原本≫ 卷一之首 〈界說三十六則〉의 이 부분의 注에 "평지에 두 직선이 서로 만나면 直線角을 이루는데 本書에서 논한 것들은 直線角에 그친다. 다만 角을 만드는 데 세 가지가 있으니 지금 여기에 붙여 수록한다. 첫째는 直線角, 둘째는 曲線角, 셋째는 雜線角이다.〔平地兩直線相遇爲直線角 本書中所論止是直線角 但作角有三等 今附著於此 一直線角 二曲線角 三雜線角〕"라고 하였다.

28) 在多界之閒爲形 : ≪幾何原本≫ 卷一之首 〈界說三十六則〉에 "일차원이나 다차원의 사이에서 도형이 된다.〔或在一界或在多界之閒爲形〕"라고 하고, 그 注에 "일차원의 도형은 이를테면 平圓, 立圓 등의 물체 같은 것이고, 다차원의 도형은 이를테면 平方, 立方 및 平立, 三角, 六角, 八角 등의 물체 같은 것이다.〔一界之形如平圓立圓等物 多界之形如平方立方及平立三角六八角等物〕"라고 하였다.

陳澧 : 〈經說〉에 "有閒은 사이에 끼어 있는 것을 이른다."라고 하였으니, 閒은 끼어 있는 것을 이른다. 살펴보건대, ≪幾何原本≫에 "直線이 서로 만나 각을 만들면 直線角이 된다."라고 하고, 또 "다차원의 사이에서 도형이 된다."라고 하였는데, 모두 閒隙이 있는 것으로 線과 경계가 끼어 있는 것이다.

40-27-1 信은 言合於意也[29)]라

信(신의)은 말이 뜻에 부합하는 것이다.

言言與意相合하여 無僞飾이라 張云 不欺其志라하다

말과 뜻이 서로 부합하여 거짓이나 꾸밈이 없음을 말한다.
張惠言 : 자기 뜻을 속이지 않음이다

40-28-1 閒은 不及旁(방)也[30)]라

閒(閒隙)은 양편에 닿지 않는 것이다.

閒은 謂中空者니 卽上有閒中也之義라 張云 不及於旁은 謂隙中이라하고 畢云 言閒僳이라하니 誤라

閒은 가운데 비어 있는 것을 이르니 바로 앞에 나오는 "閒隙이 있음은 〈둘의〉 가운데를 말한다.〔有閒中也〕"는 뜻이다. 張惠言은 "'양편에 닿지 않는 것〔不及於旁〕'은 隙中(틈 사이)을 이른다."라고 하고, 畢沅은 "閒僳을 말한다."라고 하였는데, 오류이다.

40-29-1 佴는 自(作)〔炪〕也[31)]라

29) 信 言合於意也 : ≪墨子今注今譯≫에서는 "信은 言論과 思想이 부합함을 가리켜 말한다."라고 하였다.

30) 閒 不及旁也 : ≪墨子今注今譯≫에서는 "두 물체의 閒隙은 곁의 두 물체 자체에 닿지 않고 단지 두 물체 사이의 빈 틈에 닿는 것이다."라고 하였다.

31) 佴 自(作)〔炪〕也 : ≪墨子今注今譯≫에서는 高亨의 풀이를 따라 '佴'를 '버금(次)'의 뜻에서 退縮이라 하고 '作'은 '怍'으로 보아 "退縮함은 스스로 부끄러운 마음이 있다."라고 하였다.

佴는 저절로 차례 짓는 것이다.

畢云 說文에 云 佴는 佽也라한대 此云自作은 未詳也라하다 兪云 作은 疑佐字之誤라 爾雅釋言에 佴는 貳也라하니 佐與貳義相近하고 作佐形似라 又涉下文有三作字[32)]라 故誤耳라하다 案 作疑當作仳라 經說上에 有仳字하니 卽比之借字라 佴比幷訓次라 言自相次比니 是謂之佴라 說云 與人遇人衆慉이라하니 卽相次比之意也라 節葬下篇에 云 佴乎祭祀[33)]라하니 亦次比之義라 兪說未塙(확)이라

畢沅 : ≪說文解字≫에 "佴는 佽(도움)이다."라고 하였는데 여기서 '自作'이라 한 말은 알 수 없다.

兪樾 : '作'자는 '佐'자의 잘못인 듯하다. ≪爾雅≫ 〈釋言〉에 "佴는 貳이다."라고 하였으니, '佐'와 '貳'는 뜻이 서로 비슷하고 '作'과 '佐'는 모양이 비슷하다. 게다가 아래 글에 3개의 '作'자가 있는 것에 연계되어 잘못된 것일 뿐이다.

案 : '作'자는 '仳'자가 되어야 할 듯하다. 〈經說 上〉에 '仳'자가 있으니 바로 '比'자의 假借字이다. '佴'와 '比'는 둘 다 차례〔次〕로 풀이된다. 저절로 서로 차례 지음〔次比〕을 말하니 이를 일러 '佴'라고 한다. 〈經說〉에 "사람들과 함께하고 사람들과 만나 무리가 가까이 닿는다."라고 하였는데, 바로 서로 차례 짓는다〔次比〕는 뜻이다. 〈節葬 下〉편에 "祭祀를 차례대로 한다.〔佴乎祭祀〕"라고 하였으니 또한 次比의 뜻이다. 兪樾의 說은 확실하지 않다.

40-30-1 纑(로)는 閒虛也[34)]라

櫨는 사이가 비어 있는 것이다.

盧云 纑猶墳壚[35)]之壚라하다 王引之云 盧說非也라 纑乃櫨之借字라 經說上에 云 纑閒虛也者는 兩木之閒에 謂其無木者也라하니 則其字當作櫨라 衆經音義卷一引三倉[36)]云

---

32) 又涉下文有三作字 : 아래 글에 나오는 '謂作嗛也', '廉作非也', '令不爲所作也'에 각각 '作'자가 있는 것을 가리킨다.

33) 節葬下篇云 佴乎祭祀 : 본서 2책 〈節葬 下〉 25-11-20에 보인다.

34) 纑 閒虛也 : ≪墨子今注今譯≫에서는 '纑'를 '離'로 보아 "두 물체가 떨어져 거리가 있으면 중간에 비어 있는 공간을 이룬다."라고 하였다.

35) 墳壚 : 높이 솟은 검은색의 딱딱한 흙을 가리킨다.

櫨는 柱上方木也라하니 櫨以木爲之라 兩櫨之閒則無木이라 故曰 櫨閒虛也者는 兩木之閒에 謂其無木者也라하다 陳云 按九章算術劉徽注에 云 凡廣從相乘謂之羃(멱)이라하니 卽此所謂纑也라 又海島算經에 云 以表高乘表閒이라한대 李淳風云 前後表相去爲表閒이라하니 卽所謂兩木之閒無木者라하다 案 王陳二說不同한대 王說近是라 纑櫨同聲假借字라 文選魏都賦李注引說文云 欂(박)櫨는 柱上枅(계)也라하고 禮記明堂位鄭注作欂盧요 釋名釋宮室에 云 櫨[37]在柱端하니 如都盧負屋之重也[38]라하다 欂櫨單擧之則曰櫨라 淮南子主術訓에 云 短者以爲朱儒枅櫨라하다

盧文弨 : '纑'는 墳壚의 '壚'와 같다.

王引之 : 盧文弨의 說은 잘못되었다. '纑'는 바로 '櫨'의 假借字이다. 〈經說 上〉에 "'纑 閒虛也'라는 말은 두 나무 사이에 나무가 없는 것을 말하는 것이다."라고 하였으니 그 글자(纑)는 '櫨'자가 되어야 한다. ≪衆經音義≫ 卷1에서 ≪三倉≫을 인용하여 "'櫨'는 기둥 위의 네모난 나무이다."라고 하였으니, 櫨는 나무로 만드는 것이다. 양 櫨의 사이에는 나무가 없으므로 "'櫨 閒虛也'는 두 나무 사이에 나무가 없는 것을 말하는 것이다."라고 한 것이다.

陳澧 : 살펴보건대, ≪九章算術≫의 劉徽의 注에 "무릇 가로와 세로를 서로 곱한 것을 羃이라고 한다."라고 하였으니 바로 여기서 말한 '纑'이다. 또 ≪海島算經≫에 "表의 높이로 表閒을 곱한다."라고 하였는데, 李淳風이 "앞뒤의 表가 서로 떨어져 있는 것이 表閒이 된다."라고 하였으니 바로 이른바 '두 나무 사이에 나무가 없는〔兩木之閒無木〕' 것이다.

案 : 王引之와 陳澧의 두 說이 같지 않은데 王引之의 說이 近理하다. '纑'와 '櫨'는 같은 음의 假借字이다. ≪文選≫ 〈魏都賦〉의 李善의 注에 ≪說文解字≫를 인용하여 "欂櫨는 기둥 위의 가로보〔枅〕이다."라고 하고, ≪禮記≫ 〈明堂位〉의 鄭玄의 注에는 '欂盧'로 되어

---

36) 三倉 : 漢代 초엽에 李斯의 ≪蒼頡篇≫, 趙高의 ≪爰曆篇≫, 胡毋敬의 ≪博學篇≫을 묶어 하나로 만든 책으로, 통칭하여 '창힐편'이라고도 하였는데 총 3,300자였다고 한다. 이후 魏·晉 시대에 이르러 또 이사의 ≪창힐편≫을 상권, 揚雄의 ≪訓纂篇≫을 중권, 賈魴의 ≪滂喜篇≫을 하권으로 삼아 한 부의 책으로 만들었다고 전한다.

37) 櫨 : 저본의 傍注에 "櫨는 원래 盧자로 잘못 되어 있으나, ≪釋名≫ 〈釋宮室〉에 의거하여 고친다〔櫨 原誤盧 據釋名釋宮室改〕."라고 하였다.

38) 如都盧負屋之重也 : 都盧는 본래 古代 중국의 南海 일대에 있는 나라 이름으로, 이 나라 사람들은 장대를 붙잡고 재주 부리는 기예가 있었다고 한다. 여기서 '都盧負屋'은 기둥 위에서 위태롭게 지붕을 지탱하는 난쟁이 기둥, 즉 枓栱을 가리키게 되었다.(≪通雅≫ 卷35 〈器用〉)

있고, ≪釋名≫ 〈釋宮室〉에 "櫨는 기둥 끝에 있으니 마치 都盧가 무거운 집을 지고 있는 듯한 것이다."라고 하였다. '欂櫨'를 하나로 들면 '櫨'라고 한다. ≪淮南子≫ 〈主術訓〉에 "짧은 것을 朱儒枅櫨(난쟁이 가로 두공)로 삼는다."라고 하였다.

40-31-1 誯(견)은

誯(獧)은

畢云 字書無此字라하다 詒讓案 孟子睊睊胥讒을 孫奭音義에 云 睊은 一作誯이라하니 誯睊狷幷同聲假借字라

畢沅 : 字書에는 이 글자가 없다.

詒讓案 : ≪孟子≫ 〈梁惠王 下〉의 '눈을 서로 흘기며 헐뜯다.〔睊睊胥讒〕'에 대해 孫奭이 ≪孟子音義≫에서 "'睊'은 어떤 本에는 '誯'으로 되어 있다."라고 하였으니, '誯', '睊', '狷'은 모두 같은 음의 假借字이다.

40-31-2 作嗛也[39]라

마음에 만족하는 것이다.

洪云 字書無誯字하니 當與涓字同義라 說文에 涓은 小流也라하다 故此云作嗛也는 嗛卽慊字라하다 案 誯當爲獧之借字요 字又作狷이라 論語에 云 狷者有所不爲也[40]라하니 故經說上에 云 爲是之詒(태)彼也일새 弗爲也라하다 狷은 孟子作獧하니 同이라 作嗛者는 國(語)〔策〕[41]魏策高注에 云 嗛은 快也라하니 言狷者絜己心自快足이라 嗛은 古或借謙慊

39) 誯 作嗛也 : ≪墨子今注今譯≫에서는 高亨의 校勘에 의거하여 '作'은 '怍'으로, '嗛'은 '兼'으로 고치고 "몸을 깨끗이 하고 자기를 아끼는 것〔潔身自好〕은 兼愛에 부끄러움이 있다."라고 하였다.

40) 論語云 狷者有所不爲也 : ≪論語≫ 〈子路〉에 나오는 말로, 孔子는 인격과 학문의 성취 정도를 말할 때 가장 높은 단계가 中道를 얻은 사람이고, 그 다음 단계에 狂者가 있고, 또 그 다음 단계에 狷者가 있다고 하였다. 광자는 뜻은 높으나 행실이 뒷받침되지 않는 진취적인 사람이고, 견자는 광자처럼 뜻이 높지는 않지만 불결함을 싫어하고 지조를 지키는 사람이다.

41) (語)〔策〕 : 저본에는 '語'로 되어 있으나, 續修四庫全書本 ≪墨子閒詁≫에 의거하여 '策'으로

爲之라 **大學自謙**을 **鄭注**에 **云 謙讀爲慊**이니 **慊之言厭也**라하다 **洪以誚爲涓**하니 **非**라 **讀嗛爲慊**이면 **則於義可通**이나 **然非厭足之本字也**라

洪頤煊 : 字書에는 '誚'자가 없으니 의당 '涓'자와 같은 뜻일 것이다. ≪說文解字≫에 "涓은 小流(작은 물흐름)이다."라고 하였다. 그래서 여기에서 '作嗛也'라고 할 때의 '嗛'자는 바로 '慊'자이다.

案 : '誚'은 의당 '獧'의 假借字이고 이 字는 '狷'으로도 쓴다. ≪論語≫ 〈子路〉에 "狷者는 하지 않는 바가 있다."라고 하였으니, 그래서 〈經說 上〉에 "이를 하는 것이 남을 속이는 것이므로 하지 않는다."라고 하였다. '狷'은 ≪孟子≫에 '獧'자로 되어 있는데 같은 字이다. '作嗛(마음에 만족하다)'이라는 것은 ≪戰國策≫ 〈魏策〉의 高誘의 注에 "'嗛'은 기뻐함〔快〕이다."라고 하였는데, 狷者는 자기 마음을 깨끗이 하여 스스로 기뻐하고 만족함을 말한다. '嗛'자는 옛날에 더러 '謙'이나 '慊'으로 가차하였다. ≪大學≫의 '自謙'에 대해 鄭玄의 注에 "'謙'은 '慊'으로 읽으니 '慊'이라는 말은 만족함〔厭〕이다."라고 하였다. 洪頤煊이 '誚'자를 '涓'자로 여긴 것은 잘못 본 것이다. '嗛'을 '慊'으로 읽으면 의미에 있어 통할 만하지만 만족하다〔厭足〕는 의미의 本字는 아니다.

40-32-1 **盈**은 **莫不有也**라

盈(가득함)은 있지 않은 곳이 없는 것이다.

廣雅釋詁에 **云 盈**은 **滿也**라하다

≪廣雅≫ 〈釋詁〉에 "盈은 가득함이다."라고 하였다.

40-33-1 (**廉**)〔**慊**〕은 **作非也**[42]라

慊(한스러움)은 잘못을 저질러 〈그러한 것이다.〉

畢云 廉察之廉이라 **作與狙聲近**하니 **言狙伺**라하다 **案 廉作非**는 **與上文誚作嗛**으로 **文**

바로잡았다.

42) (廉)〔慊〕 作非也 : ≪墨子今注今譯≫에서는 高亨의 校勘에 의거하여 '作'을 '怍'으로 고치고 "廉恥는 자신이 잘못한 일에 대해 부끄러운 바가 있는 것이다."라고 하였다.

例同하니 則不當如畢讀이라 廉疑當作慊이라 慊은 恨也라 作非는 謂所爲不必無非라 故說云 己惟爲之로되 知其䟮(치)也라

畢沅 : 廉察의 '廉'(조사함)이다. '作'은 '狙'와 음이 비슷하니 몰래 살핀다〔狙伺〕는 말이다.

案 : '廉作非'는 위의 글의 '誚作嗛'과 문장 용례가 같으니 畢沅처럼 읽어서는 안 된다. '廉'자는 '慊'자가 되어야 할 듯하다. '慊'은 한스러움〔恨〕이다. '作非'는 하는 일에 잘못이 없지 않음을 이른다. 그래서 〈經說〉에 "자신이 비록 하더라도 일의 결과를 두려워할 줄 아는 것이다."라고 하였다.

40-34-1 堅白은 不相外也라

堅(단난함)과 白(흼)은 서로 배척하지 않는다.

此卽公孫龍堅白石之喩[43]라 不相外는 言同體也니 詳經說上이라

이는 바로 公孫龍의 단단하고 흰 돌의 비유이다. '不相外'는 體가 같음을 말하니 〈經說上〉에 자세하다.

40-35-1 令은 不爲所作也[44]라

令(명령)은 〈자기가〉 할 일을 〈스스로〉 하지 않는 것이다.

畢云 言使人爲之요 不自作이라하다

畢沅 : 남으로 하여금 하게 하고 스스로 하지 않음을 말한다.

---

43) 公孫龍堅白石之喩 : 戰國시대 趙나라의 公孫龍은 "돌은 하나인 것 같으나 눈으로 돌을 볼 적에는 그 빛깔이 흰 것〔白〕은 알지만 그 돌이 단단한 것〔堅〕은 모르고, 손으로 돌을 만질 적에는 그 돌이 단단한 것은 알지만 빛깔이 흰 것은 모른다. 따라서 단단하고 흰 돌의 존재는 동시에 성립할 수 없다."라고 주장하여, 옳은 것을 그르다고 하고 그른 것을 옳다고 하며, 같은 것을 다르다고 하고 다른 것을 같다고 하는 교묘한 변론을 펼쳤다.

44) 令 不爲所作也 : ≪墨子今注今譯≫에서는 '令'을 善이나 美의 뜻으로 보고 高亨의 校勘에 의거하여 '作'을 '怍'으로 고쳐, "선한 품덕은 자기 마음에 부끄러울 만한 일을 하지 않는 것이다."라고 하였다.

40-36-1 攖(영)은 相得也[45)]라

攖(닿음)은 서로 만난다는 것이다.

莊子大宗師釋文引崔譔云 攖은 有所繫著(착)也라하다 畢云 玉篇云 攖은 結也라하다 楊云 攖은 引也라 幾何原本所謂線相遇也라하다 案 楊說亦通이라

≪莊子≫ 〈大宗師〉에 〈나오는 '攖'에 대해〉 ≪經典釋文≫에서 崔譔을 인용하여 "攖은 묶여 붙은 바가 있음이다."라고 하였다.

畢沅 : ≪玉篇≫에 "攖은 맺음〔結〕이다."라고 하였다.

楊葆彝 : 攖은 당김〔引〕이다. ≪幾何原本≫에서 이른바 線이 서로 만나는 것이다.

案 : 양보이의 說도 의미가 통한다.

40-37-1 任은 士損己而益所爲也[46)]라

任(任俠)은 선비가 자신을 손해보면서 하는 일에 도움이 되게 하는 것이다.

畢云 謂任俠이라 說文에 云 甹(병)은 俠也라 三輔謂輕財者爲甹이라하니 甹與任同이라

畢沅 : 任俠을 이른다. ≪說文解字≫에 "甹은 俠이다. 三輔가 '재물을 가볍게 여기는 자가 甹이다.'라고 하였다."라고 하였으니 甹과 任은 같다.

40-38-1 (似)〔仳〕는 有以相攖하고 有不相攖也[47)]라

仳(합하여 겹침)는 둘이 서로 합치함이 있고 서로 합치하지 않음이 있다.

似當依說作仳니 形近而誤라 仳與比通하니 言相合比者有相攖하고 相次比者不相攖이라

---

45) 攖 相得也 : ≪墨子今注今譯≫에서는 "攖(접촉, 교차, 중첩)은 최소한 서로 상대방의 일부분을 점유하는 데 이르는 것이다."라고 하였다.

46) 任 士損己而益所爲也 : ≪墨子今注今譯≫에서는 "任俠의 정신은 선비가 기꺼이 자기 이익을 희생하면서 자기가 보호하는 사람에게 이익이 되도록 하는 것이다."라고 하였다.

47) (似)〔仳〕……有不相攖也 : ≪墨子今注今譯≫에서는 孫詒讓의 교감을 따라 "두 도형에 대해 비교를 진행할 때 겹쳐놓음으로써 중첩되는 부분과 중첩되지 않는 부분을 알 수 있다."라고 하였다.

故下文云 次는 無閒而不相攖也라하다

'似'자는 〈經說〉에 의거하여 '仳'자가 되어야 하니 모양이 비슷해 잘못된 것이다. '仳'와 '比'는 뜻이 통하니, 서로 합하여 겹치는 것은 서로 합치함이 있고 서로 나란히 겹치는 것은 서로 합치하지 않음을 말하였다. 그래서 아래 글에서 "次는 閒隙은 없지만 서로 합치하지 않는 것이다."라고 하였다.

40-39-1 勇은 志之所以敢也라

勇(용기)은 의지가 과감히 행할 수 있는 원인이다.

賈子道術篇에 云 持節不恐謂之勇이라하다 畢云 敢決이라하다 張云 志得勇乃敢이라하다

≪賈子(新書)≫ 〈道術〉편에 "절개를 견지하며 두려워하지 않음을 勇이라고 한다."라고 하였다.

畢沅 : 果敢하게 決斷함이다.

張惠言 : 의지는 용기가 있어야 비로소 과감해진다.

40-40-1 次는 無閒而不(攖)〔相〕攖也[48]라

次(나란히 겹침)는 閒隙은 없지만 서로 합치하지는 않는 것이다.

張云 攖衍字라 無閒乃得不相攖而相次라하다 案 攖攖當作相攖이니 非衍文이라 言兩物相次면 則中無閒隙이라 然不相連合이라 故云 不相攖也라

張惠言 : '攖'은 잘못 들어간 글자이다. 閒隙이 없어야 서로 합치하지 않으면서 서로 나란히 겹칠 수 있다.

案 : '攖攖'은 '相攖'이 되어야 하니 잘못 들어간 글자가 아니다. 두 물체가 서로 나란히 겹쳐지면 중간에 閒隙이 없지만 서로 연하여 합치하지 않음을 말하였다. 그래서 "不相攖也"라고 말한 것이다.

48) 次 無閒而不(攖)〔相〕攖也 : ≪墨子今注今譯≫에서는 孫詒讓의 교감을 따라 "두 물체를 긴밀하게 붙여놓으면 그들 중간에 틈이 없지만 또 중첩되지도 않는다."라고 하였다.

40-41-1 力은 刑之所以奮也라

力(힘)은 形體를 움직이는 원인이다.

畢云 刑同形하니 言奮身是强力이라하다 張云 形以力奮이라하다

畢沅 : '刑'은 '形'과 같으니 몸을 움직임이 힘을 강하게 하는 것임을 말하였다.
張惠言 : 形(몸)은 힘으로 움직인다.

40-42-1 法은 所若而然也[49]라

法은 따를 바가 있어 그렇게 하는 것이다.

荀子不苟篇楊注에 云 法은 效也라하다 畢云 若은 順이라 言有成法可從이라하다 張云 若은 如라하다

≪荀子≫ 〈不苟〉편의 楊倞의 注에 "法은 본받음〔效〕이다."라고 하였다.
畢沅 : '若'은 순히 따름(順)이다. 따를 만한 成法이 있음을 말한다.
張惠言 : '若'은 같음〔如〕이다.

40-43-1 生은 刑與知處也라

生(생명)은 形體와 知識(知覺)이 함께 있는 것이다.

畢云 刑同形하니 言人處世惟形體與知識[50]이라하다 張云 形體有知是生也라하다 案 此言形體與知識合幷同居則生하니 畢張說幷未憭라

畢沅 : '刑'은 '形'과 같으니 사람이 세상에서 살아감은 오직 形體와 知識을 〈통해서임을〉 말하였다.

49) 法 所若而然也 : ≪墨子今注今譯≫에서는 "법칙은 사람들이 이를 준수하여 결과를 확정하는 데 이를 수 있는 것이다."라고 하였다.

50) 知識 : 사전상으로는 '어떤 대상에 대하여 배우거나 실천을 통하여 알게 된 명확한 인식이나 이해'라는 뜻인데 여기서는 知覺이나 認識能力에 가깝다. 하지만 일단 원문대로 번역하였다. 이하 知를 知識으로 번역한 곳은 모두 같다.

張惠言 : 形體에 知識이 있는 것이 생명이다.

案 : 여기서는 形體와 知識이 합해져서 한곳에 거하면 생명임을 말한 것이다. 畢沅과 張惠言의 說은 둘 다 명료하지 않다.

40-44-1 佴(이)는 所然也[51)]라

佴는 따라야 하는 바이다.

吳鈔本無然字라 畢云 然猶順이라 佴之言貳니 或爲佴(이)字假音이라 說文에 云 佴는 必然也라하다 案 爾雅釋言에 云 佴는 貳也라한대 郭注云 佴次爲副貳라하니 次貳與順義近이라 畢疑爲佴之假音하니 則非라

吳鈔本에는 '然'자가 없다.

畢沅 : '然'은 '順'과 같다. '佴'는 '貳'라는 말인데 어쩌면 '佴'자의 음을 假借한 것인 듯하다. ≪說文解字≫에 "佴는 必然(반드시 그러함)이다."라고 하였다.

案 : ≪爾雅≫ 〈釋言〉에 "'佴'는 버금〔貳〕이다."라고 하였는데, 郭璞의 注에 "'佴次'는 버금〔副貳〕의 뜻이다."라고 하였다. '次貳'는 '順'과 뜻이 가깝다. 畢沅이 '佴'자의 음을 가차한 듯하다고 한 것은 잘못 본 것이다.

40-45-1 臥는 知無知也라

臥(睡眠)는 知識(知覺能力)은 있지만 지식(知覺活動)이 없는 것이다.

畢云 臥而夢이면 似知也나 而不可爲知라하다 案 知卽上生形與知處之知이니 言知識存而臥時則無知也라 畢謂夢知라하니 則失之라

畢沅 : 누워서 꿈을 꾸면 아는 듯하지만 아는 것이 되지 못한다.

案 : '知'는 바로 윗글에서 "生은 形體와 知識이 함께 있는 것이다.〔生形與知處〕"라고 할 때의 '知'이니, 지식이 있더라도 누워 잘 때에는 지식이 없다는 말이다. 畢沅이 '꿈속에서 안다〔夢知〕'고 하였는데 잘못 본 것이다.

---

51) 佴 所然也 : ≪墨子今注今譯≫에서는 高亨의 校勘에 의거하여 '佴'를 '循'으로 고치고 "규율을 따라 일을 처리하는 것은 사람의 행동이 예상 결과를 얻을 수 있는 원인이다."라고 하였다.

40-46-1 說은 所以明也라

說(해설)은 밝히는 수단이다.

經說上無說이라 說文言部에 云 說은 說釋也라 一曰談說이라하다 謂談說所以明其意義라 畢云 解說이라하다

〈經說 上〉에는 〈이 조문에 대한〉 說이 없다. ≪說文解字≫ 言部에 "說은 說釋(설명하고 풀이함)이다. 談說이라고도 한다."라고 하였다. 談說이 그 意義를 밝히는 수단임을 이른다.
畢沅 : 〈說은〉 解說이다.

40-47-1 夢은 臥而以爲然也라

夢(꿈)은 누워 자면서 그러하다고 여기는 것이다.

說文云 㝱(몽)은 寐而有覺也라하고 夢은 不明也라하다 經典通叚夢爲㝱이라 畢云 言夢中所知以爲實然이라하다

≪說文解字≫에 "㝱은 자면서 지각이 있음이다."라고 하고, "夢(꿈)은 분명하지 않음이다."라고 하였다. 經典에서는 '夢'자를 通假하여 '㝱'의 의미로 쓴다.
畢沅 : 꿈속에서 지각하는 바를 실제로 그러하다고 여기는 것이다.

40-48-1 (攸(유))〔彼〕不可는

彼(저편)가 불가함은

爾雅釋言云 攸는 所也라하다 然說無攸義라 楊云 攸는 經說作彼라 張云 攸當爲彼라하다 案 張校是也라 下文辯爭彼也에 彼今本亦或作攸하니 是其證이라

≪爾雅≫ 〈釋言〉에 "攸는 所이다."라고 하였다. 하지만 〈經說〉에는 '攸'에 대한 뜻이 없다.
楊葆彝 : '攸'자는 〈經說〉에 '彼'자로 되어 있다.
張惠言 : '攸'자는 '彼'자가 되어야 한다.
案 : 張惠言의 校勘이 맞다. 아래 글의 "辯은 저편과 다투는 것이다.〔辯爭彼也〕"라고 한 부분에서 '彼'자가 지금 本에 역시 '攸'자로 되어 있기도 하니 이것이 그 증거이다.

40-48-2 **兩不可也**[52)]라

양편이 다 불가함이다.

言旣有彼之不可하면 **卽有此之不可**하니 **是彼此兩皆不可也**라

이미 저편에 불가함이 있다면 곧 이편에 불가함이 있으니 이것이 저편과 이편 둘 모두 불가함을 말한 것이다.

40-49-1 **平**은

平(바름)은

句라

여기에서 句를 뗀다.

40-49-2 **知無欲惡**(오)**也**[53)]라

知識에 욕망과 증오가 없는 것이다.

說文兮部에 **云 平**은 **正也**라하다 **謂欲惡兩忘**이라

≪說文解字≫ 兮部에 "'平'은 正(바름)이다."라고 하였다. 욕망과 증오 모두 잊어버림을 이른다.

40-50-1 **辯**은 **爭彼也**라

辯(論辯)은 저편과 다투는 것이다.

---

52) (攸)〔彼〕不可 兩不可也 : ≪墨子今注今譯≫에서는 '攸'를 '彼'로 보고 梁啓超의 校勘에 의거하여 뒤의 '兩不可也'의 '不可'를 衍文으로 보아, "辯論하는 자는 두 개의 서로 관련되지 않는 논제를 들어 변론을 진행할 수 없다."라고 하였다.

53) 平 知無欲惡(오)也 : ≪墨子今注今譯≫에서는 "平靜은 사람의 認識能力에 好惡의 감정이 일어나지 않는 심리 상태이다."라고 하였다.

彼는 吳鈔本作攸라

'彼'자는 吳鈔本에 '攸'자로 되어 있다.

40-50-2 辯勝은

논변에 이김은

畢云 讀如勝負라하다

畢沅 : 〈勝은〉 '勝負'의 〈'勝'과〉 같이 읽어야 한다.

40-50-3 當也[54]라

뜻에 타당하기 때문이다.

畢云 讀如當意라하다

畢沅 : 〈'當'은〉 '當意(뜻에 타당함)'의 〈'當'과〉 같이 읽어야 한다.

40-51-1 利는 所得而喜也라

利(이익)는 얻는 바가 있음에 기뻐하는 것이다.

畢云 謂夢所見이라한대 誤라

畢沅은 "꿈에서 본 바를 이른다."라고 하였는데 잘못 본 것이다.

40-52-1 爲는

爲(행위)는

句라

54) 辯……當也 : ≪墨子今注今譯≫에서는 "변론은 상대방과 모순되는 명제의 시비를 쟁론하는 것이다. 논변에 승리하는 쪽은 주장하는 논제가 실제에 부합하는 쪽이다."라고 하였다.

여기에서 句를 뗀다.

40-52-2 窮知而縣於欲也[55]라

지식이 막혀 욕구에 매이는 것이다.

畢云 言知之所到而欲爲라 縣은 同懸이라하다 張云 縣猶繫也라 爲必由知나 而爲之則繫於欲이라하다 案 此言爲否決於知나 而人爲欲所縣係면 則知有時而窮이라 義詳經說上이라 畢張說未析이라

畢沅 : 지식이 도달하는 바에 따라 하고자 함을 말한 것이다. 縣은 懸과 같다.

張惠言 : 縣은 매임〔繫〕과 같다. 행위는 반드시 지식에서 비롯하지만 행하는 것은 욕구에 매어 있다.

案 : 여기서는 행하고 행하지 않음은 지식에서 결정되지만 사람이 욕구에 얽매이게 되면 지식이 때로 막힌다는 것을 말하였다. 이에 대한 뜻은 〈經說 上〉에 자세하다. 畢沅과 張惠言은 제대로 분석하지 못하였다.

40-53-1 害는 所得而惡(오)也라

害(재해)는 얻는 바가 있음에 싫어하는 것이다.

40-54-1 已는

已(이미)는

句라

여기에서 句를 뗀다.

---

55) 爲 窮知而縣於欲也 : ≪墨子今注今譯≫에서는 高亨의 校勘에 의거하여 '爲'를 '譌'로 고치고 "사람의 언행이 잘못을 범하는 까닭은 理智의 지배를 받지 못하고 욕망의 지배를 받기 때문이다."라고 하였다.

40-54-2 成亡이라

이루어짐과 없어짐의 두 뜻이 있다.

張云 已有二義라하다

張惠言 : '已'에 두 가지 뜻이 있다.

40-55-1 治는 求得也라

治(다스림)는 구하여 얻는 것이다.

畢云 言事旣治에 所求得이라하다

畢沅 : 일이 이미 잘 처리되어 구하는 것을 얻음을 말한다.

40-56-1 使는

使(부림)는

句라

여기에서 句를 뗀다.

40-56-2 謂故라

말로 하게 하는 것과 〈어떤 일을〉 하게 하는 것의 두 뜻이 있다.

謂는 吳鈔本作爲하니 非라 張云 使有二義라하다 畢云 說文에 云 故는 使爲之也라하다

'謂'는 吳鈔本에 '爲'로 되어 있는데 잘못이다.
張惠言 : '使'에 두 가지 뜻이 있다.
畢沅 : ≪說文解字≫에 "'故'는 〈어떤 일을〉 하게 하는 것이다."라고 하였다.

40-57-1 譽는 明美[56]也라

譽(칭찬)는 善을 밝게 드러내는 것이다.

國語晉語韋注에 **云 明**은 **箸也**라하다 **言箸人之善**이라

≪國語≫ 〈晉語〉의 韋昭의 注에 "'明'은 드러냄〔箸〕이다."라고 하였다. 남의 善을 드러냄을 말한 것이다.

40-58-1 **名**은

名(개념)은

句라

여기에서 句를 뗀다.

40-58-2 **達類私**[57)]라

達名과 類名과 私名의 세 가지 뜻이 있다.

張云 名有三義라하다

張惠言 : '名'에 세 가지 뜻이 있다.

40-59-1 **誹**는 **明惡也**라

誹(비난)는 惡을 밝게 드러내는 것이다.

40-60-1 **謂**는

謂(말함)는

句라

---

56) 美 : '美'에는 '善'의 뜻이 있다.

57) 名 達類私 : ≪墨子今注今譯≫에서는 "말의 개념은 外延이 가장 넓은 보편 개념, 일반적인 類概念, 單獨概念으로 나뉜다."라고 하였다.

여기에서 句를 뗀다.

40-60-2 **移擧加**[58]라

바꿔 말하는 것과 열거해 말하는 것과 감정을 보태 말하는 것의 세 가지 뜻이 있다.

張云 謂有三義라하다

張惠言 : '謂'에 세 가지 뜻이 있다.

40-61-1 **擧**는 **擬實也**라

擧(列擧)는 실제를 헤아려서 말하는 것이다.

說文手部에 **云 擬**는 **度**(탁)**也**라하다 **謂量度其實而言之**라 **張云 以名擬實**이라하다

≪說文解字≫ 手部에 "'擬'는 度(헤아림)이다."라고 하였다. 그 실제를 헤아려서 말함을 말한 것이다.

張惠言 : 개념을 가지고 실제를 헤아린다.

40-62-1 **知**는

知(知識)는

句라

여기에서 句를 뗀다.

40-62-2 **聞說親**이라

전해 듣는 지식, 추론해내는 지식, 친히 관찰하는 지식이 있다.

---

58) 謂 移擧加 : ≪墨子今注今譯≫에서는 이 조문의 〈經說〉에 의거하여 '移'를 '命'으로 보아 "발화는 命名하는 것, 列擧하는 것, 감정을 실어 말하는 것 등의 용법이 있다."라고 하였다.

畢云 聞舊作聞한대 據經說上改라하다 案 言知有此三義라

畢沅 : '聞'자는 옛 本에 '聞'자로 되어 있었는데 〈經說 上〉에 의거하여 고친다.

案 : '知'에 이 세 가지 뜻이 있음을 말하였다.

40-63-1 名實合爲[59)]라

개념과 이론 지식, 실제 정황에 대한 지식, 개념과 실제의 결합 지식, 실천 지식이 있다.

四者言異而義相因이라 張并上爲一經하여 云 知有三하니 聞一이요 說二요 親三이니 皆合名實而成於爲라한대 恐未塙(확)이라

네 가지는 말은 다르지만 뜻은 서로 관련된다. 張惠言은 앞 부분과 합하여 한 經文으로 삼고서 "知識에 세 가지가 있으니 聞知가 첫째요, 說知가 둘째요, 親知가 셋째이다. 모두 개념과 실제를 합하여 실천에서 이루어진다."라고 하였는데, 확실하지 않은 듯하다.

40-64-1 言은 出擧也[60)]라

言(말)은 〈입으로〉 내어 거론하는 것이다.

謂擧實而出之口라 張云 言出名實이라

실제를 거론하여 입으로 내는 것을 이른다.

張惠言 : 말이 개념과 실제를 내는 것이다.

40-65-1 聞은

---

59) 名實合爲 : 孫詒讓은 네 가지로 나누어 보았을 뿐, 知를 설명한 앞 부분과 관련시켜 보지 않았다. 하지만 이 조문을 명확히 해석하지 않았으므로 일단 ≪墨子今注今譯≫에 따라 名, 實, 合, 爲를 각각 知識의 종류로 보아 앞 조문과 연결하여 번역하되, 조문은 둘로 나누었다.

60) 言 出擧也 : ≪墨子今注今譯≫에서는 "언어는 말의 개념이 대표하고 模擬하고 반영하는 사물의 성질을 표현해내는 것이다."라고 하였다.

聞(들음)은

句라

여기에서 句를 뗀다.

40-65-2 傳親이라

전해 듣는 것, 친히 듣는 것이 있다.

傳은 道藏本吳鈔本에 幷誤作博이라 張云 聞有二라하다

'傳'자는 道藏本, 吳鈔本에 모두 '博'자로 잘못되어 있다.
張惠言 : '聞'에 두 가지가 있다.

40-66-1 且는

且(장차)는

畢云 舊衍一且字한대 以意刪이라하다

畢沅 : 옛 本에는 '且' 한 글자가 잘못 들어갔는데, 문맥으로 판단해 삭제하였다.

40-66-2 言然也라

그렇게 될 것을 말하는 것이다.

句라

여기에서 句를 뗀다.

40-67-1 見은 體盡이라

見(관찰)은 형체의 부분, 형체의 전체 두 가지가 있다.

張云 見有二라하다 鈕(뉴)樹玉云 疑當見體爲句라한대 失之라

張惠言 : '見'에 두 가지가 있다.

鈕樹玉이 "'見體'가 句가 되어야 할 듯하다."라고 하였는데, 잘못 본 것이다.

40-68-1 **君臣萌**은

임금과 신하와 백성은

畢云 疑同名이어나 **或同氓**이라하다 **鈕云 萌卽氓字**니 **上文已婁見**이라하다 **案 鈕說是也**니 **詳尙賢上篇**[61)]이라

畢沅 : 〈'萌'자는〉 '名'자와 같거나 혹은 '氓'자와 같다.

鈕樹玉 : '萌'은 바로 '氓'자이니 위의 글에 이미 여러 번 나왔다.

案 : 鈕樹玉의 說이 맞으니 〈尙賢 上〉편에 자세하다.

40-68-2 **通約也**[62)]라

總括한 것이다.

謂尊卑上下等差不一이로되 **通而約之**하면 **不過此三名**이라 **故說云 君以若名者也**라하다 **張云 君所以約臣民**이라한대 **疑非**라

尊卑와 上下의 等差가 한두 가지가 아니지만 통틀어 묶으면 이 세 개념에 불과하다는 것을 말한다. 그래서 〈經說〉에 "君(임금)은 이러한 〈신하와 백성을〉 가지고 명명한 것이다." 라고 하였다. 張惠言이 "임금은 신하와 백성을 묶는 것이다."라고 하였는데 잘못인 듯하다.

40-69-1 **合**은

合(부합)은

句라

---

61) 詳尙賢上篇 : 본서 2책 〈尙賢 上〉 8-5-10의 주에 보인다.

62) 君臣萌 通約也 : ≪墨子今注今譯≫에서는 '萌'을 '民'으로 보고 '君 臣民通約也'라고 句를 떼어 "임금은 신하와 백성이 공동으로 약속해 정한 결과이다."라고 하였다.

여기에서 句를 뗀다.

40-69-2 𤰞(정)宜必[63]이라

맞아떨어지는 것, 합당하게 되는 것, 필연적인 것이 있다.

張云 合有三이라하다

張惠言 : '合'에 세 가지가 있다.

40-70-1 功은 利民也라

功이란 백성들을 이롭게 하는 것이다.

40-71-1 欲𤰞權利요 (且)惡(오)𤰞權害라

바라는 것이 바르면 이익을 저울질할 수 있고, 싫어하는 것이 바르면 손해를 저울질할 수 있다.

大取篇에 云 於所體之中에 而權輕重之謂權이라 權非爲是也요 亦非爲非也라 權은 正也라 斷指以存掔(완)[64]하나니 利之中取大요 害之中取小也라 且字疑衍이라

〈大取〉편에 "형체의 부분 가운데서 輕重을 저울질하는 것을 일러 權이라고 한다. 權은, 옳다고 하는 것도 아니고 그르다고 하는 것도 아니다. 權은 바르게 하는 것이다. 손가락을 잘라 팔뚝을 보존하나니, 이익 가운데 큰 것을 취하고 손해 가운데 작은 것을 취하는 것이다."라고 하였다. '且'자는 잘못 들어간 듯하다.

40-72-1 賞은 上報下之功也라

賞은 윗사람이 아랫사람의 공로를 되갚는 것이다.

---

63) 合 𤰞宜必 : ≪墨子今注今譯≫에서는 "부합은 동기와 효과가 정확히 맞는 것, 분수에 적절히 맞는 것, 사상과 언행이 사물의 필연 법칙에 맞는 것이 있다."라고 하였다.

64) 掔(완) : ≪墨子閒詁≫ 〈大取〉편의 注에서 畢沅은 '捥'자의 本字라고 하였다.

40-73-1 **爲**는

爲(행위)는

句라

여기에서 句를 뗀다.

40-73-2 **存亡易**(역)**蕩治化**라

보존하는 것, 제거하는 것, 교역하는 것, 탕진하는 것, 다스리는 것, 변화하는 것이 있다.

張云 爲有六이라하다

張惠言 : '爲'에 여섯 가지가 있다.

40-74-1 **罪**는 **犯禁也**라

罪는 禁令을 범하는 것이다.

40-75-1 **同**은

同(같음)은

句라

여기에서 句를 뗀다.

40-75-2 **重體合類**라

두 명칭이 한 실체로 같은 것, 전체의 부분들로 같은 것, 한 공간에 모여 같은 것, 어떤 성질이 비슷하여 같은 것이 있다.

張云 同有四라하다

張惠言 : '同'에 네 가지가 있다.

40-76-1 **罰**은 **上報下之罪也**라

罰은 윗사람이 아랫사람의 罪過를 되갚는 것이다.

40-77-1 **異**는

異(다름)는

句라

여기에서 句를 뗀다.

40-77-2 **二不體不合不類**라

두 실체로 다른 것, 같은 전체에 속하지 않는 것, 한 공간에 모여 있지 않은 것, 어떤 성질이 비슷하지 않은 것이 있다.

舊本體上脫不字한대 **今依畢校補**라 **吳鈔本亦不脫**이라 **張云 異有四**라하다

舊本에 '體'자 앞에 '不'자가 빠져 있는데 지금 畢沅의 校勘에 의거하여 보충한다. 吳鈔本에도 빠져 있지 않다.

張惠言 : '異'에 네 가지가 있다.

40-78-1 **同**은

同(같음)은

說作侗하니 **通**이라

〈經說〉에 '侗'으로 되어 있는데, 뜻이 통한다.

40-78-2 **異而俱於之一也**[65]라

다른 것들이지만 이 하나에 함께 속한 것이다.

之一은 猶言是一이라 謂合衆異爲一이라

'之一'은 '是一'이라는 말과 같다. 여러 다름을 모아 하나가 됨을 이른다.

40-79-1 同異交得이라야

同異(같고 다름)는 비교하여 얻어야

謂言語同異 各得其義라

言語의 同異가 각각 그 뜻을 언음을 이른다.

40-79-2 (放)〔知〕有無[66]라

있고 없음을 알게 된다.

張云 放疑於字之誤라 有無相交則得同異라하다 案 張說非是라 放疑當爲知라 說云 恕有無라한대 恕當爲恕之譌니 知恕字同이라

張惠言 : '放'자는 '於'자의 잘못인 듯하다. 有無를 상호 비교하면 同異를 알 수 있다.

案 : 張惠言의 說은 맞지 않다. '放'은 '知'자가 되어야 할 듯하다. 〈經說〉에 "恕有無"라고 하였는데, 이 '恕'자는 의당 '恕'자의 잘못이니 '知'와 '恕'는 글자가 같다.

40-80-1 久는

久(장구함)는

---

65) 同 異而俱於之一也 : ≪墨子今注今譯≫에서는 "같음은 상이한 사물들이 모두 이 동일한 속성을 가지고 있는 것이다."라고 하였다.

66) 同異交得 (放)〔知〕有無 : ≪墨子今注今譯≫에서는 '放'을 '仿'으로 보아 "동일성과 차이성은 상호 침투하여 동시에 파악할 수 있으니 이를테면 有와 無가 한 사람의 몸에 모여 있는 것과 같다."라고 하였다.

句라

여기에서 句를 뗀다.

40-80-2 **彌異時也**[67)]라

다른 시간에 두루 미치는 것이다.

王云 彌는 徧也라하다 畢云 言不易其時라 故曰久라한대 非라

王念孫 : '彌'는 두루 미침[徧]이다.

畢沅은 "그 시간을 바꾸지 않으므로 久라고 말한 것이다."라고 하였는데, 잘못 본 것이다.

40-80-3 宇는

宇(공간)는

句라

여기에서 句를 뗀다.

40-80-4 **彌異所也**[68)]라

다른 장소에 두루 미치는 것이다.

舊本宇誤守라 畢云 言不移其所라 故曰守라하다 王引之云 畢說非是라 案 守當爲宇니 字形相似而誤라 彌는 徧也라 宇者는 徧乎異所之稱也라 經說上解此云 宇는 東西南北이라하니 東西南北可謂異所矣어니와 而徧乎東西南北則謂之宇라 故曰 宇는 彌異所也라하다 高誘注淮南原道篇하여 云 四方上下曰宇라하다 蔡邕注典引하여 云 四表曰

67) 久 彌異時也 : 《墨子今注今譯》에서는 "久(시간 개념)는 一切의 동일하지 않은 구체적 시간 형식의 概括이다."라고 하였다.

68) 宇 彌異所也 : 《墨子今注今譯》에서는 "宇(공간 개념)는 一切의 동일하지 않은 구체적 장소의 概括이다."라고 하였다.

宇[69]라하니 四表卽東西南北也라하다 案 王說是也니 今據正이라

舊本에 '宇'자가 '守'자로 잘못되어 있다.

畢沅 : 그 장소를 옮기지 않음을 말한 것이므로 '守'라고 한 것이다.

王引之 : 畢沅의 說은 맞지 않다. 살펴보건대, '守'자는 '宇'자가 되어야 하니 字形이 서로 비슷하여 잘못된 것이다. '彌'는 두루 미침〔徧〕이다. 宇는 다른 장소에 두루 미친다는 뜻의 명칭이다. 〈經說 上〉에서 이 조문을 해설하여 "宇는 東, 西, 南, 北이다."라고 하였으니, 東西南北은 다른 장소라고 할 수 있거니와 東西南北에 두루 미치는 것을 일러 宇라고 한다. 그래서 "宇는 다른 장소에 두루 미치는 것이다."라고 한 것이다. 高誘는 ≪淮南子≫ 〈原道〉편에 注를 내어 "四方과 上下를 宇라고 한다."라고 하였다. 蔡邕은 〈典引〉에 注를 내어 "四表를 宇라고 한다."라고 하였는데, 四表가 바로 東西南北이다.

案 : 王引之의 說이 맞으니 지금 이에 의거하여 바로잡는다.

40-81-1 聞은 耳之聰也[70]라

聞(들음)은 귀의 밝은 작용이다.

經說上無說하니 疑有缺佚이라

〈經說 上〉에 〈이 조문에 대한〉 說이 없으니 아마 逸失된 듯하다.

40-82-1 窮은

窮(다함, 한계)은

句라

여기에서 句를 뗀다.

40-82-2 或有前이라도 不容尺也[71]라

---

69) 蔡邕注典引云 四表曰宇 : 〈典引〉은 後漢의 班固가 지은 산문이며, 蔡邕의 이 注는 ≪文選注≫에 실려 있다.

70) 聞 耳之聰也 : 이 조문은 아래 40-83-1~2와 이어지는 내용으로 보기도 한다.

혹 끝이 있더라도 尺을 받아들이지(절반에 미치지) 못하는 것이다.

有前은 謂有端也라 經說上에 云 尺前於區穴而後於端이라하니 蓋以布幅爲喻하면 自端至尺爲半이니 不容尺은 謂不及半이니 明其易(이)窮也라

'有前'은 端(끝)이 있음을 이른다. 〈經說 上〉에 "尺은 區穴(빈 틈)보다 앞이고 端(끝)보다 뒤이다."라고 하였으니, 대체로 베(布)의 폭으로 비유하자면 端에서 尺까지 절반이다. '不容尺'은 절반에 미치지 못함을 이르니 그 한계에 이르기 쉬움을 밝힌 것이다.

40-83-1 循所聞而得其意는

들은 바를 따라 그 뜻을 터득하는 것은

畢云 循은 猶云從이라하다

畢沅 : '循'은 '從(따름)'이라 하는 말과 같다.

40-83-2 心之察也라

마음이 考察하는 능력이다.

無說이라 畢云 之舊作也한대 據下文[72]改라하다

〈《經說》에 이 조문에 대한〉 說이 없다.

畢沅 : '之'자는 옛 本에 '也'로 되어 있는데 아래 글에 의거하여 고친다.

40-84-1 盡은

盡(모두)은

---

71) 窮……不容尺也 : ≪墨子今注今譯≫에서는 梁啓超의 說을 따라 '或'을 '域'으로 보아 "한 공간이 한계가 있음은 尺을 사용하여 공간을 잴 때에 공간의 앞면에 한 尺에 충분하지 못한 곳이 있음을 가리킨다."라고 하였다.

72) 下文 : 아래 나오는 "執所言而意得見 心之辯也"를 가리킨다.

句라

여기에서 句를 뗀다.

40-84-2 **莫不然也**라

그렇지 않은 것이 없다는 것이다.

無說이라

〈〈經說〉에 이 조문에 대한〉 說이 없다.

40-85-1 **言**은 **口之利也**[73)]라

言(言說)은 입의 이로운 작용이다.

無說이라

〈〈經說〉에 이 조문에 대한〉 說이 없다.

40-86-1 **始**는 **當時也**라

始(시작)는 事物이 비롯한 時點이다.

40-87-1 **執所言而意得見**은 **心之辯也**라

말한 바를 근거로 삼아 의의를 알아내는 것은 마음이 辨別하는 능력이다.

無說이라 說文言部에 云 辯은 治也라하다

〈〈經說〉에 이 조문에 대한〉 說이 없다. ≪說文解字≫ 言部에 "'辯'은 治(다스림)이다."라고 하였다.

---

73) 言 口之利也 : 이 조문은 아래 40-87-1과 이어지는 내용으로 보기도 한다.

40-88-1 化는

化(변화)는

句라

여기에서 句를 뗀다.

40-88-2 徵易(역)也[74]라

상태가 바뀌는 것이다.

楊云 驗其變易也라하고 張云 徵之言轉이라한대 未塙이라

楊葆彝는 "그 變易을 徵驗함이다."라고 하고, 張惠言은 "'徵'이라는 말은 轉換이다."라고 하였는데, 확실하지 않다.

40-89-1 諾은 不一이니 利用이라

諾(應諾)은 한두 가지가 아니니 목적에 맞게 사용해야 한다.

謂辭氣不同이 於用各有所宜니 若說所云五諾也라

言辭의 氣勢가 같지 않은 것들이 활용에 있어 저마다 적절한 바가 있으니 이를테면 〈經說〉에서 말한 '五諾'과 같은 것이라는 말이다.

40-90-1 損은

損(감소)은

說文手部에 云 損은 減也라하다

≪說文解字≫ 手部에 "'損'은 減(감소)이다."라고 하였다.

---

74) 化 徵易也 : ≪墨子今注今譯≫에서는 "사물의 성질의 변화는 바로 특징의 변화이다."라고 하였다. 본서에서는 張惠言의 說을 따라 번역하였다.

40-90-2 **偏去也**라

한 편을 없애는 것이다.

畢云 言損是去其半이라하다

畢沅 : '損'은 그 절반을 없앰을 말한다.

40-91-1 **服執說**(나)는 〔**言利**〕[75]라

복종하는 것, 고집하는 것, 엿보는 것은 말의 이로운 작용이다.

音利라 畢云 音利二字舊注니 未詳其義라하다 詒讓案 說文言部에 云 說는 言相說伺也라하다 唐韻音女加切이니 與利音絶遠이라 集韻六至利(紐)〔秎(리)〕[76]下亦不收此字라 惟十二霽(제)有說字하니 音研計切이니 伺也요 類篇言部又引埤倉[77]하여 云 詀說는 言不同也니 居佳切이라하니 并與利音不相應이라 攷說釋此文云 執服難成은 言務成之니 九則求執之하여 以相推校하면 疑音利當作言利니 二字本是正文이어늘 誤作小注라 說九或卽說之壞字라 求執은 卽說文所謂言相說伺也라 傳寫舛(천)誤하여 改言利二字爲小注어늘 校者不憭하고 又改言爲音하여 緟㑂貤(비이)謬하여 遂不可究詰矣라 服은 謂言相從而不執이요 執은 謂言相持而不服이요 說는 則不服不執하고 而相伺니 若鬼谷子所謂抵巇(지희)者[78]라 三者辭義不同而皆利於用이라 上文云 言은 口之利也라하고 又云 諾은 不一이니 利用이라한대 此以服執說爲言之利하니 與彼義蓋略同이라

---

75) 服執說(나) 〔言利〕 : ≪墨子今注今譯≫에서는 이 조문을 '服 執俔言 利'로 句를 떼고 校勘한 뒤 '俔言'을 '邪言'으로 보아 "言論을 써서 남을 說服시킬 때에는 邪說과 詭辯을 제지해야 세상 사람들에게 이로움이 있다."라고 하였다.

76) (紐)〔秎(리)〕 : 저본에는 '紐'로 되어 있으나, ≪集韻≫ 卷7 〈去聲 上〉에 의거하여 '秎'로 바로잡았다. 참고로 '秎'는 '利'의 古字이다.

77) 埤倉 : 三國시대 魏나라 초엽에 博士를 지낸 張揖이 지은 文字學 책이다. 이밖에도 그는 ≪廣雅≫, ≪古今字詁≫를 지었다고 한다.

78) 若鬼谷子所謂抵巇者 : '抵巇'는 ≪鬼谷子≫의 편명인데, '抵'는 막아 바로잡는다는 뜻이고, '巇'는 험준하다는 뜻에서 비롯하여 틈과 모순을 가리키는바, 위험한 징조를 막는다는 말이다. 이 편은 다양한 상황의 변화 속에서 위험한 징조를 막는 방법을 설명한 글이다.

〈說는〉 音이 利이다.

畢沅 : '音利' 2字는 舊本의 注인데 그 뜻은 알 수 없다.

詒讓案 : ≪說文解字≫ 言部에 "'說'는 말로 서로 뜻을 떠보고 엿봄이다.〔言相說伺也〕"라고 하였다. ≪唐韻≫에는 音이 '女'와 '加'의 反切로 되어 있으니 '利'의 음과 매우 다르다. ≪集韻≫ 제6 至韻의 '利秎' 아래에도 이 글자를 수록하지 않았다. 다만 제12 霽韻에 '說'자가 있어 음이 '硏'과 '計'의 反切로 엿본다〔伺〕는 뜻이라고 하였고, ≪類篇≫ 言部에 또 ≪埤倉≫을 인용하여 "詁說는 말이 같지 않음이니 '居'와 '佳'의 反切이다."라고 하였는데, 모두 '利'의 음과 서로 호응하지 않는다. 〈經說〉에서 이 조문을 풀이하여 "고집하는 것, 복종하는 것, 시비를 논정하기 어려운 것은 말을 힘쓰는 데서 이루어진다. 엿보는 것은 구하여 고집함이다.〔執服難成 言務成之 九則求執之〕"라고 한 말을 詳考하여 서로 미루어 교감해보면 '音利'는 의당 '言利'가 되어야 하니, 이 두 글자는 본래 〈經〉의 본문인데 잘못하여 小注가 된 듯하다. 〈經說〉의 '九'자는 어쩌면 바로 '說'자의 壞字(필획이 탈락된 오자)일 수도 있다. '求執'은 바로 ≪說文解字≫에서 이른바 '言相說伺也'이다. 옮겨 쓰는 과정에서 잘못되어 '言利' 2자를 고쳐 小注로 만든 것인데 校勘하는 자가 파악하지 못하고 다시 '言'자를 '音'자로 고쳐 잘못이 거듭되어 마침내 바로잡을 수 없게 된 것이다. '服'은 말이 서로 일치되어 고집하지 않음을 이르고, '執'은 말이 서로 대립되어 복종하지 않음을 이르고, '說'는 복종하지도 않고 고집하지도 않으면서 서로 엿보는 것이니 이를테면 ≪鬼谷子≫에 이른바 '抵巇'라는 것이다. 이 세 가지는 말뜻이 같지 않지만 모두 활용할 때 목적에 맞게 해야 한다. 위의 글에서 "言(言說)은 입의 이로운 작용이다.〔言口之利也〕"라고 하고, 또 "諾(應諾)은 한두 가지가 아니니 목적에 맞게 사용해야 한다.〔諾不一利用〕"라고 하였는데, 여기서 '服', '執', '說'를 말의 이로운 작용으로 삼았으니 저것들의 뜻과 대략 같을 것이다.

40-92-1 巧轉則求其故[79]라

巧(技巧)가 전해지려면 그 옛 법식을 추구한다.

轉當爲傳이니 **聲同字通**이라 **說云 觀巧傳法是也**라 **故**는 **謂舊所傳法式**이라 **國語齊語**에 **云 工相語以事**하고 **相示以巧**라하고 **考工記**에 **云 知者創物**하고 **巧者述之**라한대 **傳法求**

79) 巧轉則求其故 : ≪墨子今注今譯≫에서는 "대대로 전해 내려오는 수공업 技巧와 技術에 대해서는 그 원인과 규율을 탐구한다."라고 하였다.

故가 卽所謂述也라 此與下文法同則觀其同과 法異則觀其宜로 句法正同이요 說亦幷爲一條釋之라 畢張讀巧轉爲句하고 則求其故大益爲句하니 幷繆라

'轉'자는 '傳'자가 되어야 하니 소리가 같아 글자가 通用된다. 〈經說〉에 "기교를 관찰하여 법식을 전한다.〔觀巧傳法〕"고 한 것이 이것이다. 故는 예부터 전해 온 法式을 이른다. ≪國語≫ 〈齊語〉에 "匠人은 일을 가지고 서로 말하고, 기교를 가지고 서로 보여준다."라고 하고, ≪周禮≫ 〈考工記〉에 "지혜로운 자는 물건을 창조하고, 기교 있는 자는 傳述한다."라고 하였는데, 법식을 전하고 옛법을 추구함이 바로 이른바 '述'이다. 이 조문은 아래 글의 '法同則觀其同', '法異則觀其宜'와 句法이 똑같고 〈經說〉에서도 다 합쳐 한 조항으로 만들어 풀이하였다. 畢沅과 張惠言은 '巧轉'을 구두로 떼고 '則求其故大益'을 구두로 떼었는데 모두 잘못 본 것이다.

40-93-1 大益[80)]이라

더함에 커진다는 것이다.

無說하니 未詳其義라 此與前云損偏去也로 損益義似正相對라 疑謂凡體損之則小요 益之則大也라 以旁(방)行句讀(두)次第校之컨대 疑當在巧轉則求其故句上이어늘 錯箸於此하고 而又佚其說耳라

〈〈經說〉에 이 조문에 대한〉 說이 없으니 그 뜻은 알 수 없다. 이 조문은 앞에서 "損은 한 편을 없애는 것이다."라고 한 것과 함께 損과 益의 뜻이 완전히 상대되는 듯하다. 아마도 모든 體는 덜면 작아지고 더하면 커짐을 이르는 듯하다. 〈1행에 상하 2단으로 나뉜 조항을〉 옆으로 읽어가는 句讀의 순서로 校勘해보건대 아마도 '巧轉則求其故'句의 위에 있어야 하는데 여기에 잘못 붙이고 다시 그 〈經說〉을 잃어버린 듯하다.

40-94-1 (儇(현))〔環〕은 (秵秪(구지))〔俱柢〕라

環(고리)은 모두가 뿌리가 되는 것이다.

---

80) 大益 : ≪墨子今注今譯≫에서는 伍非百의 校勘에 의거하여 '大'와 '益'을 도치된 것으로 보고 "사물의 양의 증가는 바로 그 양의 확대이다."라고 하였다.

吳鈔本作祗라 畢云 䄠는 經說上作昫라하다 詒讓案 當爲環俱柢니 皆聲之誤라 俱는 說作昫하니 音亦相近이라 秪는 說作民하니 當作氐니 卽柢之省이라 爾雅釋言에 云 柢는 本也라하고 毛詩節南山傳에 云 氐는 本이라하니 是二字義同이라 凡物有耑(단)則有本이어늘 環之爲物은 旋轉無耑하여 若互相爲本이라 故曰俱柢라하니라

〈'秪'는〉 吳鈔本에 '祗'로 되어 있다.

畢沅 : '䄠'는 〈經說 上〉에 '昫'로 되어 있다.

詒讓案 : 〈'俱䄠秪'는〉 의당 '環俱柢'가 되어야 하니 모두 소리가 〈비슷해서〉 잘못된 것이다. '俱'는 〈經說〉에 '昫'로 되어 있는데 音이 역시 서로 가깝다. '秪'는 〈經說〉에 '民'으로 되어 있는데 〈'民'은〉 '氐'가 되어야 하니 바로 '柢'의 생략형이다. ≪爾雅≫ 〈釋言〉에 "'柢'는 뿌리〔本〕이다."라고 하고, ≪毛詩≫ 〈節南山〉의 毛傳에 "'氐'는 뿌리〔本〕이다."라고 하였으니, 이는 두 글자가 뜻이 같은 것이다. 무릇 사물은 끝〔耑〕이 있으면 뿌리〔本〕가 있다. 그런데 고리〔環〕라는 물건은 돌고 돌아 끝이 없어 마치 서로가 뿌리가 되는 듯하다. 그래서 '俱柢'라고 한 것이다.

40-95-1 法同則觀其同[81)]이라

法(法式)이 같을 경우에는 그 같은 점을 살펴본다.

禮記少儀에 云 工依於法이라하다

≪禮記≫ 〈少儀〉에 "匠人은 法式에 의거한다."라고 하였다.

40-96-1 (庫)〔扂〕은

扂(막힘)은

盧云 庫疑扂이니 與障同이라 見下文[82)]이라하다

81) 法同則觀其同 : ≪墨子今注今譯≫에서는 "만일 사물의 법칙이 서로 같으면 그 서로 같은 방면을 관찰한다."라고 하였다.

82) 見下文 : 〈經 上〉 '知 聞說親' 조문의 〈經說〉에 나오는 '方不扂 說也'라는 말을 가리킨다.

盧文弨 : '庫'자는 '㢓'자인 듯하니 '障'과 같은 뜻이다. 아래 글에 보인다.

40-96-2 **易也**[83)]라

바뀌는 것이다.

洪云 易當是物字之譌라 **庫者**는 **物所藏也**라하다 **案 此當從盧校作㢓**이라 **經說下景㢓**이 **字亦誤庫**하니 **可證**이라 **但說無易**하니 **義未詳**이라 **洪說緣誤爲訓**하니 **不足據**라

洪頤烜 : '易'자는 의당 '物'자의 잘못이다. 庫라는 것은 물건을 보관하는 곳이다.

案 : 이 조문은 의당 盧文弨의 校勘을 따라 '㢓'자가 되어야 한다. 〈經說 下〉에 '景㢓'의 '㢓'이 역시 '庫'자로 잘못되어 있으니 증거로 삼을 수 있다. 다만 〈經說〉에 '易'자가 없으니 의미는 알 수 없다. 홍이훤의 說은 오류에 근거하여 풀이하였으니 근거할 것이 못 된다.

40-97-1 **法異則觀其宜**[84)]라

法(法式)이 다를 경우에는 그 적절함을 살펴본다.

句라

여기에서 句를 뗀다.

40-98-1 **動**은

動(움직임)은

句라

여기에서 句를 뗀다.

---

83) (庫)〔㢓〕 易也 : ≪墨子今注今譯≫에서는 譚戒甫의 說에 의거하여 '庫'를 '窟'로 보아 "구멍은 공간의 虛實이 바뀐 결과이다."라고 하였다.

84) 法異則觀其宜 : ≪墨子今注今譯≫에서는 "만일 추론 중에 법칙이나 법식이 같지 않은 상황을 만나면 어떤 법칙이나 법식을 적용해야 할지 관찰한다."라고 하였다.

40-98-2 或(역)(從)〔徙〕也[85)]라

지역을 옮기는 것이다.

從當作徙라 經下篇云 宇或徙라하니 此與彼文義正同이라 彼徙字今本亦譌爲從하니 可證이라 說文辵(착)部에 云 徙는 迻(이)也라하다 或當爲域之正字라 或徙는 言人物迻其故所處之地域이니 是動之理也라 詳經下라

'從'자는 의당 '徙'자가 되어야 한다. 〈經 下〉편에 "宇或徙(공간(宇域)은 옮겨간다.)"라고 하였으니 이 조문은 저곳과 글뜻이 똑같다. 저곳의 '徙'자는 지금 本에도 '從'자로 잘못되어 있으니 증거로 삼을 수 있다. ≪說文解字≫ 辵部에 "'徙'는 迻(옮김)이다."라고 하였다. '或'자는 의당 '域'의 正字가 된다. '或徙'는 사람이나 물건이 옛날 있던 地域을 옮긴다는 말이니 이것이 動의 이치이다. 〈經 下〉에 자세히 설명하였다.

40-99-1 止는

止(멈춤)는

句라

여기에서 句를 뗀다.

40-99-2 因以別道[86)]라

〈일을〉 인하여 道를 구별하는 것이다.

謂道有宜止者하고 有不宜止者하니 因事以別也라 與經下止類以行之[87)]義亦略同이라 張云 此句文法特與下篇首句相偶하니 疑下篇錯簡이라하다 案 張說未塙이라

---

85) 動 或(역)(從)〔徙〕也 : ≪墨子今注今譯≫에서는 '或'을 '盡'과 반대되는 '부분'의 뜻으로 보아 "運動은 물체가 최소한 일부분이라도 옮기는 것이다."라고 하였다.

86) 止 因以別道 : ≪墨子今注今譯≫에서는 "'止'라는 종류의 反駁 방식은 이를 가지고 하나의 일반적 道理를 구별하고 제한하는 것이다."라고 하였다.

87) 止類以行之 : 〈經 下〉편의 제일 앞에 나오는 말이다.

道에는 멈춰야 할 것이 있고 멈춰서는 안 되는 것이 있으니 일을 인하여 구별한다는 말이다. 〈經 下〉의 '止 類以行之'의 뜻과 또한 대략 같다.

張惠言 : 이 句의 文法은 특히 〈經 下〉편의 첫 句(止 類以行之)와 서로 짝을 이루니 〈經 下〉편이 錯簡인 듯하다.

案 : 張惠言의 說은 확실하지 않다.

40-100-1 讀此書旁行이라

이 글을 읽을 때 〈1행에 상하 2단으로 나뉜 조문을〉 옆으로 읽어간다.

張云 此擧例하니 **下篇讀亦旁行**이라하다

張惠言 : 이 조문은 凡例를 든 것이니 〈經 下〉편을 읽을 때에도 옆으로 읽어간다.

40-101-1 (正(정))〔**壂**(성)〕**無非**[88]라

壂(聖, 성인)은 비난함이 없다.

畢云 說文云 非는 **違也**라 **从飛下𥳑**(시)[89]하니 **取其相背**라하다 **言此篇當**旁(방)**行讀之**나 **卽正讀**이라도 **亦無背於文義也**라 **此篇舊或每句兩截分寫**를 **如新考定本**[90]이라 **故云 旁行可讀**이라하다 **楊云** 正**無非三字經文**이라하다 **案 楊說是也**라 **畢釋無非爲無背之義**는 **非是**라 正**無非**는 **謂聖人以正道**인댄 **有所非與無所非同**이라 **說云 若聖人有非而不非**라한대 **卽釋此經**하니 **可證**이라 **惟讀此書旁行五字**는 **爲後人校書者附記篇末**이어늘 **傳**

88) (正(정))〔壂(성)〕無非 : ≪墨子今注今譯≫에서는 '正'을 그대로 '正'으로 보아 "정확한 과학 이론은 그중의 잘못된 成分을 배제해야 한다."라고 하였다.

89) 非違也 從飛下𥳑 : 篆書로 非자는 이고, 飛자는 인데, 는 에서 아래 날개 부분 로 되어 있다는 의미이다.

90) 新考定本 : 畢沅 校注本에서 권10 〈經說 下〉 뒤에 '新考定經上篇'이라는 제목 아래 注를 내어 "본편에서 '이 글을 읽을 때 〈1행에 상하 2단으로 나뉜 조문을〉 옆으로 읽어간다.'라고 하였는데 지금 기록에 의거하여 둘로 잘라 옆으로 읽으며 글을 이룬다."라고 한 뒤, 첫 행에 '故所得而後成也'와 '止以久也'를 둘로 절단하여 위와 아래로 배치하고 각각 제1조와 제50조로 순서를 정하였는바, 바로 이것을 가리킨다.

寫者誤羼(찬)**入正文**하고 **又移箸於㞷無非三字之上**하여 **而其義遂莫能通矣**라 **又案 此經云 正無非**라한대 **說則云 聖人不非**라하니 **義雖可通**이나 **而正聖二文究不甚合**이라 **竊疑此正亦當作聖**이라 **集韻四十五勁**에 **云 聖**은 **唐武后作𦔻**이라하고 **今所見唐岱岳觀碑則作𦔻**하니 **蓋从長从正从王**이라 **㞷卽正也**니 **集韻字形微譌**라 **此書正字皆用武后所製作㞷**하니 **此聖字或亦本作𦔻**이라가 **壞脫僅存㞷形耳**라 **惟說語簡略**하여 **無可質證**일새 **附識**(지)**於此**하여 **俟通學詳定焉**이라

畢沅：≪說文解字≫에 "'非'는 違(어긋남)이다. '飛'자 아래 날개 부분으로 구성되었는데 그 서로 등지고 있는 뜻을 취한 것이다."라고 하였다. 이 편은 의당 옆으로 가며 읽어야 하지만 아래로 바른 방향으로 읽어도 글뜻에 어긋남은 없다는 말이다. 이 편은 옛 本 가운데 더러 매 구를 둘로 잘라 나누어 筆寫하기를 내가 새로 考定한 本처럼 하기도 하였다. 그래서 "옆으로 가며 읽어도 읽을 수 있다."고 한 것이다.

楊葆彝：'㞷無非' 3자는 經文이다.

案：楊葆彝의 說이 맞다. 畢沅이 '無非'가 '어긋남이 없다〔無背〕'는 뜻이라고 풀이한 것은 맞지 않다. '㞷無非'는 聖人이 正道로 하면 비난하는 바가 있음이 비난하는 바가 없음과 똑같다는 말이다. 〈經說〉에 "聖人의 경우에는 비난할 바가 있어도 비난하지 않는다."라고 하였는데 바로 이 〈經〉을 풀이한 것이니 증거로 삼을 수 있다. 다만 '讀此書旁行' 5자는 후세 사람 가운데 校書하는 자가 〈經 上〉편 끝에 附記한 것인데, 傳寫하는 자가 正文(본문)에 잘못 섞어 넣고 다시 '㞷無非' 3자의 위에 옮겨 붙여서 그 뜻이 마침내 통하지 못하게 되었다.

又案：이 〈經〉에서 "正無非"라고 하였는데 〈經說〉에서는 "聖人不非"라고 하였으니, 뜻은 비록 통할 수 있지만 '正'과 '聖' 두 글자는 끝내 그리 부합하지 않는다. 내 생각에 아마도 이곳의 '正'자 역시 의당 '聖'자가 되어야 할 듯하다. ≪集韻≫ 제45 勁韻에 "'聖'은 唐代 則天武后가 '𦔻'자를 만들었다."라고 하였고, 지금 볼 수 있는 唐代 〈岱岳觀碑〉에는 '𦔻'자로 되어 있으니 대개 '長', '正', '王'으로 구성되어 있는 글자이다. '㞷'은 바로 '正'자이니 ≪집운≫에 字形이 조금 틀리다. 이 책의 '正'자는 모두 武后가 지은 것을 써서 '㞷'자로 되어 있으니 이곳의 '聖'자는 혹 역시 본래 '𦔻'자로 되어 있다가 자형 일부가 탈락되어 '㞷'의 형태만 남은 것일 뿐인 듯도 하다. 다만 〈經說〉의 말이 簡略하여 따져서 증명할 수 없기에 여기에 붙여 기록하여 학문에 통달한 이가 詳定하기를 기다린다.

附錄

1. ≪墨子閒詁 3≫ 參考書目

1. 저본

• ≪墨子閒詁≫, 孫詒讓, 中華書局, 2001.

2. 주요 참고본

• ≪墨子閒詁≫, 孫詒讓, 掃葉山房, 光緒33(1907) 刊〔고려대학교 도서관 소장본, 육당C7-B3-1-8〕

• ≪墨子閒詁≫, 孫詒讓, 宣統2(1910) 重刊本〔續修四庫全書 수록본〕

• ≪墨子閒詁≫, 孫詒讓, 漢文大系 卷14, 富山房, 1913.

• ≪墨子≫(道藏本), 上海 涵芬樓 影印本, 1925.

3. 교감주해서 및 번역서, 연구논저

〔中國〕

• ≪墨子注≫, 畢沅, 經訓堂本, 1835.

• ≪郡經平議・墨子評議≫, 兪樾, 世界書局, 1881.

• ≪墨子經說解≫, 張惠言, 國粹學報館, 1909.

• ≪墨子閒詁箋≫, 張純一, 世界書局, 1922.

• ≪墨經校釋≫, 梁啓超, 商務印書館, 1922.

• ≪定本墨子閒詁校補≫, 李笠, 商務印書館, 1925.

• ≪墨學講義≫, 欒調甫, 齊魯大學, 1925.

• ≪墨子刊誤≫, 蘇時學, 中華書局, 1928.

• ≪墨子集解≫, 張純一, 文史哲出版社, 1932.

• ≪墨子大義述≫, 俉非百, 國民印務局, 1933.

• ≪墨辯疏證≫, 范耕研, 商務印書館, 1935.

- ≪墨辯新注≫, 魯大東, 中華書局, 1936.
- ≪墨子拾補≫, 劉師培, 藝文印書館, 1936.
- ≪墨子新證≫, 于省吾, 藝文印書館, 1938.
- ≪墨子新論≫, 王寒生, 中華文化出版社業委員會, 1956.
- ≪續墨子閒詁≫, 劉載賓, 藝文印書館, 1957.
- ≪墨經校詮≫, 高亨, 世界書局, 1958.
- ≪墨子斠證≫, 王叔岷, 中央研究員 歷史語言研究所, 1959.
- ≪墨子新箋≫, 高亨, 山東人民出版社, 1961.
- ≪墨子閒編≫, 嚴靈峯, 商務印書館, 1968.
- ≪經義述聞≫, 王引之, 中華書局, 1970.
- ≪墨子新釋≫(無求備齋墨子集成, 이하 墨子集成), 尹桐陽, 成文出版社, 1975.
- ≪墨子通解≫(墨子集成), 張其鍠, 成文出版社, 1975.
- ≪墨子箋≫(墨子集成), 曹耀湘, 成文出版社, 1975.
- ≪墨子刊誤≫(墨子集成), 蘇時學, 成文出版社, 1975.
- ≪墨子雜志≫(墨子集成), 王念孫, 成文出版社, 1975.
- ≪墨子辯經講疏≫(墨子集成), 顧實, 成文出版社, 1975.
- ≪墨子今註今譯≫, 李漁叔, 商務印書館, 1980.
- ≪墨經分類譯註≫, 譚戒甫, 中華書局, 1981.
- ≪墨子校詮≫, 高亨, 世界書局, 1981.
- ≪墨辯解故≫, 伍非百, 中國古代名家者言整理本, 1983.
- ≪墨經中的數學和物理學≫, 方孝博, 中國社會科學出版社, 1983.
- ≪墨子今註今譯≫, 李漁叔, 台灣商務印書館, 1984.
- ≪墨子注≫, 畢沅, 中華書局, 1985.
- ≪墨學源流≫, 方授楚, 中華書局, 1989.
- ≪墨子選譯≫, 譚家健, 鄭君華 選譯, 上海古籍出版社, 1992.
- ≪墨子大全≫, 任繼愈, 李廣星 主編, 北京圖書館出版社, 2004.
- ≪墨子校注≫, 吳毓江, 中華書局, 2006.
- ≪墨子大詞典≫, 王裕安・孫卓彩・郭震旦 編著, 山東大學出版社, 2006.
- ≪墨子今注今譯≫, 孫中原・譚家健, 商務印書館, 2012.

〔韓國〕

• ≪묵자≫, 송정희 역, 명지대학출판부, 1972.
• ≪墨子≫, 李元燮 譯註, 玄岩社, 1974.
• ≪新墨子≫, 李元燮 譯, 良友堂, 1985.
• ≪墨子≫, 권오석 譯解, 홍신문화사, 1994.
• ≪墨子 : 천하에 남이란 없다. 上・下≫, 기세춘 역저, 초당, 1995.
• ≪묵자≫, 朴文鉉・李俊寧 共解譯, 자유문고, 1995.
• ≪묵자≫, 박문현 외 역, 자유문고, 1995.
• ≪묵자≫, 박재범 역, 홍익출판사, 1999.
• ≪(新完譯) 墨子 : 新選明文東洋古典大系≫, 金學主 譯著, 明文堂, 2003.
• ≪(묵점 기세춘 선생과 함께하는) 묵자≫, 기세춘 역저, 바이북스, 2009.
• ≪묵자≫, 김득순 역, 연변인민출판사, 2010.
• ≪묵자≫, 박문현 옮김, 지만지, 2012.
• ≪묵경≫, 염정삼 주해, 한길사, 2012.
• ≪묵자≫, 이운구 옮김, 길, 2012.
• ≪묵자≫, 김학주 譯著, 明文堂, 2014.
• ≪묵자 : 겸애와 비공을 통해 이상사회를 추구한 사상가≫, 신동준 옮김, 인간사랑, 2014.
• ≪묵자≫, 윤무학 옮김, 길, 2015.

〔日本〕

• ≪墨子≫(中國の思想), 和田武司 譯, 德間書店, 1964.
• ≪墨子≫(中國古典文學大系), 藪內淸 譯, 平凡社, 1968.
• ≪墨子≫(講談社學術文庫), 淺野裕一, 講談社, 1998.
• ≪墨子≫(ちくま學芸文庫), 森三樹三郎 譯. 筑摩書房, 2012.
• ≪墨子≫, 金谷治 譯, 中央公論新社, 2018.
• ≪墨子よみがえる≫, 半藤一利, 平凡社, 2011.
• ≪和譯墨子・和譯列子≫, 田岡嶺雲 譯註, 玄黃社, 1911.

〔英美〕

- *Mozi : A Study and Translation of the Ethical and Political Writings*, John Knoblock & Jeffrey Riegel, University of California, Berkeley, 2013.
- *Mozi : Basic Writings*, Burton Watson, Columbia University Press, 2003.
- *Mozi : Collection of Critical Biographies of Chinese Thinkers*, Zheng Jiewen, Nanjing University Press, 2010.
- *The Book of Master Mo*, Ian Johnston, Penguin Classics, 2014.
- *The Essential Mòzǐ: Ethical, Political, and Dialectical Writings*, Chris Fraser, Oxford University Press, 2020.
- *The Mozi: A Complete Translation* (Translations from the Asian Classics), Ian Johnston, The Chinese University Press, 2010.
- *The Mozi as an Evolving Text: Different Voices in Early Chinese Thought*, Carine Defoort & Nicolas Standaert, Brill, 2013.
- *The Philosophy of the Mòzǐ: The First Consequentialists*, Chris Fraser, Columbia University Press, 2016.

4. 원전자료

〔經部〕

- ≪經傳釋詞≫, 王引之 撰, 黃侃·楊樹達 批本, 岳麓書社, 1982.
- ≪經典釋文≫, 陸德明 撰, 文淵閣四庫全書, 臺灣商務印書館, 1986.
- ≪廣雅≫, 張揖 撰, 文淵閣四庫全書, 臺灣商務印書館, 1986.
- ≪群經音辨≫, 賈昌朝 撰, 文淵閣四庫全書, 臺灣商務印書館, 1986.
- ≪論語注疏≫, 何晏 注, 邢昺 疏, 北京大學出版社, 1999.
- ≪論語集註大全≫, 朱熹 集註, 胡廣 等 編, 朝鮮 內閣本, 影印本, 學民文化社.
- ≪唐韻正≫, 顧炎武 撰, 文淵閣四庫全書, 臺灣商務印書館, 1986.
- ≪大戴禮記詳解≫, 王聘珍 撰, 中華書局, 1989.
- ≪大學章句大全≫, 朱熹 集註, 胡廣 等 編, 朝鮮 內閣本, 影印本, 學民文化社.

- ≪孟子注疏≫, 趙岐 注, 孫奭 疏, 北京大學出版社, 1999.
- ≪孟子集註大全≫, 朱熹 集註, 胡廣 等 編, 朝鮮 內閣本, 影印本, 學民文化社.
- ≪毛詩正義≫, 毛公 傳, 鄭玄 箋, 孔穎達 正義, 北京大學出版社, 1999.
- ≪方言≫, 楊雄 撰, 文淵閣四庫全書, 臺灣商務印書館, 1986.
- ≪尙書正義≫, 孔安國 傳, 孔穎達 正義, 北京大學出版社, 1999.
- ≪說文解字≫, 許愼 撰, 文淵閣四庫全書, 臺灣商務印書館, 1986.
- ≪書傳大全≫, 蔡沈 集傳, 胡廣 等 編, 朝鮮 內閣本, 影印本, 學民文化社.
- ≪說文解字注≫, 段玉裁 撰, 文淵閣四庫全書, 臺灣商務印書館, 1986.
- ≪詩三家義集疏≫, 王先謙 撰, 中華書局, 1987.
- ≪呂氏家塾讀詩記≫, 呂祖謙 撰, 文淵閣四庫全書, 臺灣商務印書館, 1986.
- ≪禮記正義≫, 鄭玄 注, 孔穎達 正義, 北京大學出版社, 1999.
- ≪禮記集說大全≫, 陳澔 集說, 胡廣 等 編, 朝鮮 內閣本, 影印本, 學民文化社.
- ≪龍龕手鑑≫, 釋行均 撰, 潘重規 編, 中華書局, 1988.
- ≪六書正譌≫, 周伯琦 撰, 文淵閣四庫全書, 臺灣商務印書館, 1986.
- ≪玉篇≫, 顧野王 撰, 文淵閣四庫全書, 臺灣商務印書館, 1986.
- ≪韻補≫, 吳棫 撰, 文淵閣四庫全書, 臺灣商務印書館, 1986.
- ≪儀禮注疏≫, 鄭玄 注, 賈公彦 疏, 北京大學出版社, 1999.
- ≪爾雅注疏≫, 郭璞 注, 邢昺 疏, 北京大學出版社, 1999.
- ≪一切經音義≫, 釋元應 撰, 文淵閣四庫全書, 臺灣商務印書館, 1986.
- ≪周禮注疏≫, 鄭玄 注, 賈公彦 疏, 北京大學出版社, 1999.
- ≪周易正義≫, 王弼・韓康伯 注, 孔穎達 正義, 北京大學出版社, 1999.
- ≪周易傳義大全≫, 程頤 傳, 朱熹 本義, 胡廣 等 編, 朝鮮 內閣本, 影印本, 學民文化社.
- ≪中庸章句大全≫, 朱熹 集註, 胡廣 等 編, 朝鮮 內閣本, 影印本, 學民文化社.
- ≪集韻≫, 丁度 等 編, 上海古籍出版社, 1985.
- ≪春秋穀梁傳注疏≫, 范寧 註, 楊士勛 疏, 北京大學出版社, 2000.
- ≪春秋公羊傳注疏≫, 何休 註, 徐彦 疏, 北京大學出版社, 2000.
- ≪春秋左氏傳注疏≫, 杜預 註, 孔穎達 疏, 北京大學出版社, 2000.
- ≪韓詩外傳≫, 韓嬰 撰, 文淵閣四庫全書, 臺灣商務印書館, 1986.
- ≪孝經注疏≫, 唐 玄宗 注, 邢昺 疏, 北京大學出版社, 1999.

〔史部〕

• ≪舊唐書≫, 劉昫 撰, 中華書局, 1975.
• ≪國史經籍志≫, 焦竑 撰, 廣文書局, 1975.
• ≪隋書經籍志≫, 長孫無忌 撰, 藝文印書館, 1965.
• ≪國語≫, 韋昭 注, 文淵閣四庫全書, 臺灣商務印書館, 1986.
• ≪東觀漢記≫, 劉珍等 撰, 文淵閣四庫全書, 臺灣商務印書館, 1986.
• ≪史記≫, 司馬遷 撰, 中華書局, 1999.
• ≪史記索隱≫, 司馬貞 編, 文淵閣四庫全書, 臺灣商務印書館, 1986.
• ≪史記正義≫, 張守節 撰, 文淵閣四庫全書, 臺灣商務印書館, 1986.
• ≪史記集解≫, 裴駰 撰, 文淵閣四庫全書, 臺灣商務印書館, 1986.
• ≪水經注≫, 酈道元 撰, 文淵閣四庫全書, 臺灣商務印書館, 1986.
• ≪新唐書≫, 歐陽脩・宋祁 撰, 中華書局, 1975.
• ≪晏子春秋≫, 晏嬰 撰, 文淵閣四庫全書, 臺灣商務印書館, 1986.
• ≪隷釋≫, 洪适 撰, 文淵閣四庫全書, 臺灣商務印書館, 1986.
• ≪戰國策≫, 高誘 注, 文淵閣四庫全書, 臺灣商務印書館, 1986.
• ≪漢書≫, 班固 撰, 中華書局, 1962.
• ≪後漢書≫, 司馬彪 撰, 中華書局, 1965.

〔子部〕

• ≪賈子新書≫, 賈誼 撰, 文淵閣四庫全書, 臺灣商務印書館, 1986.
• ≪鶡冠子≫, 無名氏 撰, 文淵閣四庫全書, 臺灣商務印書館, 1986.
• ≪古今譚概≫, 馮夢龍 撰, 文淵閣四庫全書, 臺灣商務印書館, 1986.
• ≪古今事文類聚≫, 祝穆 撰, 文淵閣四庫全書, 臺灣商務印書館, 1986.
• ≪孔子家語≫, 王肅 注, 文淵閣四庫全書, 臺灣商務印書館, 1986.
• ≪公孫龍子≫, 公孫龍 撰, 文淵閣四庫全書, 臺灣商務印書館, 1986.
• ≪管子≫, 管仲 撰, 文淵閣四庫全書, 臺灣商務印書館, 1986.
• ≪括地志輯校≫, 李泰 撰, 中華書局, 2005.
• ≪群書拾補≫, 盧文弨 撰, 中華書局, 1985.
• ≪群書治要譯注≫, 魏徵 等 撰, 中國書店出版社, 2012.

- ≪老子≫, 王弼 注, 文淵閣四庫全書, 臺灣商務印書館, 1986.
- ≪論衡≫, 王充 撰, 文淵閣四庫全書, 臺灣商務印書館, 1986.
- ≪讀書雜志≫, 王念孫 著, 江蘇古籍出版社, 2000.
- ≪墨子≫, 墨翟 撰, 文淵閣四庫全書, 臺灣商務印書館, 1986.
- ≪白虎通義≫, 班固 撰, 文淵閣四庫全書, 臺灣商務印書館, 1986.
- ≪法言≫, 揚雄 撰, 李軌・柳宗元 注, 文淵閣四庫全書, 臺灣商務印書館, 1986.
- ≪山海經≫, 郭璞 注, 文淵閣四庫全書, 臺灣商務印書館, 1986.
- ≪說苑≫, 劉向 撰, 文淵閣四庫全書, 臺灣商務印書館, 1986.
- ≪世說新語≫, 劉義慶 撰, 文淵閣四庫全書, 臺灣商務印書館, 1986.
- ≪荀子集解≫, 王先謙 集解, 中華書局, 1988.
- ≪荀子箋釋≫, 盧文弨 校, 謝墉 輯校, 上海古籍出版社, 1986.
- ≪尸子≫, 尸佼 撰, 文淵閣四庫全書, 臺灣商務印書館, 1986.
- ≪尸子≫, 尸佼 撰, 李守奎 譯注, 黑龍江人民出版社, 2003.
- ≪新書≫, 賈誼 撰, 文淵閣四庫全書, 臺灣商務印書館, 1986.
- ≪新序≫, 劉向 撰, 文淵閣四庫全書, 臺灣商務印書館, 1986.
- ≪愼子≫, 愼到 撰, 文淵閣四庫全書, 臺灣商務印書館, 1986.
- ≪申子≫, 申不害 撰, 文淵閣四庫全書, 臺灣商務印書館, 1986.
- ≪揚子法言≫, 揚雄 撰, 李軌・柳宗元 注, 文淵閣四庫全書, 臺灣商務印書館, 1986.
- ≪呂氏春秋≫, 呂不韋 編, 高誘 注, 文淵閣四庫全書, 臺灣商務印書館, 1986.
- ≪列子≫, 張湛 注, 文淵閣四庫全書, 臺灣商務印書館, 1986.
- ≪藝文類聚≫, 歐陽詢 撰, 文淵閣四庫全書, 臺灣商務印書館, 1986.
- ≪日知錄≫, 顧炎武 撰, 文淵閣四庫全書, 臺灣商務印書館, 1986.
- ≪莊子集釋≫, 莊周 撰, 郭象 注, 陸德明 釋文, 成玄英 疏, 郭慶藩 輯, 中華書局, 1961.
- ≪諸子平議≫, 兪樾 著, 中華書局, 1954.
- ≪太平御覽≫, 李昉 等 撰, 文淵閣四庫全書, 臺灣商務印書館, 1986.
- ≪太玄經≫, 揚雄 撰, 文淵閣四庫全書, 臺灣商務印書館, 1986.
- ≪通雅≫, 方以智 撰, 文淵閣四庫全書, 臺灣商務印書館, 1986.
- ≪韓非子≫, 韓非 撰, 文淵閣四庫全書, 臺灣商務印書館, 1986.
- ≪淮南子≫, 劉安 撰, 高誘 注, 文淵閣四庫全書, 臺灣商務印書館, 1986.

〔集部〕

• ≪經義述聞≫, 王引之 撰, 世界書局, 1975.
• ≪經傳釋詞≫, 王引之 撰, 黃侃 楊樹達 批本, 岳麓書社, 1982.
• ≪群書治要譯注≫, 魏徵 等 撰, 中國書店出版社, 2012.
• ≪讀書雜志≫, 王念孫 著, 江蘇古籍出版社, 2000.
• ≪文選≫, 蕭統 撰, 文淵閣四庫全書, 臺灣商務印書館, 1986.
• ≪文選注≫, 蕭統 撰, 李善 注, 世界書局, 1962.
• ≪諸子平議≫, 兪樾 著, 中華書局, 1954.
• ≪集韻≫, 丁度等 編, 上海古籍出版社, 1985.
• ≪楚詞補註≫, 洪興祖 撰, 文淵閣四庫全書, 臺灣商務印書館, 1986.
• ≪韓詩外傳≫, 韓嬰 撰, 文淵閣四庫全書, 臺灣商務印書館, 1986.

5. 전자자료

• 電子版 文淵閣四庫全書, 迪志文化出版社, 北京, 1999.
• 尙友千古(http://www.s-sangwoo.kr)
• 韓國古典綜合DB(http://db.itkc.or.kr)
• 東洋古典綜合DB(http://db.cyberseodang.or.kr)
• Chinese Text Project(http://ctext.org)

2. ≪墨子閒詁 3≫ 參考圖版 目錄 및 出處

3. 戰國七雄圖

※ QR코드를 스캔하면 더 선명한 지도를 볼 수 있습니다.

(≪中國歷史地圖≫ 上冊 (程光裕·徐聖謨 主編, 中國文化大學出版部, 1980)에서 轉載)

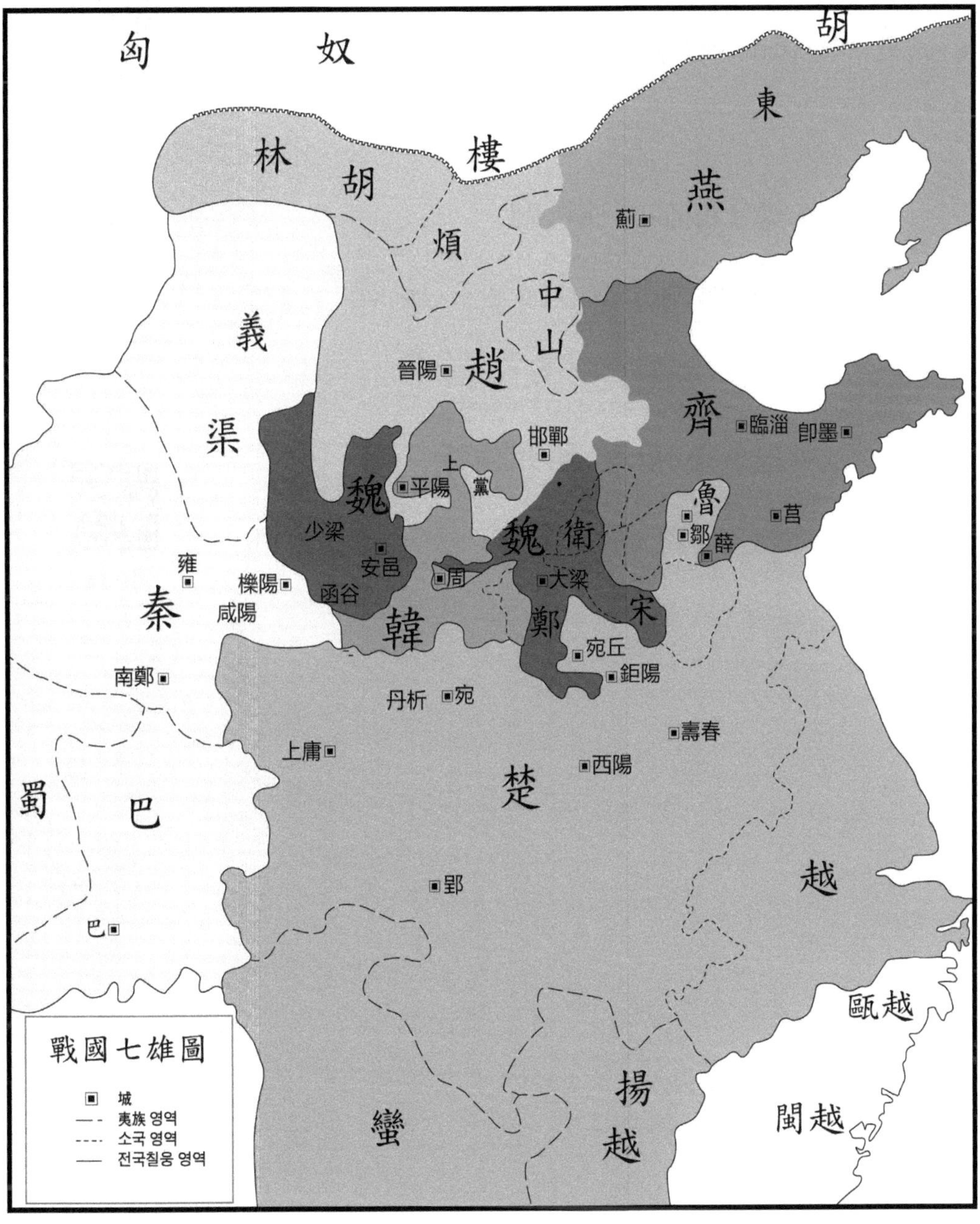

4. ≪墨子閒詁≫ 總目次

※ QR코드를 스캔하면 ≪墨子閒詁≫의 총목차를 볼 수 있습니다.

總目次

5. ≪墨子閒詁≫ 解 題

※ QR코드를 스캔하면 ≪墨子閒詁≫의 해제를 볼 수 있습니다.

解題

6. ≪墨子≫ 관련 研究論著

※ QR코드를 스캔하면 ≪墨子≫ 관련 研究論著의 목록을 볼 수 있습니다.

研究論著

責任飜譯

李相夏

啓明大學校 中語中文學科 졸업
高麗大學校 大學院 國語國文學科 文學博士
民族文化推進會 부설 常任研究員 졸업
朝鮮大學校 漢文學科 教授 역임
韓國古典飜譯院 부설 古典飜譯教育院 教授(現)

論文 및 譯書

〈漢文古典 文集飜譯의 특성과 문제점〉, 〈≪朱子書節要≫가 조선조에 끼친 영향〉, 〈退溪・南冥의 시와 대조적인 학문성향〉 등
≪寒洲 李震相의 主理論 研究≫, ≪冷淡家計≫, ≪儒學的 思惟와 韓國文化≫(공저) 등
≪挹翠軒遺稿≫, ≪月沙集≫, ≪容齋集≫, ≪鵝溪遺稿≫, ≪石洲集≫, ≪譯註 唐宋八大家文鈔 歐陽脩≫, ≪古文眞寶 後集≫ 등

共同飜譯

金太年

高麗大學校 漢文學科 졸업
高麗大學校 大學院 哲學科 哲學博士
仁荷大學校 韓國學研究所 HK教授 역임
韓國古典飜譯院 先任研究員 역임
退溪學研究院 研究員(現)

論文 및 譯書

〈'正典' 만들기의 한 사례, ≪율곡별집≫의 편찬과 그에 대한 비판들〉, 〈학안에서 철학사로 : 조선 유학사 서술의 관점과 방식에 대한 검토〉, 〈17~18세기 율곡학파의 사단칠정론〉 등
≪조선 유학의 개념들≫(공저), ≪자료와 해설, 한국의 철학사상≫(공저), ≪중국 없는 중화≫(공저), ≪巍巖遺稿≫(공역) 등

東洋古典譯註叢書 104

譯註 墨子閒詁 3 44,000원

2020년 12월 31일 초판 발행
2025년 07월 31일 초판 3쇄

校　　注　　孫詒讓
責任飜譯　　李相夏
共同飜譯　　金太年
企劃編輯　　東洋古典飜譯編輯委員會
原文校閱　　吳圭根
飜譯研究管理 南賢熙
潤　　文　　朴勝珠 南賢熙
校　　訂　　李承俊 田炳秀 咸明淑
裝　　幀　　김진디자인

發 行 人　　金 炫
發 行 處　　社團法人 傳統文化研究會
서울 종로구 삼봉로 81 두산위브파빌리온 1332호
전화 : (02)762-8401 전송 : (02)747-0083
전자우편 : juntong@juntong.or.kr
홈페이지 : juntong.or.kr
사이버書院 : hm.cyberseodang.or.kr
온라인서점 : book.cyberseodang.or.kr
등록 : 1989. 7. 3. 제1-936호
총판 : 한국출판협동조합(070-7119-1750)

ISBN 979-11-5794-284-8 94150
978-89-85395-71-7 (세트)

※ 이 책은 2020년도 교육부 고전문헌 국역지원사업 지원비에 의해 초판(비매품) 간행.